《基础教育改革与教师专业发展》丛书（第一辑）

且行且思
——我的教育生活

QIE XING QIE SI WO DE JIAOYU SHENGHUO

程斌●著

安徽师范大学出版社

《基础教育改革与教师专业发展》丛书

且行且思

安徽省书法家协会副主席

韦斯琴女士 書

《且行且思》是程斌校长多年积淀厚积薄发之作。二十几年来，他一直默默无闻耕耘在小学教育战线，教书育人，诲人不倦。他不断修炼自我、完善自我、提升自我，追求心灵与教学的统一，育人与教研的协调。

他用一颗爱心善待每一个孩子、每一个家长和与己一起和舟共济的同事。他脚踏实地，克己奉公，精细地将学校每一件小事做好、做实。他以学校为家，工作其中，辛苦其中、享乐其中。无论去上课，去教研，去管理，去沟通，他都以赞赏的眼光：欣赏学校的一草一木、欣赏老师的一言一行，更欣赏学生的茁壮成长。这是他对学生发自内心成长的期许和一生奉献教育的情怀。

作为教育工作者，在内心深处，他从没有停止对教育的深思：教育是什么？教育要干什么？什么是学校？学校要干什么？学生该怎么发展？什么样的学生才是我们社会需要的？从程斌校长的《且行且思》里，我发现了答案：其实，教育也很简单，校长和教师的辛勤付出，就一定能为学生成长增添一抹厚重而灿烂的人生色彩。在《且行且思》朴实的文字里，我们读到的是程斌校长对教育的坚持与热爱，对学校管理的理解与践行，对二十几年来伴他成长的人和事眷念与感谢。这其中既有教育智慧的激荡，又有教育情感的倾诉，更有拔节的阵痛和蜕变的美丽。在程斌校长洋溢着教育梦想的职业生涯中，我们分明看到作为一名教师"授人玫瑰，手有余香"的职业幸福。

安徽省芜湖市文学艺术界联合会党组书记、主席　**夏光发**

《且行且思》用朴实率真的文字记录了作者自主成长的心路历程。程斌校长试图用其平凡踏实的教育经历告诉我们：一名真正的良师不一定是综合素质特别高的人，但一定是对学生付出更多的爱和努力的人，其对教育的执着与痴迷，会给广大普通教师以启示。

安徽师范大学教育集团主任、教授、博士　**江家发**

程斌校长，将其对教育深刻的思考、教育复杂的规律用浅显生动的语言进行表述。他用独特的笔触，告诉大家：真理是朴实的、简单的，教育亦如此。程斌校长的文字，议论与抒情并举，逻辑严谨的理性语言与跳跃思维时激情四溢的诗句兼存，见解之深刻、研究之透彻、思虑之深远，字里行间，流露出他浓浓的教育情怀。这自然流露，来源于他对教育事业无尽的热爱。这是所有教育人共同的追求！

原安徽省合肥市六安路小学校长、特级教师、中学高级教师　**郑家凯**

教育的行者应该是在思想深处耕耘的人，程斌校长如是。

作为一名科学教师，他笔耕不辍，文字里流淌着无尽的教育温情和率性，这难能可贵！作为一名草根校长，他仰望星空，思想里闪烁的竟是教育家般的忧患与痴迷，这令人感佩！他的《且行且思》，堆砌的不仅仅是他厚重的学者风骨，更堆砌出他纯净的师者魂魄。他追逐梦想的执著步伐，已经行走成他自己坚实的模样。

行者程斌！思者程斌！

安徽师范大学附属小学分校（碧桂园小学）校长、特级教师　**骆正位**

总 序

2001年7月，新一轮课程改革在全国范围内拉开帷幕，芜湖市作为首批国家级课改实验区率先走进新一轮课改。课改实验中，我们秉承“为国家课程改革作贡献，为芜湖素质教育搭平台”的理念，一大批优秀教师胸怀教育理想，追寻理想教育，勇于创造，不懈求索，得到了锻炼和成长，教学观念、方法和手段都发生了显著变化，推动了芜湖教育文化的变革和创新。十载春秋，芜湖市课程改革先行先试，素质教育全面推进，教育事业成就斐然。有关部门先后多次在芜召开全国、全省课改现场会，《人民日报》、《中国教育报》、中央电视台、人民教育出版社等频频聚焦我市教育改革，宣传芜湖的课改成果和经验。

现代社会，教育的核心是培养人的创造性思维和创新能力，教育的灵魂是具有创新精神的高素质教师。教师传道、授业、解惑，不仅仅是传承人类既有的文化，再现已有的理论成果，不仅仅只是承担一门课程，进行低层次的简单劳作。皮亚杰曾经尖锐地指出：“为什么这样庞大的一个教育工作者队伍，现在这样专心致志地在全世界各地工作着，而且一般地来讲，都有胜任的能力，却产生不了杰出的科学研究者，能够使教育变成一门既是科学的又是生动的学问，在立足于文科和理科方面的其他应用学科中占有它的正当地位？因为教师还缺乏专业化品质和研究智慧。”教师面向的教育对象千差万别，面临的教育情境千姿百态，面对的教育内容千变万化，要求教师更新教育文化，富有教学智慧，因材施教。教师必须勤于学习，善于研究，勇于创造。

我们深切地体会到，随着课程改革的深入发展，人民和社会对教育的期望越来越高，提高教师的专业化水平、注重研究教育科学规律、进行创造性的教学，从而指导学生自我发展，是造就一支师德高尚、业务精湛、结构合理、充满活力教师队伍的必由之路。这就要求中小学教师不仅仅是一个优秀的知识传递者，还应该是一个勤奋的教育研究者，成为学者和专家；既是学科知识领域的专家，又是教育教学领域的专家；既是授业者，又是学习者；既是实践者，又是创造者。教师成长的舞台在课堂，发展的支点是教研，教师应成为研究者、反思者和创造者。只有当教师的教育与研究交融在一起，教学与反思有机结合，并将研究成果创造性地转化为教学行为时，教师的教学才具有教育哲学的意义，教师的行为也才具有更富理性的内涵。教师从自己的教育实践出发，进行深入的思考和研究，把实践性、经验性的研究和理论性、科学性、哲学性的探讨结合起来，边实践边研究，以实践促进研究，以研究指导实践，就能使自己在教育改革和教学生活中成为一个自由的人、创造的人、幸福的人。

为了总结推广芜湖市基础教育课程改革十年来的经验，汇聚广大教师实践智慧，提升我市教育理论水平，促进我市师德建设活动的深入开展，进一步推动教师队伍建设，服务名师成长，市教育局计划出版一套具有芜湖特色、有一定学术水准的《基础教育改革与教师专业发展》丛书。丛书的各位作者均为奋斗在基础教育领域的教师、教研人员和管理人员，他们对理论思维葆有热情、兴趣和尊重；他们用心于教育事业，虔诚有加，在教育的田野中孜孜以求；他们醉心于教育科研，在思想的天地之间逍遥行走，书写自己的追梦之旅。提升理论思维能力，提升对教育实践的经验转化能力，提升对现实教育问题的观察、思考、探究和批判能力，倡导以冷静的理性思考代替功利和浮躁的作风，是当下教育工作者的职责所在，这也是本丛书筹划的初衷之一。本丛书展现了作者关于教育理论和教育实践的理性思考和思想智慧，也从一个侧面展现了芜湖教育改革和发展的真实图景，体现出富有朝气和创造力的芜湖教育人对教育事业和教育研究的热情、信念和追求。

本丛书首辑中的八本著作，无论是结构、观点或是具体写作，都各具特色。作者的书写是理论的，但绝不仅仅是在宁静的夜晚建构的，这背后的支撑是对忙碌而充满诗意的教育现场的参与、亲历和实践；作者的书写是实践的，但绝不仅仅是问题和经验的堆砌，其中渗透了作者理性的思考、热情的求索和美丽的教育情怀。我们力求本丛书在某种意义上代表我市基础教育领域的研究水平。当然，书中的观点或论证，描述的是他们对教育的观察、体会和感悟，诠释的是他们对教育的个性思考和见解，表达的是他们对教育精神的探索和追求，还有诸多待完善之处，真实而准确的状态是“在路上”。

相信本丛书的付梓出版，能够推进教学和学术研究，唤起更多的一线教育工作者对教育现场和教学实践的关注，对教育科研和理论思维的热情，进一步推动我市教师队伍建设和教育事业发展。

安徽师范大学出版社的领导、编辑，以严谨的学术态度和对基础教育工作的热情，认真负责，辛勤编辑，修缮雅正，锦上添花，为本丛书的出版提供了质量上的保障，谨致谢忱。

陈旭东

2010年8月8日于芜湖

教育，需要不懈的实践追求

日前，芜湖市大官山小学程斌校长约我为他的《且行且思——我的教育生活》一书写个序言，我欣然答应了。这倒不是因为我喜欢写序言，也不是因为我觉得写序言有身份，而是因为我与程斌同志交往已久，理解他的教育追求。

1997 年，我的老师张履祥先生带领我们一帮有志于中小学教育改革研究的同事，承担了全国教育科学“九五”规划教育部重点课题“优化学生心理素质结构，全面提高基础教育质量”的研究工作。这个课题的主要目的是在中小学教育改革中探索心理学的价值。当时，我们在芜湖市新芜区选择了一批学校进行教育实验，试图从开设心理素质教育课程的角度，从优化中小学生心理素质结构开始，指导中小学教育改革，促进素质教育运动的深化与发展。当时，范罗山小学名列其中，而程斌就在范罗山小学任教。

当时的程斌老师，凭着对事业的热爱、对教育的执著，在他所授的小学自然课程教学中践行陶行知的创造教育思想，这与我们课题所设计的心理素质教育要渗透在学科教学中的思想不谋而合。于是，他承担了“小学生创造心理教育实验研究”的子课题。随着课题研究的深入，他对学校创新教育的理解也不断深化，对小学生创新素质的培养也更加关注，研究报告、论文与著作也伴随着他的思考不断发表与出版。我们课题的中期研究成果曾经获得教育部基础教育优秀实验研究成果二等奖，我们的最终研究成果《学校心理素质教育》也获得安徽省第五届哲学社会科学优秀研究成果二等奖。程斌老师后来担任了范罗山小学的校长。在课题研究的过程中，我们结下了深厚的友谊。虽然我们平时很少联系，也很少见面，但是，我们之间却互相关心、默默祝福。2007 年，程斌被组织上派到芜湖市大官山小学担任校长，仍然坚持探索教育改革的创新之路。

程斌同志给我的印象是踏实与不懈追求。作为一名基础教育一线的老师，后来又担任学校教育管理工作，他非常踏实，也取得了一定的成绩。作为教师，他是安徽省的特级教师；作为领导，他管理的学校获得了很多荣誉。这些成绩的取得，完全在于他对教育事业的热爱与不懈追求。记得在范罗山小学的时候，他为了一节课的教案查阅了许多资料，并且不厌其烦地修改，精益求精。为了课堂上的一个生动的实例，他反复斟酌，力求贴切。这种踏实而严谨的作风，对他后来的成长是不无益处的。

程斌同志给我的印象是睿智与不停反思。程斌爱读书，购买了许多教育理论图书，订阅了许多教育期刊，比如《教育理论与实践》、《北京教育》、《当代教育论坛》等。这使他在与老师交往中，在教育研究过程中，在学校教育管理方面，往往能够抓住核心与重点，取得令人称赞的效果。在大量阅读的基础上，他善于反思。对许多教育现象，他往往能够从别人意想不到的角度、独特的视角发表自己的看法。比如，他对于留守儿童教育的关注、对于特色学校的创建问题的思考等。

程斌同志给我的印象是积极与不断创新。程斌是一个关爱他人、细致谨慎的人，这从他对待儿子的教育中可以看出来。男人一般都比较粗心，但是，我发现程斌是一个细心之人，他留意做过的一切事，他记得成长路上给予他帮助的所有人；他称道与他一道摸爬滚打的同事们；他感谢为他解除后顾之忧的家人。他将所有的经历和生活，都从教育的意义上来考量。也正因为如此，才有《且行且思——我的教育生活》这本书。他一路走来，一边成长、一边研究、一边思索与创新。

希望程斌同志再接再厉，在教育的大舞台上不停探索，实践一个教育人的承诺与梦想。

以上想法，是在拜读该书时形成的，不当之处还望读者批评指正。

是为序。

葛明贵

2011年3月22日于安徽师范大学

（作者系安徽师范大学教育科学学院院长、教授，安徽省心理学会会长）

目　录

第一辑

成长之路

我和两所学校的教育情缘

人到中年应酬如影随形，我却时常怀想曾经的青涩与孤独。那个作为青年教师的我，充斥着温馨、纯真、清贫和苦难，这是属于一群草根教师的集体记忆。那些人和事，那些风和景，仿佛在倾诉着世事无常。而命运，偶尔也会因我们不懈的努力而改变，但让学生浸润在散发着浓浓的真、情、善、美的富有个性的课堂中，是我永远不变的乌托邦和教学理想国。

难忘那人那事

1 成长素描：我的教学特色和追求

工作多年，转眼已过不惑。我有幸生当逢时，遇芜湖教育春天，教学之余有好书相伴，读书、教书、写书三重境界构成了我的特色和追求。我不敢奢望自己成为“学者型”专家，但我能自豪地说我永远是一个“学习型”的教师和校长。书斋、书籍、书生气息流淌在我生命中神圣且平凡的朝朝暮暮。在从事科学教育的这些年里，见证了从自然课到科学课的转变历程，多年的学习与实践，少了喧嚣与浮躁，而平添了许多沉静与平实。日复一日的教学过程中，不仅提升了自身的教学水平，也提高了学生的科学素养。在小学科学教育的百花园里，我辛勤地耕耘，编织我的科学教育之梦，我并不在意将获取多少，但我深信，这里将是我最辉煌的人生舞台，因为，我愿用我的满腔热忱与孩子们共同守望科学的明天。

从教之初，我自诩是一个“文学青年”，怀着对文学“初恋”般美好的憧憬，从芜湖师范分配到芜湖市范罗山小学任教。歪打正着，学校正在物色一位有事业心的专职自然教师，老主任在面试时一眼看中了我这个20岁的小伙子。“我们缺自然教师，你愿意教自然课吗？”“当然。”就这样，我“初生牛犊不怕虎”，高高兴兴地领下了拓荒耕耘的令箭，从此开始了“探索大自然奥秘”的教学生涯。好心同事的劝说也随之而来：“年轻人要带‘主课’，带‘副课’有什么出息？”可是我固执地认为未来的老师不能光会语文、数学，科学技术一定会受到重视。也有人讲：“这么多的自然课，你吃得消吗？”我当时的想法很简单：“年轻人正是挑重担的时候，人生能有几回搏？”心高气盛的我雄心勃勃地要在这张纸上去画最新最美的图画。

在小学，一名优秀的科学教师实际上就是一名“万能博士”，上知天文、下知地理。改革后的自然课，要求老师不能照本宣科，要引导学生像科学家那样经历“科学发现的过程”。自然科学知识涉及生物、化学、物理、地理等，教学法也是当时中小学各科中最先进的，对一个刚从中师毕业的年轻人来说，难度可想而知。要当好自然教师，“首先要充实自己”。我一头扎到书堆里，第一次在文学之外，如饥似渴地拼命读书，好像一头饿牛突然放进了教育的牧场。在最初几年，我精读了几百本科普书籍，如《十万个为什么》、《少年知识文库》、《生物标本制作》；系统地学习了陶行知的创造教育思想，布卢姆的“目标教学”理论，以及《协同论》、《天才的培养》、《横向思维法》、《教学新论》、《小学科学教育的“探究—研讨”教学法》、《兰本达的“探究—研讨”教学法及其在中国》等中外教育专著和各类教育期刊；进修了“教育学”、“心理学”等教程,受益匪浅。通过自学,我的科学知识丰富了,教育思想也有了转变,我也成为全市最早对自然课的学法和教法进行改革的教师之一。

我无意下水,却学会了游泳;心本无期,却爱上了小学科学教育。作为一名小学科学教师,我喜欢和孩子们在一起,希望和孩子们相通。在孩子们眼里,我是一个无所不知、无所不晓的老师,我是他们的大朋友。课余休息,我把门打开一条缝,有的孩子大大咧咧地进来借个放大镜,有的孩子怯生生地要走几张硬纸片,高年级的孩子胃口大,调调天文镜,用用酒精灯,借走小电机,慢慢地我这里便成了孩子们的乐园。

想想我自己的课,我总不那么满意,在这种情况下,不断鼓励安慰我的是孩子们,用他们喜欢上科学课的种种举动温暖、激励我的心。谈论中,作文中,官方、非官方的民意测验中,科学课是呼声最高的课。每当我因公外出而回来出现在教室门口时,热烈的掌声和同学们的欢呼声,真使我热泪盈眶,天大的委屈都会随之消融。每年的养蚕、搜集岩石、植物叶画、玩具小车、建高塔、造纸桥等活动,还会刮起一股全校学自然、爱科学的风。

我追求上好每一节课,追求孩子们的信任,追求各种比赛名列前茅,而且至今仍在追求着,只不过追求的中心已经转移。"好高骛远"的我已开始在更深的层次探寻。说"好高骛远",不仅因为有人会这么认为,就连我自己也未拿得准最终的忧或喜。我是个科学教师,然而我所涉足的似乎已脱离了科学教师的实际,展开的学习,储备的资料,思考的问题,粗看起来,好像已远离我所从事的科学教学工作。例如,我会从科学教学改革探寻到各个学科的改革,直至学校管理的改革;从学科渗透德育到协同渗透德育到构建学校德育体系。我订阅的杂志也比较杂,有《教育理论与实践》、《小学教学设计(语文·品德版)》、《小学教学设计(数学·科学版)》、《教育随笔》、《北京教育》等,我最引以为豪的是我收集到了从《科学启蒙教育》创刊号到《小学自然教学》再到如今的《科学课》出版的各期杂志,共计有两百多期,使我受益匪浅。也许我的确不应该过多地耗费自己有限的精力,也许我只不过做了一个现代教师应该做、应该想的事情。最终得失尚不可知,但就我目前来说,我确实已从我"好高骛远"的超现实追求和超前探索中受益了,我敢于大胆处理一些教材,大都源于这一基础。

初任自然课教师的那两年,我的课堂教学追求的是内容丰富,形式生动,犹如一个个科学知识讲座,"搭纸桥"、"变色游戏"、"科学讨论会"是其中的代表。然而得意了不久就被自己否定了:这不是把自己的课等同于科普读物了吗?我正是这样开始了思考:怎么教?怎么学?恰好这时,美国兰本达教授的"探究—研讨"教学法引进中国,《小学自然教学》杂志的复刊,使我很快接受了一些新思想、新观念,开起一批受到赞扬的课。诸如"热胀冷缩"、"什么力量使苹果落地"等。我相信这些课在传授知识的同时,不仅培养了学生的能力,也确实更为有趣和吸引人。这一时期,对美国兰本达教授的"探究—研讨"教学法中所蕴含的"珍宝"的潜心研究,奠定了我小学科学教育教学的哲学基础。在我的许多课里都可以找到“探究—研讨”法的踪迹和理论渊源。但是不久,我又否定了自己,这主要源于我在尚未形成批判和消化能力的时候,注意到“探究—研讨”教学法所引起的混乱。“探究—研讨”教学法非常关注学生的主动学习,自主探究,但有些时候往往矫枉过正,一味强调自主,忽视了老师的指导,出现学生不知所从或盲目探究、收效低微的情况。1996 年 4 月在芜湖市大庆路小学执教的《人的营养》一课标志着这一时期的终结。

先进的教学理论和实际的教学实践产生的矛盾,引起了我的困惑。怎样的科学探究对学生是适合的?教师应该为学生有效的科学探究做好什么样的准备?我陷入了沉思和迷茫,我的小学自然课堂教学研究也进入了一个高原期。1999 年我走上范罗山小学行政岗位,大部分精力用于管理学校与开展小学科学教育的理论研究和普及推广工作,创建了芜湖市首家少年科学院,把一所薄弱学校发展成为安徽省特色示范小学。在随后的很长一段时间,我痴迷于读书,读了许多更加生涩的世界教育名著:《维果茨基教育论著选》、赫胥黎的《科学与教育》、蒙台梭利的《童年的秘密》、沛西的《教育原理》、夸美纽斯的《大教学论》、卢梭的《爱弥儿》、柏拉图的《理想国》;同时也系统地学习了中国教育经典:孔子的《论语》、墨子的《兼爱》、荀子的《劝学》、韩愈的《师说》、《礼记》中的《学记》、朱熹的《朱子语录》、戴震的《原善》、蔡元培的《我在教育界的经验》、陶行知的《教学做合一》等。一个个大师的名字,一座座教育的丰碑,浸润着大师思想的文字穿越时空,汇成洪流拍打我的心岸。我常常禁不住激情澎湃,于是,不再年轻的心湖又重新扬起了青春的风帆。即使当了校长,我仍然坚持在第一线上课,坚持搞教育科研,特别是我对小学科学课堂教学痴情不改。不知不觉,我参与研究的全国教育科学“十五”规划教育部重点课题子课题“新课程理念下的科学课教学策略研究”(编号 DHB010679),经过三年多的艰苦实践,已圆满结题,并获得全国“十五”规划教育部重点课题子课题研究成果特等奖、安徽省优秀科研论文评奖一等奖;初步形成了在新课程理念下的科学教学九大策略体系。我潜心研究,整理出了一批可供参考的数据,包括学生活动调查表、科技活动调查表、课堂实验记录表等。在芜湖市小学科学教研员肖玲老师的支持下,通过课题研究,我的教学理论和教学水平都有了比较明显的提高,在全国科学课教学研究活动中多次获奖,并逐步发展起一批比较有研究价值的典型课例和教学录像、光盘。与此同时,我和我的芜湖同行也组建成了一支特别能战斗的教研团队。现在回忆起来,仍历历在目。彭秀芳老师执教的《食盐在水里溶解了》,赵永强老师执教的《我们关心天气》、《马铃薯在水中是沉还是浮》,李震老师执教的《种子变成芽》、《摆的秘密》、《昆虫》、《温度和温度计》、《星空》,丁美林老师执教的《测量物体的温度》,丁利霞老师执教的《流动的空气》,都在全省乃至全国产生了一定的影响。邓海老师执教的《无限宇宙》作为中小学课程整合案例由广西音像教材出版社出版,文娟老师的《油菜花开了》一课面向全省进行课堂教学模式展示。通过课题研究,团队力量彰显出强大的活力。实验教师开发了一批和新课程科学课配套的素材库和软件,建立了课题组自己的科学课网站——科学课在线和中国·美林科学启蒙网,实验学校芜湖市大庆路小学围绕扬子鳄的生活建立了扬子鳄专题学习网站,实验教师李震整理出了小学科学课程使用的部分影像资源、素材库和实用软件。同时学生的实践能力得以提高,学习方式得以优化,品德行为得以发展,学生在各级各类科技竞赛活动中取得优异成绩,芜湖市小学科学课堂在课题研究中洋溢着生命的气息。

印象中2007年的春天来得比较早,伴随着"十五"国家级课题的结题,芜湖市小学科学教师对"在新课程理念下的科学教学策略体系"的研究热情不减,课题研究团队也越来越关注充满生命和活力的小学科学课堂。如何进一步优化科学课堂教学,稳健推进教学改革,全面有效地构建科学课教学策略,并赋予其时代内涵,历史性地摆在了我们的面前。将中学语文课堂教学点拨思想引入小学科学课堂教学,并试图将它和"探究—研讨"教学法有机整合,让"点拨探究"架起科学素养目标和小学科学课堂实践之间的桥梁,成了当时久久萦绕在我心中的梦想。

中学语文点拨教学法,是由芜湖一中原副校长、中国当代卓有成就的语文教育家蔡澄清先生创立的。这是在中国基础教育的肥沃土壤里生长、发展并渐趋成熟的一种教学方法,其核心是"适时点拨"。按照蔡先生的观点,适时点拨就是:教师针对学生学习过程中存在的知识障碍、思维障碍与心理障碍,运用画龙点睛和排除故障的方法,启发学生开动脑筋,自己进行思考与研究,寻找解决问题的途径与方法,以达到掌握知识并发展能力的目的。蔡先生是安徽省芜湖一中的语文特级教师,20世纪80年代初发表了《重在点拨》一文,正式提出"中学语文点拨法",那时我还在芜湖市一所偏远的初中读初二,随后考入芜湖师范学校,一直没有机会享受点拨法在语文课堂上呈现的精妙和魅力。对蔡先生的"中学语文点拨法"心仪也只是近几年的事,因为蔡先生的教学理想和小学科学教学所倡导的鼓励学生自行探究是息息相通的。我的科学教学开始专注于一个目标——学生的发展。我开始了对科学学科和科学教学的再认识,尽可能多地搜集其他国家和地区的教材、教师用书,并有计划地研读教育学、心理学、科学方法论等书,至今仍在进行。在此基础上,我逐步明确了我的教学特色和追求——基于点拨探究为核心的科学教学策略。

我经历了20世纪由刘默耕先生领导的全国范围的小学自然课程改革,并伴随着基础教育新一轮课程改革一同成长、成熟。我参与了"十五"、"十一五"国家级科学学科课题研究工作,获全国课题研究特等奖。曾经多次上研究课、公开课、观摩课,为我打下了坚实的基础,我是安徽省综合实践活动课程建设的参与者,参与了安徽省教科所组织的《综合实践活动》所有版本的编写和培训工作,是经安徽省中小学教材审定委员会审定通过的《中小学公共安全教育》的分册执行主编,《心理健康教育》分册主编。先后被授予安徽省特级教师、安徽省教坛新星、全国"十一五"教育科研先进工作者、全国优秀科学教师、中国教育学会小学科学专业委员会系统先进个人、安徽省模范教师、安徽省师德先进个人、安徽省优秀科技辅导员、芜湖市劳动模范等称号。

荣誉只代表过去,回首来路,最艰难的日子已经走过,如今在小学科学这片热土上,面对孩子们那一双双渴求科学的目光,我时刻满怀使命感,为自己从事的这一职业而自豪。教育的智慧是激发学生潜力的催化剂,在每一次科学探究活动中,我和学生一起体验科学的无穷魅力,一起快乐地成长。我愿精心耕耘,用爱和智慧引领学生发展,我愿用青春和热情践行自己的小学科学教育之梦,我更愿用一生来守护学科学的孩子们!

2　专业感悟:从兴趣爱好到专业视角

在教师行业内,有的人只是把教师职业作为谋生的手段,生活在这个圈子里,活得苦不堪言;有的人则把教师职业作为自己挚爱的事业,活得有滋有味,他们把个人的时间、精力和热情全部投放进去,他们通过专业发展,获得了自由言说的自信,看到了教育的真相:在知识传递、升学和效率之外,教育是事关灵魂的事业。回眸自己多年的教师职业生涯,有着太多令人难忘的瞬间与记忆。历史从来不缺乏述说者,它需要的是记载与传承。

我在范罗山小学工作了 19 年,前 10 年主要是潜心研究自然教学,和安徽师范大学教授编写心理学教材,开展课题研究。在 1999 年之前,完成了我第一个专业发展期,其具有标本意义的足迹是:获得区教坛新星的称号、市优质课一等奖、省教科研成果一等奖,提前晋升为小学高级教师。1999 年走上行政岗位后,主要是管理学校,创建了芜湖市首家少年科学院,把一所薄弱学校发展成为安徽省特色示范小学。范罗山小学校名由"神舟五号"总设计师戚发轫院士题写,范罗山小学少年科学院院名由中国科学技术大学原校长、中科院院士朱清时先生题写,我主编的一本45万字的专著《创造适合儿童的教育——范罗山小学特色发展之路解读》由合肥工业大学出版社出版,学校的办学实践入选当代中国陶行知教育思想实验研究典型案例,同时被收录的还有本人的学陶实践个案。2002 年新课改以后,经市教科所推荐,我一直在为安徽省教科院编省级教材,参与了安徽省所有版本的综合实践活动课程教材的编写和教师培训工作。本人主编的《创造心理训练》(上下册)由安徽大学出版社出版,2007 年 11 月被全国青少年科学教育师训计划领导小组评选为科学教育校本教材全国一等奖。

我的人生履历其实很简单,40 多年来我一直生活在学校。我出生在教师家庭,从小就住在学校,长大了求学而住在师范学校,参加工作分配到范罗山小学后也住在学校,直到结婚生子,一直没有离开过学校。学校的生活对我来说,并不像其他人的生活那样简单。作为教师的父母及他们的生活方式给我以深切的影响。我和我的父母一道经历着、感受着教师的完整生活。我的生活,在很大程度上就是学校的生活。

2007年在我简单的人生履历中,注定是一个重要的转折点。2007年组织上把我调到大官山小学,我离开了范罗山小学,那个我曾经挥洒过青春和汗水的地方,那个曾经承载着我许多教育梦想的地方,我有些黯然惆怅。空降到一个老学校,来到一个陌生的工作环境,接手一些比较棘手的工作,仿佛一切都回到了原点,但我绝对不会重复昨天的故事,复制范罗山小学的一切,我深信办学的雷同、话语的雷同是根本上反映了思想力的弱化。我还年轻,我对未来依然充满了一种创造的冲动。由于不断研究,我在全省范围结识了一批良师益友,也不断开阔了自己的视野,在芜湖市育红小学孔祥明校长、马鞍山采秣小学庄庆松校长、铜陵市实验小学刘先文校长、原合肥市六安路小学郑家凯校长、安徽省教育科学研究院小学语文教研员吴福雷老师等人的感召下,我的教师专业发展突破了一个高原期,进入了第二次发展期。我在做了多年学校管理工作之后,在自己钟爱的科学教学领域又开始了一次新的攀登,具有标志性的节点有:2007年8月在新疆乌鲁木齐市执教的《各种各样的岩石》一课被评为中国教育学会小学科学教育专业委员会优质课一等奖,2008年9月获安徽省第三届教坛新星称号,2009年6月获安徽省第九批特级教师称号。目前我的心愿是完成一本纯学术性专著《透视小学科学课堂》。在专业成长的道路上我感到充实与欣慰,同时,我也在不断追问自己:我的专业发展足迹有没有可供借鉴的价值?

在我看来,反思与读书,是我专业发展的指南针。1988年我从芜湖师范学校毕业后,就顺理成章地有了教师从业的资格,似乎做了很多年的教师,就已经掌握了做教师的真谛和窍门。这几年我经常追问自己:我凭什么当教师?这个问题看似很简单,却未必每个教师都能想清楚。因为单单靠在师范学校有限的书本上学到的知识和年轻人的热情来做教师,是远远不够的;同样,单凭做了若干年教师的经验而确定一个人做教师的水平,也是不合逻辑的。

有一位职业指导师曾对接受培训的教师出了这样的问题:作为教师,你已读了哪些经典教育理论著作?对于世界教育史上的大事和著名教育家你了解多少?对于刚刚产生的教育教学研究成果,你了解多少?如果您的答案都是“No”,那您可以考虑从事别的职业了。您每天、每周、每月、每季度写过教学论文或教育教学随笔没有?如果没有,我们求其次:您能每天或每周或每月,对自己的教育教学行为进行反思吗?如果您的回答还是“No”,就要劝您勇敢地面对教师以外的新职业了,因为对您而言,教师职业生涯不可能创造辉煌,教师充其量只是谋生的一种手段。

我们不禁要问,我们凭什么当教师?教师的从业资本是什么?教师的从业资本是知识，作为教师，更重要的、更易获取从业资本的途径就是读书。读书应该是教师重要的生活状态。

苏霍姆林斯基是我非常崇拜的一位教育家，我对他的崇拜，不是源于他是一位世界级的教育大师，而是因为他是一位在农村中学任教30多年的老师，直到走完自己52年的生命历程。他边教学边总结，一生教过了3 000多位学生，积累了3 000多个个案，最后他完成了41部著作，600多篇论文，约1 200篇文艺作品，成为一位享誉世界的教育家。他的成功让无数没有任何背景的普通教育工作者看到了成长的希望。苏霍姆林斯基说："每天不断地读书，跟书籍结下终生的友谊。潺潺小溪，每日不断，注入思想大河。读书不是为了应付明天的课，而是出自内心的需要和对知识的渴求。"

当读书成为生活时，才具备当教师的资格。按照北京清华大学附属小学窦桂梅校长的观点，好教师的知识结构应当由三块组成，即精深的专业知识、开阔的人文视野、深厚的教育理论功底。要驾驭教育实践，很大程度上取决于教育理论的功底。要有理论功底，首先要读名著。你不读《论语》，不读陶行知、杜威、苏霍姆林斯基的著作，就很难真正读懂教育。其次，要多读自己研究领域里有影响的专著，读专业期刊等。只有抓紧时间广学深研，才能了解科研动态、把握热点难点、借鉴他人经验。对于文学类和文化类杂志，我只是象征性地订阅一些，原来是订阅给爱人和孩子看的，自己也顺便一读，读着读着，一不留神，文化品位也似乎提高了许多。通过反思和读书，坚持"学术独立，思想深刻"的教育立场，为自己营造一个宁静致远的学术天空，是我一贯坚持的教育主张。

我热衷于研究与写作，这也许是我专业发展的助推器。"在研究状态下教与学"是教师开展教育教学工作的一种境界。这种境界，体现了教师的专业精神，体现了教育科研在教育教学中的价值，也体现了教育科研的常态化。

我的教育科研之路，起步比较早，中间没间断，一直在进行，至今也还在研究着。记得是1995年，一个偶然的机会，我走上了教育科研之路。当时，芜湖市新芜区教委与安徽师范大学心理学教授张履祥共同成立联合课题组，承担了全国教育科学"九五"规划国家教委重点课题"优化学生心理素质结构，全面提高基础教育质量"。开设了系列心理素质教育训练课程，并着手开发配套的心理训练教材。新芜区教委在全区范围内抽调了数量庞大的语文、数学、英语名师参与开发，在编写学习策略训练时，遇到了瓶颈，一时无从入手，编写进度缓慢。作为一名自然学科老师，我被时任范罗山小学的校长韦自胜推荐参加了一次编写会，抱着试试看的心理，我很快完成了一课教材《学会想象》的编写任务，深受当时课题组组长张履祥和钱含芬教授的欣赏和重视，从此走上了教育科研之路。

于是，我一边学习教育科学理论，一边跟随张履祥和钱含芬两位教授在学校里搞起教育科研来。当时学校条件很差，张教授和钱教授还从自己的工资中拿出

1 000元购置了图书，捐助给范罗山小学开展教育科研。当时我很年轻，浑身有股使不完的干劲，为了感谢两位教授的知遇之恩，交给我一个星期的科研任务往往只用一两天就圆满完成。为了按计划进行暑期培训，原定四人用一周时间编写的学习策略训练教案，我冒着酷暑一人仅用了两天一夜就完成了任务，让教授们感到非常吃惊。这样的事例还有很多，随后的几年中我就是在这样的兴奋、喜悦和辛苦中快乐地成长着，直到课题顺利结束，由于和多位教授的合作，我的文章也得以出现在《中国教育学刊》和《安徽师大学报》上。在长期的教育科研中，我逐渐悟出了这样的道理：科学需要默默地探索，成果在长期积累中偶然得之。教育理论如果没有实践的基础，便会失去它的价值，而教育实践如果没有理论做指导，便会导致盲目的实践。必须走理论与实践相结合之路！当丰富的理论与生动的实践有机结合之后，我的教育科研之路也越走越宽，研究范围也越来越广。2009年我正式被安徽省教育科学规划办公室聘请为安徽省教育科研规划课题咨询专家。通过我的专业发展，我深刻感受到：论文不是"写"出来的，而是"干"出来的，只有不断实践、不断研究、不断探索才能不断出成果。偶然的机会，并非都有必然的结果；而必然结果的产生，是需要探索者抓住机遇、锲而不舍、不断超越的。

我的专业发展，在很大程度上依赖我的坚持与追求，这可能是我专业发展的动力源。我自我感觉能力比较差，但勤能补拙，所以我总是很努力，瞄准一个目标，长期积累、探索、思考。我生活中的爱好少得可怜，如果真正算是爱好的话，可能就是教育。平心而论，这些年我从不曾懈怠过，因为我知道，想放弃每一秒都可以实现，但坚持是需要勇气和定力的。当作为一名自然和科学教师时，我瞄准的目标多为教学法，从美国兰本达教授的"探究—研讨"教学法，到芜湖本土的"中学语文点拨"教学法，再到"点拨—探究"教学法，我关注了十几年，可能还要再研究十几年。当范罗山小学校长时，我瞄准的目标多为学校管理和创造教育。比如，研究创造教育，我就研读所能获得的涉及创造教育方面的书籍和文章，并进行对比思考，结合范罗山小学的实际，在学校管理中进行实践，或在某些方面进行新的尝试。这样，有理论、有实践、有"他山之石"、有"校本探新"，学校的特色就自然形成了。

作为一名教育工作者，我认为只有坚持才会拥有，只有专业才会赢得社会和家长的尊重。这样的专业感悟，其实最直接的来源是前不久我在网络上偶然看到的一个帖子，给我很大的震动，现摘录如下：

落后地区比如安徽芜湖，这里的小学老师，大多是一群失去独立人格和教育指导思想的从业者，这种失去不是他们的能力导致的，也不是他们的态度导致的，而是被落后的管理体制阉割掉了。在大多数小学教师身上，我们难以发现迥然不同的教育风格，很难发现迥然不同的为人处世独立价值观。他们的工作指导思想，永远围绕个人荣誉或者是个人利益，永远是为了应付上级或学生家长而工作，工作服务对象，永远是上级和学生家长排前两位，学生永远排第三位。如果一件事做了可以让上级和家长满意，就已经很值得庆祝，谁去想学生的感受？谁在乎？天天喊学生是未成年人，需要保护，其实只是为了家长不来找领导麻烦，而不是真正让学生得到长期发展，真正的未成年人保护是给未成年人尊重和说话权利。让学生参加素质教育活动大多数只是为了存档以应付教育局的检查，而不是真正让学生通过活动发展独立健全人格。

我虽然不赞成上述近似诽谤和污蔑的观点，但它确实让我心痛和警醒。教育是培养人的工作，教师作为教育的实施者，要有自己的专业追求。事实上，教师对自己专业追求从本质上就是自己德行的成长。一个获得成功的教师，教学工作在其生命价值中具有举足轻重的意义，因为他们热爱的教育事业，不仅是其人生价值和生命价值的体现，更是他们人生幸福和快乐的源泉。骨干教师、学科带头人、特级教师、教坛名师是一种追求，课程观、教学观、育人观也是一种追求，努力成为徽派名师的一分子也是一种追求。什么是徽派名师呢？这是我做的一个研究：徽派名师是安徽教师群体的代表，有浓郁的地域特征，是对徽州文化的传承和全方位的关照。因为在这块土地上诞生了思想、学问大家朱熹、戴震，更有近代新文化领军人物胡适和大教育家陶行知。在我的眼中，他们应该是一群书生，有强烈的文化自觉，他们对教育教学有自己独到的理解，他们清明而敏锐，低调而儒雅。他们用一种安徽教育人特有的执著、痴迷以及坚持，用一种简单的善心和爱，从自己的生命追求出发，用思想捍卫教育的尊严，用行动提升教育的品质，用激情抒写教育的人生。他们用自己的教育智慧，推动中国基础教育一路前行。徽派名师代表的是一种教师专业形象，其专业性不是由徽派名师荣誉本身赋予的，而是由一群具有专业水准和忘我工作的人赋予的。

3　逆境起航：我和范罗山小学三任校长的师友情

我是 1984 年考入芜湖师范学校的，读的是四年制中师。那时中师是比较难考的，特别是对一些家庭条件较差的学生来说，考上中师就相当于找到一个铁饭碗。那时对大多数处在城市底层家庭的学生来说，成绩较好的才考得上中专或中师，继而于毕业时分配到一个正式工作，一般是在机关、事业单位或国有企业里工作。而成绩稍次的学生才会直接考高中，进而再考大学。因此我们那时考上中师或中专的人都很有些得意，在读中师时心态也好（反正以后会有一个正式工作，解决了生活的后顾之忧），同学们学习都非常刻苦。

1988 年 8 月我从芜湖师范学校毕业，来到芜湖市范罗山小学任教，那时我 19 岁。当我拿着调令，带着简单的行装，怀着忐忑的心情只身一人第一次来到范罗山小学时，差一点没找到学校简陋的大门，在多方寻找下才进入校园，映入眼帘的是一个陈旧的操场、一栋四层新楼和一栋破旧小二楼，一切显得唐突而缺少联系。当时校园里还住着几个教师，教导处严美正主任、张霄树老师、金崇林老师、张国荣老师，他们正忙碌着，从他们欢快的神情中我得知，他们即将搬入已经竣工的位于狮子山脚下的新芜区教职工宿舍。在这里我遇到了胡国兰校长，她是我教师生涯中的第一位校长，一位醇厚长者、谦谦君子。她身材比较高大，严谨的面孔挂着庄严而又慈祥的微笑，令人肃然起敬，给我印象最深的是每次教师会后她的脸总是激动得微微发红。

当时我的父母均在江北，位于芜湖市裕溪口区。刚刚工作，我还带着正在市区上走读中专的弟弟，每月只有三十几元的工资，教学工作是简单的、学校生活是单调枯燥的，小学教师之苦之累，远出乎自己的经验与认识。加上 20 世纪 80 年代末特有的“下海潮”席卷大江南北，我对教育教学工作缺少热情和动力，看着年轻的同事、同学一个个调出教育系统，心里也盼望着有一天天上掉下一个大馅饼，跳出教师这一行，于是年轻的我站在教育人生的十字路口，等待、迷茫、痛苦，是胡国兰校长的关心引导，帮我走出了困境。胡校长工作兢兢业业、为人实实在在，她当时住在范罗山脚下的市委大院宿舍，离学校比较近。我刚走出师范学校校园，和弟弟相依为命，生活上很不适应，有时饱一餐饥一顿，胡校长看在眼里，记在心里。有一天中午她把做好的红烧大鲫鱼送给我和弟弟，看着还冒着热气的美味，我的眼睛湿润了、模糊了。胡校长对这次不经意的善举也许早就遗忘了，却让独在芜湖陷入困境的我感受到了温暖，菜的美味随着时间的推移已经淡忘，但那个中午感人的一幕让我镌刻在心，成为我初登人生之旅的永恒的美好回忆。

据范罗山小学里的老人说，胡国兰校长年轻时是大队辅导员，我到校时，她已经做了多年的行政管理工作。胡国兰校长告诉我：教育学生不仅要靠老师的说教，更要靠老师以身作则。老师要用自己的言行去感染学生。教师的一言一笑，一举一动，对学生都是潜移默化的教育，忽视不得。因而，她非常注意规范自己的一言一行。每次上课或召开教师会之前，她总要先将头发理齐，衣服整理好，再面带微笑地走进课堂或会场。无论是做教师还是当校长，她从来没跟学生、教师发过火，遇到一些棘手的人和事，她就采取冷处理的方式，待自己冷静下来再解决。“作为校长对师生可以严格要求，但不能严厉批评。”从我到校直到其在校长岗位退休，她在范罗山小学先后共担任了 13 年校长。她以自己最朴实的行为，践行着自己的诺言。胡校长已退休多年，算得上是我的一位教育长辈，在我的眼里，她不苟言笑但话语中总显露出慈祥和关爱，她话语不多却总透出睿智和哲理，且让人易于理解和接受。她通过自己的言传身教，让我深信：处于转型期的中国社会显得异常浮躁，教师职业在这个时候显得特别举足轻重，我既然选择教育就等于选择了成为一名精神家园的守门人，必须时刻保持内心丰富的安静和寂寞的充盈。

王家莲校长是我的前任校长，她从芜湖市狮子山小学调到范罗山小学之前，就是享誉芜湖市小学界的语文特级教师。她优雅自然的教态，简洁明快的教学用语，巧妙合理的细节处理，热烈有序的师生互动，虽然不能说每一堂课都尽善尽美，但也足以让人耳目一新。她钟情于范罗山小学“科技创新”特色教育，她虽不是范罗山小学特色教育的创始人，但她通过特色教育，给范罗山小学的发展带来了前所未有的现实可能性。

她常说，若给学生一杯水，教师得有一桶水。在她的身体力行下，范罗山小学的教师们不断追求专业发展，努力把自己变成一条流淌不息的小河。他们在业余时间不断“充电”，自我加压。除了备好正常的教案外，老师们每人都有一本创新教育读书笔记，里面记载着创新教育的最新信息、心得体会、名人名言等。每一本笔记都按教育篇、教学篇、业务研究篇等贴上分类标签，有的教师为了便于查找，还用红笔进行了标注，做了眉批。翻阅这些字迹工整、记录详细的笔记本，仿佛看到教师们挑灯夜读、辛勤笔耕的身影。而教师们的这些厚厚的创新教育学习笔记连同教案一起，王校长都要逐一批阅，并作为教师业务考核的重要标准。

王家莲校长对教育不仅情有独钟，而且有自己深刻的见解。她在十几年前就提倡对学生进行个案研究，对某些具有特殊情况的学生跟踪培养，在更大程度上对其创新精神和实践能力给予尊重和关怀，开发他们的潜性学习能力。在她的督促下，范罗山小学开展的“科普早餐”活动成了芜湖市学校科普活动的一个品牌。学校每天利用早操后的5分钟时间，分班级由同学之间互相传播科普知识，每个学生都有机会担任科普信息员，把从课外搜集的科普知识介绍给同学，长年累月坚持不懈，大大增长了学生的知识面。这一活动受到学生、家长的好评，多家新闻媒体给予了报道。在此基础上学校开展的创新型课间10分钟活动，让学生从跳绳、踢毽子等传统活动转向由教师指导的创新活动，这也令人称道。在每年举行的全国、省、市青少年科技创新大赛中，范罗山小学的学生也经常崭露头角。王校长是教育教学教研的行家里手，其教育思想超前，办学目标明确，育人效果显著，其当年的想法、做法绝大部分至今仍在提倡和实践。

在范罗山小学主教学楼悬挂着“爱满天下”四个巨型大字，这是陶行知先生的至理名言，也是王校长从事教育教学活动的真实写照。她说，一个老师必须热爱学生，才能教好他们。她强调教育者要先受教育，塑造灵魂者要先做到心灵美，这是真、善、美的先决条件。王校长正是凭着这份真挚的爱，在语文教学中，把课文作者的思想感情以自己富有情感的讲述加以渲染，伴以扣人心弦的启智提问，适时辅以直观教具等教学方法传递给学生，引起学生的深思与共鸣，使学生受到思想的启迪、形象的感染、情感的熏陶和精神的愉悦。作为校长，她爱生如子，自己虽不懂英语，却经常督促学习困难的学生背诵英语单词；范罗山小学几乎每个班级都有需要她关心的学生，特别是那些学习困难、调皮捣蛋的学生。王校长细心地针对每一个学生的特点，因材施教，尽可能多地给学生们创造成功的机会，使每一个学生都能经过努力有所进步，使每一个学生都能品尝到成功的喜悦，使他们能天天有所进步。她关心教师的生活，学校许多青年教师都吃过她亲手烧的菜肴，2000 年的 6 月，骄阳似火，天气特别炎热，学校办学条件还比较差，她独自一人在学校传达室为学校毕业班教师煨绿豆汤，给正在指导学生复习迎考的老师带来阵阵清凉。

王校长严于律己，以校为家，总喜欢在校园里转悠。在我的记忆里，王校长在担任范罗山小学校长的日子里，她从没有过迟到、早退。她通常总是第一个到校，最后一个离校。由于历史原因，范罗山小学地处市中心，占地面积狭小，资金非常短缺。为了改善学校硬件条件，在王校长的带领下，全校教师自己动手，艰苦创业。她常说："嚼得草根，百事可做。"为了筹措资金，她伴随灯光度过许多不眠之夜，写了很多次报告阐述自己的观点，她的工作热情和执著终于感动了领导，获得了区政府的大力扶持。钱有了，她更忙了，组织相关人员讨论规划，逐步新建起了颇具特色和规模的自然实验室、电教室、音乐室、美术室、微机室、学生操作平台等。在王校长的校园生活中，好像没有双休日、寒暑假。她经常放弃休息时间，暑假无偿加班更是家常便饭。印象深刻的是 1998 年暑假，50 多天的假期里，王校长在学校上了 40 多天班，其他行政人员和教师加班也有 25 天以上。为了省下本来就很紧张的办公费，她经常一分钱掰成两半用，甚至自己贴钱搞学校建设。王校长即使在即将退休的日子，还亲自动手，冒着酷暑油漆门窗，她拿着锄头，种树栽花，整理校园，有时一干就是一整天，辛勤的劳动换来了学生们良好的学习环境。她和年轻教师一起准备科技节的有关材料，收集各种植物种子、为种子染色制作精美的颗粒画和纸浮雕。记得有一段时间王校长为学校兴建微机房而四处奔走，她曾半开玩笑半自嘲地说："这回光靠学校省吃俭用和老师们的捐款可买不回来几台计算机。"

王校长能大胆起用新人并悉心给予指导。20 世纪 90 年代末，我刚担任副校长，学校迎来了最重要的办学水平评估。王校长把这个光荣而艰巨的任务交给了我。她把评估文件交给我后，并不是不管不问，当甩手掌柜，而是和我并肩作战，指导我针对验收文件的条款，如何梳理学校的资料总目录。搜集、整理第一手资料并不难，难的是评估汇报材料的提炼，她要求汇报材料立意要高，内容要全面、翔实、说服力强、能反映本校特色；文章要提纲挈领、叙议结合、结构新颖、骨肉丰满、耐读耐审。说实话，时间有限，要求很高，自己当时有过退缩的想法。材料是对学校工作的总结、凝练和提升，汇报材料是验收工作的关键一环。成文的过程中我小心翼翼地、不时地把写好的想法和草稿给王校长看，请她指点迷津，可自始至终王校长除了鼓励就是表扬，弄得我心里很不踏实。就这样，在晕头转向的忙碌中，经过反复推敲修改，材料总算出炉了。王校长看后连声称赞："挺好！挺好！"但我心底并没有放松，一直等到王校长汇报完毕，听到专家对学校的高度赞扬，我才长舒了一口气，心中的石头终于落了地。有了第一次，我写作的兴趣更浓了。学校的典型材料、宣传材料、汇报材料、活动材料都出自我手。王校长确实是把最好的机会给了我，锻炼我，包括原本属于她的校长培训、外出考察交流等都让我参加。我的观察、思维、综合能力和写作水平在一次次充满挑战的锻炼中得到了提升，我对学校管理的认识也有了质的飞跃。所以我不仅没有感到累，而且真心感激王家莲校长，毕竟人是在不断“打磨”中成长起来的。这些年，无论在怎样的境遇中，我一路走来，总是以幸运感恩的心情直面生活，而生活也果然对我接二连三地回馈着幸运和快乐。我想，也许这个世界从来不缺少成功和幸运，只缺少发现幸运的眼睛，以及打磨幸运的毅力和智慧。

赵玲校长是我离开范罗山小学后的继任者，她 2003 年 8 月从芜湖市狮子山小学调到范罗山小学，担任分管教学的副校长，我和她合作了四年，共同经历了范罗山小学争创安徽省特色示范小学的艰难历程。她爱学习、会思考、善总结。她一直注重不断提高自身素质，能够抓住每一次学习机会，迅速成长。将理论学习与实践相结合，善于思考和总结，成绩斐然。如：在全国义教小学数学培训会上做精彩发言；多次在市、区级“小学数学培训会”上做专题培训，受兄弟学校邀请做教学讲座；无论是 2006 年给宣城全体数学教师做的四期小学数学教学讲座，还是 2010 年在芜湖县给教师开展的“上好课”讲座，每次一整天的讲座，都是掌声不断，得到教师们的高度评价。近年来，她在省内外开展教育教学讲座和培训 60 余场次，学员中除了中小学教师，还有研究生和各级管理人员等，拥有一批“粉丝”，大家亲切地称她为“一线的专家”。

她虽然年龄比我小，但工作过的学校比我多，有着丰富的基层工作经验和较强的业务能力。她从事小学数学教学工作多年，主持省市区各级课题研究近 10 个，先后 16 次受到各级各类表彰。她主持的省、市教科研课题开展得有声有色，多个课题应邀在省、市课题交流会上做汇报，其先进的研究理论与思想受到普遍关注与好评，并荣获省、市教科研成果一等奖。赵校长还带领全区 74 位青年教师开展“教师行动研究”活动，主持编写《课改丛刊——教师行动研究》一书，对促进教师专业发展和进一步探索课程改革的课堂教学研究起到了较为显著的作用。她深入课堂，和教师们一起听课、评课、教学研讨，每学期在区、校开设研究课、观摩课，和教师们共同成长、共同进步。不仅在课堂教学中形成了自己的教学风格，也注重多方位培养学生的能力和良好的品质、学习习惯。

我虽然离开了范罗山小学，但对范罗山小学现任掌门人赵玲校长的发展一直都很关注，不时分享她的成功和快乐。2009 年 3 月，虽然春寒料峭，赵玲校长却怀着满腔的热情踏上了开往北京的火车，去往中国所有教师都向往的学府——北京师范大学，参加教育部主办的、为期将近一个月的“第三十期全国小学校长高级研修班”的学习。据说安徽只有两名校长参加这次培训班，我为她的年轻、幸运和努力而高兴。在一次偶然阅读她的文章时，发现了这样一段文字："无论我们做校长还是做教师，眼中只要有孩子的六十年，胸中要有民族的未来，就一定能成就学生、成就我们的教育理想、成就未来。"这也许就是赵玲校长的教育情怀。

从 1983 年胡国兰校长担任校领导算起，以上三位校长横跨范罗山小学百年办学史近 30 年，她们与我在范罗山小学相识、相知、难相忘。她们性格各异、教学风格、管理艺术也各具特色，但她们对学生就像对待自己的孩子一样体贴备至，她们甘愿扎根在艰苦的教学工作环境，通过自己的百倍努力，让每一个才能卓著的孩子，都有机会接受较好的小学启蒙教育，不让经济条件堵住了他们的美好人生之路。她们固执地坚守自己的教育理想，投身平民教育，并用自己的微薄之力推动范罗山小学一路前行。她们的信念来自对儿童心理的理解，更是对孩子未来的领悟，以仁爱和谐之道，成就生生不息。她们是我的同事、师长和益友，简单的文字记录了我对她们的怀想，也让我忆起了丰子恺先生的一幅漫画：疏朗简洁之极的笔触勾勒出房舍廊前的景致，廊上是卷上的竹帘，廊下有木桌茶具，画面大片留白，一弯浅浅的月牙高挂，题款是："人散后，一钩新月天如水。"这就是我此时此刻写作时的心境。

4 激情岁月：范罗山小学特色活动三虎将

20 世纪 80 年代末，贯穿整个 90 年代，直到 2004 年 3 月 3 日，范罗山小学争创安徽省首批特色示范小学成功，特色教育在芜湖市范罗山小学犹如一个引力巨大的磁场，吸引着一批院士、专家教授、省厅领导和市区政府官员的关切目光，在物质条件极度匮乏的背景下，师生教学、活动的热情却空前高涨，学校的特色活动往往是通过特色教师的人格精神来熏陶学生，发展学校，这是范罗山小学百年发展史上的一道独特风景，其中那些和我一起挥洒青春和汗水的平凡人物虽然微不足道，但值得我永远铭记。

查斐老师，那个"发电子邮件一激动就泪水模糊了双眼，忘记添加附件"的女教师，性格耿直，其拼命三郎的工作风格让人生畏，是范罗山小学特色活动最坚定的领导者和执行者。她个子不高，分配到范罗山小学不久就担任大队辅导员，很快就表现出很强的组织才能和活动天赋。她结合范罗山小学所处地带的生源不佳、学生家庭情况不理想等特点，于 1997 年组织成立了第一个由退休教师发起、全校师生广泛参与、定期资助困难职工子女的爱心基金会。到目前为止，学校爱心基金会已向手拉手学校（芜湖县和平乡周桥小学、鸠江区东梁小学）及灾区小朋友捐赠了大量的款项、衣被、文具等，并每学期定期评选学校的"校园千里马"，让每个品学兼优的困难学生都感受到爱心基金会的温暖。

在我看来，学校里无论是温柔文静的学生，还是调皮捣蛋的孩子，都把查斐老师当做他们的知心朋友。和孩子谈心,是查斐挖掘学生心理的一个重要的渠道,学生们也愿意把自己心底的“小秘密”告诉查老师。一次,她发现一名中队委平日里欢快的笑声消失了,学习成绩下滑了,对少先队工作也变得唯唯诺诺。这是怎么回事?当查斐了解到:孩子的父母因下岗而导致将要离婚,孩子便不敢看别的同学和父母亲热的情景,不愿意参加一些集体活动,躲避一切看见父母和孩子亲亲热热在一起的机会,更不要说正常的开展少先队工作了。怎么办?不能看着她消沉下去,查斐进行了多次家访和学生家长促膝长谈,为了从根本上解决问题,查斐还到处托人帮小孩的父母寻找再就业的机会。在一次团市委对特困生的摸底调查中(查斐上报了一份材料),团市委不仅给孩子争取到了救助单位,还为其父母购置了一台新的冰柜。学校也通过街道社区为他们划了一块区域作小买卖。学校和社会伸出了友爱之手,使原先趋于破裂的家中又充满了往日的欢乐。就这样,在办公室里、在操场上、在放学途中、在电话线上、在传达室的书信中,处处可见查斐和学生之间朋友般的倾诉。

查斐老师爱学生更爱学校。2005 年 9 月,根据学校的安排,查斐担任了学校的副总务主任,工作中,她带领总务处的老师团结一心,爱岗、敬业、奉献,努力提高主动服务意识,快节奏、高效率地开展各项工作。在工作上她不懂就学,虚心下问。由于学校建校早、规模小、人手紧缺,学校的原大门和通道狭小;社区居民的生活垃圾堆放于围墙处,气味难闻;学校和居民共用的下水道、化粪池经常由于居民的不规范处理而堵塞渗水;住户的树由于生长年龄过久挑断电线、蹭裂围墙……多种历史遗留问题都摆在查斐的眼前。她通过打报告、交申请、跑社区、下住户、实地走访和交流谈心等各种渠道协调学校和上级部门及学校与周围居民之间的关系，最后圆满完成了学校的下水道改建、旧楼粉刷维修、入学通道拓宽等各项工作,避免了旧楼的消防隐患、为学校的老师和学生们创造了安全舒适的教学与生活环境。

众所周知，范罗山小学是一所科技传统特色学校，也是省创新教育的实验学校。在这样的氛围下，查斐老师把少先队活动的几个载体和创新教育紧密结合起来。记得她在担任大队辅导员时,在“雏鹰争章”活动中,她不仅带领中队辅导员认真的学习、了解新颁布的争章细则,还要求每个中队根据自身的实际情况制定“特色章”。于是乎什么“动脑章”、“发现章”、“模型章”等充满着浓郁的范罗山小学特色的章目及考章方案相继出台。中队活动因而变得更加生动、活泼并有特色。每个中队都涌现出了一批争章小能手,创新为少先队工作开辟了雏鹰练翅的广阔天地。如“创意文、想象画”的评选征集,各班的科技活动课(纸塑、泥塑、卵石画、刺绣、四驱车、海模、航模、金属画、布贴等),各班的“科普早餐”,各个研究所的科普展板以及各班的科技角,等等,这些都紧紧围绕学校特色,孩子们动手动脑将知识科技和创造融为一体。每年一度的科技节成为学校科技活动的展示汇报会,从周一到周五各班还会利用 10 分钟的时间向学生进行“科普早餐”的活动,让班上的同学自己寻找科普知识,轮流做宣讲员,扩大孩子的眼界和知识面,并且做到次次有记录。每周三的下午最后一节课是创新教育辅助课,该课由各中队辅导员担任,以培养学生的动手实践能力和创新能力为核心,开设"小报编辑与设计"、"科技小制作"、"科学小论坛"等特色课程,做到有计划、有教案,确保课程实施。学校少年科学院下属的13个研究所也定期开展活动,使同学们在科学的海洋里尽情地遨游。

查斐老师在抓常规工作的同时,不断寻求新的突破,创造新的特色和经验。其间,她所辅导的王婧同学被评为"全国手拉手好少年","红帆"小队被评为"全国优秀雏鹰假日小队",张玮玮同学被评为"全国双有活动先进个人",学校先后获得全国少年儿童"心中有祖国,心中有他人"主题教育活动优秀组织奖、安徽省"我们爱科学"手抄报组织奖等荣誉称号。

作为一名音乐老师,查斐老师能积极主动地参加到各级各类教学基本功培训中去。近年来,她先后参加了国家级、省级、市级、区级等各类音乐专项培训20余次。声乐、舞蹈、键盘乐器、乐理知识、作曲等培训活动中,都能见到她如饥似渴的求学身影。自从现代教育技术在一线教学中普及之后,她就努力地学习多媒体的使用、各种课件的制作,遇到疑难问题查老师总要弄个明白才肯罢休。在镜湖区教育局主办的"英特尔未来教育培训"活动中,查老师通过不懈努力,获得"英特尔未来教育优秀学员称号"和"英特尔未来教育优秀作品奖"(双优)。此外,她还长年订阅并且学习《电脑报》、《中国音乐教育》、《辅导员》等报纸杂志,在读书中吸取各种先进的理念,开阔了自己的视野,丰富了文化积淀,加强了知识储备,提高了文化涵养,在教学中也更具有丰厚的文化根基和人格魅力。查老师常说:"小学的音乐老师就好像相声演员一样,得是一个杂货铺子,什么都要会才能引领学生体会到音乐的魅力。"查斐老师在担任学校大队辅导员期间,比较扎实的教学基本功帮了她的大忙。学校的舞蹈队、合唱队、表演队、鼓号队、科学制作研究所、小记者团……查斐老师都能游刃有余地进行辅导,并带领着同学们创造了一项又一项的佳绩。几年来,查斐和青年教师一起编排了多部少儿舞蹈:《我学爸爸开飞机》、《雏鹰练艺》、《咪咪和吱吱》、《蛙趣》、《京韵》等。她醉心于学生大合唱辅导,教育主管部门组织的每届"红五月"大合唱比赛,她均组织学生积极参加,并向学校、家长送上一张令人满意的答卷。我知道这些成绩取得的背后,是她无私的付出。每天放学后,同事们在享受片刻的闲暇时,经常会看见查老师正和学生们一起排练舞蹈或大合唱。校园里多少个寒风凛冽的夜晚,多少个烈日炎炎的午后,都被她和孩子们的激情与汗水所浸润。在和她家人不多的闲聊中,我才意外得知,和在学校风风火火工作不同,回到家中,再也撑不住的她,常常一头栽在床上,爬也爬不起来。但在学校,我眼中的查斐老师,总是匆匆地走向工作岗位,投入繁忙工作中。她一边如饥似渴地翻阅大量图书、杂志,获取更多的教育信息,一边运用这些信息策划了校首届少儿卡拉OK大奖赛、"新世纪我眼中的家乡"、"金话筒"杯小主持人大赛、征文征画比赛、"科普展板"评奖、"岁末绝活大盘点"体验教育成果展示会、科技节等丰富多彩的活动。与此同时,她还热心帮助别的老师,帮忙编排课本剧、设计活动方案、修改演讲稿、制作演出道具等。

一分耕耘,一分收获。在汗水的背后,查斐老师也尝到了成功的喜悦。近几年,她先后被评为安徽省优秀少先队辅导员、省少先队技能技巧二等奖、市优秀大队辅导员、市十佳辅导员,获得市暑期中小学生社区三结合教育先进个人、区优秀教师、区优秀党员、区骨干教师、区课改之星、区德育工作先进个人、区教坛新星等荣誉称号。查斐在范罗山小学悠悠岁月中,变是绝对的,不变是相对的,唯有一种意志、一种逆境中成长的精神没有变,她累并快乐着。

夏超老师瘦高的个子,看起来显得有些单薄。他是范罗山小学特色活动的一名虎将。漫漫模型科普路,浓浓科技育人情。这是夏超老师从事科技辅导员工作以来的真实写照。2000年,夏超老师开始担任学校科技辅导员,专门负责模型科普教育活动,那时也正是范罗山小学少年科学院建院之初。深厚的科技校园文化积淀和辉煌的成绩影响着感动着他,更激励和鞭策着他。他为了提升自身的科技素养,自费订阅了《少年科学》、《模型世界》、《小学科技》等杂志,并潜心钻研,动手实践。学校每次请来资深的老专家时,他总是围着老专家不停地请教、学习。短短的两年时间,他已经具备较强的动手能力和科普教育经验。

在学校少年科学院活动中,夏超老师主要负责模型研究所的日常研究和竞赛活动。在组织学生实践活动中,他始终把培养学生动手能力和创新思维作为首要任务。活动中,他通常采用集中讲解示范、提供学习资源、小组合作等形式,让学生易学易会乐学。为了让学生更好地了解船的发展历史,夏老师一气呵成制作了"独木舟"、"古帆船"、"近代明轮船"、"现代军舰"等系列模型教具;讲中国海军发展史时,他又搜集图片、文字、影像资料制成多媒体课件向学生展示;讲芜湖建筑发展史,他把学生带出校外走街串巷,实地介绍芜湖的古代、近代、现代建筑……模型研究所在他的精心呵护下,长期开展着丰富多彩的活动,研究所的学员也由原来的30名,猛增到60余名,鼎盛时期甚至成立了模型研究二所,专门吸纳低年级有模型爱好的同学。在脚踏实地地开展研究所兴趣活动的同时,他组织学生积极参加各级模型科技竞赛,竞赛成绩处于全市领先位置,并逐年提高。2001年获芜湖市航海模型竞赛团体二等奖、建筑模型竞赛团体一等奖,获奖学生20余人;2001年率队参加全国青少年建筑模型竞赛,获少年组美好家园团体制作第四名的好成绩;2002年获芜湖市建筑模型竞赛团体冠军、航海模型单项冠军,获奖学生40人;2004年获芜湖市建筑模型竞赛团体冠军,其中2个单项冠军,获奖学生55人;2004年率队参加全国青少年建筑模型竞赛,6名比赛选手全部获奖,其中3人摘得银牌。他多次当选最佳辅导员。模型研究所的同学都非常喜欢他,因为他常利用自己的业余时间带领同学们遨游在模型制作的天地里,为给学生提供丰富的活动内容,他常绞尽脑汁地设计活动方案;为给学生提供物美价廉的制作材料,他白天奔波在市场上寻找合适的材料，晚上便自己设计模型图纸，为学生开展活动节约了许多资金。第二天活动时，他又神采奕奕地给学生讲，手把手地教，没有对模型科普事业的一片赤诚之心怎能事至如此？模型研究所的学员并不都是品学兼优的学生，当初参加学习也只凭一时的喜好，可夏老师从不放弃一个学生，用心良苦地用制作模型中坚韧不拔的精神熏陶每个学生，小争、英豪、小涛、志伟……一批班主任老师眼中的“调皮蛋”、“另类分子”在夏老师这里磨炼了意志，褪去了浮躁之气，不断成熟起来，在班级里还担任起科普宣传员等职务，在全国、省、市的科技赛场上都活跃着他们的身影。全校形成了热爱模型活动的良好氛围。

2002 年，夏超老师承担了由教育部基础教育司等五部委主持的《中国青少年科学技术普及活动指导纲要》的子课题“在模型活动中培养小学生科学素养”的研究任务。在课题实验中，他利用少先队、少年科学院和校外家长辅导员这些资源，开展航海模型和建筑模型活动，摸索出了以学生合作小组、班级、少先中队为活动单位的参与模式，期间开展了“小小江城建筑师摄影展”、“创意教室我设计”、“桥梁设计我能行”、“我是小火箭专家”、“我爱祖国海疆拥军活动”、“美好家园设计展”等活动。在研究中，夏超老师将活动经验总结成文，分别撰写了《运用生活教育理论指导学生建筑模型综合实践课开展的思路》、《“我爱祖国海疆”海模活动研究报告》、《建筑模型活动训练教材》等文章，这些文章在市科研论文项目评选中获得专家的好评。在进行常规活动的同时，他努力地把现代信息技术设备与小学生模型活动结合起来，在学校的“网上少科院”里，他建立了模型制作专题网页，方便学生在互联网上进行资料的查找。通过实验研究，同学们的实践活动向着自主化方向发展，学习能力得到进一步加强。2002 年，新芜区评选的 10 名“小院士”中，模型研究所就有 3 名同学当选，从研究所中涌现的“小博士、小硕士、小学士”更是数不胜数。

学校的科技节是夏老师和他的学生最高兴的日子。在他的带领下，同学忙着发射模型火箭，放飞热气球，做结构承重实验，布置科技作品展室。火箭发射也成为每年科技节闭幕式上的压轴好戏，伴随着缕缕轻烟，小小火箭腾空而起，在高空中打开减速伞，就像一朵朵花儿凌空绽放，他和孩子们欢呼雀跃，尽情享受着成功的喜悦。夏超老师不仅热心培养学校的科技幼苗，而且还把目光投向社区科普阵地。他利用暑假时间，担任社区科普志愿辅导员，带着社区的孩子们进行科技制作活动。他针对孩子爱玩的天性，还组织孩子参观市自来水厂，考察市区的特色建筑物，开展环境保护教育活动。范罗山小学少年科学院接待过全国、省、市许多领导，他们都被模型研究所的孩子们的创造力所吸引、惊叹。每每听到对孩子们赞赏的话语，夏老师的心里甜极了。

陈蓉老师是范罗山小学特色活动的后来者，她用年轻人特有的朝气影响周围的每一个人。2007 年我离开范罗山小学时，陈蓉老师正担任范罗山小学少先队大队辅导员。科技活动让陈蓉找到了真爱，夏超成了陈蓉的另一半。作为学生的主心骨，陈蓉老师像大姐姐一样关注每个少先队员的成长。在举办 2007 年科技节时，陈蓉为了能让更多的学生参与到科技活动中，制定了适合各种类型学生的活动方案。例如：得到全体学生积极响应的“环保服装秀”就是打破班级之间的界限，高年级学生给低年级学生制作一套环保服装上台表演。这个节目还应北京路街道的邀请，在步行街参加演出。当时，工作人员只要求带上上台表演的学生，但陈蓉毅然决定带上所有参加制作的学生参观表演。因为，她觉得只要学生付出了就应该有回报，当时由于管理人数众多的队伍，她过度劳累，身体一周都没能恢复，但当想起那些小设计师们看到自己的作品得到大家赞赏时那种高兴的神态，她觉得自己的苦没有白费。

陈蓉对待学生绝不会用歧视的目光，她把爱洒向每一个学生。范罗山小学学生何诗雨，是一个被拾荒人捡来的孩子，收养她的家庭，经济条件非常糟糕，大人又不识字，所以何诗雨平时的学习根本无人过问。通过班主任的反映，陈蓉知道了她的情况，带着慰问品来到她口中的“家”——一个在废弃火车道边的临时搭建的窝棚。当发现她家连一张床都没有时，陈蓉惊呆了，震惊于现代都市中还存在这样艰苦的家庭，在整个慰问过程中她眼眶都是湿润的。第二天，陈蓉就把自己家中闲置的席梦思床送到了她家，并在她的协调下，为何诗雨家争取到政府的困难家庭扶助基金。后来，陈蓉还利用学校晨会发动大家从生活和学习上都来帮助何诗雨，在校园中形成一种“你帮我、我帮你、大家都是好朋友”的良好校园氛围。

陈蓉老师人小心细，对学生关爱有加。一次，陈蓉发现一名同学在低声哭泣，经过耐心询问后才知道，这名学生马上要过生日了，可是从小到大，他只和妈妈见过一次面，今年他的生日还是见不到妈妈，心里很难受。为了缓解这名学生的压抑心情，给他一个惊喜，陈蓉组织了该班学生专门举行了一场“生日的祝福，你不再孤单”的生日会，当这位学生看到插满蜡烛的生日蛋糕，听到全班同学的生日祝福时，流下了泪水。

同样的生日会、节日茶话会，陈蓉经常在留守儿童和单亲儿童群体中举办，这一措施也得到学校行政班子的一致首肯，学校每年都会拿出专项经费支持大队部，学校的每位老师都熟悉这一常规。在这一活动的感召下，全校的师生都认识到幼小的心灵是需要温暖、呵护的。开学了，为学生送上希望的寄语；教师节，在全校的晨会上，学生们能深情地向老师感恩；圣诞节，学生和老师们各自制作“祝福卡”装扮起一棵五彩缤纷的圣诞“心愿树”；临近期末测试，又会有老师代表向学生介绍复习迎考的金点子……就这样，陈蓉挖空心思地为师生搭建情感交流的平台。

曾经的激情岁月让我终生难忘，为了范罗山小学特色活动，多少个夜晚，我和查斐、夏超、陈蓉冒着清幽的月色一起回家。那时候，学校里班级演出、每年“红五月”科技节、大合唱比赛、“雏鹰争章”活动、“科技创新我能行十小活动”、社会实践活动、助残活动、学雷锋系列活动等等,让孩子们走向街头、敬老院、社区,让孩子们在活动中接触社会、了解社会、适应社会,提高动手实践能力,陶冶情操,锻炼身心。现在想起那时在范罗山小学的校园生活,真的是丰富多彩,对我而言在范罗山小学学习、工作确实是件非常快乐的事。

5 小爱寻踪:范罗山小学那些可敬的班主任

多少往事都被岁月的河流冲淡了, 然而范罗山小学的那些可敬的班主任的种种感人举动却依然历历在目。离开范罗山小学越久,对那些班主任的敬重却与日俱增。学校车棚后的小水沟还有人疏通吗? 汪黎虹老师家那紧邻学校的后院,一到秋风落叶时就金黄一片的柿子树还在吗? 还有那两棵永远长不高的白玉兰、那散发着淡淡幽香的紫丁香,校园里那一张张充满阳光的笑脸、一双双纯真渴望的眼睛,让我至今时有牵挂。范罗山小学学校虽小,但班主任群体所折射出的人生理想、事业、前途、价值取向,宛若被一股神奇的力量所驱使,在碰撞,爆裂,升华,闪出一轮轮耀眼的光环。他们不崇时尚,不求闻达,怀着"让学生都能健康成长"的最朴素愿望,默默耕耘在自己的一亩三分地里,在学校这个小小的人生舞台上,谱写了一幕幕教育诗篇。尽管他们每个人感受神圣的背景和基础很不一样,但体会却是相同的。他们有清苦的无奈,也有着别人所没有的或体味不到的幸福。我愿成为范罗山小学这段历史的忠实记录者, 尽可能用自己笨拙的笔触来描述这些平凡的教育工作者和她们不平凡的教育业绩,即使我时时感到了自己的力不从心。

吴安安:心底无私天地宽

在范罗山小学说起班主任工作,我的脑海里就会浮现出这样一位老教师,她30多年如一日,用无私的奉献启迪孩子们的心灵,用兢兢业业的态度铸炼高尚的师能和师德。她,就是吴安安老师。

吴安安老师的岁数比我年长得多,在我刚分配到范罗山小学时,由于她的热心和生活经验的丰富,我们年轻教师都亲切地称她为"大姨"。吴老师经常告诫年轻的班主任:"对一个学生的关爱,会让全班同学受到感染;对一个学生的冷漠会刺伤全班同学的心。作为教师,没有选择学生的权利,只能选择适合学生的教育方式和方法。"她自己更是30年来始终注意用爱心去启迪学生,而对班上后进生与家庭残缺的学生,她所付出的那浓浓的爱心更是让孩子与家长们刻骨铭心。

记得很多年前, 吴老师有一次到家住码头口一位顽皮学生家去家访, 由于路远,她让其大女儿黄宁(现在是芜湖市赭山小学校长)用自行车送她,回来时不幸摔倒了,跌裂了半月板,摔歪了尾椎骨,医生让她一定要卧床休息,她却让家人第二天用车推她去上班,学生和家长们都非常感动。这位顽皮学生心灵受到震撼,之后进步也很快。

还有一位学生的家长喜欢“搓麻”,吴老师去家访,家长总是避而不见,尴尬之余,吴老师决心用行动感化这个家长。她再次来到学生家,在麻将声中为孩子辅导。持续了几天后,家长索性将孩子锁在屋里,不让他和老师见面,吴老师就让孩子到厨房屋里,她在屋外踮着脚站在一块石头上隔窗辅导,这件事感动了左邻右舍,家长也被吴老师真挚的爱心所打动,于是,改变了态度,设法为孩子创造良好的学习环境,从此这位学生恢复了自信,跟上了班级进度。

几十年的教学实践,使吴老师悟出了这样的道理:教学相长,教与学相辅相成。要教好学生,教师自己一定要乐学善学。

每次上课前,吴老师总是认真钻研教材,撰写教案,同事们常说:“你没有教案,闭着眼睛也能上课,干吗那么认真?”但吴老师却认为,备课是一种学习,不认真就会误人子弟。吴老师早期创造性地将课堂结构设计为四个环节:引导自学、组织讨论、激发探究和鼓励运用。这样富含创新思想的教学,充分调动了学生的学习兴趣,大家学得轻松学得快。同学们都喜欢上吴老师的课,喜欢和吴老师谈心。由于吴老师的不断努力,1997 年她在新芜区小学教师中第一个被破格晋升为中学高级教师。

另外,吴老师还一直担任班主任和中队辅导员工作。开展了一系列丰富多彩的第二课堂活动,让每个学生都有充分施展才能的机会。她先后主持众多主题班会,组织同学捐款参加抢救国宝大熊猫行动,受到了国家林业局野生动物保护协会的回信表扬;组织同学为南陵县患病的贫困学生张惠芳捐款,等等,都受到社会好评。这些主题班会,对学生的思想品德素质的提高起到了潜移默化的作用。

1998 年 3 月 3 日,对吴安安老师来说是一个令人揪心的日子,与吴老师朝夕相处情深意笃的老伴(原芜湖市新芜区人大副主任黄善富同志)因公牺牲。噩耗使吴老师陷入巨大悲痛,几度昏迷。市、区各级领导来看望她,所带毕业班的学生,家长们也来到医院。看着学生们一张张泪脸,一双双渴望的眼神和家长企盼的目光,吴老师决定尽快重返讲台,可是医生却给她敲响了警钟:心律不齐,血压不稳,必须住院。但出于对事业的挚爱,对学生强烈的责任感,吴老师毅然离开了医院,在料理完爱人的后事后,她就拖着虚弱的身体,怀揣速效救心丸走上三尺讲台。

转眼到了 6 月,正是毕业班教学最关键的时刻,吴老师 5 个多月的孙子高烧住进了医院。吴老师就白天上课晚上赶到医院,边照顾孙子边批阅试卷,她流着泪进病房,带着笑容进课堂。师生的努力终于换来了丰硕的成果。当年,吴老师所带的班级毕业考试的合格率、优秀率、录取率均为全区第一。事后有人问她,你年过半百,为什么干劲这么大?她说:“我心中,学生们最重。”话语朴实却掷地有声。

方芸:艰辛路途爱相伴

10 多年前,毕业于芜湖师范学校的方芸老师成了范罗山小学的一员,开始了自己的教育耕耘，从一名心高气傲、孤芳自赏的女生，成长为一名默默耕耘心田，深受学生、家长爱戴的优秀班主任。在范罗山小学校园里，她经过了哪些艰辛、委屈和磨炼？走过了一段怎样的心路历程？由于时过境迁，我已无意评价和揣摩。在我的记忆和印象中，她是范罗山小学班主任群体中一位极具争议和个性的行者，她工作积极但对同事间的交往活动却总是迟到或缺席，她近乎严苛的勤勉与苦干，在一些同事眼中却被赋予了功利的色彩。但我知道，由于她和孩子们真诚地以爱相伴，所以她从来都不孤独，爱使她义无反顾地投身教育。

在当班主任的日子里，方芸老师不仅在播种着知识和爱，同时也在加倍地收获着感动和幸福。孩子们一次次用他们真诚的目光、天真可爱的笑容感动着她。为了老师的一句“应该把班级视作我们的大家庭”，他们会把自己最喜爱的玩具和工艺品带到学校来布置班级，甚至用稚嫩的小手为班级装上漂亮的窗帘和台布；为了老师的一句“只有坚强的人才能收获自己的胜利”，谈世豪同学竟然能够拖着跌倒时严重擦伤的腿，在校花样跳长绳的比赛场上为了班级的荣誉坚持到了最后；为了老师的一句“有爱心的人最可爱”，家境困难的董娜竟然能够把自己省吃俭用积攒出来的 20 多元钱捐给汶川地震灾区，而自己却依旧背着因拉链损坏，始终敞口，需用松紧带捆绑的破旧不堪的书包；为了老师的微笑，他们那么努力，虽然他们还有许多缺点，但他们真的是一天比一天有进步，在孩子们的点滴进步中无不饱含着方芸老师的心血和汗水。

方芸老师坚信：爱心成就教育。要教育好学生，首先要关心学生、热爱学生，做学生的知心人。只有对学生感情深，工作才能细、方法才能对头。作为一名班主任，在学生的学习生活中更应该给予他们广泛的爱。一次，在学校举行去泾县为英烈扫墓的活动中，方芸老师班上的董娜、陈冠印因为家境困难，只好放弃，看到他们渴望、羡慕的眼神，方老师便以“爱心温暖你我她”为主题召开了班会，并带头为董娜、陈冠印捐了一部分钱，在她的带动下，孩子们纷纷伸出援助之手，帮助他们实现了扫墓的愿望，在路途中大家对他们也格外照顾，使他们和家长深受感动。方芸老师相信泾县之旅不但使孩子们受到了革命主义教育，更重要的是受到了一次心灵的洗礼，爱的种子也在他们的心中生根、发芽。

每个班主任在工作中都会遇到后进生，后进生虽然只是少数，但他们往往集许多缺点于一身，给班主任工作带来很多麻烦，他们不仅容易犯错，而且改过来之后极容易再犯。针对这样的情况，方芸老师总是用她的宽容去温暖学生的心灵，并引导他们把自己的缺点找出来，然后逐步改正，让他们知道“错误并不可怕，可怕的是错误地对待错误”。

方芸老师所带的班级中，曾经有几名同学，学习基础较差，经常不完成作业，打架、撒谎更是家常便饭，令老师头疼异常，很多老师都认为无法教育好，劝她放弃，她却深信没有教不好的学生，只有不会教的老师，爱心可以改变一切。于是她放弃了自己的午休时间，在和家长取得沟通后，将他们中午接到了自己家，和自己一起用午餐，还为他们耐心地进行单独辅导。孩子们从开始的惧怕、抗拒到后来的喜欢、主动，让她们彼此的心紧紧地连在了一起。经过一个学期的努力，在最后的期末测试中，他们都取得了巨大进步，家长在欣喜之余买来礼品送给她以示感谢，均被她婉言谢绝，因为她所做的一切都是因为爱——她爱她的工作、爱她的学生，她相信他们也会爱她，不能让礼品亵渎了这份真挚的爱。久而久之，班内很快杜绝了不完成作业的坏习惯，方芸老师也赢得了学生和家长对她的尊重和喜爱。

因为有爱，她在班主任岗位上一站就是11年；因为有爱，在先兆流产、医生劝休的情况下，她依然坚持上班；因为有爱，她放弃了三个半月产假，送走了刚满4个月的女儿，回到班主任的岗位；因为有爱，在艰辛的教育征途中，她对身边繁华的物质世界从来都淡定自若。同时也因为有爱，她收获了很多精彩：方芸老师所任班级被评为市、区级先进班集体，她也被评为市级优秀班主任；她撰写的《班主任工作实录》经学校推荐，获区优秀《班主任工作实录》评比一等奖第一名，并在区班主任培训会上进行了展示和交流；她所撰写的德育论文《关爱“城市留守儿童”，注重心理健康教育》在安徽省青少年心理健康教育大会上进行交流，并在论文评比中获得一等奖；她所设计的活动方案“让绿色装点家园”获得芜湖市活动方案设计评比一等奖等。方芸老师常说：“一路艰辛一路期盼，一路清贫但有爱相伴，在我班主任工作的漫长征程中，有笑也有泪，有收获也有遗憾。”

郭莉莉：行走在人性的空间

郭莉莉老师是从芜湖师范学校直接分配到范罗山小学任教的，一转眼十几年过去了，在我离开范罗山小学之前，她一直在范罗山小学这块土地上悄无声息地工作着、生活着，她看似胸无大志，只想凭着一颗良心把班上的孩子教好。对她的回忆是缘于前几天我在网上看的一篇短文，是她关于对范罗山小学的离别记忆，由于发表在一个需要输入密码的博客里，我只是看到了一段令人伤感的文字，她有这个性情让我很意外。记忆真是个很奇怪的东西，对原本没有太深印象的郭莉莉老师，我的记忆突然往前延伸了，想起了她和蒋英豪同学的一些琐碎的片段，这些情节也同样记录在郭莉莉老师的一个教育案例中。

那是在2002年前后，蒋英豪同学是郭莉莉老师班上的一名特殊学生。他个性叛逆、思维独特，由于父母的低要求，少交流，使他在老师面前是块硬骨头，在班集体中是个“捣蛋鬼”。当他犯了错误被班长带到郭老师跟前时，他总是瞪大了眼睛，昂首挺胸，似乎等待“授勋”呢！成绩不太当回事，只要不垫底，就很高兴。

郭老师想，日子一天天过去，他再这样不听老师教育，分不清是非，长大以后将怎么办呢？郭老师在寻找沟通教育的契机。

一天,蒋英豪捧着一个纸盒,显得特别兴奋地早早来到学校,一看见郭莉莉老师,突然紧张起来,下意识地想往背后藏什么,郭老师敏感地发现了其中的蹊跷,故意严肃地追问:“蒋英豪,你手里拿着什么?”“路上捉的一只鸟。”他甚至显得有些害怕。“真的?我最喜欢鸟了,给我看看好吗?”郭莉莉老师的表情变得很快,故意装着很感兴趣的样子。“好!”说着,他像解说员一样向郭老师介绍起了这只鸟的样子。郭老师看着蒋英豪专注、友好的神情,仿佛找到了和这个学生交流沟通的希望。

“快上课了,这只鸟先放我这可以吗?放学后,你到我办公室来拿。”“好。”这是师生俩在上课前最后的对话。

放学时,同学们纷纷走出教室,郭老师等了一会儿也不见他来,询问一位同学,才知道蒋英豪要订正作业,还要打扫卫生,于是她让同学转告蒋英豪,郭老师会在办公室一直等他来拿东西的。

天已渐渐暗了下来,不知过了多久,蒋英豪背着书包,一路小跑地来到教师办公室,郭老师赶紧放下手中正在批改的作业,站起身,轻声地说:“别着急,快来看看鸟儿好吗?我们一起来给它起个好听的名字吧!”正好办公室里没有人,蒋英豪也高兴得忘了拘束,随口接道:“因为它全身羽毛是灰色的,就叫它灰灰吧!”“你把灰灰带回家,能经常带它来给我看看吗?”“当然可以。”他笑着说,“老师,谢谢你。”郭老师通过蒋英豪的眼神发现,这句简短的感谢是发自学生内心深处的。从此,郭老师就和蒋英豪有了一个“灰灰”的话题,蒋英豪也好像一下子长大了,顺教了,学习自觉性也在一次次的交谈中、在郭老师有意无意地引导下,不断提高。

有一阵子,蒋英豪的表现有所反复,郭老师及时找他谈心,结果了解到他的父母已离异,这给他的思想和生活带来了波动,郭老师又及时开导他、劝慰他,让他懂得搞好学习才是现在自己最主要的任务,而且身边关心他的人很多。记得之后的一天,蒋英豪的哮喘病犯了,郭老师批改作业很晚才走,到了校门口,发现他正坐在大门外的石头上不能动弹,郭老师关心地询问之后,毫不犹豫地乘车护送他回家。蒋英豪十分感动,郭老师临出门时,天已经漆黑了,他感激的目光中仿佛在说:“郭老师,谢谢你,我不会让你失望的。”后来,他表现得很坚强,没有低沉下去。

渐渐地,郭老师发现蒋英豪越来越喜欢表现自己,于是就鼓励他多参加各项课外活动,充实自己,锻炼能力。音色优美的他代表班级参加全校卡拉 OK 大赛,获三等奖;他对手工制作有浓厚的兴趣,郭老师推荐他到科技辅导员那儿参加校建筑模型小组活动,最后蒋英豪同学竟然代表芜湖市参加全国“美好家园”建筑模型大赛,并一举荣获全国一等奖的好成绩。当蒋英豪离开范罗山小学时,他已成长为一个十分懂事的好学生,不仅学习成绩良好,而且各方面都表现得非常优秀。

这就是郭莉莉老师, 范罗山小学一名普通班主任的育人故事, 也许和名师相比,她的故事并不感人肺腑、催人泪下,但故事的真实性却让我深信:真诚地帮助每一个学生,发生在孩子身上一切美好的转变皆有可能。教育只要有爱,它就永远不存在失败。失败的,都是散落在人生旅途中,那些伪装得栩栩如生、坚如磐石的误判和偏执。在这个多元社会里成长起来的孩子,不可能再倒退到以前的空间中,用同一的标准来看待身边的人和事。只要像郭莉莉老师那样充满了爱心,即使老师有很多小缺点,学生们也是会和你亲近,亲其师信其道。同时,我也不禁想起我们对学生的要求,或许每个老师心底里总希望我们的学生要像学生的样子,但是,如果我们往深处想,学生的形象难道应该有统一的标准吗?孩子们充满了灵性,充满了个性,每个孩子的面貌都不相同。很多时候,孩子比我们成人更需要人性的空间。对于那些上课调皮的孩子,不要给他们套上刻板僵化的人物面具,我们也许能发现,这些孩子是多么值得珍爱!

有一篇《蜗牛散步》的寓言:上帝给了人一个任务,叫人牵着一只蜗牛去散步。蜗牛已经在尽力地爬了,但每次总是只能挪动那么一点点。人拉它,催它,吓唬它,责备它,甚至踢它,蜗牛仍旧不紧不慢地往前爬。人在极端疲惫、懊恼之余,开始向上帝抱怨,为什么叫我牵一只蜗牛去散步?"上帝啊,为什么?!"人朝着天上喊,天上一片安静。人没有办法了,只得任蜗牛慢慢往前爬。咦?人忽然闻到了沁人心脾的花香,听到了清脆的鸟鸣,看到晶莹的露珠在树叶和花草上闪烁,人困惑了——路边原来有这样美丽的花园,为什么我以前没有看到?莫非是蜗牛带着我在散步?

在没有人性的教育空间中,学生感到痛苦,教师自己也痛苦。在充满人性的空间里,学生虽然同样有这样和那样的不如意,但是他们一点点成长,一步步走向成功,教育他们的老师,也会领略到学生一天天懂事、一天天长大的喜悦与充实。

在范罗山小学班主任群体中,还有即将退休的老年教师张霄树,中年教师陈嵘、王萍、王琳,当时的青年教师雕珺,她们献身教育事业的心路历程和独有的生活方式,让我思绪万千,写作也成了我的一种寄托。深夜每当我打开电脑,静静地敲打键盘,心灵便像打开了一个特殊的情感闸门,记忆之闸打开了,那些让人魂牵梦萦的往事就蜂拥而至,忧伤的情绪也在不知不觉中流淌。再多的心事,写在文字里,也就变成了偶然还能在心里忆起的点滴罢了。在这里,我以极其简约的方式来完成我的表达,不敢奢望别的,我只是希望自己记住:在我的教育生涯中曾经遇到过的这样一群最朴实的教育工作者,一群最可敬的班主任,她们使我不能放下手中的笔,使我不敢有丝毫的懈怠,她们像一盏盏若隐若现的路灯,给我以光亮,陪伴我在教育人生的原野上一路前行。

6　爱心不老:回忆我的恩师许诗和先生

有这样一位双鬓斑白的老人对小学科技教育事业奉献了整个青春年华,直到退休还发挥着自己的余热;有这样一个瘦弱却行动敏捷的身影活跃在芜湖市首家少年科学院的活动阵地上，为这个阵地建设既出谋划策，又亲力亲为地工作；他和蔼可亲、知识渊博，熟谙小学科技教育之道；“为人谦逊、信仰执著”是这位老人留给我最深刻的印象。

这位老人就是我的启蒙恩师——许诗和先生，他是范罗山小学科技教育的先行者，范罗山小学终身科技辅导员。只要一想起他，我就充满着感激，想起和他一起挑灯夜战推动范罗山小学一路前行的豪情。悠悠岁月，刚过40的我，也会凭空生出许多岁月无情、爱心不老的人生感慨。许老今年已70多岁，40多年的小学自然教学工作使他对科技教育一往情深，40多年风风雨雨，从一名风华正茂、充满才情和诗意的有为青年到心胸坦荡、与世无争的慈祥老人，从20世纪50年代错划“右派”到70年代末重新恢复工作，担任范罗山小学教导主任、新芜区教委电教馆副馆长、兼职自然教研员，历经坎坷，永远不变的是那颗热爱学生的赤诚之心和剪不断的范罗山小学科技教育情结。

20世纪60年代，在许老师的钻研和努力下，范罗山小学被市教委定为自然教学实验学校，学校的自然教学和学生劳技制作在全市已小有名气，许老师辅导学生制作的“电动汽车模型”、“宝鼎式太阳高度测量仪”等作品曾连获安徽省科技作品制作一等奖。

熟悉许老师的人都知道他信奉着一句名言：“相信每个学生都有创造力，关键在于我们是否善于发现。”许老师坚信，积极鼓励可以点燃学生头脑中的创新火花，消极否定将会扼杀学生的创造热情和创造才华。因此，面对学生提出的各种奇思妙想，他总是予以积极鼓励，从不对学生说“这不行”。

许老师认为“自然课应该到大自然中去上”。于是，他开始探索一条课堂教学与课外活动相结合的创新教育之路。他成立过学校第一个课外科技活动小组——植物兴趣小组，让学生利用课余时间到野外采集标本。这就是现在范罗山小学少年科学院下属的植物研究所的前身。学生从大自然中采回了大量的植物标本，有的让知识渊博的许老师连名字都叫不上来。于是，他开始大量购买相关书籍和科普读物，自费订阅了《生态》、《动物》、《植物》、《昆虫》等十几种相关刊物，这些刊物极大地充实了他的知识，可沉重的费用使本来工资就不高的许老师生活更加拮据。

20世纪90年代，我在许老师的耳提面命下，组织学生开展生物百项研究活动，在活动中，许老师主动向学生开放了自己建造的植物温室，使学生的研究活动在冬季也能照常进行。为了保证学生正常上课时间，许老师总是不辞辛苦，在忙完了自己的工作任务后，课间从不闲着，他在校园内的花圃和植物园中，带领学生们认识各种植物以及扦插、嫁接的方法。每当下课的时候，许老师身边总围着很多学生，他们问这问那，许老师从不嫌烦，很耐心的给予解答。那些年学校的小发明、小创造频频在全国青少年创新科技大赛中获奖，其中就有不少是经过许老师的点拨和引导。

不少学生有特殊独到的发现，只是苦于不会画设计制作图，而每每使自己想法落空。许老师知道之后，就义务地帮助学生画作品设计制作图，根据学生的口头设想，按标准还原学生的设计思路，力争准确地表现出设计作品的立体结构，包括俯视图、正视图、侧视图等。为此，几乎每天晚上，许老师对着昏暗的台灯，一忙就忙到很晚很晚。

可以说范罗山小学的科技教育发展之路上，许老师是一个重要的见证人和指导者。从“双休日科技制作乐园”到“丑小鸭科技快乐作坊”，从“科技节作品展”到我们的“少年科学院操作平台”。许老师在担任范罗山小学校外科技辅导员期间，竭尽所能地培养、指导在校学生进行科技制作，并且率先垂范，运用他扎实的科学知识、动手操作能力、高超的美术技巧制作了大量的科技示范作品，比如“转盘式万年历”（数学知识）、“奇妙的万景园”（物理光学知识）、“模拟风能发电站”（物理力学知识）、“奇妙的色彩转盘”（光学知识）、“转动的四季星空图”（天文知识），一件件作品做工精良，小小的作品中蕴涵着深奥的科学知识，当时这些作品都在“少年科学院操作平台”处于“超龄服役”阶段。2001 年暑假我和许老师还合作制作了大量的科学小玩具，如 “重心玩具”、“频闪陀螺玩具”、“磁铁玩具”、“无线电玩具”、“武器模型玩具”等，这些作品和玩具是作为科技辅导员的许老师为学生准备的一份厚礼，用许老师自己的话说：“希望这些玩具能成为孩子们开启科学大门的钥匙！”正因为经常这样劳心费神，许老师的身体也受到较大的影响，许多年轻时落下的病患开始肆虐，胃疼、双膝肿痛经常困扰着许老师。当领导关心地询问他的身体情况时，他总是轻描淡写，而把更多的精力和热情投入科技教育活动中去了。

许老师在担任范罗山小学校外科技辅导员期间，定期来校举办学生科技制作培训班和教师科技制作技能提高班。不但如此，居安思危的许老师还通过“师徒结对”的形式，培养年轻教师担任科技辅导员。当时我是他的大弟子，在我担任校长后，他看我特别忙，也许认为我确实精力不够，他又招了一个关门弟子——当时范罗山小学的青年教师夏超。夏超在许老师的帮助下迅速成长，当之无愧地成为范罗山小学特色教育的一名猛将。记得在 2002 年元旦，就是在许老师和夏超老师的通力合作下，辅导的学生参加了第三届全国青少年建筑模型竞赛，获得全国总分第四名的好成绩，其中一等奖 3 人，三等奖 1 人。当孩子们载誉归来时，许老师早已忘记了赛前整天整天地指导学生制作模型、整夜整夜地研究设计方案的辛苦了，显露在他脸上的只有舒心的微笑。正是从那时开始，范罗山小学少年科学院才开启了“客座教授制”和“主教练负责制”的先河。

在我的眼里，40 多年风雨沧桑，终身未娶的人生坎坷，铸就了恩师不向命运屈服的精神，他始终站在小学科学教育这一块精神高地上，守望着自己的理想，谱写着一曲人生平凡而伟大的乐章，为了培养学生创新能力，指导学生开展创新活动，他埋头苦干，孜孜以求。当省、市的领导、专家来校视察工作时，惊叹他的工作水平和所做过的惊人工作时，他只是淡淡一笑，依然像往常那样全身心地投入指导学生活动和设计少年科学院建设蓝图的世界中，宛如黄土高原上一株成熟的高粱，质朴、谦逊，奉献并快乐着，在他的身上让我感受到了做人与做事的博大胸怀和崇高境界。

7 教师旅游：重温彭家靖先生的一次充满诗意的全景式记录

庐山——闻名中外的旅游胜地。尽管它与芜湖一衣带水，可作为小学教育工作者的我们，长时间来只能从《庐山恋》一类影视作品，以及别人的津津乐道中领略它的无限风光。对于我们来说，它实在是“绿水青山枉自多”，“烟涛微茫信难求”。直到1992年的夏天，我们亲往庐山揽胜的夙愿才终于得以实现。这是范罗山小学有史以来第一次有记录的旅游，教师们在欣喜之余，禁不住感慨万端：“从范罗山小学到庐山，最多只有十几个小时的路程，可我们竟要走上几十年！”

人在旅途，在一片透明的、流动的土地上行走。这里，没有教室里的粉尘，也没有操场上的喧闹；这里，不用受升学率的压抑，也不用受“评估”、“达标”的纷扰……“外面的世界真精彩”，我们这些“孩子王”、“教书匠”，何不“潇洒走一回”？

看，罗文芳老师、吴安安老师她们，一个看书、一个读报，神情多么专注；小苏苏载歌载舞，正引得不再事务缠身的胡国兰校长开怀大笑；刚刚带领学生参加了升学考试、并且取得了优异成绩的黄强，难得轻松地与别人甩起了扑克；周建平主任刚与小朱纹枰对弈，现又同严美正主任觥筹交错，浅斟细酌……

没想到，我们乘船在水路上航行如履平地；而坐车在陆地上行驶却如同在风口浪尖。好在摄像机并未拍下大家“跃上葱茏四百旋”后那狼狈不堪的窘状，而当它再次打开时，镜头中的一行人又是精神抖擞、神采飞扬——满目秀色已将舟车劳顿带给他们的倦容一扫而空。

一座名为“花径”的公园首先为我们敞开了大门。平时在校园里看惯了那些“祖国的花朵”，如今再来观赏这些真花实草，真有一种难得的闲情逸致。您要是听见何老师她们是怎样与苏苏一道念起了“小白兔，白又白，两只耳朵竖起来”的儿歌，看到了周主任举着小旗子、严主任腆着大肚子的模样，就会真正体会什么叫青春焕发，什么叫返老还童。

愉快的旅途免不了也会遇上一些不愉快的事情。在天桥摄影点，我们与那些霸占着景点、不让别人留影的人产生了摩擦。苦于“秀才遇到兵，有理说不清”，只有在丢下“买路钱”之后，才有了这立足之地。都说“外面的世界很无奈”——果真如此啊！

这天桥许是“将军桥”？要不，严主任怎会有如此“大将风度”？

这天桥许是“姐妹桥”？要不，陈主任和李老师怎会如此亲近、情同手足？

这天桥许是“幸福桥”？要不,胡校长母女偎依在一起,怎会如此甜蜜、温馨？

这天桥许是“友谊桥”？要不,这学校的两位主任怎会这般形影不离？

这天桥许是“通天桥”？要不,即将“跳龙门”的黄强与其母亲怎会这么兴奋、如登天堂？

“暮色苍茫看劲松,乱云飞渡仍从容,天生一个仙人洞,无限风光在险峰。”

过了天桥,就算是上了天,上了天,就算是“仙人”了。难怪大家在这里合影的时候,就已经有了一种自命不凡的感觉,而进入了这充满神秘色彩的洞穴之后,就更加显得超凡脱俗、飘飘欲仙了。

烧一炷香吧——小黄强,祈愿自己前途无量!

周主任、李贵仙老师,你们这样五体投地、顶礼膜拜,究竟是为了官运亨通,还是财源茂盛?

小罗捐这炷香的目的,想必是尽在不言中。

当时还刚刚喜结良缘的我和夫人樊利群烧了香后独坐一处，心中也怀着一个共同的愿望。

鹏鹏——我们的小神童,快操起你的“摄像机”,拍摄一部新的《秋翁遇仙记》;

苏苏——我们的小仙女,请高擎你的小红旗,带领我们去漫游仙境。

在结束了仙人洞里的一段“神游”之后,我们终又降落到了“凡尘”,恢复为“凡夫俗子”。

是凡人,就要食人间烟火,就会从这充满情趣的野餐中感受到人间的欢乐。

青山如黛,苍松如虬——如此光景,真使人感到荡气回肠,心潮似云海和松涛般地汹涌澎湃。

“江山如此多娇,引无数英雄竞折腰。”周老师沉醉于此,即便到了不能自拔的地步,也不愿别人拉他一把。

其余的人又何尝不迷恋这“会当凌绝顶,一览众山小”的境地呢?请摄像机和照相机挨个儿地把我们摄一下、拍一下吧,让我们这些小老百姓也能够“风光风光”。

古人云:“玩山游水,劳人易倦。”几经峰回路转,大家的脚步渐渐地变得沉重了,以致辜负了沿途那么多的湖光山色。

不过,这只是暂时的。那“水从天上落,路向石中分”的美妙风光,不仅使大家感到心旷神怡,——此情此景,不由得使人想起:“有位佳人,在水一方。”

——我们的苏苏,也算是一位小佳人吧。不过,她不是在水一方,而是在其父背上。

——同为人父,严主任他可就轻松多了。然而,他表面上无牵无挂,内心里不定还隐藏着“未能手提天下(全家)往,何忍身去游其间”的遗憾呢。

——且将所有的离愁别绪都置之脑后吧,这参天的古柏和“刺破青天锷未残”的新竹正呼唤着我们回归大自然。

啊，大自然！云诡波谲、常无定势的大自然！我们今天又通过这“分野中峰变，阴晴众壑殊”的意境，领略到了你那无穷的魅力！

可大自然的魅力一出现，人的魅力就荡然无存了。当庐山水库突然出现“远峰带云没，流烟乱雨飘”的气象时，我们这一行人只能利用这一溜子木棚遮风挡雨、栖身歇足——既像四海为家的盲流，又像守株待兔的商贩。

此一时也，彼一时也。当大家步入庐山人民剧院——著名的庐山会议会址时，一个个又是神情肃穆，俨然一位位党代表的模样。当然，我们毕竟不是政治舞台上的人物，教书育人的学校，才是我们显山露水的用武之地。

含鄱口——因鄱阳湖而得名。但我们今天并没有将那著名湖泊尽收眼底，看到的只是“庐山东南五老峰，青天削出金芙蓉”。

这些颠连的山峰竟被大自然的鬼斧神工塑造得有鼻子有眼，酷似一位仰天而卧的老人。至于为何只见其一而不见其“五”，那只能归结于“横看成岭侧成峰，远近高低各不同。不识庐山真面目，只缘身在此山中”了。

就在这儿坐一会儿吧，休整休整，欣赏欣赏“小腿弹琵琶”。倘若“五老”有知，他们一定会因为有这么多的后代承欢膝下，徜徉在自己的怀抱里而感到莫大的欣慰。

怪只怪这位导游小姐，为了给她们家亲戚开的饭店招徕生意，竟改变了我们的行程，使我们不能去近前瞻仰历史老人的尊容、给他老人家“请安”，同时开创一个登峰造极的壮举。历史老人不会因此而责怪我们这些子孙不肖吧？

不能上九天揽月，那就下五洋捉鳖吧——我们现在走着的，就是一条通往“三叠泉”风景区之路。

——这路在充满梦幻的姑娘眼里，想必是一条“五彩路”。途中的花团锦簇对她们来说，具有挡不住的诱惑“愿君多采撷，此物最相思”。

——这路，在另一些人的眼里，想必又成了艰苦卓绝的“长征路”。买根拐杖拄着吧，这样既把稳又把滑，即便是爬雪山、过草地也不在话下了。

至于那些既没有穿钉鞋、又没有拄拐棍儿的，比如这一家三口，恐怕就只能像歌词里写的“人字的结构就是互相支撑”——互相提携、互相扶持了。

如果说我们的目的地是“三叠泉”的话，那么这儿就是那位导游小姐的目的地了。当她和她家里的人像阿庆嫂似地“摆开八仙桌，招待十六方”的时候，我们不由地想起毛主席他老人家说的：“世界上绝没有无缘无故的爱……”

“不积跬步，无以至千里。”我要跟着感觉走，领先一步，“求天下奇闻壮观，以知天地之广大”——鹏鹏，你就大胆地往前走吧！此去关山万千重，你要多珍重！

“山重水复疑无路，柳暗花明又一村”。在小饭店里补充了能量、铆足了劲儿以后，再经过这“小桥流水人家”，“感觉不一样，就是不一样”。

到处可见潺潺流水，到处可闻流水淙淙……这一切，莫不是都在为“三叠泉”做着广告？

可也是,人们何苦对“三叠泉”趋之若鹜?不看那地上,就看这身上、脸上,哪个不是汗如“泉”涌?

“行百里者半九十。”尽管我们已长驱几十里,可付出的艰辛还不及目的地跟前的这一段路程。如果说,那些像天梯一样直上直下的石阶对每个人的腿劲和体力都是一个严峻考验的话,那么,这些像影子一样紧跟着我们的抬轿人,对每个游客的毅力和财力更像是试金石。

在登过了无数级台阶、挺过了几次疲劳的极限以后,那像磁石般的吸引着大量游客的“三叠泉”终于展现在我们眼前——这是一股仿佛从天而降的强大水流。那层层叠叠的山势将它裁为几截,而每使它跌落一次,就为它增添几分壮美、几分辉煌。

我们的人生道路何尝不是如此呢?它如果笔直平铺固然幸运,但如果能像这“三叠泉”一样起伏跌宕,那更是可遇而不可求!

不是说“不到三叠泉,不算庐山客”吗?而今,“三叠泉”抬头可见、伸手可摸;我们就在“三叠泉”跟前“排排坐、吃果果”,完全称得上是庐山的贵客嘉宾了吧?

路遥知马力。很难想象我们的这位小客人是怎样地用他那细腿征服这漫长的路程和连天接地般的石阶的!仅凭这一点,他就可以毫无愧色地宣布:“自古英雄出少年!”

很可惜,我们中间一些人坐滑竿的镜头未能保留下来。否则,它不仅可以成为这些人隽永的回忆,而且还能成为我们这些曾经的“臭老九”,现已升格为“老爷”、“太太”的有力佐证!

山不转水转。这源远流长、情深意厚的清泉,就像大山在轻舒猿臂,以主人的身份挽留这些早已忘情于山水的游客。

“云光浸履迹,山翠拂人衣”。让我们一掬清冽冽的泉水,洗去身上的仆仆风尘;再以水为镜,演一出“蝴蝶泉边好梳妆……”

庐山植物园——不知道它是哪儿之最,只知道它知名度颇高。如果说刚刚游历三叠泉,为我们奏响的是雄壮的进行曲,那么现在漫步于庐山植物园,伴随我们的就是舒缓的小夜曲了。

“曲径通幽处”——这千姿百态甚至硕大无朋的仙人球,会使你感到“不看不知道,世界真奇妙”。

“禅房花木深”——那一方方如茵的草坪,会使你觉得身临芳草甸、重返伊甸园。

名人自古爱山川——他们在庐山美不胜收的自然景观基础上,又为之增加了不胜枚举的人文景观。

当年,曾经在这里“冷眼向洋看世界”的毛泽东,现已走下了神坛,使我们更加贴近地触摸到他那固有的伟人气息。

没准儿,若干年以后,我们这些“携来曾游”的“百侣”中间,也会有一两个人物脱颖而出、独领风骚,并以他们曾来此一游的独特经历,跻身于“与庐山有关的历代名人”之列。

——这样的人物是谁？是这位指点江山、叱咤风云的“政坛老手”，还是那位通晓自然、熟知百虫的“科苑新秀”？

可能是考虑到下一个节目是游览秀峰，我们还要经历一个“二万五千里长征”，所以组织者决定让大家先到镇子上逛逛，松弛松弛、调整调整。

这个镇叫牯牛镇。这尊大牯牛的雕塑，就是这个镇的标志。

一方水土养一方人——庐山人想必就是发扬了牯牛的拓荒精神，才把这个山乡小镇建设得如同国际旅游中心。

瞧，正在这美丽的街心花园里像彩蝶般翻飞的不就是一位“小洋妞”吗？

这车水马龙的阵势，就连这些走惯了通衢大道的城里人也不得不瞻前顾后、畏首畏尾。当然，他们后来充当起“倒爷”，小打小闹地倒腾起这个那个的时候，胆子还是蛮大，门槛经也是蛮足的。

就在这座牯牛像前合个影吧——我们这些搞教育的，哪个不是“孺子牛”？哪个不像它一样，“吃的是草，挤出来的是奶”？

我们同游的这群人中好像少了谁？她在哪儿呢？

——哦，少的人中有一个就是汪黎虹，她现在正躲进小楼酣睡，就像被关在牛棚里似地令其爱子望眼欲穿。

“白云回望合，青霭入看无。”

“却顾所来径，苍茫横翠微。”

“山色不厌看，我行随处深。”

善解人意的旅游车驾驶员在去秀峰的途中，首先将我们这些教书的送到了“白鹿洞”书院。

作为“正学之门”，我们在这里并没有看到多少可用于“传道、释疑、解惑”的书，而看到的多是一些碑文。至于书院是怎么同白鹿联系起来的，我们因来也匆匆、去也匆匆而来不及细考。

有诗云：“清风不识字，何必乱翻书？”我们不妨套而用之、篡而改之：“白鹿不读书，凭啥当院主？”

我们也许就是怀揣着这样的疑团，前脚离开了那边的“鹿洞”，后脚来到了这边的“龙潭”。

这龙潭位于秀峰脚下，那一路奔腾、一路咆哮的山泉流经这里，似“飞起玉龙三百万”，齐在那里吞云吐雾、吟风啸月。

“风景这边独好”，令多少人为之倾倒。

张宵树老师流连于此，是不是想同这些“大手笔”一样，以石为纸、以刀为笔，留下自己永不磨灭的墨宝——“欲与天公试比高”？

不过，这里并非我等游人的最终目标，那遥遥在望的庐山瀑布才是这些跋涉者和攀登者矢志不渝的追求。

——这追求是苦的,苦得使人七窍如“日照香炉生紫烟”。

——好在这瓜是甜的,甜得使人不惜重金,可又浅尝辄止。

俗话里不是有“望山跑死马”这么一说嘛,眼下虽说是“遥看瀑布挂前川”,可这“遥”字是“一箭之遥”的“遥”,还是“遥遥无期”的“遥”呢?

——“我……我不行了。你们别管我,还是……还是自个儿去‘将革命进行到底’吧。”

“志行千里者,不足道而辍足。”我们千里迢迢而来,不就是为了“征服十八盘、到达玉皇顶、登上南天门”吗?在这节骨眼儿上,我们不能颓唐、不能打退堂鼓。而要树立那种“道路是曲折的,前途是光明的”和“胜利往往存在于再坚持一下的努力之中”的信念,发扬那种“不到长城非好汉”和“世上无难事,只要肯登攀”的精神,前赴后继、锲而不舍地进行最后一搏!

“敢问路在何方?路在脚下。”

“路漫漫其修远兮,吾将上下而求索。”

“雄关漫道真如铁,而今迈步从头越。”

“登山不以艰险而止,则必臻于峻岭矣”。虽说是“高处不胜寒”,但那胜利的曙光必定映照在那些沿着崎岖的山路执著地攀登、最终到达顶点人的脸上!

啊,这就是令万千游客心驰神往、叹为观止的庐山瀑布吗!

啊,这就是令古往今来无数文人墨客灵感大发、吟咏不绝的庐山瀑布吗!

它果然是“乱流争迅湍,喷薄如雷电”!

它果然是“焱如飞电来,隐若白虹起”!

人们在“初惊河汉落”、“疑是银河落九天”之余,纷纷扑向它的怀抱。

“投入地爱一次”吧——这踏破铁鞋,历尽惊险才到达的佳境!

“让我一次爱个够”吧——这“池色净天碧、水凉雨凄凄”的妙处!

虽说是“飞瀑之下,必有深潭”。可我们现在的欢欣与喜悦之情,纵是“桃花潭水深千尺”,也容纳不下了!

您听到碧波粼粼的水面上荡漾着的欢声笑语了吗?那是我们这些捷足先登者快乐的心声和胜利的呼唤!

让远方的亲友惊羡我们的成功吧!愿这一叶扁舟随波逐流,带去我们的欢乐,与他们共享!

“俯仰终宇宙,不乐复何如?”

“醉翁之意不在酒,在乎天地山水间。”

——这双小白鞋可以暂时脱下了。尽管它伴随主人跋山涉水,并使主人足下生辉,可也让主人饱尝了“穿小鞋”的滋味儿。

请别取笑我们放浪形骸,也别劝我们保持师道尊严——造物主的神奇创造和慷慨赠与已使那么多的人如醉如痴，又怎能禁止我等“老夫聊发少年狂”？

“陶陶然，乐在其中。”

“此间乐，不思蜀。”

然而，这终究不是我们的久留之地。因为我们的根不在此山，而在彼山；我们生命的意义注定不是享受，而是奉献！

临行再灌上一瓶这清纯甘美的泉水吧——让它长久地滋润我们的心田，给我们留下无穷的回味。

临行再看一眼那“天下奇秀”吧——让它深深地嵌入我们的脑海，给我们留下幸福的回忆。

“这山望着那山高。”在感谢校领导使我们实现了庐山之行、圆了庐山之梦的同时，更寄希望于他们为我校创造更多的经济效益，并带领我们踏遍千山万水、阅尽人间春色。

“山不在高，有仙则名。”相信在全校师生的共同努力下，我校的教学质量和教学水平会更上一层楼，范罗山有朝一日将与庐山齐名！

“青山看不厌，流水趣何长。”

兴犹未尽去，“谈笑凯歌还”。

庐山，再见了！我们爱你风光无限、气象万千！

再见了，庐山！我们愿你青山不老、绿水长存！

8 一面之缘：品味戚发轫院士在范罗山小学留下的身影

那是2004年初，学校为了进一步推进范罗山小学少年科学院的可持续发展，在芜湖市科协和新芜区政府的指导、支持下，多方征求专家意见，决定在全校范围内开展“学习大院士争做小院士”——范罗山小学少年科学院科技传播体验行动，旨在校园内营造一个“学习大院士争做小院士”的氛围。学校少科院通过“学习大院士争做小院士假日小队活动”、“我心目中的院士偶像”、“院士故事知多少”、“院士画像大搜索”、“大院士的名言警句和小院士的感悟演讲比赛”、“和大院士面对面”、“小院士论坛”等丰富多彩、寓教于乐的教育活动和科学实践活动，激发全校学生学习科学的兴趣，引导学生像院士那样从小刻苦学习、主动发现问题、积极探索未知问题、努力参与实践，培养学生创新精神和实践能力。学生在活动过程中，加深了对院士的了解，培养了对科学的感情。活动中，少年科学院下属的各研究所都涌现出许多院士追星族。

活动从2004年4月策划，5月18日正式开始，到5月31日结束，历时2个月，在社会上产生了广泛的影响，《中国教育报》、《安徽日报》、《德育报》等多家新闻媒体都给予报道，省级刊物《少年博览》2004年7—8期刊出了《大院士和“小院士"手拉手》长篇特稿,《芜湖日报》在《第一现场》栏目中刊载了《大院士与"小院士"》的专访,安徽电视台、芜湖电视台、芜湖教育电视台等也相继进行了报道。

随着时间的推移，当时轰动一时的范罗山小学少年科学院科技传播系列活动("学习大院士争做小院士假日小队活动"、"我心目中的院士偶像"、"院士故事知多少"、"院士画像大搜索"、"大院士的名言警句和小院士的感悟演讲比赛"、"奇思妙想"创意画比赛、校园绿色生活行动、"大头王"创意文比赛、"探索杯"身边的科学实验设计赛、"变废为宝"环保小制作比赛、网络世界让我遨游——科幻故事接龙擂台赛、"挑战杯"航海模型芜湖舰制作比赛、"挑战杯"航海模型 F1 水陆艇竞速比赛、"挑战杯"航海模型海巡号制作比赛、"小鲁班杯"建筑模型比赛——"我们的校园"设计、"小鲁班杯"建筑模型比赛——"奥运体育馆"制作、"小鲁班杯"建筑模型比赛——结构模型承重比赛、四驱车挑战赛、小院士科学论坛等),都已成过往烟云,只能在沉寂的资料盒里和发黄的证书中寻到一些往日让人惊艳的印迹。在我的心中,这些活动也似水冲刷慢慢模糊,只剩下接待"神舟五号"总设计师戚发轫院士在范罗山小学活动的片段,至今仍让我历历在目。院士的到来,使范罗山小学这所有着百年历史的老校洋溢着因科学带来的青春气息和喜庆,学校因科技特色而发展、壮大,校园生活因科普活动而生动精彩。

时间仿佛回到了昨天,回到了 2004 年 5 月 29 日上午,回到了那个曾经弥漫着科学芬芳的范罗山小学校园,我们迎来了盼望已久的尊敬客人戚发轫院士。

戚发轫院士,系中国工程院院士、国际宇航科学院院士、国际空间研究委员会中国委员会副主席。1988 年被国家人事部批准为有突出贡献的中青年专家,1990 年被评为航空航天部劳动模范,1991 年起任中国空间技术研究院院长,1999 年 12 月被授予全国"五一"劳动奖章。戚发轫院士曾参与研制我国十一颗人造卫星,是我国最早的航天人之一。他研制的实验通信卫星及微波测控系统 1985 年获国家科技进步特等奖,为第四完成人;他研制的国内实用通信卫星获航天总公司科技进步一等奖,为第一完成人;他研制的"东方红三号"通信卫星获部级科技进步一等奖,为第三完成人。戚发轫院士是"东方红二号"卫星总设计师、国内卫星通信工程第一副总设计师、"风云二号"卫星气象工程副总设计师、"东方红二号"甲卫星总设计师、"东方红三号"卫星总设计师、"神舟"系列号飞船总设计师。

戚发轫院士虽然是位卓有成就的科学家,但他平易近人,雪白的头发、高大的身材,和小学生真诚相处的一个个感人瞬间,连同他赠送给我的"中国首次载人飞行纪念章",都留在了我的记忆深处。

你的博士帽戴歪了

上午 9 时,戚院士来到学校:"小朋友们,大家好!""戚爷爷好!"这是戚发轫院士到范罗山小学和同学见面时的第一幕,顿时校园里一片欢声笑语。戚院士首先来到了学校的少年科学院，身穿博士服的“小院士”们早已等候在门口。当看到满头白发、面带慈祥笑容的戚院士走过来，同学们都非常兴奋。在欢迎仪式上，戚发轫院士认真听完范罗山小学少科院小院士代表关于科技活动情况的汇报后，十分欣慰。在接受小院士献花时，观察细致的戚院士发现小院士的博士帽佩戴有问题，便走上前去，把小朋友的装束理了理，并笑盈盈地告诉孩子：“你的博士帽戴歪了。”这时的戚院士就像一位平易、和蔼的邻家爷爷。

小小火箭飞上天

在科技制作研究所展区，小院士们向戚院士介绍了同学们自己制作的航天模型、电动陀螺、激光打靶、重心轮等科技小实验作品，戚院士饶有兴趣地听着学生的介绍。突然有一位大眼睛同学向戚发轫院士发问：“您知道这是什么吗？”“大眼睛”指着一件奇怪的科技作品。戚院士仔细地看了看，坦率地摇摇头。“大眼睛”得意极了，因为她把大科学家都难倒了。但是“大眼睛”小院士没有骄傲，立即认真地一边操作，一边进行了讲解。戚院士也很认真地倾听了小同学的讲解，还情不自禁地竖起大拇指说：“看了你们的科学实验，我真的很高兴。你们都很有想象力，太好了……”

在范罗山小学少年科学院操作平台外，最引人瞩目的是一座2米多高的“神舟五号”飞船模型，这是该校模型研究所的老师和同学们根据网上的照片亲手制作的。在矗立的“神舟五号”模型前，小院士们向戚发轫院士汇报了各自对于中国飞船的了解情况，说得连这位“神舟五号”飞船的总设计师都频频点头赞许，大院士和“小院士”的心也贴得更近了。

稍后，大家都来到学校的操场上，观看孩子们进行的火箭发射表演。此时，同学们正在准备发射“神舟五号”模型火箭，当第一组火箭没能按指令发射时，操作的同学神情沮丧，简直就要哭出声来。这时戚院士温和地告诉同学们：“科学总会有失败，不要怕。要找找原因，用持之以恒的精神去进行科学创造。”在戚院士的鼓励下，这名同学经过认真的检查后，终于排除故障发射成功，随后其他几组火箭也伴着缕缕青烟依次直射云霄，全场一片欢呼雀跃，戚院士高兴地说：“范罗山小学科技活动丰富多彩，学校创设了一个很好的科技创新氛围。”

难忘戚院士的寄语

戚院士又参观了少年科学院科幻画研究所，欣赏了同学们的“未来汽车”绘画作品。在一位二年级小同学的《我的空中客车》画前，戚院士高兴地拍起手来：“很有创意……”并挥毫寄语：“祝愿你们这一代人中多出一些汽车工程师。”同学们如获至宝，深受鼓舞。

戚院士在小院士的引领下，走进一间又一间正在开展科技活动的教室，语重心长地告诉同学们：“要从小热爱科学，学好文化课，培养动手能力，从小打下良好的科学创新基础,将来才能成为一名出色的科学家,同时,科学创造需要集体智慧和团队精神,需要团结协作才能取得成功。”

大院士到小学校,整个校园沸腾了。孩子们像追星族一样,围着戚院士转,活动中虽然孩子们很多,但每当有小院士和同学们想和戚院士合影留念时,戚院士总是尽量满足,有时还主动招呼和同学们合影,并为几位小院士在笔记本上题词:“珍惜时光,努力学习。”戚院士的寄语大多十分通俗易懂,有时也很独特。一位获得“小院士”荣誉称号的女同学得到这样一句话:“男女都一样!”戚院士认为在科学面前男女平等,女孩同样应该有成为科学家的美好愿望,真诚地表达了一位老科学家的科普情怀。

更有意思的事,学校的科技辅导员也加入到“追星”的行列,像学生们一样,向戚院士索要题词。戚发轫院士也一一满足。他离开校园前,不仅给我赠送了“中国首次载人飞行纪念章”,还欣然为芜湖市范罗山小学少年科学院题词:“祝贺范罗山小学少年科学院培养出更多的小院士将来成为大院士。”他鼓励范罗山小学少年科学院各研究所教师以丰厚的学识、宽阔的胸怀和朴实的行动,去真诚地鼓励学生放飞科学的理想,与时俱进、开拓创新,在漫漫科普路上走出更坚实的脚印,播下科学的种子,并在这里生根、发芽、结果。

这就是一位科学家对范罗山小学的教育情怀。在和戚发轫院士的一面之缘中,我感受到一种平和求真的气息。这种独特的科学家风范,这种对青少年科技活动的宽容与挚爱,绝不是表面的应酬,而是来自他献身科学的灵魂散发出来的一种精神的芬芳。

9 科普奇葩:曾经的少年科学院

素称“江东首邑”和“皖南门户”的芜湖,历史文化厚重。芜湖素有重教传统,在芜湖近百年教育兴衰史中,贤才辈出。闲暇之余我喜欢读点芜湖教育史。在芜湖市档案局网上发布的《芜湖历史上的今天》栏目中,清晰地记录着2001年5月18日芜湖市第一所少年科学院——范罗山小学少年科学院揭牌。在这条信息的最前面是1956年中国共产党芜湖市第一次代表大会召开,在这条信息的后面是2007年全国人大常委会副委员长、全国妇联名誉主席陈慕华来芜视察。在贯穿于政治、经济、文化等影响芜湖历史的大事小事之间,似乎范罗山小学的少年科学院也是值得记录的,这不禁勾起了我对范罗山小学少年科学院这段教育历史的回忆。

“放飞乐,种植忙,科技校园添新装,奋发学习,动手动脑,我们给理想插上翅膀……”这首歌,是芜湖市范罗山小学少年科学院院歌,也是范罗山小学的同学们最喜爱的一首歌,这首歌的词作者是学校的音乐老师查斐。

范罗山小学自2001年5月18日创办芜湖市第一家少年科学院,得到孩子们和家长的热烈欢迎和支持。少年科学院虽小但魅力却很大，2003年9月经安徽省少年科学院院务会议审定，将其批准为安徽省少年科学院一级分院，之后又被安徽省少年科学院授予"先进集体"，被中国少年科学院评为"中国少年科学院科普基地教育示范基地"。

在范罗山小学，不大的校园里古木葱茏，鸟语花香，曾经有一幢两层的蓝白相间的小楼格外引人注目，这就是范罗山小学少年科学院的所在地。中科院院士、原中国科技大学校长朱清时先生曾亲笔题写了"少年科学院"院名，每当太阳升起时，这五个大字，在阳光下就熠熠闪光。宽敞的操作平台、规整的院士部、上下两层楼中陈列了近300种师生作品的展室，都向人们倾诉着范罗山小学少年科学院浓浓的科普情怀。特别是当你走进科学院的操作平台，60多平方米的室内摆放着100余件各类模型作品：航海模型、航空模型、建筑模型、科学实验模型等。小的只有手掌大小，大的占地约1.5平方米，有巍峨耸立的"神舟五号发射火箭"，有威武雄壮的"中华名舰"，有美轮美奂的"美好家园微缩景观"，还有讲解科学知识的教学模型，参观、学习、互动参与，让人流连忘返。从2001年到2005年，由于安徽省少年科学院科技辅导员培训基地（筹备）、原新芜区科技辅导员培训基地相继在此挂牌，进一步提高了范罗山小学少年科学院的美誉度。当然，少年科学院的成功运作和日益凸显的区域影响力，也推动了学校的发展壮大。在芜湖市教育局办公室2004年3月12日发布的《芜湖市志·教育》修订稿中有这样一段文字："为适应教育改革形势发展的要求，认真贯彻全国和全省基础教育工作会议精神，积极探索实施素质教育的途径和模式，调动每一所学校的办学积极性和创造性，扩大优质教育资源，组织小学积极做好特色示范学校的创建工作。并已遴选出特色鲜明的育红小学和范罗山小学申报创建省级特色示范小学。"同年，学校被安徽省教育厅评为"安徽省首批特色示范小学"，类似于安徽省示范高中，在当时，这标志着范罗山小学跨进了安徽省名校序列的门槛。

一所师资和办学硬件都相对薄弱的小学率先办起了少年科学院，在当时算得上芜湖市素质教育的一大创新。少年科学院办院目标明确："树立生本教育的思想，培养学生热爱科学的兴趣，研究青少年普及科学的规律，探索发展学生创新精神和实践能力之路，争创一流校园科普示范基地。"少年科学院发展规划具体，主要分四步走：第一步是探索小学生科学教育的特点；第二步是营造浓郁的科学教育校园文化；第三步是打造科技、创造教育特色学校；第四步是跻身全国一流的学校科普教育行列。

范罗山小学少年科学院由于领导高度重视，在学校全体师生的艰苦实践下，取得了令人瞩目的成绩。学校少年科学院有五项科研成果分别获全国、安徽省、山东省科研成果一等奖，多篇科技活动论文在全国、省、市获奖。少年科学院坚持每年举办一届科技节，在十几年间制作了几千件科技作品，一批批科技幼苗在这里破土而出，大约有500多人次在全国、省、市、区组织的科技竞赛中获奖。《人民日报》、《中国教育报》、《安徽日报》、《新安晚报》、《芜湖日报》、《大江晚报》、《少年博览》等新闻媒体连续多次用较大的篇幅对学校科技、创新教育进行了报道：《小学校做大文章》、《减负增效、创新发展》、《让孩子拥有巨大的创造力——范罗山小学开展创新教育活动纪实》、《在科学的海洋里遨游》、《让孩子发挥创造力——范罗山小学科技节见闻》、《"一二三"：我们的雏鹰活动——范罗山小学环保一二三行动纪实》、《科技创新育新苗》等。2002年成功举办了"科技创造未来"芜湖市首届中小学生科技节开幕式，安徽卫视为学校科技创新活动制作了五集专题片。

少年科学院开展小院士评选，组织创办了少年科学院网上训练营，积极指导学生编写科普小报400余份，指导学生开展小课题研究50多项。学生的科学小论文有多篇发表在《小学自然教学》、《当代小学生》等杂志上，学校传统活动"科技创新我能行十小工程"2002年参加第十七届全国青少年科技创新大赛，获优秀科技实践活动一等奖，入选"我们爱科学"全国"十佳"优秀科技实践活动，在全国产生了一定的影响。2003年学校的一项活动"相约少科院我与科学牵手——3412小院士快乐成长体验行动"参加第十八届全国青少年科技创新大赛，获优秀科技实践活动三等奖。2004年5月28日，学校科普作品研发工作室开发的科普作品和专题展板参加了全国科普作品博览交易会的展览，受到与会专家和市民的好评。

这是范罗山小学少年科学院的履历表，也是范罗山小学科技辅导员集体的成长史。

一

一次少年科学院院务会议上，时任范罗山小学校长、范罗山小学少年科学院院长的王家莲提出，这几年少年科学院建设在我们学校应该说是轰轰烈烈的，以创造发明俱乐部为龙头带动了航模、海模活动的蓬勃开展。老师们在课堂教学中也极其注重特色的渗透，注重结合课堂教学进行科学知识普及、创新意识的培养和实践能力的训练。可以说，以创造发明俱乐部为龙头，以航模、海模为两翼的科普教育特色在少年科学院有扎扎实实的表现。但问题是，我们的特色还不能在校园里凸显出来，还不能让进入范罗山小学校园的人们一下就能感受到我校的教育特色。学校外显的、有形的能体现教育特色的东西，大概就是少年科学院操作平台，这些还很难让人感受到学校的特色。这似乎是一个与校园文化建设有关的话题。的确，范罗山小学在校园文化建设中，内隐的校园文化能体现学校的教育特色，但外显的校园文化对学校教育特色的体现还远远不够。

校长放了头炮，把自己关于校园文化建设的思索说了出来。与会人员也敞开了心扉，说出了自己的同感。有的说："新生一到校，对学校的特色很难马上就有所感，家长送学生到校往往时间很短,也很难感受到学校的办学特色。”有的说:“我们学校对自己特色建设的宣传还是很不够的,如果能让外来的领导、老师、家长、学生以及社会各界人士一进校就马上感受到学校教育特色的气息，这不就是一种很好的宣传吗？我们应该利用好这种宣传优势。”还有的说:“如果能有更多反映办学特色的有形的校园文化,那也可以让学生随时随地置身于教育特色的熏陶之中啊,这样的潜移默化,对学生不就更多了一份教育作用吗？”……大家说长道短,不知不觉会议已经开了三个小时,于是只能打住。最后,校长根据大家的讨论方案开始实施与范罗山小学少年科学院相得益彰的校园文化建设。

于是就有了后来长达 21 米的科普长廊,每班做到有班级科技角,每个楼层做到有年级科技角,以便于及时展示学生们的科技作品。学校还在教室和走廊里悬挂科学家的画像和名言,并根据时事张贴有关的宣传画,如:“神舟 5 号系列图片”、“全国科普作品博览会”等,让同学们随时随地漫游在科技创新的海洋里,从而深深地感受到浓郁的科技氛围。学校因地制宜,创造性的实现科技环境立体化。向空中拓展,利用墙壁建起“科技橱窗”,绘出“科技”组画;利用班级“空角”巧建“科技作品展示台”;利用鸿雁广播站宣传科普知识,传达创造信息,及时反映范罗山小学科技教育的特色、目标以及成果。少年科学院利用一切可利用的“陆”、“空”,使有限的校园空间处处呈现科普特色。一般校园环境一旦建成便呈静止状态,学生只是观赏者而已。学校努力使校园文化呈现于动态之中，一方面要求学生在动态过程中参与建设,如每班辟有“科技园地”和“科技作品展览角”,要求学生每两周出一期科技园地,展示一次科技作品。学生在创设班级科技环境的过程中动脑动手,丰富了知识,提高了能力,增长了才干。另一方面让学生在管理中使环境“永动”。少年科学院成立了种植、养殖、花草管理三类研究所,学生在老师的指导下长期进行管理,参与面达 80%。他们在管理中观察、劳动、收集、整理、分析、比较,从中获得知识,形成技能。少年科学院先后开辟了创新教育展示橱窗、创意画廊,修建了师生作品陈列室,定期发布创意文选龙虎榜,举办了漫漫科普路图片展、精雕细刻全国省市部分获奖作品回顾展、丑小鸭快乐作坊作品展、双休日科普乐园作品展、科技创造活动资料展等展览活动，再现了学校全面实施科教兴校战略，创办科技特色学校的艰难历程。脚踏实地一步一个脚印,为培养具有科学素质的人才而默默耕耘,已扎根在范罗山小学教师的心中,渐渐汇聚成校园文化的主旋律。

二

范罗山小学少年科学院的成功运作离不开完善的组织机构、强大的科技辅导员队伍和刚性的制度保障。学校的少年科学院,下设一个少年科学院院报社、一个创造发明俱乐部和十二个研究所(科技制作研究所、模型研究所、头脑奥林匹克研究所、计算机应用研究所、水气式火箭研究所、动物饲养研究所、环境保护研究所、科学实验研究所、植物扦插研究所、科学幻想绘画研究所、手工工艺研究所、创意作文研究所),全面实行“客座教授”、“客座讲师”、“主教练负责制”等制度。每个研究所的成员都是通过自主报名和所长摸底测试相结合的方式，以一个学年为一个训练周期微调的，成员比例达到全校人数的80%。研究所都配有科技辅导员担任所长,利用每周三下午两节课后的时间定期开展科技兴趣小组活动。每当时间一到，孩子们就会伴随着少年科学院的院歌声自发的来到各个研究所的活动场所，愉快的进入神奇美妙的科技世界,走进科技创新的天地。少年科学院还建立了一个较完善的学校、班级和家庭多层次的科技活动网络。学校成立了由校长任组长,科技辅导员、校外科技辅导员、部分有一技之长的学生家长参加的少年科学院科技活动协调小组,负责少年科学院科技活动的领导工作。为了保证科技活动的群众性和广泛性,学校定期组织不同研究所开展科技活动教学研究,并延伸到家庭,邀请家长参与和指导。同时,我们十分重视相关学科的科技教育渗透,如科学学科进行生物小实验研究,向学生传授生物知识,制作生物标本;美术学科组织学生外出进行植物写生、收集植物标本进行科技绘画等;音乐学科教唱科技节主题歌;语文、数学、英语学科渗透“爱科学、学科学”的思想教育等。

少年科学院离不开科技辅导员,只有建立高素质的科技教育师资队伍,才能使少年科学院活动持续有效地开展。范罗山小学是一所小学校,实际上真正能够辅导学生科技活动的教师并不多。学校主要是抓好三支队伍建设:第一支是校外兼职科技辅导员队伍,由退休的优秀老科技辅导员(全市范围遴选),芜湖市科协普及部的领导,有科技特长的学生家长,安徽师范大学物理系、生物系教授、讲师等组成,请他们来校作有关科技讲座,指导科技实践活动,努力提高少年科学院科技活动的水平与质量;第二支是校内专职科技教师队伍,由学校科技知识丰富、动手能力强的老师组成,他们是学校少年科学院的核心力量;第三支是全体教师队伍,创造条件使他们不断增强科技意识,丰富科技知识,提高动手能力,提高学科渗透科技教育的水平和力度。

在范罗山小学少年科学院建设过程中,我们清醒地认识到,少年科学院要想永葆生机和活力,仅仅靠个人英雄主义和少数先进分子的努力是不够的,必须要建立一套规范的制度,因为制度不仅可以促使少年科学院现有效率和业绩的提升,更重要的是,制度能引导少年科学院走向良性循环轨道。在我的印象中,范罗山小学少年科学院最突出的制度可浓缩为“三个坚持”和“四个落实”。“三个坚持”是指:一是坚持周周有科技兴趣活动;二是坚持月月有科技讲座;三是坚持年年有科技节或校内重大科技活动。四个落实包括:思想落实、组织落实、经费落实和奖励落实。学校制定了科技活动辅导费，同时从教育奖励基金中提出少年科学院科技教育活动专项经费,每学期结束时对作出贡献的科技辅导员进行奖励,促进科技教育活动的深入开展。应该说,经过岁月的积淀,少年科学院在范罗山小学已发展成为一个教育内涵十分丰富的新领域。

三

清晨,当第一缕阳光穿破云层,洒向大地的时候,范罗山小学就从沉睡中醒来。顿时,校园里散发出阵阵芳香,树枝上的小鸟开始“叽叽喳喳”歌唱,欢迎早到的学生开始一天的学习、生活。范罗山小学的少年科学院也成了学生的一种特殊的牵挂。这种牵挂来自范罗山小学少年科学院各种新奇有趣的科普活动和科技竞赛。

下面是2003年4月16日发表在范罗山小学少年科学院院报《科学小主人报》第十四期上的署名文章,作者是来自科学实验研究所的蒋英豪同学。

科学需要动手

几天前我参加了这个神秘的OM小组。

第一次来到实验小组,负责指导我们的李老师给我们拿出了几根又细又轻的小木条,对我们说:“这些东西就是你们要做的骨架材料。你们先看看吧。”我好奇地看看这些其貌不扬的家伙,心里开始犯嘀咕:“就这小玩意还能撑好几百公斤?别逗了!”想到这里我趁老师不注意拿起一根轻轻一撅,随着一声清脆的响声,那可怜的小木条已经在我手上折成两段了。没办法,为了揭开“伪科学”的面具我绝不能半途而废!接下来,老师让我们把只有0.5厘米宽的小木条均匀的劈成两半(有尺子的同学可以现在拿出来看一看0.25厘米是什么样的)。天哪!本来就不宽还要再劈一半,而且要均匀,这真是比登天还难。等我们都劈完了,老师又让我们做了一些更细的小木条。没办法,“军令如山”,不管多么难也只能是照做。等这些材料都准备好了,老师拿出了胶水,在横叉和竖叉之间粘了一个个米字。说是这样可以使木结构更稳固,不易扭曲,只要是木结构不发生扭曲、变形就能够承受很大很大的重量。你别说,老师说到这里我才觉得有些科学道理。过了一会儿,老师说:“行了,木结构的胶已经干了,可以去做实验了。”哈哈,这才是我盼望的。他搬出一个特制的实验装置,把装置的木盖子拿起来让我们把木结构放在木箱子里面,然后盖上了木盖子。我兴冲冲地就要往盖子上站,被老师一把拽了下来。老师哭笑不得地说:“你上去干什么?就你那两斤,再上三个也禁得住!这样不行,要用大铁盘呀,那一个就是20千克或25千克。必需两个同学合作才能搬起来。”

按照老师的指导,我和另一个同学将1个标有25千克的大铁盘放在木盖子上(盖子下直接压着木结构)。就这样,1个、2个、3个…… 很多个大铁盘都压在了那瘦弱的木结构上。可是它却丝毫没有发生变形。再压了N块之后,可怜的木结构在一声清脆的断裂声后被压折了,最后承重的结果居然有405公斤。“哦!成功喽!”随着这欢呼声,我们这次有趣的实验也就做完了。我从中得到很多的启示,但最让我难忘的就是这动手的过程,虽然手上扎了木刺,被刀子划了数不清的口子,但大家还是认为这些付出值得!毕竟让我们体验到了科技是如此有趣,学习是如此有趣。

类似这样的活动几乎每周都在范罗山小学少年科学院各研究所中上演。范罗山小学的少年科学院丰富多彩的活动,是把学与用结合起来,把知识转化为能力的过程;是一般性劳动和创造性劳动结合起来的过程;是学生内在身心素质的发展和社会意识向个体心理品质内化的过程。少年科学院十分重视科技实践活动,以学生为主体,放手让学生去探索、去研究,使学生深切感知科学就在身边,就在自己的生活、学习中。针对学生思想单纯、幼稚、富有想象、好动等心理特点,少年科学院利用每个班级建立的科技角、绿化角开展启蒙性实践活动。种子的发芽、蝌蚪的演变、金鱼的饲养……学生在劳作的过程中学会了观察、认知、想象。

印象最深的是2003年“非典”突然袭来,校园里、生活中到处弥漫着令人窒息的过氧乙酸气味,师生间随时传递着让人恐惧、感动、震惊、心酸、痛苦和茫然的故事。“非典”流行期间,人们的生活变化最大的大概是人人必戴口罩。坐车,上班,去超市,到医院,处处一片白茫茫。每日下午4点,几乎所有的人眼睛都锁定电视屏幕,聚精会神地听卫生部新闻办公室发言人通报全国内地非典型肺炎疫情,每个人的心都随着“非典”疫情数字节节攀升而忐忑不安。2003年4月20日下午,在国务院新闻办举行的记者招待会上,卫生部常务副部长高强说,今年“五一”取消放长假,按正常节日放假,各种大型集体活动也都同时取消。而学校每年一度的科技节就定在5月第三个星期开始,与全国科技活动周同步进行。科技活动周,是中国政府于2001年批准设立的大规模群众性科学技术活动。根据国务院批复,每年5月第三周为“科技活动周”,由科技部会同中宣部、中国科协等19个部门和单位组成科技活动周组委会,同期在全国范围内组织实施科技活动。2003年全国科技活动周在网上开幕,如期进行。范罗山小学科技节怎么办?是根据“非典”的严峻形势,暂停延续了多年的科技节,还是不离不弃继续在科技节上演绎依靠科学战胜“非典”主题?学校多次召开会议,征求老师、学生、家长的意见,最终达成共识。学校以“非典阻挡不住我们对科学的企盼”为主题,开展了8项小型而有益的活动:科技作品义卖;“非典知识”小竞答;抗“非典”技能小比武(①洗手绝活露一手;②测量体温我能行;③班级消毒小能手;④自我防护靠自己。);奇思妙想抗“非典”;“我的天地”儿童房间设计图片展;“我的天地”房间绘画设计;立体造型真有趣;“点石成金”巧用废物来装饰。2003年“六一”儿童节,学校开展了“庆六一科技活动颁奖仪式”,结合“养成道德好习惯”活动的开展,引导少先队员通过了解预防“非典”的知识,进一步明确养成良好的行为习惯,特别是公共卫生习惯,不仅关系到个人的健康、安全,也关系到别人的健康、安全,并把这种收获落实到日常的生活中,从身边的小事做起,从克服不良的习惯入手,成为具有文明健康卫生习惯的人。那个特殊的学期,肆虐的“非典”,没有改变范罗山小学少年科学院对科普活动的“真情承诺”;那些特殊的日日夜夜,疯狂的“非典”，没有挡住范罗山小学师生对科学教育的一往情深！

2004年5月18日，学校照惯例开展了主题为“合作·探索·实践”的科技节庆祝活动，这次活动是与《我们爱科学》杂志社联合举办的。在活动中表彰了获奖的同学，颁发了“巧手杯”、“小鲁班杯”、“挑战杯”、“创新杯”、“探索杯”五个奖杯，这对队员们的参与积极性有了很大的促进。由于学校科技活动的正常开展，学生们提高了兴趣，增长了见识，锻炼了能力，一些“小院士”、“小博士”、“小硕士”、“小学士”脱颖而出。

2004年10月1日，国庆节期间，学校6名同学代表芜湖市少年宫参加第六届全国青少年建筑模型竞赛。他们是市级选拔赛中成绩优异的选手，在位于上海吴淞中学的全国赛场上共进行了3天激烈的角逐。这次参加全国大赛的项目主要是“我心中的奥运村”大型场景设计制作和“梦幻家园”模型制作。模型制作比赛，赛前训练是保证，临场发挥是关键。来自全国各省市的600名选手同场竞技，规模十分壮观。比赛结束后，学校参赛的作品在所有作品中独具特色，鲜艳生动，充满童趣。据悉，国家体育大学奥林匹克运动历史研究学者和一位建筑学的专家对范罗山小学孩子们的作品大加赞赏，称赞学生想象力丰富，设计思想先进，设计布局美观大方、充满童趣，模型制作逼真。尽管此次大赛学校最终取得了3块金牌和6张奖状的好成绩，但却并没有让同学们满足，“更好！更强！”才是同学们奋斗的目标。

2004年，我校少年科学院在各级各类科技竞赛中成绩斐然。学校参赛人数100多人，其中有近80人获奖，除了在第六届全国青少年建筑模型竞赛中获得3块金牌和6个一等奖以外，还有诸如在芜湖市青少年海陆空模型比赛中获得2个单项冠军、建筑模型团体总分第一、7个一等奖、4个二等奖、4个三等奖；在芜湖市第四届中小学生电脑创作活动中，有1项电脑动画获一等奖，1项网页比赛获一等奖，1项小学组电子报刊获一等奖，等等。

科技之苗茁壮成长，领导、老师喜在心头。学校又把目光投向更远。学校如同一座花房，当小苗长到一定阶段，就要给它更大的空间，才能使科技活动发展到一个新的层次。学校的科普活动只有从课堂走向大自然、走向社会，才能使学生在更广阔的天地中一试身手。

科普活动从娃娃抓起，低年级的孩子年龄小，认知能力差，学校组织的活动要富有趣味性，登赭山、游镜湖，让他们亲近花草树木，成立保护花草树木小卫士劝导队，一时间，校园内外保护花草树木蔚然成风。中年级的孩子能力强，学校组织他们走向大自然，对学校、家庭周围水污染情况进行调查。高年级面向社会，以“使我们的空气清洁起来”为主题，开展丰富多彩的考察活动，编写环境保护小报、撰写调查报告等。当一份份报纸如期完成时，教师被孩子们的热情和才能折服了：主题突出、内容丰富、插图精美、图文并茂，让人爱不释手。当我们面对一份份调查报告时，仿佛置身于一群关心环境污染的少年之中，心情久久不能平静。“保护我们的环境，从我做起,从现在做起……"幼稚的童音至今还在我们耳边回荡。

学校在芜湖市鸠江区园林管理所的支持下,建立了科技创新教育劳动实践基地,让学生不定期去学习一些植物的栽培技术,参加力所能及的动手实践活动,开展以"生物的多样性与我们的未来"为主题的生物和环境科学小科研活动等,这些活动为"减负"之后的孩子们带来了充实和喜悦。学校还相继在鸠江区园林管理所的花卉基地建立了"劳动实践基地";在东梁小学成立了"社会实践基地",并举行了隆重的挂牌仪式。同学们以科技实践活动为主,通过亲手操作、亲眼观察、亲身体验学会了许多书本上学不到的东西,包括植物栽培、动物养殖、标本制作等。学校开展这些活动真正地使同学们手脑双挥,让学生在切身的体验活动中自豪地说:"我能行!"

学校培养对象的多向性和普及任务的多重性决定了科技教育的多样性,这就要求教师们拓宽思路,依托社区力量,大力开发科技教育的资源。由于学校地处市中心,共建单位科技力量较强,为学校开展科技教育提供了得天独厚的外部条件。芜湖军分区的校外辅导员为学生作了"现代国防科学"的讲座,使学生们懂得只有掌握了现代科学知识,才能制造、使用现代国防武器,才能真正保家卫国,落后就要挨打,大大增强了国防意识。学校国旗班的孩子们在军训活动中都表现得特别投入,训练刻苦,纪律严明,为其余同学作出了很好的表率作用。安徽师范大学的校外辅导员生物系周守标教授曾亲自指导植物研究所的同学们开展了"范罗山古树名木及物种的调查"的系列活动,为古树测量了树龄,在网上查阅了各种有关树木的资料,还为它们都挂上了新的"身份证"。芜湖市工艺美术集团的校外辅导员查旻亲手制作的纸浮雕作品,不仅使学生明白了看似普通的一张纸的百变身影,更懂得了立体几何和构图的简易科学道理。借助社区力量,学校组织学生走出校门,在社会活动中接受科技教育。利用寒暑假,在相关社区的帮助下,学校还分别组织了"国防夏令营"、"科技夏令营"、"环保夏令营"等活动,都取得了良好的教育效果,深受学生和家长的欢迎。

举办少年科学院网上训练营活动是范罗山小学少年科学院拓展教育空间的一个重大举措。少年科学院以校园网为平台,建立了"少年科学院网上训练营",吸收有能力、有见解的同学作为正式营员,充分利用网络和软件形成的巨大教育信息资源,为科技辅导员运用现代化的教育手段,开展教育教学研究,提供了坚实的基础和舞台,也为学生们有效地获取信息、创造性地使用信息创造了广阔的空间,促进了学校教学、科研水平的提高,促进了教育教学质量的提高。

同时学校少年科学院还开展了创意画征集评奖,班级、年级科技角最佳设计,环保小卫士论坛,征集"绿色家园——青少年生物和环境科学实践活动"口号等活动,举办了小巧手科技竞赛,OM 头脑奥林匹克竞赛,计算机网上遨游竞赛,四驱车系列大奖赛等比赛,部分班级以编排科普短剧为特色。相关研究所的科技小魔术、热气球升空、水气式火箭发射、弹射飞机表演、空中客车展示等活动,也深受同学们的喜爱。除此之外，每天早晨的5分钟科普早餐，成了学生的必修课，创新性课间10分钟小比武的开展，也成了学生的最爱。从科技小作坊到少年科学院，从自发的兴趣小组到开设创新教育辅导课，从营造绿色家园到金鱼王国探秘，从关注周围环境环保一二三特别行动到如今校园涌动科普潮，在全校师生共同努力下，学校少年科学院的科技创新教育活动正在蓬勃开展，方兴未艾。在范罗山小学争创"安徽省首批特色示范小学"成功后，范罗山小学少年科学院居安思危，又制定了第二个五年行动方案暨推进策略，核心内容关键词是：围绕一个中心，凸显两个层面，整合三支力量，实现四大目标。围绕一个中心："寻科技创新岗，做科学小主人"；凸现两个层面：普及型自助餐（由创新教育辅助课的老师组织）和提高性研究社团（由各研究所所长组织）；整合三支力量：把研究员和项目主持人（由校行政人员、少年科学院外聘教授、讲师组成）、各研究所所长、科技课教师进行合理整合，形成充满活力的研究团队；实现四大目标：建室（科普作品研发工作室，负责研究开发，指导学生参加创新科技大赛和教师教具比赛）、建网（科技创新教育教研网）、建库（运用综合实践活动课的基本理念，建立少年科学院动态资源库）和建设队伍（特色教育教师队伍、家长队伍和学生队伍）。

四

回望范罗山小学少年科学院蹒跚的脚步，透过那朴素、整洁、宁静的校园，我仿佛又看到了一张张自强不息、奋发向上的脸庞，仿佛置身于校园内涌动着的一股股科普潮。自2001年5月朱清时院士为学校少年科学院题写院名开始，在范罗山小学少年科学院的成长史中，我随处都可以看到院士、领导、专家、教授的身影，谛听他们关于培养青少年科学素养的声音，流淌着对一所小学校的赞美之声。

2002年5月安徽省教育厅胡平平副厅长到校参加科技节开幕式并做重要讲话，对学校在艰苦的条件下坚持开展科技教育活动给予了极高的评价。由于胡厅长走得匆忙，当时担任少年科学院院报《科学小主人报》责任主编的邓文轩同学还写了一封信，连同院报一起寄给了胡厅长，使胡厅长非常感动。邓文轩的全文如下：

尊敬的胡奶奶：

您好！

首先我代表我们范罗山小学《科学小主人报》的全体编辑和记者，对您能在百忙的工作中抽出时间参加我校承办的市首届科技节开幕式，表示衷心的感谢。

那天开幕式还没有结束，我们的《科学小主人报》第八期已制作完成，我本打算亲手把我们的报纸送给您的，但由于您工作太忙，等我送去时，老师告诉我您已经离开学校了，我感到很难过。今天我将我们办的报纸和您的照片一同寄给您，盼望您能为我们的报纸提出宝贵的意见和希望。

此致

敬礼!

《科学小主人报》责任主编　邓文轩

2002 年 5 月 18 日

2003 年 3 月 15 日上午,中国科协原普及部老部长项苏云(项英之女),在安徽省科协副主席万文平、安徽省青少年科技活动中心主任林顺、芜湖市政府副市长王安、芜湖市科协负责同志的陪同下,到范罗山小学对青少年科技教育活动进行调研。项苏云一行饶有兴趣地参观了学校少年科学院操作平台、多媒体展厅和 21 米长的科普画廊。项部长和省科协领导详细询问了范罗山小学少年科学院的组织结构、运行模式,少年科学院院长、各研究所所长产生的程序,对学校两项影响力颇大的青少年科技活动——"科技创新我能行十小工程"和"相约少科院我与科学牵手小院士快乐成长体验行动",都进行了热情的指导。当得知该校少年科学院以陶行知先生的"教学做合一"为主要方法论时,项部长深有感触地说:"我是陶行知先生的学生,陶行知的思想应该大力弘扬。"参观结束,项部长和万主席对学校在艰苦的办学条件下创造性地开展科技教育活动表示满意,希望学校能再接再厉,以科学的态度和创新的热情,催生出新的经验和成果,办出学校自己的科技特色和品位,服务于社会、服务于未来,并欣然亲笔题词以示鼓励!

2004 年 5 月 29 日,"神舟五号"载人飞船总设计师、中科院院士戚发轫院士参观了少年科学院的科技活动后,对孩子们的表现大加赞赏,并语重心长的鼓励同学们长大成为大院士。

林顺是安徽省青少年科技活动中心主任,是范罗山小学少年科学院《研究性学习成果集》的学术顾问,他对范罗山小学少年科学院倾注了大量的心血。2002 年 2 月,大概是春节前夕,我接到时任芜湖市科协普及部部长梁立军先生的电话,说:"林顺主任申请英特尔优秀教学奖,作为申请英特尔优秀教学奖的一部分,要求申请者提供一封来自基层教师的推荐信,承蒙林主任的信任,他选择了你,要求你结合和他的交往,写一封推荐信。"我听后,欣然应允,写下了如下一段推荐文字:

我是安徽省芜湖市范罗山小学的一名普通科技辅导员,长期在小学从事自然教学、科技活动的组织、指导和研究工作。在和林顺老师的交往中,他的工作方法、敬业精神和富有创造性的指导给我留下了很深的印象,在我的眼里,他是一位令人崇敬、诲人不倦的导师,是我省科学教育的一位默默耕耘者和执著探索者,他热心科普活动,关注青少年科学素养的形成,他深入基层,注意发现科技活动中存在的问题,并及时给予解决。特别让人难忘的是 1999 年 6 月,他冒着炎热,亲自到芜湖市组织青少年科技创新大赛获奖作品巡回展,从组织、策划到布展,大都事必躬亲,高质量、富有启发的展览,在社会、家长、师生中引起强烈反响,有力地推动了我市青少年科技活动的普及,吸引了一大批科技辅导员和青少年科技爱好者投身到科技创新活动中去。在芜湖举办展览期间,他还不辞劳苦,深入学校,调研学校科技活动开展情况。林顺老师在我校兴致勃勃地参观了师生作品陈列室,和学校领导、科技辅导员座谈学生科技创新的途径、方法,并应我校师生请求题词:“青少年科技教育关系到未来劳动者的素质———悠悠万事,唯此为大。”之后,林顺老师一直关心我校科技创新活动开展情况,为我校少年科学院的成立、挂牌,做了许多具体工作,使我校科技创新活动得以蓬勃开展。

林顺主任对范罗山小学少年科学院的关心由此可见一斑。

五

范罗山小学学生李想笔下,也记录了范罗山小学少年科学院研究者的足迹。在她眼中,范罗山小学位于风景秀丽的安徽省芜湖市长江江畔,坐落于绿树掩映的范罗山脚下,是一所拥有百年历史的老校。学校坚持陶行知先生“教学做合一”的主张,一代代在这片土壤上默默地耕耘着,不断传承着这份古老的校园文明。校园内的科技作品展示台、年级科技角、科技长廊、少年科学院,无不体现着学校“科技兴校”这面创新旗帜。随着素质教育的不断深入,百年的积淀滋润了学校特色的发展。2004 年 3 月,我校被安徽省教育厅授予了“安徽省首批特色示范小学”光荣称号,开创出一片新天地。

值得她自豪的是,芜湖市首家少年科学院就坐落在我们的校园内,中科院院士、科大校长朱清时教授还亲自为该院题写了院名。少年科学院是同学们动手实践的乐园。少年科学院下设建筑模型研究所、节能研究所等 12 个研究所和 1 个少年科学院院报社。院报《科学小主人报》每月一期,记录了我们开展科学教育活动的足迹。各研究所开展了多层次的研究性学习主题活动,内容涵盖各个方面:芜湖水资源调查,给大自然记日记,芜湖居住小区的演变和设计,绿地碧水蓝天环保小卫士在行动,芜湖市场水果种类调查和结构探源,教室空气污染调查及其对策,金鱼王国探秘,范罗山植物种类调查和物候观察等。近年来,在我校开展的“科技创新我能行十小工程”中,科学小魔术、热气球升空、水气式火箭发射、弹射飞机表演、空中客车展示等活动,都吸引同学们广泛参与。丰富多彩的科技主题活动,既弘扬了科学精神,也倡导了文明校风。该工程因此获得了第十七届全国青少年科技创新大赛优秀科技实践活动一等奖,还入选了“我们爱科学”全国“十佳”优秀科技实践活动。

学校编印的《学生研究性学习成果集》一书精选了范罗山小学少年科学院各研究所同学们的研究学习成果。稚嫩但踏实的脚步记录了同学们成长的足迹,这些果实虽不成熟,但能够感受到同学们认识自然、关注社会的意识已经萌芽,当中蕴藏着的智慧不时地闪烁着创新的火花，研究性学习激发了同学们的创造潜能。校园里,周周有小科技兴趣活动,月月有科技讲座,年年举办科技节,同学们制作的几千件科技作品中,有多人次的作品在全国、省、市科技竞赛中获奖。百年历史塑造了一个欣欣向荣的范罗山小学,全校教师倾情编著的《创造适合儿童的教育》一书,足以证明他们以丰厚的学识，宽阔的胸怀和朴实的行动去真诚地鼓励同学们放飞想象的翅膀,去拓展同学们的心灵。范罗山小学依托少年科学院为同学们营造了一方研究性学习的沃土,研究性学习使同学们丰富了知识,提高了能力,增长了才干。在这里,每位同学的创造潜能都能得到发挥,我们祝愿一批批"小学士"、"小硕士"、"小博士"、"小院士"能在这里茁壮成长,从这里迈向美好的明天。

范罗山小学少年科学院面向全校学生进行科学启蒙教育。它是以体验教育为主要载体,以校科技活动操作平台、小院士部、校劳动实践基地和社区科普教育场所为依托,以引导和教育少年儿童爱科学、学科学、用科学,且以培养全体学生的科学素养为目标的功能性社团。少年科学院倡导学生在研究中学习,在学习中研究。由只重视"读"科学转向培养学生动脑、动手"做"科学,坚持走少先队科技活动社会化的道路。

范罗山小学少年科学院不仅面向孩子,还面向教师、家长,面向一切对我们身边事物感兴趣的人,面向一切被科学深深吸引但没有机会从事研究的人,它是想把对科学的好奇心与渴求传递给身边的每一个孩子,播下科学的种子,期待着发芽、等待着开花结果。

当然范罗山小学少年科学院的成长史也摆脱不掉"领导重视就不难"的宿命。不深谙中国基础教育的现状和历史，就无法理解范罗山小学少年科学院的成功逻辑,同样,不锁定范罗山小学平民教育的学校定位,也无法读懂在教育均衡之后,发生在范罗山小学少年科学院身上的过往今昔。

10 有识有为:我对范罗山小学教科研的解读

教育科研是教育发展和改革的第一推动力，教育行为对教育科学研究越来越强的依赖性是现代教育的一个重要标志，而超前的教育科研也正是范罗山小学办学实践的一贯主张，它直接推动并完成了范罗山小学从薄弱学校向特色示范学校的跨越。

用课题研究作为教科研的突破口,是学校的最初设想和实际行动。学校领导带头更新观念,确立"科研兴校"的办学思想,率先垂范亲自主持教育实验项目,为教师树立了榜样。学校从 1997 年起,就承担了两项全国教育科学"九五"规划原国家教委重点项目子课题,参与编写了《学习策略训练》一书,主编了 36 万字的《创造心理训练》(上下册),由安徽大学出版社出版发行;2000 年承担的省级创新教育课题研究取得丰硕成果;2001 年 11 月,参加全国创新教育现场研讨会,我校作了经验介绍,凝结着全校教师辛勤汗水和智慧的《创新教育的理论探析和建模操作》资料集在安徽省第三届教科研成果评比中获省级二等奖。特别是 21 世纪初,学校以教育科研抢占基础教育的制高点,先后承担了三个国家级子课题“陶行知生活教育理论与综合实践活动课程的实验研究”(中国陶行知研究会)、“在模型活动中培养小学生科学素养”(教育部基础教育司)、“运用现代教育技术和网络资源提高学生的科学素养”(全国中小学信息技术教育研究中心)。同时学校以新课程改革为契机,积极贯彻“由单项到综合,由应用到理论”的课题发展思路,不断加大课堂教学研究课题的立项比重,集中学校优势科研力量,强化课堂教学过程优化的研究,积极改进教学手段,以“效益”为中心,推进课题研究成果转化为师生的成长和教学质量的提高。在新课程改革方面,学校现有一个市级课题“综合实践活动课程实施的研究”;四个区级课题:“小学语文创新性课堂教学策略的建构”、“以学生合作交流为主,进行数学研究性学习”、“小学英语‘情感、情景活动’教学法”、“小学信息课教学规范”;学校课题目前已初步形成了自己的发展轨迹:从单项实验到整体改革实验,从课堂教学改革研究到课内外教育活动有机结合的研究, 由一般应用性课题研究到理论性课题的研究,循序渐进,不断深入。学校也正沿着这样的轨迹努力抓好抓实,用教育科研来支持学校特色的形成与发展,以满足社会对优质教育的渴望。

范罗山小学丰富的教育科研资料和自身的发展足迹表明:

学校教育科研需要全校教师达成共识,群策群力。教师的教育科研一般是针对教育教学的实际问题,提出自己的观点与解决问题的策略。因此,教师只有把科研作为贯穿于自己教育教学活动的自觉行动,才有可能为“科研兴教”作出实际的贡献,教育科研理应成为教师本职工作的一部分,而不仅仅是骨干教师、实验教师的专利。在教师的教育科研中,理论学习研究是一个极其重要的组成部分,应贯穿于教育科学研究的始终。学校要求教师在学习教育理论时,既要注意培养自己以研究者的眼光发现和审视当前的教育现象,对现存理论的科学性进行检验的能力,又要注意用科学的理论指导自己的教学,及时将理论研究的成果运用于教育实践。只有全体教师都参与教育科研, 学校办学特色的形成、师生的可持续发展才会充满后劲,以科研提高教学质量,已成为我校近年来教学质量整体提高的后援机制。

伴随着学校特色教育的深化和省特色示范学校的争创,“向教育科研要质量”的意识已日益成为全体教师一种如同生活之水的需要。教师的研究积极性高涨,教育教学活动开展扎实有效,论文、读书笔记、案例撰写得一丝不苟,这些都散发着浓郁的教育教学研究的芳香,在这里,教师的教学实践为教育科研提供了最具体的观察情境,教室就是教师天然的实验场,教师的教学过程就是在自己的实验室进行观察与研究的过程。教师一方面热衷于对教育教学实践经验的积累和对积累的提炼,一方面又孜孜不倦地对教育教学理论进行认真研读、消化、吸收,努力实践着陶行知先生所倡导的"'闻知'与'说知'必须安根于'亲知'里面方能发生效力"的教育思想。

教育科研需要规范管理。当教科研在全校风风火火全面展开的时候，对研究过程进行严格规范的管理和监控，就决定了教师教育科研的质量和学校教育科研整体水平的基本走向。学校的基本做法是：研究前加强资料的收集和整理、避免无效劳动；研究中，注重方法的科学性与实效性，力求过程的规范和完整；研究后，及时发掘课题的内涵与外延，注意研究的拓展与深化。每位参加研究的教师都力求做到，明目标、守规则、重思维、讲方法、求未知、辟新路、创成果，达到师生素质同步发展的目的。积极贯彻求真务实的科研精神，求教科研之真，务教师学生素质同步发展之实。任何事物的多面性决定了我们教学科学研究的多角度、多层次和多体验。在规范管理中，实行学研管一体化，在促进教育观念转变的同时促进师德师能建设，把学校办成锤炼群众性教科研骨干队伍的载体和熔炉。

教育科研需要开拓创新。以群体应用性为主旋律的学校教育科研，只有不断地拓宽科研思路，疏通科研信息渠道，把握科学的研究方法，丰富课题内涵，加速科研成果的推广，才能吸引更多的教师参加，提升学校教育科研的质量。教育科学研究需要科学、民主、探索和义无反顾的精神，教师只有长期投身学校教育科研，才能具有较强的科研意识和敏锐的洞察力，具有脚踏实地的科研态度，独立的研究精神，在独立研究的同时，善于与他人合作。近几年学校还积极通过开展行动研究和校本培训，不断引领教师"在行动中研究，研究创新行动，为有利于师生成长的行动而研究"，学校教育科研只有坚持"开拓创新才能发展"这个硬道理，才能使教育科研真正成为兴教和强校的必由之路和质量保证。

11 回归常态：我眼中的范罗山小学教学特色

随着新一轮课程改革的全面启动，学校课程体系在理念、目标、结构、功能、标准、实施、评价、管理等方面出现了"全方位的跃动"，学校课堂教学活动也随之发生了深刻的变化，从教学理论到教学实践，从教学内容到教学形式，从教学技巧到教学艺术，都呈现出前所未有的生机和活力。叶澜先生的"让课堂焕发出生命的活力"，也成了当今中国教育界最具感召力的声音。

教学是学校生活的核心，教师是办好学校之本，唯有拥有最好的教师，才能办出最好的学校，只有始终把精力投入教育教学之中，学校才能长盛不衰，这是范罗山小学从应试教育向素质教育转轨过程中的一条基本经验。

范罗山小学长期的教育教学实践积累了丰富的、生动的教育素材，厚重的教师业务档案记录着每位教师成功的经验和失败的教训，这是真真实实的探索者的足迹。这些教育素材蕴藏着无穷的教育魅力，其中的得失为教育研究提供了详尽的第一手资料，也为教育研究提供了值得借鉴的案例素材，本文只是教海撷英，由于我的表达能力和学养的限制，难免有挂一漏万、失之偏颇之处，但我的态度是严谨和认真的。

一

伴随着悦耳的铃声，方芸老师迈着轻快的步伐步入教室，今天她教授的是人教版小学语文第七册第十课《颐和园》。教学伊始，她激趣导入，以快乐小导游的身份，向同学们简单介绍了颐和园的有关情况，并让学生回忆本文的游览路线，理清了游览顺序。

教授新课时，方芸老师先指导学生以品词句、抓顺序的方法学习了第 2 自然段，总结出长廊的特点是长、美、奇，在学习万寿山脚下、万寿山上和昆明湖的景色时，她采取了“集体式研究性学习”的方式，让学生依据自己的兴趣，自由组合成新的 3 个小组（每组前面都有地点提示语），并通过读、演、咏、背多种形式来表达自己的所得所获，其间方老师以多媒体教学手段创设优美的情境，让学生充分获得感性认识。在学习时，学生积极性很高，能围绕课文展开热烈的讨论，表明自己的所获，也能互相质疑、解答，有的同学说出了自己对课文的理解，如：从“滑过”一词可以看出昆明湖的湖面很平静，和前文“昆明湖静得像一面镜子”相互照应；从“隐隐约约”一词可以看出万寿山上的树木茂盛，把视线都遮挡住了；从“闪闪发光”一词可以看出那日是晴天，阳光反射在了琉璃瓦上。有的同学联系本学期学的《卢沟桥的狮子》一文，发挥想象解说了十七孔桥上小狮子的形态，同时由于长期养成制作剪报本和小报的良好习惯，很多同学都以这两种形式来展示自己搜集资料的情况，例如“圆明园”原名是“清漪园”，重修圆明园的历史背景等；有的同学以实物投影器展示了搜集到的园中其他美丽景观的照片，不但使其他同学加深了对课文的理解，同时也激发了自己的求知欲和表现欲，拓展了知识面；还有的同学组合成“花仙子导游团”，以导游的身份解说自己对课文的理解，其中还穿插了一些课外知识；有的同学以积累的好词好句摹写广告词、古诗来表达自己对颐和园美景的赞美，例如，“今年十一去哪儿玩，要去就去颐和园……”、“即使你不喝酒，颐和园的美景也会把你醉”等，有的用古诗来抒发感情，如文征明的《西湖》（古代昆明湖称为西湖）。

现代教育的特征是充分展现人的主体性，追求人的全面发展。为此方老师充分运用了“集体研究式学习”的学习方式，这种学习方式将个人之间的竞争转化为小组之间的竞争，有助于培养学生合作的精神和竞争意识，有助于因材施教，弥补一个教师难以面向有差异的众多学生教学的不足，从而真正实现使每个学生都得到发展的目标。在教学时方老师能更新教学观念，创设情境，跳出“我讲你听，我问你答，我出题你做题”的怪圈，把“主动学习”落到实处，尊重学生的个性差异，充分估计每个学生的潜能，使学生在学习中获得积极的、成功的体验，在各自的基础上得到长足的发展。（资料来源：方芸）

在语文教学中一二年级的小学生创新潜能到底有多大,我不敢妄加评论。范罗山小学雕珺老师在执教《两只小狮子》一课教学时,曾有过这样的经历。

《两只小狮子》是一篇童话故事,主要讲述了两只小狮子的不同生活态度,一只小狮子非常勤奋,每天练习生活的本领;另一只却认为凭借父母的本领和地位就可以生活得很好,于是整天懒洋洋的晒太阳,什么也不干。通过一勤一懒,两只小狮子的对比,以及狮子妈妈对小狮子的教育,告诉学生,从小应该勤奋学习,学会生活的本领,不依靠父母的本领和地位生活。这篇课文学完后,雕珺老师让学生续编这个故事,学生非常踊跃,但大多数同学所讲的内容雷同:懒狮子听了妈妈的话后,惭愧地低下了头,它决心要做一只真正的狮子。于是,它每天和另一只小狮子一起刻苦练习,滚、扑、撕、咬,学会了生活的本领。后来,这两只小狮子长大了,成了森林里两只最勇猛的狮子。

雕珺老师在教学反思中写道:在听到学生能把故事续编得如此完整的同时,我又觉得有些遗憾,为什么大部分学生说的都一样呢,难道就没有新意吗?于是,我便引导学生从另一个角度去想,去讲,争取和刚才的同学不一样,但也要合理而完整。经过提示,学生果然有所创新,续编道:懒狮子听到妈妈的话后,却满不在乎,每天仍然什么也不干,日子一天天过去,这两只小狮子都长成大狮子了。原来那只勤奋的小狮子成了真正的森林之王,而那只懒狮子却因为没有本领捕食,而饿死了。通过这堂课的教学,我认识到学生创新能力的潜力很大,需要老师细心地引导和挖掘,这种创新能力才能得到最大程度的发挥。

新课程改革已过去近10年,但中小学教师,受传统教育观念的影响,教学上的三大顽症,即思想上的专制、形式上的封闭和方法上的灌输,仍如幽灵一般,在一定程度上统治着我们的思想,左右着我们的教学行为。深入到范罗山小学课堂,有时能让我们眼前一亮,给我们以启示。

这是一节普通的数学课《轴对称图形》,对教师来说是非常轻松的课,整节课教师只有几句话,其余全是学生在活动。课伊始,学生个人学习《轴对称图形》有哪些知识点:“已知的、懂了的有……不懂的、想知道的或有什么发现……”

随后,学生自己寻找、收集或动手制作有关资料,以证实这些知识点或自己的发现,范围比较广。教师还让学生在自学过这些知识后,自行设计练习题,以问答、填空、判断、选择等形式展示。

学生在组长的带领下,分组交流自学情况,组长负责记录好大家的发言,自己组织成一篇稿子,准备在课堂上把最好的情况汇报给大家。在忙完这些之后,各小组组长上台汇报本组学习情况,结合学具演示,同时提出本组碰到的难题。台下同学对小组长的发言提出异议或进行补充。教师根据各小组同学发言,与学生共同归纳、板书本课主要知识点,并愉快地和学生一起解决各组提出的难题。这期间还穿插着同学间、各组间互相提问,在不知不觉中完成了课堂中设计的练习题,互相考查学习情况。最后,各小组派代表对本节课进行总结。

教师对同学们的学习进行评价,同学合作,剪成一幅同学们自己心中最美丽的轴对称图形。

在这堂课的学习中,学生的学习是很具个性化的。回放整个教学流程“小组长发言→对小组长发言质疑、补充→解决小组的难题→解决自己的问题→互相提问→完成设计的练习→动手操作”,学生准备得这样充分,教师原来准备的内容没用上;学生准备的范围这样广,教师已不用再多说;学生的提问、回答与演示又是这样的精彩,教师已自叹弗如。

提问1:平行四边形是不是轴对称图形?

回答:不一定,如果是特殊的平等四边形,如长方形,正方形,菱形,则是轴对称图形,如是一般平行四边形,则不是轴对称图形。

提问2:圆有几条对称轴?对称轴是它的什么?半圆有几条对称轴?

回答:圆有无数条对称轴,是它的直径。半圆只有一条对称轴。

提问3:两个同心圆有几条对称轴?

回答:两个同心圆有无数条对称轴。

提问4、5……

学生的聪明与机智让我大为惊叹:这个班的学生真聪明,真灵活。其实,所有班级的学生都这么聪明,能干。只是教师敢不敢放手,舍不舍得放手,相信不相信学生。不要“填鸭”、“灌鸭”,不要“让学生追求前人的结论来胜过自己的思考”。在这里,教师不仅尊重和理解了学生在学习上的个性化选择,而且还巧妙地帮助学生完成了他们所设计的创造性活动。可以肯定,教师这种尊重学生生活经验和学习方式的举动,无疑会在很大程度上鼓励和培养了学生学习数学的兴趣。整个课堂都是学生的,在这样的课堂学习中,学生学到的不仅仅是知识,还有思考、能力。(资料来源:谷永干)

二

这是一堂三年级的科学课,教学内容是让学生观察蜗牛的运动。正当教师和学生们兴致勃勃地研究蜗牛是怎样爬行时,忽然有一名学生站起来说:“老师,蜗牛不但会爬行,它原来还会飞呢?”话音刚落,整个课堂引起了一阵不小的骚动。有不少学生小声嘀咕:“蜗牛怎么会飞呢?”“蜗牛没有翅膀,怎么会飞呢?”“蜗牛身上背着一个小房子,飞不起来的。”……这时,教师问这名学生:“你为什么认为蜗牛会飞呢?”这名学生振振有词地说:“我在一本书上看到过:蜗牛本来是会飞的,有一天蜗牛和一些小动物比赛,比一比谁飞得快,谁是第一,就给它一座房子。最后蜗牛赢了,房子就归它了。有一天,下雨,小蚂蚁想到蜗牛家去避雨,可是蜗牛说它脚很脏,不让蚂蚁避雨。又有一天下雨,蜻蜓想到蜗牛家暖暖身子,可是蜗牛说不行。于是它们把事情告诉了裁判，裁判就把房子压到蜗牛身上。从此以后蜗牛就飞不起来了。”学生们又纷纷议论开了。教师赶紧抓住时机问学生：“你们对舒志涛同学所说的‘蜗牛不仅会爬，它的运动方式中还包括飞行’的观点有什么看法呢？”学生一说：“我认为蜗牛是会飞的。”“请说明理由。”学生一接着说：“因为我在观察蜗牛时，发现蜗牛在爬时，总是把头向上翘，好像是要飞的样子。”另一名学生说：“我也在一本书上看到过‘蜗牛会飞’。”这时有一位学生赶紧站了起来说：“那书上的东西都是对的吗？我就不相信蜗牛会飞。”又有一名学生站了起来：“老师，我认为蜗牛肯定不会飞。因为，比赛时只有一个蜗牛参加，其他蜗牛又没有参加，它们怎么会有房子呢？我认为这种说法是童话故事。”学生三：“我认为蜗牛原来是会飞的，但是现在被家压住了……”学生们争得面红耳赤，课堂上出现了“蜗牛原来会飞”和“蜗牛根本不会飞”两种对立的观点。教师引导：“大家对‘蜗牛会飞’有了不同的意见，到底谁的意见正确呢？有什么办法能说明呢？”学生开始分组议论：“可以让舒志涛把那本书带来，看看是不是童话书，如果是童话书说明蜗牛会飞就是假的。”“我们组准备到图书馆和网上去查找有关蜗牛的资料，找一找蜗牛到底是不是原来会飞的。”“我们组准备找《十万个为什么》书来看，看看书上有没有有关蜗牛会飞的资料。”……教师对于学生的这些做法给予了肯定。几天后在科学课上那几位持“蜗牛会飞”观点的同学主动向同学们汇报了查找的结果，原来“蜗牛会飞”是童话故事，根本没有科学依据。通过这件事情，全班同学一致表示：对待任何事物不能光靠假设、猜想和轻信，而应注重科学依据。

“蜗牛会飞”并不是本节课所要研究的内容，它只是预定教学计划以外出现的“小插曲”。而授课教师处理“小插曲”的手段，却引起了我对科学教学的思考。

教师要抓住学生感兴趣的东西实施科学探究。“蜗牛会飞”引起了学生的争议，这说明学生对此有浓厚的兴趣。授课教师并没有认为这是与本课无关的内容而是适时抓住了机会引导学生探究：蜗牛到底会不会飞？为什么？在这一过程中教师并不是作为一名评判而是作为一名倾听者，鼓励学生猜想、表达及交流。让学生在说的过程中初步体验科学探究的过程：首先，要对问题进行质疑即“蜗牛会飞吗”？接着要对质疑的问题进行假设性的解释，即蜗牛会飞的理由或蜗牛不会飞的理由；再根据假设性的解释制订计划，即验证“蜗牛会飞或蜗牛不会飞”的计划或方法（查阅书刊、上网查询相关资料等）；最后把探究的结果与假设相比较，作出科学的结论，即“蜗牛是不会飞的”。

教师在科学探究中要引导学生正确对待科学学习。情感态度是学生学习科学的动力因素，影响着学生学习科学的效果。本课中“蜗牛会飞”实际上是一篇童话故事。授课教师并没有直接告诉学生，而是让学生通过自己的课后探究结果来明白“蜗牛会飞”是人们经过想象编出来的有趣故事，这说明授课教师在帮助学生如何面对科学学习时要尊重证据，不迷信童话故事。（资料来源：郭琼）

我们在构建小学创新型课堂教学模式课题研究时,教研组安排了科学研究课,研究课的内容是“溶解”。研究课如期进行,按照教研惯例,外校的执教者系借班上课。所有实验器材前一天均准备到位,学生早早来到实验室,听课教师也纷纷落座。一阵清脆的铃声响起,喧闹的科学实验室立即安静下来。

一名中年男教师站在讲台的中央,沉稳而自信。低沉富有磁性的嗓音给听课的师生留下了美好的第一印象。新课伊始,面对第一次接触的陌生学生,老师缓缓地举起一个试管,微笑着对学生说:“同学们,试管里盛的是尿,人尿。科学的探索需要勇敢无畏的精神,你们先看我品尝尿液,然后请照我的样子去做。”学生一片哗然,听课教师也交头接耳、议论纷纷,个别冲动的教师已忍不住开始高声评头品足:

A:怎么能用人尿作实验材料,不符合我们的文化习惯。

B:对小学生使用人尿太不卫生。

……

对课堂底下的“动静”,老师一概充耳不闻,一丝不苟地继续实践着自己的示范承诺,用手指蘸了一点黄色的液体,故作夸张地说:“味道好极了。”然后轮到学生们“品尝”,虽然个个面露难色,但还是照做了,从学生的面部表情看,似乎味道还不错。做完这些,老师让学生谈谈自己的体会和发现。一位女学生说,味道有点苦;另一个男同学一口咬定味道有点酸甜;而第三名同学旗帜鲜明地坚持味道有点清淡,像啤酒。这时老师微微一乐,说:“这个同学说得很对,实际上这不是人尿,而是啤酒。另外,你们难道没有注意到我是用中指伸进试管,而品尝的却是食指?”结论似乎大大出乎学生的意料。

这是一堂别出心裁的实验课的导入,也是西方教育界训练学生细微观察能力的经典场景,不同的是我们的教师用的是啤酒,而不是真正的尿液。在这节课中,他给我们带来了哪些启迪和争论?

讨论视角提示:学习材料选择是否科学?教学时间的分配是否合理?教师善意的谎言是否必要?

笔者观点:上述教育场景可能仁者见仁、智者见智,无论讨论的结果是多么多元,但其本身蕴含的训练学生细微的观察能力和不盲从的思考能力的思想是不容置疑的。

这节课中教师对学生观察能力的训练似乎意犹未尽。这是一种所有科学教师在执教这一课时都司空见惯的现象:有一个烧杯,杯里装满水,一个玻璃棒或其他搅拌物插入水中,放一些高锰酸钾,高锰酸钾迅速在水中扩散。

老师有意识给学生3分钟时间,让学生自由观察:你发现了什么?

生1:紫红色的东西在水中扩散。

生2:玻璃棒在水中弯曲了。

生3:我的手被玻璃杯放大了。

生 4：这个玻璃杯上有刻度。

……

以上同学的观察和发言无疑是科学的、正确的，也是多样的。但就本课教学目标而言，多数却是没有价值的。随着以"科学探究"为核心的教学理念逐步深入人心，学生在自行获取信息时，类似这种与教学目标无关的意外收获，必将会比比皆是，教师应该如何应对？应具有怎样的教育态度和教学机智？

当教师作了有意识地试探之后，及时让学生明确了观察的目的和任务，这时让我们再来看一看三年级的同学观察到了什么：

生 1：（高锰酸钾）放进去后，像小雨点。

生 2：像一根绳子拴着一颗石子，又像空中的流星，又像喷气式飞机。

……

（当同学轻轻地搅拌几下）

生 3：像龙卷风在转。

生 4：先像丝线，后又像烟囱里的烟往上升。

生 5：现在高锰酸钾全部溶化了，杯里的水全部变成了紫红色。

教师最后画龙点睛，引导学生认识像高锰酸钾颗粒这样，化到水中，扩散到四面八方，这就是"溶解"现象。

同样的观察对象，同样的观察者，获得了不同的观察结果。可见，观察的目的不同，直接影响着观察效果。这里我们需要追问的是：前者和后者谁更有价值？这样让学生两次观察高锰酸钾溶解的现象是否属于画蛇添足或亡羊补牢？

对这课有关学生观察能力的强化训练，听课老师争议很大，现把部分的观点摘录如下，供讨论：

师 1：课的导入，教师设计"师生尝尿"这一学生参与环节，看似有悖常理，但却极大地吸引了学生们的注意力，并激起强烈的观察欲望。教师的设计是出色的。在整个教学过程中，学生始终处在主动、积极、兴奋的观察状态中。

师 2：二次观察，第一次不提出目标让学生自由观察，第二次观察让学生明确了观察的目的和任务，使学生的观察活动科学而顺畅地开展了起来，有比较有提高，学生共同发展，符合新课改的教学理念，便于学生自行获取知识。

师 3：学生科学观察能力只有通过磨炼才能获得，这节课在这个方面进行了大胆地设计、尝试，取得了较好的效果。

师 4：关于"师生尝尿"这一学生参与环节时间花费太长，近 10 分钟，严重影响了学生的新课学习，若科学教学都像这样进行，学生学的知识将很少。

师 5：二次观察高锰酸钾溶解现象的设计纯属画蛇添足，白白让学生花费了大量时间，得不偿失。

师 6：教师要真正对学生进行观察能力训练，就要先告诉学生正确的观察方法，在正确的观察方法的指导下进行多次强化训练，尽量少走弯路，别浪费时间。

笔者观点：毫无疑问观察能力不是教出来的，只有让学生充分体验，印象才会深刻。科学课上只有让学生观察，甚至像本课这样，让学生充分感悟在什么地方观察出错，观察为什么会出错，学生的科学观察能力才能逐步获得。科学课上不失时机地进行各种能力训练是很重要的，但面对大班额的人数，过多地让学生尝试错误，放任自流，学生获取的信息往往停留在蛛丝马迹上，教学目标和教学进度确实很难保证。作为教师，他没有随意删减教材和改动教学进程的权利，否则会影响教学进度。

三

在范罗山小学教学实践中，有这样一个特别的案例《从"棒杀"到"捧杀"》，读后耐人寻味。

记得在一节欣赏课上，我满怀激情地一边让学生聆听优美、宁静的《摇篮曲》，一边让他们用各种颜色画出线条来描绘心中的感受。大部分同学都选择了冷色调画出宁静、柔和的曲线以表示《摇篮曲》的曲风特点。但其中一名同学却叛逆的用了大红色画了许多锯齿形的图案，和正确答案简直大相径庭。我一时不知如何是好，是该纠正他的做法呢？还是该鼓励他的与众不同呢？我选择了后者。"你真的很有想法，有创意，和别的同学都不一样。"换来的是他的得意洋洋和别的同学异样的目光。接下来的几节音乐课，这位同学总是做出一些"精彩"的做法。

镜头一：我弹奏上行音阶，别的同学站立进行师生问好，他却坐着纹丝不动。

镜头二：做游戏"听音的强弱寻找物品"。他却全然不顾其他同学的提示，低头瞎转。

镜头三：综合训练上的"填结束音"练习。他别出心裁的填了一个令人听了极不顺耳的音。

这种不协调的"音"使大家大跌眼镜。

我的反思：

儿时，记忆中老师严厉的语气："你怎么这么笨！""写字太慢，像只蜗牛！""现在不认真学习，长大去讨饭！"……这些挫伤学生自尊心的话语成了老师"棒杀"学生的重要武器。

现如今，当素质教育的春风吹进校园，恰又正值课改的大好时机。表扬、鼓励这些积极的评价成为正面引导学生的主要手段。课堂教学中，我积极地运用一切词汇来表扬、鼓励学生。"棒、棒、你真棒。Very good!""真是个聪明的好孩子！""好极了！"……诸如此类的话语。有时还结合节奏(× × | × × ×)、动作(拍手、竖大拇指)等

烘托课堂的气氛，让孩子们在一片赞美声中上完整堂课，以致遇到一些原则性、科学性的问题，老师也不敢给予客观的判断。我意识到这是滥用表扬、鼓励带来的后果。从以前的“你真笨”到现在的“你真棒”，从“棒杀”学生到如今的“捧杀”学生。这简直是从一个极端走向另一个极端。这种不切实际的“浮夸风”会阻碍学生的发展。

刹车！停止课堂教学中的“浮夸风”。让教师成为指引正确方向的领路人！这是发自肺腑的声音。（资料来源：查斐）

2003年4月的一天，天气阴冷又潮湿，还飘着零星的小雨点。“今天的体育课只好在室内上了”夏超老师暗想。每次上体育室内课，学生情绪无法充分调动起来，教师手段匮乏，总是做几个学生耳熟能详的活动，不说学生失去兴趣，就连做“导演”的夏老师也快失去了组织活动的耐心。正巧前段时间学习了软式排球的基本垫球方法，这项运动对场地的要求不是很苛刻，在室内也能进行，何不趁此机会让他们练习练习呢？

刚拿着几只小排球走进教室，便传来学生的一片欢呼声，几个胆子比较大的学生已经叫嚷起来：“有球玩喽！”还有几个学生说：“教室这么小，怎么打（排球）啊？”夏老师严声厉色地宣布：“考虑到我们刚刚学习了垫球技术动作，利用这节课我们专门来进行训练！”体育课一般程序开始了：复习、示范、表演、分组练习……刚开始班级纪律很好，同学们练习异常认真，随着练习的继续，渐渐学生的兴趣减弱了，看着越来越漫不经心的练习情况，夏老师的心里很是着急，总觉得他们在敷衍了事。怎么办呢？夏老师想：组织比赛吧，通过比赛，孩子们该有争胜意识了吧！

“停，我们组织比赛，考验一下各人的练习成果。各组人数相等，每人垫一次，最后加起来的总数哪组多，哪组就为胜。”第一轮比赛开始了，四组比分是110:96:105:130。和平时教学一样，夏超老师表扬了冠军组之后，用很肯定的语气对失败组的同学说：“没关系，你们努力了，下次加油一定能超过他们！”话还没落音，座位当中传来一声：“冠军组好的太多了，我们再怎么样，也没办法超过他们。”同学都随声附和，抱怨声此起彼伏。“老师不信你们比不过别人！”夏老师鼓励学生道，因为这种随机的比赛有很多巧合和意外。于是夏老师在同学们的强烈要求下，又组织了一次比赛，结果出人意料，冠军组又一次胜出，而且比分相差更大了（四组比分是123:120:116:150）。学生的抱怨更加强烈，有的建议夏老师停止这样不公平的比赛；有的埋怨不采纳他们的意见。

如果这样结束，必然有不了了之的嫌疑，会对自己今后的教学产生负面影响。夏老师灵机一动想到了一个能拉平各队差异的方法，虽然还不成熟，但试一试吧！“我们请各组推选出一名同学做裁判，注意必须是这组目前水平最差的同学。”一语即出，同学心里都在嘀咕：平时都是表现最好的或是班干部当裁判，为什么这次要这样呢？带着疑问，全班开始了第三轮比赛。

那几个选出来的“体育后进生”，格外认真，裁判工作丝毫不敢马虎。一轮枯燥的比赛终于结束了，当然结果还是一样，四组的比分是（152:145:128:166）。这次夏老师却没有急着宣布比赛结果。

“比赛还没有结束！”

“啊?！”同学们很是惊讶，今天老师怎么了？

“我们的裁判员真是辛苦，眼睛一眨不眨地工作，我们就给他们一个表现的机会，也给各组一个反败为胜的机会。”夏老师故作神秘地对同学们说，“裁判也要作为本组队员进行比赛，但他们的垫球的个数要乘以3，加到各队的总成绩上去。”

“好，就这么来。”这时候，那些“体育后进生”的表现牵动着本组所有人的心，“一个，两个，三个……”不知是谁在下面轻轻地数着，渐渐的这一个声音越变越大，最后成了全班的声音。比赛结果，却是冠军组输了。

“再来！”冠军组传来的声音。

“好，比就比！”别的组也不甘示弱起来。

“对了，我要的就是你们不服输的劲儿！”夏老师激动地插上一句，“不到最后决不轻言胜负！”

夏老师郑重地在黑板中央写下了“决不轻言胜负”6个大字。

刚才那满教室的郁闷和叹气声哪去了？取而代之的是激烈、紧张的比赛。对范罗山小学学生而言，这一定是一堂难忘的体育课。

夏超老师的反思：直到现在，我还经常回想起那次上课的情景，仔细分析，我认为，一般的“垫球比多”的游戏，多采用分组比赛、赛完了事的方式，善于观察和分析各队综合实力的同学，几乎能猜出比赛结果，失去了比赛的悬念，学生对此项活动的兴趣就不大。

课堂上，为师者被“逼”出的这一招，想必是从教者小小的教育智慧。裁判员由“体育后进生”担任是对这批学生的鼓励和肯定；“裁判员”参与最后角逐，使这些“体育后进生” 意识到自己的作用，也使本组同学极为重视这些平时被人忽略的“体育后进生”；比赛结果变化莫测，落后的队很可能反败为胜，使人难以捉摸，增强了比赛的趣味性。教师也是关键，因为教师创设了这个情境，也制造了“矛盾”。教师的发言关系到学生心理的发展方向，引导得不好，以后会给这一类的比赛制造不少的麻烦（取胜队不知自己胜是何因，落败队不知输是何故，盲目的争吵斗骂）。（资料来源：夏超）

四

早晨，王萍老师推开办公室的门，来到桌前，突然被压在玻璃杯下的一张纸条所吸引。她下意识地拿起这张纸条仔细端详起来，只见上面工整地写着："王老师，对不起，请原谅我向您撒了谎。"王萍老师被这突如其来的话弄得糊里糊涂，这几天没有哪个调皮学生犯什么"案子"呀？于是她接下去认真地看起来："您还记得前一段日子，您发现我上课一直情绪很差就询问我其中的原因。当时我很害怕，不敢向您说出实情。于是欺骗您说：'黑板上的字看不清楚。'其实并不是这样，而是那段日子我迷上了游戏机。今天我鼓起勇气向您认错，您会原谅我吗？"看着这稚嫩的字迹，朴实的话语，王萍老师不禁想起了前段时间发生的事……

陈曦是王老师班上的一个非常机灵的孩子，平时上课听课认真、发言积极。可那段日子不知怎么了，上课无精打采。王老师看在眼里，急在心里。一次王老师将他叫到身边，他吞吞吐吐地对王老师说："老师，我……坐在后面看……看不清黑板上的字。"当时王老师信以为真，当即给他重新安排了座位。之后，陈曦同学听课情绪也的确有很大好转。为此，王老师也没将这事放在心上。一天，王老师带领学生学习思想品德课《学会与人交流》一课，通过这课的学习，让学生明白在生活中，应学会与人交流。交流的方式很多，有谈话、写信、打电话、发电子邮件等。王萍老师告诉学生："在生活当中，我们应学会敞开心扉与人（老师、父母、同学、朋友等）交流，通过交流能沟通思想、加深了解、增进友谊，更好地开展工作，解决问题。王老师很想跟大家交个朋友，你们能将心中的烦恼、快乐、秘密告诉王萍老师吗？如果你觉得不好开口跟老师说，咱们可以进行书面交流。老师会为你排忧解难，会和你一起分享快乐。"没想到这不经意的几句话，令陈曦同学下定决心，把这件事告诉王萍老师。于是才发生了上面那一幕。看到这张纸条王老师既感到意外，同时又非常欣喜。之后，王萍老师也很快写了一张纸条放入他的铅笔盒中，告诉他："知道吗，你能将这件事告诉我，老师非常开心。请你放心，你依然是老师心目中的好学生。"

这之后的一天，陈曦同学在楼道上与王老师迎面相撞，向王老师羞涩地笑了笑。王老师知道陈曦终于放下了心中的一块包袱，依然像从前那样活泼、开朗。

没想到，一节思想品德课竟获得如此的收获。这不由得使我想到：没有教育不好的学生，只有不懂教育的老师。我想，今后这样类似的事还会在范罗山小学校园发生。这节思品课，也给了我一些启发：孩子是天真可爱的，稚嫩的，有着较强的自尊心。他们的是非判断能力正在形成之中，在成长过程中难免会出现一些偏差。在教育教学中，我们老师要善于抓住有利时机，采取巧妙的办法，拉近和学生之间的距离，学生一定会向你打开心扉，教师也会感受到被信任的幸福。（资料来源：王萍）

陈蓉老师在上二年级美术上册第一课《我和昆虫》时，心情很郁闷。教材目标中要让学生了解自然界中的昆虫的种类和特点。地球上昆虫的种类实在繁多，常见的种类，学生也都见过，在课上讲没有什么新意。正在苦恼之际，陈老师随手翻了翻班级图书角里的书。“发动学生去收集资料，总比教师一个人的力量大吧！”她突然想到。

陈老师把学生分成四组并派选了组长，小组商量研究有关昆虫的资料。学生都很感兴趣，这个说：“老师，我家的《十万个为什么》书上有介绍昆虫的知识。”那个说：“老师，我家有看昆虫展时买的图片。”

果然，上课时，学生争先恐后地展示本组的研究成果。他们激烈地讨论着，其中有一组研究的是人类与昆虫的关系，他们不仅展示了图片，还写出文字介绍。一位小胖子说着自己知道的昆虫：苍蝇、螳螂、蜜蜂、蜘蛛……“‘蜘蛛’不是昆虫，它长着八只脚呢！”研究昆虫特征的组员反驳道，“不是吗？”他正拿着蜘蛛的图片给小胖子看呢！

课堂气氛热烈极了，在互相的交流中，学生的知识面更广了，同时，自主学习的能力也得到了发展。

“现在上美术课，对教师的要求是越来越高了！”这是美术教师们普遍的心声。是啊！现在的学生也机灵得要命，总是提出奇奇怪怪的问题。而课改教材中每一课都会涉及方方面面的内容。

经常是教师在课前做了充分的准备之后，上了课堂却被学生别样的问题问懵了。教师在课堂上所讲的内容，远远不能满足学生的求知欲，而且，教师在传授知识时，往往带有较强的自身审美意识，这样怎能发挥学生的主体作用呢。为了适应现代课堂教学，让学生了解更多的知识，发挥学生的主体作用，培养学生创新、求异思维，势在必行。因此，在教学中必须重视培养学生的自主学习能力，这样才能使学生有足够的勇气，丰富的想象力去发挥自身潜能，获取更多的知识！（资料来源：陈蓉）

五

上述教学案例均来源于范罗山小学师生的教育教学实践，扎根于鲜活的校园生活，成为教师投身教育教学改革的最生动、最有效的行动引导。教学质量是学校的生命线，必须加强领导，完善机制，力争科学管理和监控。为此，学校制定了教师的工作量化标准，教学工作的检查是教导处日常事务中的第一要务；学校以深化人事制度改革为契机，鼓励青年教师参加本科学历进修和继续教育，让每一位教师都来寻找适合自己的岗位；广泛开展“创新杯”优质课评选和“考评课”活动，学校每年均组织一次全校性的课堂教学大练兵活动，所有任课教师均开一节考评课，授课教师撰写说课稿和教学设计，教研组集体评议。为了推动学校名师工程的开展，学校不定期进行各学科优质课的评比和校学科带头人的评选活动，并建立了与之配套的激励机制，对出成果的教师给予重奖，保障教改的经费投入，从不同层面激励教师加强业务学习和教学研究。与此同时，作为学校最基本的教学研究的联合体——各教研组也上下联动,加强了对教学研究和教学活动的组织领导,确保活动运行畅通有效。语文教研组以课题研究为载体,广泛开展校级专题研讨,并积极选派骨干教师到外听课,把新的教学理念带回学校,带进课堂;数学教研组积极引导教师将计算机辅助教学手段运用于课堂之中,倡导“十个一”创新活动(一份改革和计划报告,一份合理的建议,一本优质教案,一节优质课,一份指导具体、批阅细致的学生作业材料,一种适合本班特点的学习方法,一份教学工作总结,一个有实用价值的课件,一篇优质教研论文,一次有意义的学术报告);综合组重点围绕学生自行探究知识展开研究,努力激发学生的学习兴趣,尝试运用微格教学理论进行学科整合。

在此基础上学校始终把更新教师的教育理念放在师资培训的首位,努力使教师树立全新的课程理念,用新的理念指导自己的教育教学工作。学校不断摸索教育教学工作的新思路、新方法,努力提高教学质量和效益。

一是在教育教学实践中,要求全体教师妥善处理好两个关系:“教育和教学”的关系,“全面和全体”的关系。关于“教育和教学”的关系,学校认为,课堂教学是实施素质教育的主渠道,教学作为一种有着丰富的价值内涵和精神旨趣的活动,其行为是有着明确的目标和追求的。以学生的学习为主,坚决摒弃“满堂灌”、“注入式”的教学方式,组织学生主动学习、合作探究式学习,重视学生学习活动过程的研究,不把考试分数当做教育的全部。对人的生命价值的尊重,对师生共在课堂生命质量的关注,是我们所积极倡导的。关于“全体和全面”的关系,学校认为,就是要坚持面向全体学生,促进每个学生全面主动地发展自己。在教学中,要充分认识到每个学生都是有差异的,要特别重视引领和帮助弱势群体,亲其师信其道,教师只有用心去营造一种充满真情与关爱的氛围,优质的学校教育才有了最切实的保障。

二是积极改革教法和学法。教学方式的转变是新课程改革的显著特征。转变教学方式就是要把教学过程中的发现、探究等认知活动凸显出来。在教学中要善于交给学生思维的主动权,让学生在教师精心设计的问题情境中积极观察、思考、发现、探究、创造,真正参与到一个生动活泼而富有个性的教学课堂中。教学运行发展过程,实际是不断寻求教师、学生、教材和教学方法这些教学要素优化协调的过程。学校教师在平时各科教学中注意开展创新性课堂教学研究,在长期实践中,学校初步总结出范罗山小学创新性课堂教学操作模型和六条主要实施策略（教学目标多元化策略、教学结构主体化策略、问题情境和创新意向相互交融策略、自行探究和创新能力协同发展策略、知识形成和创新智慧能力同步增长策略、创新人格特征全程化策略),力争让学生随时在课堂内表达自己的情感和态度,展示他们对知识的认知和建构过程。同时,现代信息技术的高速发展,也给课堂教学带来了新的活力,其功能和作用在实践中不断释放,成为改革教法和学法的又一突破口。学校为使现代教育技术真正转化为教育生产力，在区委、区政府的扶持下，建成了多媒体教室，引进了大屏幕、实物投影仪、集成控制器等全套设备，学校要求所有教师要逐步学会制作课件，学会上网查询资料，运用现代教育技术整合自己的教学，逐步实现教学内容的呈现方式、学生学习方式、教育教学方式和师生互动方式的改革，为学生学习和发展提供丰富多彩的教育环境和学习工具。学校动员、鼓励全体师生共同制作教具和学具，这些教具和学具的制作和运用丰富了课堂教学内容，培养了学生的动手实践能力，较好地激发了学生的学习兴趣和积极性。学校还倡导小组合作学习和团队精神，注重学生的亲身体验和自主发展，使课堂教学成为学生实现自我教育、主动发展的重要渠道。

三是积极改革学生评价方式。学校遵循新的课改理念，积极探索更为科学、客观的学生评价方式。学校在部分班级采用了学生成长记录袋的方法，以实现学生的自我评价。学生成长记录袋指的是学生优秀成果展示记录本，学校每学年为学生准备一个成长记录袋，收集学生的优秀作品，比如让学生自己把画得好的画放进去，把写字本上写得好的页张放进去，把做得好的寒暑假作业也放进去。通过这样的自我评价，学生可以很直观地知道怎样努力提高自己，同时也增加了他们的学习自信心。

四是积极推广教改经验。我们坚持每月制作一期《教改简报》，由教改小组共同编辑，供本校其他教师阅览。简报分几个栏目：《教改培训》、《信息快递》、《专家论坛》、《精彩案例》、《教学偶拾》、《课改寄语》等，每个栏目都有一定量的教改信息。例如，在《教改培训》中，他们收集了一些人教版义务教育课程标准实验教材培训的相关资料，帮助教师更深地认识课改的背景、理念与特征；在《专家论坛》中，编辑们摘录了一些专家的重要讲话和一些专家最前沿的思想理论；在《精彩案例》中，他们精选了课改教师的部分精彩的教学案例；在《教学偶拾》中，他们总结了实验教师在课堂实践中的一些好的教学经验和教学方法，达到推广经验、共同提高的目的。学校积极推行读书笔记、教学反思和教改日记三种校本培训方式，特别是短小精悍又富有针对性的教改日记，对提升教师的理论和实践水平都是大有益处的。学校的教育教学改革不是孤立的、封闭的，学校十分重视与社会的联系，争取社区、家长的共同参与和积极配合。学校充分利用家长会、教学开放周等形式向家长宣传教育教学改革的重要性，广泛宣传教改实验的目的、意义，及时报道教改实验成果，营造有利于实验顺利进行的舆论环境，引导社会各界参与、关心并支持学校教学改革和课程改革。

从丰富、具体的教学案例到抽象简约的教学模式的生成，再到对十分个性化的教学艺术的呼唤，都不同程度地反映了学校在教学活动中的探索轨迹。学校对教学张扬个性的追求已达成共识，那就是教学应当是心灵对话的过程，师生之间、学生之间、学生与文本之间应有平等互动的对话交流。新课程理念下的课堂教学生活，意味着教师的教学更多的是展示，而不是灌输；是引领，而不是遏制；是平等的给予，而不是居高临下的施舍。教师必须尽快完成自我角色的转变，由知识的传授者转变为学生学习的指导者、创造性思维和能力的培育者；由课程的执教者转变为课程的开发者和研制者；由“个人奋斗者”转变为大教育的“合作者”。教师要努力把自己的教学目标定位在通过学科知识载体促进学生内在世界的发展上，而不是仅停留在学科知识的传承上。

12　仁者爱人：我心中的范罗山小学德育

在范罗山小学校园生活久了，总觉得自己还很年轻，每次晨检听到带着清脆童声的问好，我的心情也会变得很阳光、很诗意。打开记忆的相册，我看见了一张张成长的脸、一个个生动的表情，想起一件件童真往事。每一个孩子的声音都让人无法忘却，每一个学生的成长都让人牵挂。记得冰心先生曾说过：爱在右，同情在左。走在生命道路的两旁，随时播种，随时开花，将这一径长途，点缀得香花弥漫，使穿枝拂叶的行人，踏着荆棘不觉得痛苦。范罗山小学就是这样一个充满爱和关怀的温暖的大家庭。在我的眼中，范罗山小学的德育就是阳光，就是雨露。这里，选取几个片段回忆一下那些发生在范罗山小学校园里的德育故事。

一

清晨的阳光照耀在操场上，范罗山小学校园里主席台边的梧桐树下有一个女孩，时不时拣起一片金色的树叶仔细端详，无论操场上的同学玩得多么热闹，她始终沉浸在自己的世界里与小小的梧桐树叶做伴。她叫小惠，一个患有自闭症的女孩。大队辅导员陈蓉和小惠的故事告诉我们：不离不弃能够创造奇迹。

那一年新生入学，大家都知道一(2)班来了一名患有自闭症的女孩。上课时不知道听课，只会对着窗外发呆，有时会突然高兴地用手在空中乱比划着什么，惹得全班哄堂大笑，任课教师对她这种严重破坏课堂纪律的行为恼怒不已。大队辅导员陈蓉对这个名叫小惠的女孩却很好奇。

正好学校安排陈蓉老师带小惠班的美术课，这正好也给了她更好地了解小惠的机会。陈蓉发现小惠每天都会穿得干干净净，上美术课总是把美术书整整齐齐的摆放在桌角上。有一天，在课堂上，陈蓉老师通过给学生们讲森林王国的故事来导入新课，学生们对这些童话故事特别感兴趣，纷纷画出他们眼中最美的森林。只有小惠眼睛总是望着窗外，手指不停的比划，似乎有趣的故事并没有打动她的心。陈蓉老师走向小惠身边，想尝试着和她交流，可小惠迅速地低下头，飞快地旋转自己的铅笔。陈蓉老师只好无趣地转身离开，可眼睛的余光却能感觉到小惠那打量的眼神。陈老师心想，也许小惠还不能接受一个老师那么频繁地想和她这样的孩子交流，慢慢来，也许她会接受我的。陈蓉老师暗下决心，我决不放弃，一定要和小惠沟通，尽可能帮助她走出自闭的空间。

直到有一天，一样东西唤醒了小惠沉睡的心灵，让陈蓉老师看到了她与往日不同的一面，也让陈蓉老师对小惠充满了期待。那是一堂校级公开课，课文为《会变的线条》。陈蓉老师带领全班同学来到电脑室，在新课导入环节，利用大屏幕向大家展现了一段"FLASH 线条魔术"。"小小线条调皮又可爱，变成东来变成西……"闪动的动画吸引着每个学生的眼球，包括小惠！那个患有自闭症的女孩！"啊，小狗——汪，剪刀——咔，手套……""哈哈哈……"突然的叫声惹得大家哄堂大笑。听到大家的笑声，小惠似乎为自己的忘乎所以感到抱歉，又缩回角落里，飞快地转起了她的铅笔。转铅笔已经成了她表示紧张的标志性动作了。为了稳住大家的情绪，更是为了鼓励小惠，陈蓉老师说道："小惠，真聪明！能看出线条魔术师的变化了。她是这节课第一个回答问题的学生哦，同学们要向她学习！"大家在愣了几秒钟之后把掌声送给了她。可能，小惠第一次受到老师和同学们的表扬，不知是兴奋还是无措，小脸红扑扑的像只苹果。打铁要趁热！在课堂上学生电脑创作环节，陈蓉老师又一次轻轻地走到小惠身边，在她电脑上的金山画王软件中画出一个可爱的小女孩形象，说："这就是小惠！小花小草、小猫小狗、同学们都是你的朋友！你愿意把他们一个个画出来吗？"小惠朝陈老师微微一笑，手在空中比划了起来："小草——小朋友……"

哦！这时，陈蓉老师终于恍然大悟，原来这么长时间小惠每节课都在空中比划，其实小惠每次都在认真听课，只是她在用自己的方式表达着情感，表达着对生活的热爱！

自从一段闪动的动画让小惠开始开口说话，到现在小惠像是变了一个人。在操场上她会故意从陈蓉老师身边跳过，来吸引陈老师的注意。在课堂上，小惠会大胆地看着黑板，会拿起彩笔在画纸上画个小鸟什么的。更让陈蓉老师吃惊的是，听计算机老师说，小惠最近特别爱上电脑课，特别喜欢在"金山画王"上画画。

一个从不和别人交流的自闭孩子，在陈蓉老师不离不弃的关心和关注下终于打开了心扉，这是一个怎样的教育传奇！（资料来源：陈蓉）

二

一个机灵调皮的小男孩，虽然已经上四年级了，但还是顽劣异常。既然是这个班的班主任，方芸老师便对他多了几分关注。

一个暖洋洋的下午，上课铃刚响，方老师抱着早已批改好的作业，走进教室，却看到了这样一幕：数学课代表上黑板抄作业，他却偷偷地溜上讲台，去拉课代表的裤子，惹来一阵哄堂大笑。方老师压制不住火气，大喊了一声："你给我出来！"

平时，方老师总是和颜悦色地说话，这下全班学生都愕然地望着她，霎时间整个班级静悄悄的。也许方老师也意识到了自己的失态，但觉得大庭广众之下，这个小男孩的行为真是太恶劣了。

走出教室，小男孩没有马上意识到自己错了，认为只是闹着玩，开个玩笑。方老师情绪也很激动，连珠炮式地批评道：第一，破坏了课堂纪律，影响了大家正常的自习；第二，会给正在发育期的同学带来丰富的联想；第三，如果在公共场合，会被认为是流氓行为。从课堂纪律到思想意识，从大家的看法到严重的后果，方老师一一说出，直到小男孩的眼泪一串串落了下来，心情才略有平息。事后冷静下来，方老师觉得处理有些不当，她用成人的眼光渲染了这件事，几乎没有给学生留有申辩的机会。很想当天就和那个小男孩再沟通一下，却又觉得放不下当老师的架子，并暗暗庆幸没有进行更严重的体罚行为。

这以后，那个小男孩似乎不再调皮了，性格收敛了许多，但心思依然不在学习上。起初方老师还为自己的处理方法而得意，但后来发现那个小男孩总是躲着她，而原来他总是隔很远就和老师打招呼的。方老师慢慢意识到自己伤害了一个幼小的心灵，也许他只是恶作剧，并没有想那么多，而老师却把成人的眼光强加给了他。方老师踌躇再三，决定和那个小男孩进行一次真诚沟通，有意识地呵护他那脆弱、受伤的自尊心，尽可能消除和他之间的隔阂。随后的一个微笑、一句关心的问候、一次春游的牵手……这些对教师来说是再简单不过的了，但对心存敬畏的学生来说，却是那么的重要。也许这一点点的爱和温暖，就会成为激励他们成长的阳光。（资料来源：方芸）

三

1997年11月8日，适逢双休日。上午8:30，范罗山小学“雏鹰假日小队”的22名少先队员，来到鸠江饭店岗亭，再次开展“雏鹰在行动”活动。

自“雏鹰在行动”活动在芜湖市启动后，范罗山小学各少先队员相继成立了以“树立文明新风、授予雏鹰奖章”为宗旨的“雏鹰假日小队”，开启自我教育之门，在社会实践中锻炼成长。

1996年底，学校与芜湖县埭南乡中心小学开展“手拉手”活动后，各“雏鹰假日小队”的同学们与“手拉手”小伙伴们开始了频繁的互访和书信往来。他们还自发地捐书赠笔，在埭南成立了一座座爱心书屋。

五(1)中队扬帆小队的王怡同学得知“手拉手”小伙伴奚兰兰是名残疾儿童后，数次前往埭南看望奚兰兰，鼓励她树立学习和生活的信心。

“雏鹰假日小队”的同学们在活动中提出，“不做温室之花，经受生活磨炼”。为此，到了节假日，小朋友们在中队辅导员的带领下走上街头，开展“为交警担一分力，为路人送一杯水”等假日活动，手执小旗协助交警叔叔维护交通秩序，设立服务台为路人提供免费茶水。8月份,“雏鹰假日小队”的同学们响应团市委号召,以“我是文明小使者”为主题开展了“红领巾街头树新风”文明活动。在安师大、鸠江饭店等交通岗亭搭起宣传台、拉起宣传横幅;在轮船码头、便民服务台服务;在绿影小区、团结路居民小区和教师公寓开展起植树护绿、社会实践、敬老助残、清除非法张贴物等活动。

“雏鹰假日小队”活动的蓬勃开展,使学生们从社会实践中真切体会到提高动手能力、艰苦朴素和劳动的重要性。扬帆小队针对学生们花钱大手大脚的不良习惯,开展了捡易拉罐、攒救助款活动。学生们利用假日走上街头捡易拉罐,既保持了环境的整洁,又体验了劳动的辛苦。学生们经过4次活动,将卖易拉罐积攒的钱买了书包、铅笔等学习用品赠送给本校家境贫寒的戴超同学。

四

1997年11月24日上午,当小慧娟的妈妈从班主任的手中接过1 200元捐款时,她泪流满面地跪了下来。当时,郭慧娟就读于范罗山小学五(2)班。她的妈妈是丝绸厂的挡车工。由于厂里不景气,已几个月没拿到一分钱了。爸爸是个孤儿,转业后进了芜纺厂的南纺车间。一家三口依靠爸爸每月三四百元钱的工资度日。11月16日,小慧娟的爸爸突然高血压发作。17日上午,与世长辞!

第二天,懂事的小慧娟背起书包,默默地走进教室,细心的班主任张宵树老师一看到慧娟胳膊上的黑纱便知道她家出事了。郭慧娟家的困难张老师早有耳闻,现在小慧娟家又面临如此灭顶之灾,作为班主任,怎能袖手旁观?她与教数学课的刘玲梅老师一合计,决定就在当天的学生家长会上开展募捐。

下午,开学生家长会时,张老师刚把郭慧娟家的情况说完,李清的妈妈就第一个捐出了20元钱,周自清的爸爸平时一个人带着孩子,十分不易,但他坚持要捐100元帮小慧娟家渡过难关。家长们随后纷纷捐上20元、50元,有的还临时借了钱捐款。很快,800多元钱交到了张老师的手里,张老师捧着这一大把暖暖的钞票,心里感动不已。她知道班里许多同学的爸爸妈妈都已下岗,这钱来得都不容易啊!她与刘老师又一人凑了一份,加上曾在一年级代过小慧娟课的何亚荃老师的捐款,刚好1 000元整,事情传到校长和副校长的耳中,他俩又悄悄地各捐了100元。

11月24日上午,郭慧娟的外公陪着女儿来到学校,接受了这份凝聚了浓浓爱意的捐款。老人家紧紧抓住老师的手,泣不成声地说:“叫我怎么谢你们呢?”

五

1998年9月1日,对于闵志良一家来说是个值得高兴的日子。他们七岁的儿子闵斌全和同龄的孩子一样,如期跨进了校门,正式成为范罗山小学一年级(1)班的学生了,给这个饱受磨难的家庭带来了些许安慰。

小斌全的父亲闵志良是位残疾人,母亲也没有工作,家里生活全靠闵志良每天“收破烂”挣点钱来维持。可是1995年9月6日晚的一场大火,将这个本不富裕的家庭推入了绝境。虽经社会各界的帮助,生活渐渐有了着落,可是眼看着儿子一天天长大,新学期一天天临近,可想起儿子上学的事,闵志良又犯起愁来。抱着一线希望,他来到了范罗山小学。得知了具体情况,学校领导都十分同情,并当即决定,一定尽力安排小斌全入学。为此,学校免去了闵斌全上学的一切费用,包括托管费、杂费、班费等200余元。“别的孩子有什么,你儿子就有什么。”学校领导这样对闵志良说的,也是这样做的。考虑到他家的特殊情况,学校还专程派人去保险公司协商,使小斌全在不交人身保险金的情况下也能和别的学生一样享受保险服务。没有书包,缺少文具,老师们主动地送来。老师们在学习上、生活上对这个来自贫困家庭的学生格外照顾、倍加关心。

范罗山小学长期以来一直十分关心家庭贫困的学生。和闵斌全一样,三年级的李亚婷也是一名接受学校捐助的学生。李亚婷的父亲下岗,不久又不幸患上癌症,母亲是位农村妇女,家庭生活非常困难。自从她上学后,学校每年都免去她的学杂费,并且班级还成立了“助学基金会”,老师和同学多次捐助,帮她克服了一道道难关。同样是三年级的赵子琴同学,父亲突然遭遇车祸去世,范罗山小学全校师生闻讯后立即行动起来,进行了募捐活动,并及时的将近2 000元的人民币送到了赵子琴同学手中,以解燃眉之急。2005年5月23日学校大早会的升旗仪式上,赵子琴同学和她的母亲手持感谢信和上面书写着“人间真情”的锦旗,来到了学校,再次向全体师生表示了感谢之情。会中赵子琴的母亲激动地跪了下来,赵子琴也流着眼泪表示要用好的学习成绩来报答同学们的关爱。我急忙扶起赵子琴的母亲,并接过了锦旗,号召同学们用自己的一片真挚的爱心去关怀身边的每一个人,把范罗山小学营造成一个人间温情永在的大家庭!

六

范罗山小学德育工作作为一种关照人的精神世界的活动,在学校各项工作中占据着极其重要的地位,它规范着师生的行为,滋养着师生丰富的心灵。范罗山小学在其百年的办学实践中,始终把德育工作作为治校之魂、育人之首、学校教育之核心。走进范罗山小学,朴实的校园、朴实的校风里流淌着的是其朴实的学校德育主张:真正的德育存在于师生心灵的沟通中,存在于师生之间、生生之间无言地感动之中。

从20世纪80年代中期的学科渗透德育研究,到90年代的协同渗透德育的实验,再到构建学校德育一体化的构想;从《遵循知行意行规律,夯实学校德育基础》到《刍议与时俱进的少先队体验教育》,再到建立社区的学校、家庭、社会三结合德育网络,逐步实现学校德育社会化。透过学校上百盒沉甸甸的德育资料,我们同样看到社会变迁在学生思想、心灵上打下的印记。由于学校学生主体来自社会弱势群体，如果说在计划经济观念下学生的思想是以传统的集体主义为主导性价值取向，显得比较单纯，那么随着市场经济的发展和大量职工下岗，学生的社会价值观、人生价值观和道德价值观则出现了多元化的倾向。面对不断变化的学校德育场景和鲜活的个人，学校德育坚持不懈地引领、鼓励学生通过自己理论学习和实践活动获得道德上的发展。从上述简约的学校德育发展脉络我们不难发现：学校德育对说教方式的反叛以及在建立丰富多彩的德育活动上所做的努力，体现了对学生心灵的关注和对德育主体自由意志的尊重，学校德育科研保证了学校德育工作在方向上的科学化，而学校完善的德育活动管理机制则保证了学校德育运作的规范化和制度化。

21世纪学校把德育工作的若干载体和创新教育、体验教育紧密地结合起来，狠抓"小学生日常行为规范"养成的教育，坚持每天的"一日常规检查"，每周的"中队轮流值日"，每月的"中队德育抽查"，每学期的"示范生、优秀少先队员、示范班、示范中队、优秀班主任、优秀中队辅导员评比"等常规性活动。班级的一日常规天天在校公布栏上公布，每周一次的综合评定由班主任老师签字，每月末全体班主任汇聚一堂，对所有申报合格班的班级给予评分，从"中队家务、班级布置、规范贯彻、争章情况、熟知规范、班级卫生"几个方面入手，量化评分并结合班级一日常规情况、卫生循环牌的评比情况，综合考察，评出本月规范示范班，报校德育工作领导小组备案，每月第一个大早会举行隆重的颁奖仪式。同时，学校还建立了学生操行品德自我鉴定制度、班级学生民主互评制、班主任工作例会制度等，组织班主任认真填写《班主任工作实录》，面向每一位学生的点点滴滴，关注每一位学生的成长。多年来，学校合格生、合格班的达标率都为100%，学校被评为芜湖市行为规范示范学校，中队获市红旗中队和先进集体荣誉称号。

与狠抓"小学生日常行为规范"相得益彰的是学校丰富多彩的德育活动的有序开展。学校坚持每周一次的班队会主题教育活动，坚持做好升旗和国旗下的讲话、红领巾广播，对学生进行革命教育、爱国主义的教育、思想教育、纪律教育，学校的创意画廊，宣传橱窗，一日常规检查统计表，红领巾广播站，各班的科技角、黑板报、各具特色的班级宣传小园地等，也无时无刻不在向学生展示着范罗山小学德育的魅力。学校组建了"爱心书库"，注重引领学生爱书、读书、用书，擅长以征文、朗诵、小报、书画等多种形式弘扬爱国主义主旋律，在芜湖市开展的系列教育活动("情系祖国，迈向21世纪"诗歌创作比赛、"我爱大桥"系列活动、读书征文、卡通画大赛、小品比赛等)中，学校均积极参与，取得了好成绩。特别是在"童心向党"庆祝建党80周年主题队会上，学校的鼓号队、舞蹈队都有精彩的表现。学校大队部定期对大、中、小队学生干部进行专项培训，建立学生干部学习、培训例会制度，新队员队知识培训制度，使队员们自己当家做主，充分调动队员的主人翁意识，使师生、生生形成互动,营造良好的德育氛围。在“雏鹰争章”的活动中,大队部制定了详细的争章活动手册,各中队根据自身的具体情况制定“特色章”,创造性地开展争章活动,很快学校就涌现了一批争章的小能手。“新世纪,我能行”体验教育和“手拉手”活动,紧密相关,学校注重呵护培育学生的爱心,和多个学校开展“手拉手”活动,同学们通过写信、互访、文艺节目交流表演、和小伙伴们下地摘菜、做饭,邀请“手拉手”学校的小朋友到校观摩科技活动,参观步行街、长江大桥,增进联系。这些活动有效地帮助孩子们在实践、认知、社会化的过程中,把做人做事的基本道理变为自己的行为习惯,在团结互助,互相学习的体验中,感受小伙伴的学习和生活环境,感受同龄人之间的真挚友情,感受不同地区不同的生活、工作状况和当地的建设、发展的情况,在人与人的交流、人与自我的超越中养成优良的行为品德。

学校还深知学校德育要和家庭教育、社会教育三者有机结合,形成德育工作网络,全方位培养少年儿童的操行品德。学校主动采取家长座谈会、家长接待日、家访、参观、访问、社会实践等形式与家长、社会及其他相关单位、部门加强联系,互相沟通,使德育工作延伸到校外大课堂,形成良好的教育氛围。学校成立了家长委员会,定期召开会议,探讨树立正确的家教理念,邀请家长讲师团的老师为家长进行培训,帮助家长搞好学生的家庭教育。社区教育则更是学校德育中不可分割的一部分,学校在青山街居委会(后属大戏院居委会)的全力支持下,积极发挥社区的德育功能,健全和完善三结合教育的网络制度,开发周边的德育资源,定期请法制宣讲员给同学们做法制报告,使同学们知法、学法、懂法;同学们走向社区,利用“雏鹰假日小队”的形式开展“我给街道美美容”、“禁放、禁赌、禁养‘三禁’宣传”、“争做《纲要》宣讲员”、“手拉手,献爱心义卖活动”、“红领巾进军营”等有益的活动;2001 年学校师生代表还走向社区,在“拒绝邪教”大型横幅上进行签名活动,抒发了自己反对邪教的决心和愿望。由于活动出色,学校已连续三年先后被授予芜湖市“最佳暑期乐园”、“三结合先进单位”、“最佳素质教育乐园”等荣誉称号。

学校德育工作的有效推进离不开师德高尚的教师进行有效地实施,学校熟谙此道。因此,抓好师德建设这一根本,使广大教师进一步确立正确的教育观、质量观、人才观,形成一支热心爱教、文明执教、优质施教、廉正从教的教师队伍,就成了范罗山小学德育工作又一个奠基工程。学校近年来,积极组织教师写好育人心得体会,指导教师撰写德育论文,评选教师誓词,开展师德演讲活动,填写师德问卷等。学校的“创新教育研究室”系芜湖市“青年文明号”,以“援助学生 、服务教学”为宗旨,云集了一批无私奉献、爱岗敬业的有为青年,在学生、家长和社会中享有一定的声誉。学校通过多种形式使教师们深刻地认识到,作为“人类灵魂的工程师”,21 世纪合格的教育工作者,就必须加强自身的道德修养,不断提高自身素质,为人师表,忠于职守,把满腔的爱奉献给神圣的教育事业。

范罗山小学的德育实践表明,“以人为本”是做好学校德育工作的关键,学校德育要把活动的价值引导与师生精神的自主构建相统一,重视师生的需求,重视师生的个性差异,坚持价值引导,同时拒绝灌输。从学生的成长过程来看,德育是精神的唤醒、潜能的激发;从师生共同活动来看,德育是视野的融合与灵魂的感召。

13 文化立校:范罗山小学的管理特色

面对教育改革的滚滚浪潮,面对优质教育的不绝呼声,面对教育发展规范化、国际化的世界背景,全面参与社会竞争已经成为各个学校必须面对的现实。在资金、生源、师资等竞争日趋激烈的情况下,学校的生存和发展同样也要遵循优胜劣汰的市场经济法则。而教育均衡发展带来的教育信息化、教育人事制度改革和教师队伍的重组等问题也接踵而来,作为负责基础教育的学校,首当其冲地直面和承载着这一切所带来的巨大压力。

美国思想家拉尔·沃尔多·埃墨森说过:"教育成功的秘诀在于尊重学生。"在范罗山小学,无论是我对自己的教育理念的阐述,还是学校对办学目标的定位,都体现了对师生个体的尊重。"以人为本"是学校管理工作的出发点和归宿,学校管理的真谛在于发挥教师的价值,发掘教师的潜能,发展教师和学生的个性。管理的最佳境界不是整齐划一,而是要建立一种鼓励创新的学校教育机制。同时依法治校,也客观上成为学校管理工作的另一个重要基点。依据国家有关教育法规办事,坚持正确的办学方向,坚持严明的校规校纪,着力加强流程管理,重视教师行为全程优化,完善并落实奖惩措施,促使学校教学流程整体水平的提升;积极推进依法治校,做好新形势下的教育法制工作,提高依法行政的水平,自觉接受家长的监督,努力规范办学行为。

以上的文字是对我在范罗山小学管理中的真实写照。在范罗山小学管理中,识人、识物、历事、劳心,似乎有很多话要向同行表达。可是,当车轮翻过某道山坡某个山顶,我开始习惯于沉默,一些是不用说,一些是不可说,悟得七八成透,就觉得许多话都是多余的。常言道:"秋尽一身轻。"一驻足,一低眉,风就凉了。水上莲花闭合,残荷满塘。大路之上,那么多人影远去如豆,只余尘烟渺渺。看似漫长,不过须臾之间。

有人非要问我:"范罗山小学管理上的特色究竟是什么?"我的答案是:"文化立校。"所谓"文化立校"实际上就是选择一种适合范罗山小学发展的文化模式。学校文化包含着各种特质,经过选择、积累、创造与内聚,形成了稳定的特征,成为学校的一种组织精神,经过一定时期的发展成为一套学校文化模式、一种育人方式。在范罗山小学我将"培养学生创新精神和实践能力"(简称"科技创新")作为学校的主要文化特征,以少年科学院为品牌,成功地争创为安徽省首批特色示范小学。在我看来,学校文化是凝聚全体师生的精神纽带,因此,构建学校文化,有效凝聚全体教职工，是教育教学有效管理的首要策略。学校文化的核心是学校的价值观念，我将师生共同发展作为学校的价值取向和功能定位，作为学校管理的第一要务，这种定位符合“以人为本”的理念。

从育人的角度看，教育教学过程是师生互动的过程。教师是学生发展的重要资源，没有发展的教师，就难有发展的学生；同样，高素质的学生会极大地激发教师的潜能，促进教师的发展。从师生关系上看，将师生共同发展作为学校的价值取向，可以使学生与教师处于平等地位。学生不再是单纯的索取者，教师也不完全是奉献者。这种平等关系，可以促使学生树立自尊、自立、自强的意识，激发学生的主动精神；可以更大限度地激发教师的工作热情，使他们更积极、自觉地投入到教育工作中。

前不久，我在南通教育博客中看到一个关于学校文化影响力的例子，上海虹口区有三所最好的高中：复兴中学、华东师大一附中、北郊中学。在三所学校学习过的学生总结出一句顺口溜：吃在复兴，玩在附中，死在北郊。复兴中学是录取分数最高的中学，学生、家长比较挑剔，他们排行老大的位置输不起，所以学校的风格是老道而稳健；附中长期居于老二的地位，反正也赶不上第一，也不可能退到老三，所以他们“玩聪明、玩数学、玩头脑奥林匹克”，玩出了好多全国冠军、世界冠军，玩出了一群特级教师；北郊中学是所准重点中学，家长觉得把孩子送到北郊放心，认为孩子不自觉，不管就是不行。在家长眼中，复兴中学的学生被哄着、捧着，附中的学生被逗着、乐着，北郊的学生被管着、苦读着。我们一比较就知道三所学校的文化精神不同。而不同的学校文化又会影响三所学校的决策和教师的教育行为。如果天太热，要不要放学生回家，复兴中学会打电话请求教育局指示，附中会放掉学生，北郊中学则坚决不放。关于早恋，复兴中学的老师会找孩子的家长，附中选择不闻不问，北郊中学则严厉禁止。由此可见，文化对一所学校具有强大而持续的影响力。

文化是有力量的。胡锦涛总书记在十七大报告中指出：“当今时代，文化越来越成为民族的凝聚力和创造力的重要源泉，越来越成为综合国力的重要因素……解放和发展文化生产力，是繁荣文化的必由之路。”确实，“文化的力量”已逐渐成为21世纪世界发展的软动力。同样，在教育领域中，“文化的力量”也正成为推动教育进步与发展的动力。“只有优秀的学校文化才能孕育出优秀的学校教育”这一观点，已得到全社会广泛的认同，而学校文化的构建也日益成为学校核心竞争力建设的重要组成部分。学校文化建设的关键并不在于文化形式本身，而是在于真正使文化成为展示学校独特形象、凝聚学校成员心志、推动学校创造性发展的巨大能源。

实际上，范罗山小学办学价值观一直与学校特色的形成、发展息息相关，校长的办学思想在学校特色发展中起着重要的作用。我常常试图用思想去提升学校的品质，去制订学校的办学目标和发展蓝图，用思想凝聚人心、管理学校，去创造生成适合师生成长的办学模式。教师需要校长用先进的教育思想引领，沿着实践、读书

（做读书笔记）、科研相结合的道路不断前进，因为我深信：学校特色发展更需要有思想的教师，去实践教育的理想和信念，揭示课堂教学的真谛，用思想来推动教学的改革。在学校管理中，我还尝试运用信息论优化学校管理，对课堂教学序列进行管理，加强“校风、学风、班风”三风建设，实行综合财务管理，对“薄弱”实验室的管理与发展也提出了一家之言，鼓励教师“创设条件营建民主和谐向上的班集体”，“丰富学生的文化底蕴，使其认同文明社会的道德准则”，“加强环境文化建设，用环境熏陶人、规范人”，这些举措虽然稚嫩、朴实但非常耐用。

学校集体的智力财富是由个人的智力财富汇集而成的，每个教师的多样化的知识，积极乐观的教学态度，是学校以及学校所从事的一切活动赖以存在的基础。教师要爱孩子，要相信孩子，努力成为孩子精神上的教育者和引导者。教师不但要精通书本知识，还应当精通某项特别技能，成为这方面的行家里手，因为正是每个教师的不同爱好、特色，才构成了整个特色学校的教育活力。在这里校长所要做的核心工作就是理清管理思路，并把自己的思路变成师生的群体行动，进而形成整个学校的运动轨迹。

管理改革需要实事求是，根本目的是为了学生、教师、学校的发展。基于此，学校建立了高效、有序的管理运行机制，在学校内部管理体制改革中，实行校长负责制、教师聘任制、岗位责任制、结构工资制等制度，通过启动激励和竞争机制来激发学校内部活力。倡导依法治校，制度显然是不可或缺的，公正而严明的规章制度，可以规范每位教师的行为。学校制定并完善了各项规章制度，形成了全方位的管理制度体系，可对于大多数自觉者来说，特别是对于工作有较大弹性的教师来说，制度是没有多少实际操作意义的。学校领导更看重的仍然是以德治校，崇尚“润物细无声”的管理境界，重视教师的参与意识和创造意识，使教师的才能得到充分发挥，人生得到完善发展。让教师在学校事务中体现出主人翁的地位，通过各种方式和渠道参与学校的管理，增加学校管理的透明度与可信度，增强认同感，使全校师生对学校的管理更具信任感和归属感。学校坚持实行校务公开制度，这是加强学校科学管理、民主管理、民主监督，完善教职工代表大会制度的重要方式。学校校务公开制度，坚持“公开、公平、公正”的原则，学校校长始终把面向未来的治校理念和学校民主管理实践结合起来，形成具有范罗山小学特色的管理方略。

学校的校容校貌是体现一所学校环境建设与管理水平的重要窗口。校园是师生熟知的生活场景，校园生活是每个人青少年时期最重要的生活内容，对每一位老师而言，校园生活伴随着他们的职业生涯。学校重视校园环境的建设和开发，组织全体教师克服设施陈旧、资金不足等困难，有计划、有步骤地落实校园各项建设，创造性地建设生活、学习和工作环境，突出渲染教育的创造性，各班级、年级开辟科技角、创新角，学校开辟科普画廊、创意文选龙虎榜、创新教育展示橱窗、师生作品陈列室、漫漫科普路图片展、双休日科普乐园作品展、科技创造活动资料展等,在不经意间对师生行为起到净化和引领的作用。校园绿化面积正不断扩大,校园环境优雅,四季常青。每当鲜花芬芳时节,校园里一朵朵奔跑欢笑的“花朵”与花圃里五颜六色、沁人心脾的鲜花交相辉映,构成一幅幅动人的图画。

学校管理的人本原理告诉我们:人本管理强调人的行为、人在管理过程中的主体地位,强调人际关系和团队的影响,注重参与制的民主管理和重视非正式组织的作用,人本管理的本质是在追求人的充分自由发展的同时追求组织自身的发展。在学校人本管理中,要把对教师的行政考评与对其鼓励、引导、积极期望等措施结合起来,管理者不仅要注重权力性影响力,也要注重非权力性影响力,使教师觉得所处的工作环境民主、团结,有利于发挥自己的潜能,从而使教师产生“成功”的心理。科学、民主的管理带来了学校的特色发展。虽然学校所在的社区由于城市改造人口大迁移,四面又被多所名校包围,但学校仍坚持孜孜不倦地探寻基础教育的真谛“弘扬个性、全面发展、因材施教、鼓励创造”,执著地对自身的发展轨迹、办学理念、学校管理等精心打造,以科技创新为办学特色,努力满足不同群体对优质教育的渴望,不断追求用先进的办学思想和管理理念设计学校的未来,最大限度地发挥教师群体的智慧、勇气和责任感,不断完善自我、超越自我。

14　成长期待:我与范罗山小学校本课程

2001年,教育部颁布的《基础教育课程改革纲要(试行)》有这样一段话:“在执行国家课程和地方课程的同时,应视当地社会、经济发展的具体情况,结合本校,开发和选用适合本校的课程。”我的眼前一亮,这不就是一个切入点吗?何不以此凝聚教师力量,来激发他们的内在动力?既然课程改革赋予学校更大的课程自主权,打造校本课程就必然成为促进学生个性特长发展的重要途径。从学校校情与发展历史和传统出发,经过反复思索寻觅、推敲论证,我决定对学校丰富多彩的实践活动进行哲学思考,依托少年科学院创编具有本校特色的创新教育辅助教材,构建范罗山小学校本课程,使课程内容、教学模式等逐步完善,为学生提供发展兴趣和特长的平台,促进学校办学特色的形成与发展。

根据现代课程分类理论,校本课程并不是一种课程类型,而是属于课程管理方面的一个范畴,是正在形成之中的同我国三级课程管理体制相适应的基础教育新课程体系中的一个组成部分,是中小学新课程计划中不可缺少的一部分。我国的校本课程是在学校本土生成的,既能体现各校的办学宗旨、学生的特别需要和本校的资源优势,又与国家课程、地方课程紧密结合,是一种具有多样性和可选择性的课程。这一界定试图反映校本课程的三种基本属性,即关联性、校本性和可选择性。校本课程主要分为两类:一是使国家课程和地方课程校本化、个性化,即学校和教师通过选择、改编、整合、补充、拓展等方式,对国家课程和地方课程进行再加工、再创造,使之更符合学生、学校的特点和需要;二是学校设计开发新的课程,即学校在对本校学生的需求进行科学的评估,并充分考虑当地社区和学校课程资源的基础上,以学校和教师为主体,开发旨在发展学生个性特长的、多样的、可供学生选择的课程。对我而言,校本课程的开发意味着一种权力,即校长有权自主决定部分课程。校本课程的开发也意味着一种责任,即校长负有指导学生发展的责任,必须抵制一切不利于学生发展的课程,而开设有针对性的课程。校本课程的开发更意味着一种机会,学校,特别是教师有机会得到发展。教师在参与校本课程开发的实践和反思中,将逐步加强对学校的认同意识,提高归属感,形成课程意识,掌握课程技术,加快专业发展的进程。因此,校本课程开发是教师和校长自我更新的机会。

一

范罗山小学校本课程的开发和实施,是学校对新一轮基础教育课程改革的应答。新课程的一个重要的特色,就是建立国家、地方和学校三级课程管理体制。校本课程是以学校为基地,以满足学校需要和体现学校办学理念与特色发展为目的,为适应学生的实际需要而设立的,体现了"以学生发展为本"的课程理念。传统的课程存在以下问题:一是受传统知识观的影响,学校偏重发展学生的认知,而忽略情感、审美等基本素养的培养;二是受封闭式办学观的影响,学校课程偏重于传授书本知识,而忽视社会实践问题,造成学校与社会的脱离;三是受理性主义价值观的影响,课程重系统传授,忽视学生的亲身体验。对以上问题,我在范罗山小学校本课程开发之初,制定了以下四项原则:协同性原则,增强校本课程与国家课程的整体性和协同性,充分发挥"创造训练"、"学习策略训练"、"学习品质训练"、"语文智力训练"和"数学智力训练"等学校特色项目在训练目标、内容和方法等方面的协同效应,致力于促进学生创造人格和创造能力的协同发展,提高学生的综合创新素质;主体性原则,在校本课程实施过程中,教师是教的主体,学生是学的主体,要引导全体学生自觉地、积极地、主动地参与活动,培养学生的独立性、主动性和创造性;活动性原则,在形式多样的小制作、小实验、小发明、小论文等科技创造活动中,教会学生"学会学习"、"学会思维"和"学会创造",塑造学生优良的创造性人格品质;愉悦性原则,校本课程要善于创设活动情境,采取以趣激学、寓教于乐、趣中启智和以趣养德的形式进行教学,使学生兴趣盎然地参与活动,还要善于创设和谐的心理氛围,运用创造性思维训练的延缓判断原则、成就动机原则和个性化原则使全体学生体验到成功的愉悦感,乐学、勤学和会学,鼓励每个学生形成自己独特的个性,注意培养有特长的学生。

在内容上,我根据低、中、高学生不同的年龄特点和认知水平,开设了三门校本课程:低年级以动手操作为主,开设科技创新训练课,包括知识港湾、故事城堡、智慧迷宫、游戏专列、快乐作坊等;中年级以创造性学习为主,开设创新策略训练课,包括学以致用、同中求异、异中求同、突破定势、创造想象、手脑双挥等；高年级以创造个性训练为主，开设创造品质训练课，包括创造人格训练、创新思维训练、创新技法训练、操作技能训练、科技创造活动训练等。学校校本课程最显著的特点是突出训练，强调运用，采用讲解、故事、游戏、绘画、音乐、表演、竞赛、实验、操作等多种形式，交替进行，把"教"的主观愿望转化为学生渴望"学"的内在需求，使训练活动富有成效。同时，有意识地在训练活动中渗透一些心理学知识，营造良好的学习心理和课堂氛围，学生通过训练活动，享受成功的喜悦，难而有趣，高而可攀。

内容和活动形式初步规范为下列模式（见表1、表2、表3）：

表1　低年级系列

形式	知识港湾故事集装箱	游戏专列	智力体操	快乐小作坊小试验田
内容	看录像、讲故事、读书，以激发兴趣为主	趣味科学小游戏	图形、拼音属，观察与分辨系列	浅显小制作、小实验
权重100%	10	30	20	40

表2　中年级系列

形式	知识港湾故事集装箱	游戏专列	智力体操	快乐小作坊小试验田
内容	看录像、阅读课外科技读物，为创新策略训练作准备	智力游戏（同中求异、突破定势）	由图形转向文字，进行创新策略训练	较复杂的小制作、小实验（学以致用、手脑双挥）
权重100%	20	20	20	40

表3　高年级系列

形式	知识港湾	思维加油站	技法训练屋	快乐创新工作室
内容	读书会、信息发布会、科学讨论会，科普读物和创新信息的阅读、整理收集、分类等活动	创新思维训练	传播一定的创造发明技法	主要是五小活动：小创造、小设计、小发明、小论文、小制作等，突出学生独立解决问题的能力和创新人格训练
权重100%	20	20	20	40

对校本课程的授课老师，学校要求必须有对课程的教学设计，其基本格式包括六部分：①训练目标；②训练时间；③训练指导；④后续活动；⑤有关参考索引；⑥训练心得。

当然，上述校本课程的框架，只是学校的初步尝试与实践，如同襁褓中的婴儿般稚嫩，但这个婴儿毕竟已经开始蹒跚学步，这就是最大的进步。学校在随后的几年中，对校本课程进行了进一步检验，组织了大量的课例，作出了尽可能多的诊断，使之更完善、更合理。

二

随着学生和老师亲身体验的深入，校本课程，这个由学校自行设计、“量身定做”的个性化课程概念，逐渐由抽象变得具体。

《学会想象》是我执教的一节校本课程课例。《学会想象》是《学习策略训练》中的一课，它是在对学生进行课堂学习策略、巩固记忆策略、解题思维策略训练之后，再进行创造性学习的重要一环，是以学习过程为线索，以认知策略训练为内容来设计的，本课内容包括想象的概念和分类、想象的意义、想象的训练方法三部分。根据校本课程的编写思想、训练方向以及四年级学生的认知水平，我制订了三个训练目标：

第一，通过训练，让学生初步了解“想象”、“再造想象”、“创造想象”的概念；

第二，通过训练指导学生认识想象在学习语文、数学等基础科学中的重要作用；

第三，学习掌握发展想象力的条件。

这三个目标，有认知领域的，有情感方面的，也有能力方面的；即突出了策略训练的特点，又在训练活动中处处渗透指导。

本课的重点是发展学生的想象能力，在训练中，我采用故事、游戏、绘画、音乐、竞赛等多种形式，借助电教手段交替进行，使学生在训练中领悟到发展想象力的方法，坚持教师指导和学生领悟相结合，把充分发挥教师的主导作用和学生的主体作用统一在课堂训练中。

教学程序上，我从无意滴下的墨迹导入新课，通过介绍月球情况和外星人来帮助学生建立再造想象、创造想象的概念，选择性地介绍一些利用想象解决实际问题的生动例子，使学生认识到想象对于学习的重要意义，从而激起学生学习想象的兴趣与欲望，当学生急于想象时，我明确提出16字的想象方法，并以此为指导，开展一系列想象活动，如闻声想象、推测想象、想象竞赛等，最后设计的竞赛小结和训练总结，既是全班学生学习的反馈，又是学生课后进一步展开想象的依据。

总之，我在训练中精心组织，力争丝丝入扣，步步深入。努力增强教的启发性和学的多样性，以学生为主体，合理安排各种形式的训练活动，立足方法，突出训练，强调应用，适时指导，使用教具多而不乱，教学方式变化多样，动静结合，师生协作，争取实现教学过程有序与生动的完美结合。

训练设计流程：

1. 训练导入

（1）教师出示墨迹图，问：图上画的是什么？学生回答略。

（2）教师小结：刚才为什么有的同学把它看做是××，有的把它看做是××，这主要是依靠想象。想象是智力活动的源泉，在我们学习中起着重要的作用，今天我们就一起来学会想象（板书课题）。

2. 训练活动

(1)指导学生了解“再造想象”和“创造想象”的概念。

①了解“再造想象”的概念。

师:生活中,我们经常进行想象,夏季夜晚,当你看着银色的月光洒向大地,聆听妈妈讲嫦娥奔月的古老神话,你一定会充满好奇地想,月亮里有什么呢?

教师介绍1969年美国“阿波罗”号飞船登月了解到的月球情况。

教师小结:通过老师的描述,现在同学们头脑中对月球表面情况有一个比较清晰的形象了吧!这就是再造想象(板书)。再造想象的形象对别人来说是已知的,比如月球表面的情况,宇航员已经经历过,但我们没有经历过,我们对月球表面的认识,是根据别人的描述想象出来的,这就是再造想象。

②了解“创造想象”的概念。

师:想象除了再造想象外,还有一种叫创造想象(板书)。什么是创造想象呢?创造想象是指没有现存的文字或图样作依据,在头脑中创造出事物的形象,举个例子,宇宙中到底有没有外星人?如果有外星人,长什么样?

出示投影片1。

教师介绍ET外星人外貌。

教师小结:实际上,写文章的人和我们一样也没有真正见过外星人,这个外星人是作者根据自己丰富的知识、经验,通过大脑积极思考,创造出来的,这就是创造想象。

(2)通过训练指导学生认识想象在学习语文、数学中的重要作用。

①想象在学习语文中的重要作用。

出示投影片2(两个描写春雨的片段)。

师:比较一下,哪个片段写得更美?

学生阅读、比较,得出片段1更美。

师:为什么第一个片段写得这么美呢?(作者主要依靠丰富的想象)

师:哪些句子表现了作者丰富的想象?

进一步引导学生体会想象在学习语文、写作文中的重要作用。

②想象在学习数学中的重要作用。

出示投影片3。

师:看清题目后请大家闭上眼睛,根据题意进行想象,火车通过桥梁所行的路有多长呢?

学生想象片刻,教师出示投影片4。

教师根据投影片,剖析想象过程,指导学生想象,进而轻松解题。

教师小结:这道题是老师从小学奥林匹克竞赛中选出来的,这说明只要学会想象,许多难题都会变得很容易,既然想象对我们的学习有如此大的作用,那么,你们想不想学会想象呢?

生:想!

(3)教给学生学会想象的方法。

师:学会想象,就要多参加活动,多观察,多记忆,在学习中要善于积累语言材料,提高自己语言的理解能力和运用能力,概括地说,学会想象就是要:

勤于观察,善于积累,积极动脑,勇于创新。(板书)

(4)根据想象条件指导学生开展想象活动。

① 闻声想象。

活动要求:教师播放一段音乐,同学们运用已有的经验,积极动脑,想象音乐中的情景画面,比一比谁最有创新。

学生活动,交流想象的情景。

教师紧扣想象方法进行小结。

②推测结局。

活动要求:推测结局就是根据平时的观察和已有的经验,积极动脑,推测事情的发展和结果,世界上最短的科幻故事只有一句话"当地球上只剩下最后一个人的时候,门外响起敲门声",这是怎么回事呢?

学生活动,交流想象过程,结果。

教师小结:刚才有的同学想象非常生动,就是因为他平时勤于观察,有丰富的经验,并积极进行思考和加工。

③想象竞赛。

出示投影片 5。

师:利用椭圆形可以画一个茶壶,还可以画什么?比一比,在 2 分钟时间内,看谁画得快,画得多,画得好。

出示投影片 6。

师:请同学们把指导书打开翻到第 150 页第 4 题。

教师读题,举例,学生在书上练习。

教师小结:今天谁是我们班想象力最丰富的同学呢?(××),我们用掌声向他表示祝贺。为什么这位同学想象最丰富呢?就是因为他平时勤于观察、善于积累、积极动脑、勇于创新。想象活动还有很多,请同学们翻到资料的第 80 页,有十几种方法,同学们下课以后可以对照练习。

3. 练习总结

这节课我们学会了想象,知道了什么是"再造想象",什么是"创造想象",掌握了学会想象的方法:勤于观察、善于积累、积极动脑、勇于创新。希望同学们今后在各科学习中都能展开想象的翅膀,在知识的海洋中自由翱翔。

4. 训练延伸

略。

这是一节立足于学校的校本课程。我立足校本课程的编写理念，以深入浅出的语言，生动形象的例子，讲解了有关概念，然后紧紧抓住小学生的年龄特点，把发展想象力的方法归结为16个字并进行训练：勤于观察，善于积累，积极动脑，勇于创新。我紧扣单元目标，在课内对学生进行创造性思维“三性”（流畅性、变通性、独特性）的训练，强调多、快、奇。在整个教学活动中，我始终坚持以认知策略为内容，以语数分科教学内容为载体进行训练，并结合许多生活场景进行想象力的训练。

在这一节校本课程中，我做了哪些设计？又想传达哪些设计思想呢？

课前巧妙设计，从无意中滴下的墨迹图导入课题，通过日常语数学习中生动形象的例子，使学生认识到想象对学习的重要意义，从而激起学习想象的兴趣和欲望，接着明确提出16字的想象方法，并开展一系列想象的训练。课中精心组织，教具使用多而不乱，教学方式变化多样，动静结合，师生协作；训练要求明确，训练的每一步都提出明确要求；关键时候讲解、评价、画龙点睛。校本课程必须体现学生的主体性和活动性。校本课程要达到预设目标，教师就必须要诚心诚意地把学生当成教学活动的主人，创造性地采用各种教育教学措施和方法，使全体学生都能自觉、积极、主动地参与活动。让学生自主学习，培养学生独立性、主动性和创造性，培养学生动脑、动口、动手的能力，在形式多样的活动中让学生学会学习，塑造优良品德。在这堂训练课中，我注意调动学生的主动性，想方设法让学生积极参与训练，学习想象，锻炼多种能力，包括思维能力、语言表达能力、绘画能力、音乐欣赏能力、数学能力。在训练方法上力争新颖、多样，对原型激趣、科学幻想、想象性绘画、音乐欣赏等方法进行优化组合。

这只是范罗山小学校本课程课堂的一个缩影。学校校本课程以学生动手操作为主要训练方式，以科技活动为主要训练内容，以创新思维、创新技法、创造人格培养为内在要求，使学生在动手活动中亲身体验、感受，手脑双挥，观察、模仿、探究、发现以至创造。

这样，一改过去只有少数学生参加科技创新活动的局面，将科技创新活动列入课表，使科技创新教育进入教育主渠道，成为校本课程，落实到每一个学生。在此基础上，配合校本课程的实施，学校还以少年科学院为依托，以“寻科技创新岗，做科学小主人”为主题，在校园内外，围绕十小工程设置了10个岗位（科普小作家、科幻小画家、建筑设计师、网络管理师、小小科学家、小火箭专家、小小发明家、科普宣传员、校园规划师、制作小能手），30项主题活动，使校本课程变得更加生动、活泼、有特色。通过丰富多彩的校本课程和校园岗位练兵活动，普及科学知识，弘扬科学精神，倡导文明校风，培养学生科技创新能力。学生自己设计了少年科学院院歌、院训、小院士宣言，精心推出全新版科普画廊；范罗山小学少年科学院拥有自己的院报——《科学小主人报》，下设记者部、编辑部、策划部，在少年科学院一周岁生日时,学校还成功地承办了“芜湖市首届中小学生科技节”开幕式;少年科学院操作平台展示的师生作品,各研究所精心准备的科普节目,新鲜出炉的科学小主人报,定期举行的创意文、想象画的评选征集,“小小科普员在行动”、“科普展板大荟萃”、“科技角的评比”等活动,每次都让到学校参观者应接不暇、流连忘返。安徽卫视少儿节目《七彩路》摄制组,为学校校本课程单独拍摄了系列专题片,并进行了连续、滚动播出。范罗山小学正和社会各界一起,密切沟通,愉快合作,共同关注孩子的健康成长和可持续发展。

三

著名心理学家皮亚杰认为:活动是学生认识的源泉,学生认知发展是头脑中认知图式的同化、顺应以及适应外界的结果。我国心理学界也提出:悟性产生于操作与反思之中。而“以科技和创新活动为载体,引领学生用自己的眼睛去观察,用自己的心灵去感悟,用自己的头脑去判别,用自己的语言去表达”是范罗山小学长期致力研究的一个教育命题。随着九年义务教育就近入学的实施,客观上给学校带来一批素质参差不齐的学生。面对学习动机较弱的学生,如何提高他们的学习兴趣,使他们对学校产生归属感,成了当前教育急需要解决的问题。从这个角度看,范罗山小学校本课程的灵活性、趣味性和参与性正好提供了一个解决上述问题的途径。有教育学专家指出,中外大量特色学校的成功经验已证明,特色校本课程的构建是实现学校办学特色的重要载体。如果每所学校都能充分认识到自己学校的特色,进行有特色的校本课程的开发,将是走向素质教育的一个重要“跳板”。同时通过开设校本课程,学校精心设计,挖掘内涵,让学校的每一处资源都赋予教育功能,把校园文化建设提升到一个新的品位,并把它列入了隐性的校本课程,熏陶着范罗山小学一届届学子。

“纸上得来终觉浅,绝知此事要躬行”,教育不是纯粹的科学知识和技术的传递与习得的认知过程,教育中的经验不是纯粹的体系化、理论化的书本知识。教育是一个文化的过程、人化的过程。教育的本质就是一种唤醒人的生命意识,启迪人的精神世界,建构人的生活方式,以实现人的价值的生命活动。学校通过丰富多彩的校本课程把孩子引入知识的百花园,在校本课程教学中培养学生良好的心理素质。实践证明:校本课程用活动体验取代“说教”与“静听”的教学模式是极好的教法,活动、实践对于知识的领会与掌握意义重大。同时,校本课程开发也是构建学习型学校的需要。我赞成北京四中校长刘长铭的观点:如何将学生从考试的优秀提升为学习的优秀,从学习的优秀提升为成长的优秀,在不断激发其潜能的过程中,找到学生的最近发展区,使其得到卓越的发展,为他们一生的优秀奠基,应该是校本课程开发的本义。我主张通过校本课程来丰富学生的精神世界,拓宽学生的知识面,激发学生的学习兴趣,培养学生的综合能力,陶冶学生的道德情操,发展学生的爱好特长，提高学生的全面素质，在活动中塑造完整的人格。通过校本课程真正让学生展现出生命的灿烂、跃动、纯真与生机勃勃。

15　绿色永驻：范罗山小学创建绿色学校回眸

在我的记忆里，当年创建"绿色学校"是范罗山小学特色教育发展的一个新的发展点。在我有限的理解中，"绿色学校"是学生寓学于乐的乐园，其主要标志应该是：学生切实掌握各科教材中有关环境保护的内容；师生环保意识较高；积极参与面向社会的环境监督和宣传教育活动；校园清洁优美。"绿色学校"的创建在范罗山小学是一个水到渠成的过程，在此过程中，学校弘扬低碳生活的理念，以促进学生的和谐发展、可持续发展为宗旨，将环保教育与学校办学理念进行有机整合，引导教师、鼓励学生关注环保问题，共同分享环保教育思想，努力提高全校师生的环保意识，不断培养师生善待环境的道德观、符合可持续发展的价值观和有效参与决策的行为能力。

一

学校领导高度重视环保教育，加强创建"绿色学校"的组织领导，建立健全各项制度，引导教师积极参与。为切实将环保教育纳入学校教学计划，学校有长远规划及近期目标，做到组织、计划、人员、经费四落实。学校成立了"创建"领导小组，由校长、书记、副校长、主任、大队辅导员、骨干教师以及部分学生共同组成。学校定期召开工作会议，研究"创建"工作，研究对学生的环保教育工作，力争活动形式多样化。学校建立健全有关"创建"的工作制度，把对学生的环保教育纳入了班主任考核项目之中，在学生日常行为规范检查评比中，也有关于环保的内容，这保证了学校"创建"活动的有效落实。学校坚持每个学期开学有活动计划，期末有活动总结，定期开展教师培训工作，提高教师的环保意识和科学素养，为学校开展绿色环保教育提供了师资条件。

二

学校通过开设环保专题课、必修课、选修课、活动课，对学生全面进行环保教育。校长、教导主任和有关教师定期接受环境保护与可持续发展培训，不断更新知识，提高教学水平。此外，我们还把环保教育的内容渗透到学科教学活动中，这在学校必修课、校本课程和活动课中都有体现。例如，语文的课题研究中，老师带领学生走出课堂、走向社会，感受环境与生活的密切联系，等等。教学带来的潜移默化的教育效果，使学生在学到相关知识的同时，更增强了环保意识。

学校还自编并开设了许多以环境保护为专题的校本课程，我们的教师在环保教育的实践中，积累了许多的经验，撰写了相关教案和环保教学设计报告。同时师生一起研究我们所面临的环境问题，寻找对策，使我们的环保教育进入了一个新的层次。

我们希望通过德育和课堂这两个主渠道，使我们的环保教育宣传工作得到切实的保证，让“绿色、环保”的意识深入人心，成为师生的自觉意识、自觉行动。

三

学校定期开展丰富多彩的环保科普教育活动，做到每年有主题活动，形式多样各有特色，让同学积极参与各项活动，提高环境保护意识。

学校每学期都组织学生参加一些环保公益活动，向社会进行环境保护宣传；组织学生编制环保宣传小报，向同学、向社会普及环保知识；开展环保小调查、小论文评比活动，获奖文章被收入学校《研究性学习成果集》。学生在调查、写作过程中，查资料、读相关书报、向家长和相关专业人员请教，使这一活动产生了比较广泛的社会影响。同时，学校启动了以美化校园为核心的绿地工程：开展“护绿使者”活动、“植物挂名暨树木草地领养”活动，承包校园绿地的养护工作，以班级为单位，明确校园绿地的养护责任；多次组织环保主题班会，增强学生的环保意识。学校还在芜湖市鸠江区园林管理所的支持下，建立了创新教育劳动实践基地，让学生不定期去学习一些植物的栽培技术，参加力所能及的动手实践活动，开展以“生物的多样性与我们的未来”为主题的生物和环境科学小科研活动等，这些活动为“减负”之后的孩子们带来了充实和喜悦。从营造绿色家园到金鱼王国探秘，从“关注周围环境保护一二三特别行动”到如今校园涌动科普潮，在全校师生共同努力下，学校的创新教育活动正在蓬勃开展，方兴未艾。其中，汪乐怡撰写的小论文《关于黄刺蛾幼虫食性的实验及对其虫茧的观察》获芜湖市自然学科小论文比赛一等奖，卫青、陈岑、张磊等同学撰写的论文《利用植物防治菊花蚜虫的实验研究》获芜湖市生物和环境科学探索活动二等奖、省级二等奖，校植物研究所研究的成果《芜湖市范罗山植物种类调查及物候观察》获安徽省生物和环境科学探索活动竞赛二等奖，其他诸如《芜湖市道路的绿色调查以及克制白色污染的探究》、《无花果探秘》、《爬山虎的观察与研究》等小科研成果都引起了专家的广泛关注。学生在科技创新大赛和科幻画比赛等活动中获得的大面积丰收，既是学校长期进行环保教育的必然结果，也是学校在普及环保教育中，培养学生个性、发展学生特长的具体体现。

“世界环境日”，学校开展了“环保时装秀”活动；“爱鸟周”，学校举办了一系列爱鸟活动(知鸟、寻鸟、护鸟)；“地球日”，学校开展了“地球知识”宣传教育活动；“植树节”，孩子们自发组织开展的“我和小树同成长”活动，受到社会和家长的广泛好评；学校大队部还向全体少先队员发出了“手拉手共建绿色家园”的倡议，开展了“天蓝水青家乡美”的环境考察与“绿色文明用语”征集活动，以及“绿色是我家，小手装扮它”环保实践活动……学生在活动中学习,在活动中实践,大大提高了孩子们的环保意识和实践能力。

四

范罗山小学努力建设整洁、优美、和谐、清静的校园环境。学校一贯重视校园环境的营造,建设净化、绿化、美化、教育化的校园也一直是范罗山小学校园建设的价值追求。在2004年前后,学校投入了近40万元资金,对校园内的跑道、花坛、主教学楼进行了改造,使校园绿化覆盖面积、覆盖率均已达标,形成了四季有鲜花,终年可见绿的优美校园。

提高学生的环保意识,从建设“净化”、“绿化”、“美化”、“教育化”的“四化”校园起步。“净化”指校园的自然环境应该整洁、规范,使学生生活在一个洁净优雅的天地之中,让学生在净化的环境中形成良好的行为习惯。“绿化”指搞好校园的绿化工作,为学生创造一个更能贴近大自然的环境,让学生与自然融为一体,这是青少年健康成长所必需的。“美化”指校园环境的布置,建筑的结构和布局,应蕴涵美感。夸美纽斯认为:“校园应当安排得美观,成为一个快意的场所和对学生富有吸引力的地方。”基于此,“美化”的设计应符合审美的规律,校园应该是美的,美的校园才能塑造美的人。“教育化”指校园自然环境特有的教育作用应当被充分利用和发挥,使学生一进入校园就进入浓浓的教育氛围之中,这就需要让建筑、道路、绿化植物等都来“说话”,让它们都能成为“老师”,与学生同呼吸共成长。

五

范罗山小学师生的环保意识高,有良好的环境道德观念和行为习惯,能自觉遵守环境法律法规。这主要源于学校将遵守环境保护法规作为学生日常行为规范教育的内容之一,并落到实处,形成制度。如爱护绿化、爱护野生动物、爱护水资源、不高声喧哗、节约资源(水、电、纸)等已列入学生行为规范。具体表现在对教室、校园环境的卫生,我们有严格的“每日两小扫,每周一大扫”的制度;卫生责任区包干到班级,公共场所卫生由值日班级负责;厕所卫生工作有专人负责,保证每日的校园卫生状况都符合卫生标准。我们对学校所产生的污染(杂物)制订控制措施,规范地治理,有效地控制,做到学校无杂物,厕所无臭味。我们还有完善的节电、节水措施和制度:教室、办公室要求人走灯灭,在空调使用上学校规定冬天5度以下、夏天30度以上才可开机,电脑由专人负责。学校把所有这些管理制度都纳入对班级、学生、教师个人的考核之中,从而保证了各项制度要求的有效落实。

在创建“绿色学校”的实践中,我们认识到,“绿色学校”是良好校园文化的一个重要组成部分,把学校的育人理念、人文关怀渗透到学校校园文化中去,是“绿色学校”创建的重要一环。能否构建和谐的校园文化,直接影响着学生能否和谐发展。校园文化特有的文化教育元素，对学生的成长有着极为重要的作用，因此，学校一直是把“绿色学校”的创建与校园文化建设有机地结合在一起，在打造“绿色学校”的同时彰显校园文化。

学校从国家发展的高度认识环保教育，普及环保知识，提高师生环保意识，既是学校开展以创新精神为核心的素质教育的一个重要抓手，同时也促进了学校科技活动深层次地开展，成为范罗山小学特色教育的重要组成部分。反思过往，着眼未来，每一个“绿色学校”都应当有一个结构合理、内容全面的环境教育课程；每一个“绿色学校”都应当有一种对“环境友好”的教育氛围，校内人员（教师、学生和其他员工）都应当全面参与环保活动；“绿色学校”鼓励教师远离传统的室内教学和灌输的方式，提倡让学生自主学习的方式，学生也由教学信息被动接受者的身份转变为创造性学习者的身份。通过“绿色学校”的学习活动，学生将了解到当地的、地区的乃至全球的环境和发展的问题，并寻求解决问题的办法。

范罗山小学虽然拥有了“绿色学校”称号，但“绿色学校”的工作思路仍在进一步探究和完善之中，通过教育的力量，让绿色永驻，使芜湖的环境更美好，是学校不懈的追求。

16　从鼎盛到衰落：我对范罗山小学特色教育的盘点与思索

芜湖市范罗山小学特色教育从鼎盛到衰落，经历了十几年的沉浮和摇摆，又回到了历史的原点。（2010年7月，范罗山小学并入中和路小学。）根据资料的考证，20世纪80年代末范罗山小学用现代化的教育理念，按照“合格＋特长”、“规范＋特色”的思路打造自己的形象，努力形成自己的办学模式，以摆脱地处市中心商业区，生源锐减、学校经费困难、学校面临撤并等诸多危机。应该说在逆境中求生存是范罗山小学走特色之路的初衷。而创造适合儿童的教育是范罗山小学特色发展之路的核心理念。让教育适合儿童，还是让儿童适合教育？在理论上，这确实是一个让教育工作者感到难以回答的问题。教育不能不从学生实际出发，因而，教育要适合儿童；但是，教育又是一种有着自身规律的活动，它的目的在于促使个体社会化，因而，又要让儿童适合教育。“创造适合儿童的教育，事实上是要求教育要更好地为儿童服务，进而使儿童能适应时代的特点，迎接时代的挑战。”这就是说，只有让教育适合儿童，才能让儿童适合时代的需要，更好地实现教育目的。范罗山小学特色教育正是以创造适合儿童的教育为己任，现在看来，其之所以能够顺利实施，完全是一群志同道合者的无私付出，在体现这群人坚韧不拔意志的同时，也是一次追求教育理想的草根行动。毋庸置疑，范罗山小学是一所极具个性和争议的学校，其办学特色值得盘点和思索。

一

以科技创新教育作为实施素质教育的载体,走可持续发展道路,这是学校在应试教育向素质教育转轨过程中的思考和探索。范罗山小学是一所文化底蕴非常深厚的百年老校,始建于1903年。古老的校园,绿树掩映,花木扶疏,现有12个教学班,500多名学生,30多位在职教师。然而,在经济、教育水平迅速发展的今天,百年老校也面临着严峻的挑战。同样,范罗山小学也存在历史遗留的问题,主要是学校地处繁华的都市中心地带,占地面积较小,办学条件简陋,曾一度面临生存危机。在充满竞争的21世纪,如何在强手如林的环境中脱颖而出?如何适应社会发展的需要?这成了学校几任领导班子考虑的焦点问题。学校领导班子充满忧患意识,更新教育理念,积极开拓创新,以特色求生存,以创新谋发展,若干年来,学校从组建科技小作坊到少年科学院,从自发的兴趣小组到开设创新教育校本课程,努力打造学校的教育品牌。目前,以"科技创新"为主的特色已初步形成。这所百年老校重新焕发勃勃生机,在社会上取得了良好的反响,抢占了基础教育的制高点。范罗山小学本着"以科学信念和人文精神塑造自身,为孩子营造一方素质教育的沃土"的办学思想,先后获得了"安徽省电教设备一类达标学校"、"芜湖市科技活动示范学校"、"芜湖市德育先进学校"、"市小学生日常行为规范示范学校"、"安全文明校园"等光荣称号。

丰硕的教育科研成果和鲜明的办学特色吸引了社会的广泛关注,《人民日报》、《中国教育报》、《安徽日报》、《芜湖日报》、《大江晚报》等新闻媒体连续多次用较大的篇幅对学校办学特色进行了报道,安徽卫视特别为学校科技创新活动制作了五集专题片,学校传统活动"科技创新我能行十小工程"在第十七届全国青少年科技创新大赛中,获优秀科技实践活动一等奖,入选"我们爱科学"全国"十佳"优秀科技实践活动,在全国产生一定的影响,活动展览期间受到科普教育工作者、专家和观众的高度评价。2004年1月反映学校办学特色的45万字专著《创造适合儿童的教育——范罗山小学特色发展之路解读》,由合肥工业大学出版社出版。2004年6月,学校科普作品研发工作室开发的科普作品和专题展板参加了全国科普作品博览交易会的展览,受到与会代表和市民的好评。同时,学校还迎来了"神舟五号"载人飞船的总设计师戚发轫院士到校指导青少年科普工作,戚院士参观了学校的科技活动后,对孩子们的表现大加赞赏,并勉励学校为孩子创造更多更好的创新实践机会,《中国教育报》、《安徽日报》等多家新闻媒体都给予了专题报道。2005年学校特色教育又有新突破,学校少年科学院模型研究所获全国青少年奥林匹克建筑模型竞赛团体第一名。由于学校特色办学成绩显著,2004年9月学校成功通过了安徽省特色示范小学专家评估组的验收,正式被安徽省教育厅认定为省首批特色示范小学。

2006年芜湖市实施教育均衡发展，恰逢区划调整，新芜区和镜湖区合并，由于学校布点等问题，学校一年级暂时停招，2007年一年级再次暂时停招，一时间风声四起，从省市教研部门的领导到普通教师到学生家长，都非常关注学校的发展。针对当时的现状，学校打造的主题词是：稳定、和谐、发展。

领导班子稳定谋出路。作为安徽省首批特色示范小学之一，随着一年级新生的停招，当初已经确定的“六年三步走，争创全省一流”的办学目标将面临重大调整。面对不断变化的芜湖教育形势，特别是在教育均衡发展这个大背景下，对学校而言可以肯定的是机遇和挑战并存，作为行政人员，要能准确把握范罗山小学面临的问题和任务，认真反思学校多年的办学实践和经验，科学地确定范罗山小学未来发展的目标和战略，以稳定谋出路。

师生和谐要质量。继续抓好四项基础工程：

第一，以认真落实镜湖区教育局下发的相关文件为核心，搞好学校管理规范化工程；

第二，以转化教学观念全面提高教师教学技能和水平为核心的名师工程；

第三，以培养学生创新精神和实践能力为核心的少年科学院小院士工程；

第四，以优化学校校园文化为核心的文化墙建设工程。

特色发展不动摇。继续推进学校特色发展的第二个五年计划。

学校特色办学的基本经验和行动策略：初步形成了“以科技创新为龙头，教育科研、行知研究为两翼，联动发展整体推进创办特色”的态势和基本格局。

路径一：以科技创新为品牌打造特色学校。

特色办学是学校得以长足发展的源泉。多年来，学校始终以一种忧患意识，在教育思想和办学理念上追求特色，从科技小作坊到少年科学院，从自发的兴趣小组到开设创新教育辅助课（校本课程），努力打造范罗山小学教育品牌，以“科技创新”为龙头的拳头产品已初见端倪。围绕科技创新这个品牌，学校试图在计算机教学、学法指导、心理咨询、研究性学习上寻找新的发展点。在特色办学的背景下，学校正在建设的是四项基础工程（以转变教学思想，进行课堂教学改革为重点的名师工程；以培养学生创新精神和实践能力为重点的少年科学院小院士工程；以美化校园、营造科技创新教育校园文化为重点的绿地工程；以现代教育技术手段为依托，以学校管理创新为重点的微机化管理工程），学校在2000年正式提出了特色办学五年规划，力争在2004年完成科技创新教育“五年规划三步走，争创全省一流”的目标。在全校师生的共同努力下，现已圆满完成了前“二步走”预定的各项指标，具体表现在：

初步形成了独具特色的运行模式和管理策略，概括起来就是：坚定一个信念、高举一面旗帜、营造一片氛围，狠抓三支队伍，开辟三条航线，倡导三个坚持，重视四个落实。

坚定信念、高举旗帜,全方位开展科技创新特色教育活动。学校开展科技创新教育活动的一个最重要的信念是:每一个正常的儿童都有一定的创造潜能,都能通过适当的教育,取得创造性的成绩,成为某一方面的创新型人才。为了使理论认识、信念成为一个便于操作的目标,他们举起了一面旗帜:用科技点燃学生的希望之火,用创新帮助每一位孩子自我完善和可持续发展。制定了学校科技创新教育的总目标:培养儿童热爱科技的兴趣、勇于创新的精神,研究普及科学的规律,探索发展实践能力之路,争创一流的科技创新教育。

营造氛围,建设以科技创新教育为主线的校园文化。要开展科技创新特色活动,就必须创设与之相协调的校园文化,使学生在浓厚的科技创新氛围中受到熏陶和感染,并在创设和参与校园文化管理的过程中受到教育。

抓好三支队伍建设。一支是校外兼职的科技教师队伍,由芜湖市资深优秀科技辅导员、有科技特长的学生家长、师大教授、讲师等组成,请他们来校作有关科技创新讲座,指导科技实践活动;一支是校内专职科技教师队伍,由学校科技知识丰富、动手能力强的老师组成,科技总辅导员 1 名,科学、自然专职教师 2 名,科技兼职教师 9 名;一支是全体教师队伍,学校要创造条件使他们不断增强科技创新意识,丰富科技知识,更新教育观念,提高动手能力,提高学科渗透科技、创新教育的水平和力度。

开辟三条航线,建立学校、班级和社会多层次的科技创新活动网络。多年来,学校建立了一个较完善的学校、班级和家庭多层次的科技创新活动网络。学校成立了由校长任组长,科技辅导员、校外科技辅导员、部分有一技之长的学生家长参加的科技创新活动领导小组,负责全校科技创新活动的组织领导工作。为了保证科技活动的群众性和广泛性,学校定期组织开展科技活动教学研究,开设科技活动课程,各个班级都组织不同类型的科技活动兴趣小组、爱好者俱乐部,并延伸到家庭,邀请家长参与和指导。同时,学校十分重视相关学科的科技教育渗透。在创建学校特色时,主要开辟了三条航线:一是走出去,建立校外科技活动基地,让学生在社会实践中增长才干。二是请进来,聘请优秀科技辅导员和青少年科技活动专家进行科技创新活动现场演示指导,提高学校科技创新活动的质量和档次。学校以丰富多彩的科普创造活动为基础,以科技创新大赛、模型制作竞赛为激励机制,以创造发明俱乐部、各研究所为主要形式,开展科技创新教育训练活动。学校定期举办科技节,平时注重开展形式多样、内容丰富的科普活动。三是开设校本课程,为了使学校科技创新教育活动持续健康地发展,他们提出了科技创新活动课程化的新理念。学校根据低、中、高年级学生不同的年龄特点和认知水平,开设了三门科技创新训练课。低年级以动手操作为主,开设科技创新训练课,包括知识港湾、故事城堡、智慧迷宫、游戏专列、快乐作坊等;中年级以创造性学习为主,开设创新策略训练课,包括学以致用、同中求异、异中求同、突破定势、创造想象、手脑双挥等;高年级以创造个性训练为主，开设创造品质训练课，包括创造人格训练、创新思维训练、创新技法训练、操作技能训练、科技创造活动训练等。学校自编科技创新教材，编写的《创造心理训练》（上下册），1999年6月由安徽大学出版社出版，在全国发行，2007年11月被全国青少年科学教育师训计划领导小组评选为科学教育校本教材全国一等奖。

为了使学校特色教育活动规范化、制度化，学校还提出了“三个坚持”，力争“四个落实”，前文已有涉及，这里就不再赘述了。

学校结合少先队体验教育和新世纪我能行等活动，创造了范罗山小学科技创新教育活动的范式：“科技创新我能行十小工程”活动。

从2001年2月开始，学校就开展了“科技创新我能行十小工程”活动，该活动以“寻科技创新岗，做科学小主人”为主题，通过丰富多彩的科普宣传活动和校园岗位练兵，普及科学知识，弘扬科学精神，倡导文明校风，培养学生科技创新能力。活动中，学校把“十小工程”相应分为10个小岗位，每个小岗位有各自的任务，如在社区科普宣传我能行活动中，学校设立了科普宣传员岗位，举办了科普小报编辑、科普早餐发送、科普短剧表演三项主题活动；在营造科技校园我能行活动中，学校设立了校园规划师岗位，举办了年级、班级科技角设计、科普画廊建设、少年科学院设计三项主题活动；在科技作品制作我能行活动中，学校设立了制作小能手岗位，举办了小巧手科技竞赛、颗粒画制作竞赛、快乐布贴制作竞赛三项主题活动；在科学创意写作我能行活动中，学校设立了科普小作家岗位，举办了创意文征集评奖、科学小论文比赛、科普相声写作三项主题活动；在科学幻想绘画我能行活动中，学校设立了科幻小作家岗位，举办了科幻画征集评奖、科技节吉祥物设计评比、少科院院徽征集评比三项主题活动；在未来社区设计我能行活动中，学校设立了建筑设计师岗位，举办了建筑知识知多少竞赛、美好家园建模制作竞赛、未来社区设计比赛三项主题活动；在网上遨游我能行活动中，学校设立了网络管理师岗位，举办了快乐网页制作、模拟实验室操作、创造乐园互动游戏三项主题活动；在小科学研究我能行活动中，学校设立了小小科学家岗位，举办了社区环境污染监测研究、范罗山物候观测研究、植物病虫害（菊花蚜虫）防治三项主题活动；在火箭发射我能行活动中，学校设立了小火箭专家岗位，举办了扬帆太空图片展、水气式火箭制作与发射、火药助动火箭发射表演三项主题活动；在小发明小创造我能行活动中学校设立了小小发明家岗位，举办了生活用品创意设计征集、创造发明俱乐部在行动、点子公司金点子拍卖三项主题活动。

学校“科技创新我能行十小工程”活动历时五个月，活动大体分三个阶段：第一阶段，充分宣传，做好舆论准备，公布十小工程内容一览表。第二阶段，各班按十小工程一览表的内容，精心设计，制订各班活动计划，并认真落实到位。学校注重每项活动的广泛性和真实性，重点在“参与”、“普及”四个字上下工夫。无论是刚入学的一年级新生还是六年级毕业生都能参与；学校基本上做到了“三个100%，一个力争”,即老师100%参与辅导,学生100%参加活动,后勤100%协助准备,力争吸引更多的家长参与。让同学自己寻找岗位,自己动手实践,自己反思评价,切实在活动中提高科学素养,培养创造兴趣,陶冶爱科学的情操。第三阶段,活动总结和成果展示,学校根据十小工程开展情况,对校园岗位小能手、优秀科技辅导员和热心科普好家长进行了表彰。

为了把学校“科技创新我能行十小工程”活动推向高潮,学校在全国第二届科技周活动期间,还举办了“科技创造未来”芜湖市首届中小学科技节开幕式、“十小工程”成果展示等活动,一批科技创造小能手作了精彩展示,有水气式火箭的制作与发射、电动飞机表演、遥控船竞速比赛、科学小魔术表演等。学校植物乐园里一片郁郁葱葱,同学们亲手培植、嫁接的各种花卉竞相吐艳;科技乐园里的小机器人作品和塑料金属作品栩栩如生……活动期间,学校新建的21米科普画廊更是五彩缤纷,图文并茂地向学生、家长、社会展示了范罗山小学少年科学院活动宗旨、组织机构,少年科学院下属各研究所开展活动情况,“十小工程”活动在线统计结果,以及最新发布的活动信息;开设了“未来发明家”、“IQ博士工作室”、“新科技广场”、“研究性学习成果”等栏目:长长的科普画廊,仿佛是一把金钥匙,开启着同学们充满好奇的心灵。橱窗里,陈列着一件件同学们亲手制作的小发明、小制作,布贴画、纸浮雕、多功能画板、白板两用规、点滴异地报警器、任意剪切剪等,都充分展示了小学生的智慧、灵巧和在“减负”之后开展科技活动的喜悦。在活动期间,学校还开展了环保、植物、生物等方面的课题实验研究,撰写的《教室里的粉笔灰污染及其对策》、《金鱼饲养中的几个新发现》等实验研究成果受到有关专家、领导的好评。另外,学校这几年一直坚持每天利用晨会进行的科普早餐活动,也深受同学们和家长的喜爱。

“科技创新我能行十小工程”和“雏鹰争章”、少先队体验教育活动一样,成为学校一项常规活动,学校还不定期对一些项目进行调整,使活动常开常新,学校还要把学校的科普活动辐射到社区,在更广阔的天地中一试身手。

路径二:以教育科研为依托打造特色学校。

科研兴校是学校的一贯主张,创建科研先导型学校,也是学校管理追求的最高境界。学校明确提出了教育科研是顺应学校发展的先进生产力,代表着学校先进生产力的发展方向。学校坚持教改,深化智育工作,把培养学生良好的学习习惯,掌握一定的学习方法和基础知识作为智育工作的目标。从2000年开始,学校先后承担了多个国家级子课题,如“陶行知生活教育理论与综合实践活动课程的实验研究”(中国陶行知研究会)、“在模型活动中培养小学生科学素养”(教育部基础教育司)、“运用现代教育技术和网络资源提高学生的科学素养”(全国中小学信息技术教育研究中心)等,在全国、省、市组织的教科研成果评比中取得了丰硕成果,多项教科研成果获一、二等奖。

学校还以新课程改革为契机,把先进的教学理念落实到课堂,润泽学生,努力构建创新性课堂教学的新格局。2001年9月,学校以新课程改革为切入点,积极贯彻“夯实基础、滚动提高、因材施教、分层要求”的教学思想,不断改革课堂教学,狠抓教学常规,优化教学过程,改进教学手段,以“效益”为中心,构建创新性课堂教学的新格局。学校有一个市级课题——“综合实践活动课程实施的研究”,四个区级、校级课题——“小学语文创新性课堂教学策略的建构”、“以学生合作交流为主,进行数学研究性学习”、“小学英语‘情感、情景活动’教学法”、“小学信息课教学规范”。学校正努力抓好抓实教育科研工作,用教育科研来支持科技创新特色学校的形成,也就是说学校办学特色形成、学生个性的发展不是以牺牲学生的学业成绩为代价的,而是以促进学生学业成绩为标志性指标,以满足社会对优质教育的渴望。

围绕“科技创新”特色办学的目标,教师在平时各科教学中注意进行创新性课堂教学研究。在长期实践中,学校初步总结出范罗山小学创新性课堂教学操作模型和六条主要实施策略:教学目标多元化策略、教学结构主体化策略、问题情境和创新意向相互交融策略、自行探究和创新能力协同发展策略、知识形成和创新智慧能力同步增长策略、创新人格特征全程化策略。

路径三:以学陶师陶为抓手来提升科技创新特色学校的文化品位和学术底蕴。

学校学习陶行知、研究陶行知虽然起步比较迟(1998年开始),但从一开始,就显示出强劲的发展态势。在全国第三届中青年陶研骨干班上,范罗山小学提出了“学邓师陶,创建跨世纪行知工程”,受到全国陶研专家的肯定,相关文章全文收录在培训班文集中。之后学校走上了漫漫陶研路,学校2000年成立了芜湖市陶研会小学创造教育研究会,2001年应邀成为中国陶行知研究会小学教育专业委员会团体会员单位、安徽省陶研会团体会员单位,2002年参加中陶会“十五”教育科研课题招标,经课题专家组审议,2002年5月接到中陶会教育科研课题立项批复,成为安徽省陶研会直管课题单位,同时,学校也成为中陶会《爱满天下》杂志社全国理事。特别是近年来,学校多次参加芜湖市陶研会组织的陶研论文、陶研成果评奖活动,有一项陶研成果获省级二等奖、市级一等奖,多篇陶研论文获市级一等奖,这也从不同侧面反映了学校学习研究陶行知教育思想的广度和深度。在学习陶行知这面旗帜下,学校聚集了一批学陶志愿者和陶研专家。

二

成熟的办学特色应该是开放的、充满活力的,是向外不断延伸、向内不断拓展的。学校办学特色的形成和发展必须以不断满足全体师生、家长、社会的合理利益为前提,同时又以为学校创造出更大发展空间为归宿。无论是学校的办学特色,还是学生的个性发展,都是以承认、尊重多样化为其存在的前提。范罗山小学是一所百年老校,百年沧桑,百年巨变,从私立教会学校到特色示范学校,一百年不平凡的风风雨雨铸造了一条欣欣向荣的范罗山小学特色发展之路。百年来,教师换了一茬又一茬,学生走了一批又一批,但“崇尚科学、勇于创新”的优良传统一直在范罗山小学教师心中薪火相传,“捧着一颗心来,不带半根草去”是我们永远不变的承诺,在这块朴实的校园里,在无数个朴实而又平凡的教育行为中,折射出的是教师身上的教育理想、信念和职业良心。这期间我们所走过的每一步,都深深地烙上了范罗山小学全体教师给予学生的不尽的关爱,真诚地表达了以人为本的办学情结。现在范罗山小学经过五年的停招,建制撤销、人员分流,最后一个年级也并入中和路小学,一切都已经结束。路漫漫、雾茫茫,范罗山小学的特色办学注定是一艘没有指南针的帆船在大海上漂泊,船上的人在思考,在努力前行,船下的人也在关注着它的命运。在一切喧闹和荣耀都归于平静和空灵的时候,我们有理由也有责任对范罗山小学特色办学进行深度地分析:范罗山小学特色办学的价值取向本身存在哪些缺陷?范罗山小学的特色教育从幼稚走向成熟再走向落魄的原因何在?范罗山小学特色办学之路给芜湖市小学教育带来哪些有益的启示?我们在期待专家把脉诊断并加以点拨的同时,也不忘作为当事人需要担当起进行反思的责任和义务,从而谋求和品味理性沉思所带来的幸福。

回想起来,学校特色教育目标的定位过度超前存在隐性缺陷。范罗山小学的特色教育主要是鼓励学生科技创造,而创新教育是一种全新的教育体系,是在知识经济到来之前,超前实施的符合知识经济要求的教育举措。它秉承以人为本的理念,并始终以学生全面发展为培养目标,使学生德、智、体、美、劳的发展从不均衡转向均衡,以便在更高水平上加以有效统摄。这是当今世界教育发展的一个方向,需要更加优质的学校去践行。而范罗山小学是一所百年老学校,面临生存危机,加之人与人之间“小圈子”化严重,教师福利待遇极差,必然消解了不少青年教师献身学校特色教育的热情。由于学校的目标定位过度超前,导致学校发展目标和教师发展往往很难形成交集。我在范罗山小学做行政工作的那几年,就曾听到一些老教师的抱怨:“和区境内其他学校相比,‘小改方案’钱这么少,教学和活动却要干那么多,凭什么?”“工作就是为了拿工资,拿多少钱干多少事。”“学校是政府的,干多干少无所谓,把自己身体搞好才是自己的。”这种“我只是小学教师,过去的孩子王,不过是在学校教教书而已”的想法很有代表性。在不少人看来,工作关系只是一种简单的雇佣关系,做多做少,干好干坏都差不多。作为教师,教书育人只是凭自己的良心。教完今天的课教明天的课,过完今年过明年。微薄的工资,重复的教学,忧虑的云雾在教师群体中蔓延,渐渐地就形成了阻力,教师的士气也受到了不同程度的影响,教师对学校特色教育产生了倦怠,学校发展也缺乏后劲,陷入了低谷。

同时,学校特色办学中对创新型教师的培养略显滞后。我通过听课观察、个别访谈和研究剖析,强烈地感受到特色教育实施的好坏,关键在于教师教育教学观念是否真正转变。先进的教育思想,专家精心设计的教学计划与教师本身固有的教学风格(教学习惯)之间的矛盾,是我们在研究中随处可见的:教师习惯于从概念出发，而不是从问题出发；注意结论的记忆而忽视对知识形成过程和思维方法的探讨;过分强调教师的主导作用,缺乏对学生创新精神和创新能力的尊重和关怀。尽管学校加大了教育科研的力度,采取了诸如教师每周写特色教育读书笔记、每月写特色教育精彩一刻千字文、请专家教授讲座等积极举措,取得了一定的成效,但教师教育教学观念的转变是一个长期过程,任重而道远。

另外,学校特色教育中鼓励教师弘扬教学个性化空间不大。范罗山小学特色教育在重视学生社会性的同时,更应尊重学生的个别性,要面向全体学生而不是少数先进分子，要最充分地寻求以创造而不是以记忆来作为教学效果的最终表征。而班级授课制自从它的创始人拉托克和夸美纽斯倡导以来,都是同让所有学生享有实质上的“均等”的学习过程这一认识结合在一起的。这样带来的弊端是:向所有学生提供均等的学习过程这一范型，总会同班级内学生之间存在的学业成绩及其他个别差异发生冲突。解决这个矛盾,可能的对策有给差生施以适合其水准的教育、分层教学、小班教学、成功教育、开设专门的辅助课等,但困难在于:各科教学内容、学时,学生在校时间如何与国家教学计划、课程方案及减负有关规定保持一致?在课程内容没有进行必要的知识重组和结构性调整的情况下,通过学科渗透特色教育,鼓励学生进行创造性学习,事实上也都是在不同程度地打外围战。同时,班级人数过多也是一个困扰着特色教育特别是课堂教学运作的两难问题。

还有一个重要原因是学校办学特色没有赢得领导和社会各界的持续认同。学校特色办学是一个长期探索、逐步形成的过程,不可能一蹴而就。由于学校发展速度较快，客观上也带来了许多难以克服的困难和问题，需要学校在前进中努力解决,要把学校办成一所高水平的特色示范学校,还需要有较长时间的文化和学术的积淀。学校特色办学在促进学生学业提高,综合能力加强的同时,如何吸引更多的家长参与学校特色教育的建设，赢得社会和家长的认同，也是范罗山小学特色办学,可持续发展所面临的一个重要的课题,一直没有很好解决和落实。

范罗山小学特色教育目标,是在检讨应试教育重知识灌输、轻创新能力开发这一弊端时,有针对性地提出的。最初构建这一目标,大多只关注于创新素质的要求,而对学生综合发展等目标涉及不多。随着创新教育研究的深入,很多人发现创新教育目标,不能只包括创新能力素质和创造个性品质两方面,还应通过创新教育使学生学会做人、学会求知、学会健体、学会审美塑美、学会劳动创造,提高学生的自尊感，培养学生与社会发展相适应的合作意识与技能，以及处理人际关系的技能,因此,学校特色教育目标需要进行大的战略调整。但此时的范罗山小学面对不断变化的芜湖市教育形势,由于学校本身缺乏背景资源和人气,还要同时内功外功兼修,办学步伐越发显得步履维艰。

经历了芜湖市教育不平凡的变革时期,伴随着新课程褒贬不一的争论声,芜湖市教育的宏观、中观政策也时有小修小补,各类学校发展也风生水起,教学实践成果斐然。我有幸参与和见证了范罗山小学特色教育从发端到鼎盛再到最后衰落的整个进程,根据我个人的目力所及,对范罗山小学特色教育进行盘点和思索,其意义在于互动和分享,在于以一个兼有局内人和局外人的身份,对范罗山小学特色教育进行一个纯个人观点的表述,不是盖棺定论,只是期待有更多的学者和普通教师对范罗山小学这段历史加以研究,用曾经的学校故事去点燃即将上演的新教育理想和办学主张。因为真正的教育者常常是孤独的行者,他们需要彼此拥抱,相互温暖,坦诚沟通,携手互补。

17　范罗山小学(1903—2010):一个无悔的结局

2010 年 7 月 7 日,在我调离芜湖市范罗山小学整 3 年的日子,范罗山小学又经历了一次搬迁,从芜湖市中和路小学搬到老机电学校,建制撤销、人员分流,最后一个年级并入中和路小学。1903 年到 2010 年,范罗山小学从私立教会学校到安徽省特色示范小学,走过了 107 年的历史,一个多世纪的轮回,终于结束了。

当晚接到范罗山小学老同事发给我的信息,我顿时哽咽无语,非常伤感,但还是回复了一些鼓励性的文字。即便是再无情的人,在一个地方待久了,也会产生情愫而割舍不下。从 19 岁略带稚嫩、胆怯、自卑的我走进范罗山小学,到 38 岁在校长岗位上带着光荣和梦想离开,范罗山小学见证了我的成长,而我在挥洒着青春与汗水的同时,也见证了范罗山小学从一所濒临倒闭的普通区办小学向安徽省特色示范小学的跨越。我在范罗山小学度过了我最美好的人生黄金 19 年,人非草木,孰能无情?更何况是在办学条件异常艰苦的范罗山小学,在那魂牵梦绕的朴素校园,在那狭小的教育空间里度过了近 20 年的光阴。不仅是这里的人、还有这里的一草一木,一砖一瓦,都给我留下了深深的印记,与我都有着血浓于水的深情厚谊。范罗山小学 100 多年的历史,近 30 年的特色教育,饱受争议的生源之痛,逆境中成长的不屈精神,都融入了我的血液。

一

1988 年 8 月我分配到学校,担任四(1)班数学教师兼任自然教学,龚维林老师是第一位和我配班的语文教师,并担任四(1)班班主任。她那对年轻教师充满善意和鼓励的眼神,至今想起还让我充满温暖。那个早于我一年调入范罗山小学,后又调到芜湖市四褐山建设银行电厂分理处的花中伟老师,你现在还好吗?还记得 1989 年的冬天,我们同住在范罗山小学内,在那原本属于金崇林老师的三间大瓦房内,共同演绎在"阳光下成长"的故事吗?曾经的范罗山小学优秀代课教师秦颖、李欣平,感谢你们对范罗山小学"创造教育"所做的不懈努力。

1999年3月8日,这是我在范罗山小学一个永远难忘的日子。初春时节,天刚蒙蒙亮,寒冷的北风也渐渐变成了温暖的春风,吹向了校园的每一个角落。树木的枝干感受到了温暖,可爱的嫩叶就钻了出来,就像一个个绿绿的小斑点点缀在枝头,令人赏心悦目,校园里一切都变得青翠而明亮。我停好了自行车,像往常一样,边欣赏校园美景边向校长室走去。突然从学校大门口走进两位老人,他们吃力地推着满满一自行车书,格外引人注目。我定睛一看,原来是安徽师范大学教育科学院心理学系张履祥教授和夫人钱含芬教授,他俩肯定又是来给我校捐赠书的。自从1997年开始,范罗山小学在张教授率领的专家组的悉心指导下,积极承担了全国教育科学"九五"规划教育部重点课题子课题"创造心理教育实验研究",开设心理教育课,进行毕业班心理咨询,学校教育质量逐年提高。在两年的交往中,张教授和我校师生结下了深厚的友谊。为了深化实验研究,推广实验成果,两位老教授多次用自己积蓄购买与实验有关的书、光盘资料,无偿捐献给范罗山小学师生,两位教授对于一所经费拮据小学的教育大爱,让我在感动之余也获得了献身教育最初的精神力量。张教授在我心中是一个纯粹的学者和一个真诚有风范的大家。

善于摆花弄草的门卫肖师傅和肖大妈,每次学校有重大检查时,都把校园打扫得一尘不染并用鲜花装扮,他们那可爱的孙子肖顺峰有时也忙前忙后。特别是那年腊月二十九,我和年近花甲的肖师傅寒夜挥舞木棒勇斗身强力壮的窃贼,在三九寒天里对峙了近一个小时,最终协助警察将窃贼擒获,这样的壮举,也成为范罗山小学百年教育史上的一个永远的传奇。好家长张求杰是安徽省芜湖市长江起重设备制造有限公司的一名普通技术员,孩子毕业已多年他仍和学校保持着密切的联系,不计报酬为学校科技活动出谋划策,倾囊相助。我对他们只有感谢和感动。在我看来,对不再年轻的谷永干老师来说,范罗山小学少年科学院30多期装帧精美、内容丰富的院报,将是他教学生涯的一笔不小的财富。老教师张太琪临近退休还学习制作热气球,带着一群热爱科学的小学生放飞自己的梦想。范罗山小学少年科学院十几个研究所拥有人数不菲的优秀辅导员,他们的无私和付出,成就了范罗山小学的美丽和精彩。对我而言这么多年的风风雨雨,按理说可以再写成一本关于范罗山小学的书,作为绝唱,献给我所挚爱的范罗山小学,但此时此刻的我,思维已完全丧失了理性,教育理想的大厦仿佛轰然倒塌。似水流年,往日校园的风景,沉淀在时间的长河中,或淡或浓,都在我的心里,化成了一缕轻烟。我疯狂敲打的每一个文字,都记载了曾经每一次的感动,注定也将随着时光悄然失落。这期间,每一次痛苦和幸福的回忆都使我心力交瘁,也平添了一种在纷繁的世界里练就慧眼的淡定与从容。当充满着浪漫主义理想气息的学校改造偃旗息鼓时,我剩下的只有一些书生意气和文人情怀。眼前浮现的也只是一些清晰的名字和被泪水模糊的教育生活场景,就像初雪过后的田野,你所走过的路,即使不愿回首,也将清晰地留下每一个脚印。历史是一位公正的长者,只要你真诚地用心去倾听,曾经的人与事,他都会细细地向你如实诉说。

二

2005年5月16日上午,范罗山小学鼓声阵阵,人声鼎沸,是什么喜事让范罗山小学校园充满了欢声笑语?原来,全校师生迎来了校2005年科技节的隆重开幕。那次科技节的活动主题是“读书、实践、创造”,体现了科技创新的活动过程。科技活动是学校的传统,同学们都能积极参加,勇于展现自我,体现了他们对科技活动的热衷和对科学的热爱。2005年科技节继承了往年的特色——少年科学院各研究所的活动展示,还根据学生要求增加了搭纸桥、四驱车的讲座和观看科普影片的活动,同时积极参加由中国少年科学院组织的“科技之星”评比活动,让学生在读书中实践,在实践中创造,通过观察、考察、实验、制作等手段,撰写研究报告,依靠各种现代教育技术和新科技活动理念,更好地参与活动。

创造发明俱乐部在2005年科技节中也大显身手,学生在学习了许多发明技巧的同时,联系自己的生活实际进行了一次“小小发明我能行”的大比拼,俱乐部成员们纷纷开动脑筋,拿出了自己的得意之作:可以帮驾驶员解除疲乏的弹力按摩靠枕、防止油溅出来烫伤手的锅铲、利用苍蝇没有记忆这一生物特性制作的记忆捕蝇器、可以帮助小马虎不再为丢了手套或围巾而苦恼的妙用围巾、可以帮妈妈轻而易举地除去地板上头发的除发拖鞋、让老师不再因粉笔灰而伤手的半自动粉笔器、防止漏水的双层花盆等,无不体现了孩子们那无穷的智慧和创新思想。

科普讲坛于2005年5月18日下午举办。会场内有200多名中、低年级学生参加。讲坛以恐龙知识为主要论题,同学们对恐龙的历史、恐龙的灭绝之谜展开了热烈的讨论。讲坛结束后,同学观看了科普电影《侏罗纪公园》和《科技馆里的故事》。科学幻想画研究所是范罗山小学少年科学院的下属机构,在2005年科技节中,科学幻想画研究所根据学校少年科学院的整体部署,认真准备,精心策划,参与人员虽然多但井然有序。为了培养学生的科技理念,进一步促进范罗山小学学生对科技创新的热爱,激发学生利用科技创新的手段对艺术进行新的诠释,我校科技节,组织学生开展了科学幻想画比赛,参赛主题为“绿色环保”,本次参赛的学生人数达到全校的95%,创下了历年比赛人数新高。这次科学幻想画比赛不仅人数上有突破,重要的是学生对环境保护有了更深层次的认识和了解。学生纷纷表示不仅要画出自己的创想,还要在若干年后把创想变成现实。

范罗山小学模型研究所成立于2001年,在学校少年科学院建院初期,是少年科学院开展科普教育活动的骨干组织。研究所从原来只能吸纳20名同学,到后来分初级和中级研究分所,分别对低、中、高年级进行不同层次的模型制作培训。研究所在5年的成长道路上取得了丰硕的成果:曾经两次获得芜湖市青少年建筑模型竞赛团体冠军,曾三次参加全国青少年科技建筑模型竞赛,2001年获第四名,2004

年获全国亚军,2005年获全国冠军。这些成果不断见证着研究所的发展历程。

2006年暑期,研究所组织开展了机器人纸模型制作活动,受到高年级同学的热烈欢迎。研究所选拔优秀的纸模型制作学员进行训练,参加各级机器人制作竞赛。在操作室里,我经常看到辅导员老师和多名小选手共同设计图纸,一起研究机器人外形及活动关节的制作方法,那份专注,现在想起还让我动容。

大家还记起那"不易倾倒的塔楼"吗?在城市建设日新月异的今天,高层建筑纷纷拔地而起,建筑防风防塌防火设计成为科学研究的热门课题,模型研究所的小研究员们人小志气高,运用简易的工具和材料进行科学实验。同学们用废弃的果汁瓶制作出不同高度、不同外形的高层建筑模型,为了让大楼更稳定,抗风能力更强,同学们采用了降低重心、增加底盘面积等制作方法。在实验中,模拟风力的电扇也发挥了巨大作用,当模拟风力达到极限时,具备流线型建筑外形的塔楼仍然屹立不动,实验成功了!同学们欢呼雀跃的场景至今仍然历历在目。

三

2000年11月18日上午,室外冷风刺骨,寒气袭人,鸠江区湾里镇皖桥花卉基地的花房内却温暖如春,一群身着整齐校服、佩带鲜艳红领巾的小学生正在基地工作人员带领下,参观游览,并就花卉的栽培知识不停地向工作人员请教,整个花房洋溢着一片欢腾的气氛,这是范罗山小学社会实践活动中出现的感人一幕。

同学们在鸠江区园林管理所陶所长的带领下一边参观基地,一边听园艺师介绍花卉知识,"这是八角金盘,这是孔雀竹芋,这是曼陀罗,还有从美国引进的郁金香和风信子……"在这个占地250亩的花卉基地里,一下子看到这么多闻所未闻的花卉植物,同学们都感到非常新鲜和好奇,他们纷纷向工作人员请教栽培方法,一位女同学指着其中一株种植在花盆里的小花苗,问园艺师那嫩嫩的枝头为什么结着如此硕大的一个花骨朵,园艺师把花骨朵摘下后说:"这种花骨朵极易把花的营养成分吸走,不利于花苗的整体生长,所以在这阶段一定要把它摘除。"一位同学忙又指着另一盆花问是否也要把花蕾摘掉?"这是一种无根植物,它的花蕾具有营养倒流作用,可以促使其生根,所以千万不可摘除它的花蕾……"园艺师还向同学们耐心地讲解了茶花与茶梅的区别。一个上午的参观,大家听到许多花卉知识,同学们深有感触地说,大自然真是妙不可言,这里的知识是无穷的,回去一定要好好学习,用智慧开启自然之门。

"这是我包的饺子!""快看这是我擀的面条!""他们的面粉都是我和的!"……七八个孩子围着我,争先恐后向我展示他们的劳动成果,整个会场里一片欢乐的气氛,这是2002年范罗山小学元旦庆祝会的现场。学校在"大众影都"举行"岁末绝活体验教育成果"展示会,展示台前,一群身系围裙、头戴白色厨师帽的小学生正在精心制作中西面点和花色拼盘,揉面、包馅、捏边,灵巧的小手忙个不停,不一会儿,一盘盘造型精致的面点和拼盘呈现在眼前，学生和家长连连称赞。学校融体验教育于创新教育之中，将创新教育延伸到社会与家庭，让学生在社会和家庭中寻找一个岗位，扮演一种角色，掌握一门技能，学会体验，学会创造。那次举行的体验教育成果展示会，也是学校学生创新绝活大盘点，各年级各班级学生都来展示自己的看家本领，有书画现场创造，有文艺体育才能展示，还有种种绝活表演。活动当天，同学们共进行了口技、武术、相声、体育舞蹈、乐器、英语朗诵和英文歌曲等 22 项技能展示，共有 150 多位同学登台亮相。最引人注目的是厨艺展示，当三(2)班一位男同学现场表演“拉面”绝活，把一团面粉拉成均匀柔软的挂面时，全场发出热烈的掌声。体验教育不仅让孩子们体验到生活的多姿多彩，更使他们体验到创新的乐趣。

2006 年 8 月初，我和范罗山小学的同学们利用暑期时间开展社会实践活动，小研究员们针对夏季用电紧张的社会现实问题，进行实验研究。他们通过在同学家中进行电饭锅、空调的节电实验，得出科学的结论，并向学校附近的商店和居民家庭推荐自己总结出的节电小窍门，得到市民们的赞扬，同学们还组织起来在街道进行了“人人节约一度电，大家拥有美好明天”的节电宣传和倡议活动。

四

2009 年的 7 月，范罗山小学正经历着第一次大搬迁，校园已尽显衰败破落景象。我因一次会议，经过范罗山小学，鬼使神差地再次走进范罗山小学校园，刚好看见有工人在拆除范罗山小学少年科学院，看着倒在地下的铝塑匾牌——“少年科学院”，五个由原科大校长、中科院院士朱清时先生的亲笔题字，我的心里有说不出的感觉：有点儿酸、有点儿痛、有点儿无奈。铝塑板终究抵挡不住岁月的无情！也许随着范罗山小学少年科学院的拆除，人们不会再记起那些大科学家戚发轫院士、朱清时院士对一所小小科学院的真情帮助，淡忘了那些虽然平凡但有着一腔热情的科普工作者，就如同那天我虽然很努力，但再也找不到那张镶嵌在少年科学院墙面正中，曾经我非常崇敬、自豪的巨幅陶行知头像。人和事，总会过去，如风掠过，不留痕迹，但有些感觉，有些意义，却总可以长久保留，并伴随一生。

一场接一场的雨，秋意渐浓。窗外的夜晚，树影婆娑，野虫轻吟。略显萧瑟的意境里，范罗山小学的一些往事和场景，从记忆的潮水里慢慢升腾起来，时隐时现。在我心中，范罗山小学像一部浩瀚的长书，如一幅连绵的画卷，记载着一代又一代教师、一届又一届学生奋进的每一个足迹。让星光洒满所有的童年，让阳光渗透所有的语言，把终生的爱奉献给我的学生。

下面附上芜湖市范罗山小学 107 年变迁沿革表，以及范罗山小学部分校志。

表1 芜湖市范罗山小学107年变迁沿革表

年 份	校名变更	校 长		校 址	备注
1903—1923	芜湖县私立萃文书院	华尔敦(英国传教士) 毕英荣(美国传教士)		来复会15号	
1924—1926	私立毓秀女子小学	杨孝成(来复会基督教堂牧师)		来复会15号	
1926—1930	私立毓秀女子小学增办私立萃华男子小学,两校同门	杨孝成的一位姓刘的家属		来复会15号	
1930—1941	芜湖县私立毓秀小学	倪 谨		来复会15号	
1941—1945	芜湖县私立毓秀中学	中 学	江孝贤	来复会15号	
		小 学	江明庵		
1945—1946	芜湖县和平镇私立毓秀中心国民学校	江孝贤 江明庵		来复会15号	
1946—1947	芜湖县和平镇私立毓秀中心国民学校	石丹歧		来复会15号	
1947—1968	芜湖县和平镇私立毓秀中心国民学校	张修庸		来复会15号	
1948—1952	私立毓秀小学	张修庸		后来巷11号	
1952—1953	芜湖市范罗山小学	雷国光		后来巷11号	
1953—1956	芜湖市范罗山小学	洪景天		后来巷11号	
1956—1960	芜湖市范罗山小学	张继远		后来巷11号	
1960—1968	芜湖市范罗山小学	许丽珀		后来巷11号	
1968—1973	芜湖市范罗山小学	汲于盛		后来巷11号	
1973—1983	芜湖市范罗山小学	陆永梅		后来巷4号	
1983—1996	芜湖市范罗山小学	胡国兰		后来巷4号	
1996—1998	芜湖市范罗山小学	韦自胜		后来巷4号	
1998—2003	芜湖市范罗山小学	王家莲		后来巷4号	
2003—2007	芜湖市范罗山小学	程 斌		后来巷4号	
2007—2009	芜湖市范罗山小学	赵 玲		后来巷4号	
2009—2010	芜湖市范罗山小学	赵 玲		中和路小学校园内	

芜湖市范罗山小学部分校志

芜湖市范罗山小学,位于范罗山西麓的后来巷4号。它的前身是教会办的私立毓秀小学。光绪二十九年(1903年)基督教来复会在青山街后来巷所建的萃文书院,于民国元年(1912年)迁往凤凰山,原址设立毓秀女子小学和萃华男子小学,两校同一校门,校内以墙相隔。民国十九年(1930年)秋,两校合并,兼收男、女学生,定校名为私立毓秀小学。后增办中学部,改名为私立毓秀中学,内设小学部。民国三十五年(1946年)秋,中学部(初一到高二年级)并入私立萃文中学,恢复毓秀小学,设6个班,学生340人,教职工13人,有楼房1幢,平房7间。

1950年,学校改组董事会。1952年,芜湖市人民政府接收后,更名为芜湖市范罗山小学,青山小学并入作为分部。1953年,学校设13个班,学生650人,教职工20人。1956年秋,扩建一幢有8个教室的两层教学楼,增至17个班级。1958年,班级猛增到23个,学生1 200余人,分部单独设立为冰冻街小学(1964年改称朝阳小学)。次年,学校经市教育局选定为自然课教学"试验田",经常对外公开教学,并列为芜湖师范学生实习学校之一。1984年,朝阳小学再次并为分校。同年,校本部拆除年久失修的旧楼房,兴建一幢有12个教室的四层教学楼,建筑面积为1 092平方米。1985年撤销分校建制(分校原址移交新芜区医院),师生并入本部,设12个班,学生436人,教职工38人。

1978年后,学校恢复和健全了各种规章制度,教学秩序日趋正常,课外开展科技小组和文体活动。1979年,学生制作的"小汽车"模型获省、市科技作品展评一等奖。1983年,六(1)班41名毕业生,其中有17名考入省、市重点中学。1985年,师生制作的"太阳高度测量仪"先后获市、省科技作品展评一等奖、二等奖。1986年至1989年间,学生参加市语文、数学、自然等多种学科竞赛和少先队活动评比,获得一、二、三等奖,共21人次。其中,1986年,学生葛剑徽、夏敏在少先队"全国好队长"评选活动中,分别获"大雁奖"和"小蜜蜂奖"。1987年,王蔚获市小学六年级学生口头作文比赛一等奖。1989年,濮艳获市六年级语文知识竞赛一等奖和市小学生"新动物世界"电视知识竞赛一等奖。教师中有8人次被评为全国、省、市先进工作者、优秀园丁、优秀教师。

1989年,范罗山小学设13个教学班,学生542人,教职工37人。学校还创办了朝阳粉笔厂。

品味此情此景

18 雾里看花：我对大官山小学的初步诊断和发展路径探寻

2007年7月我从芜湖市范罗山小学调入芜湖市大官山小学，一切都显得那么匆忙。作为一名校长，来到一个完全陌生的环境，我应该怎样发展这所学校？大官山小学是一所进城务工子女定点学校，作为校长，我如何让这些孩子和城市里的孩子一起享受公平教育的快乐？作为一名校长，我不会将“为了学生的一切”、“学生是上帝”等写入学校报告、贴在墙上或喊在嘴上，而是将其渗透在管理的各个细节中。我会用一颗博爱之心去观照我国教育领域的弱势群体，我会把真正意义上的以人为本的理念化为制度、化为规范、化为环境、化为日常实践。我会站在“儿童立场”上，让学生融于游戏、融于活动，在充满童话色彩的生活中享受生命；我会站在“教师立场”上，让教师们在学校着力营建的精神家园中活得有尊严、有激情。

一

走过的足迹，对一个人来说是难忘的记忆。学校也是这样。对原新芜区一个老牌名校，我有责任对其现状进行SWOT分析。这里需要说明的是，SWOT分析法是学校发展战略分析中很好的分析工具，主要是分析出学校内部和外部环境中的优势、劣势、机遇和威胁。其中将学校内部环境和情况分析为优势与劣势；将学校外部环境和情况分析为机遇和威胁。在分析时，应将所有的内部因素（优势和劣势）都集中在一起，然后用外部力量（机遇和威胁）来对这些因素进行评估。这些力量的平衡决定了学校做什么以及什么时候去做。在大官山小学多年的办学实践中，走过哪些足迹？留下了哪些值得珍视的经验需要不断延续？我悄悄地开始了对大官山小学的观察和分析。

大官山小学位于劳动路65号，学校创建于1954年10月，是一所历史悠久、充满活力的体育传统项目学校，先后被评为安徽省流动人口子女、农村留守儿童示范学校、安徽省电化教育设备一类达标学校，安徽省陶研会重点课题实验校。学校占地7 527平方米。现有网络教室、多媒体室、图书阅览室、科学实验室、美术室、音乐室等基础教学设施，教室面积约3 317平方米，有15个教学班、600名学生、64名教师。

下面对学校进行SWOT分析。

优势：伴随着芜湖市教育均衡发展的逐步深入，学校办学硬件条件的逐步改善，教师的发展意识与工作积极性逐步上升，大部分行政和教师的个人发展愿景与学校发展愿景能够形成交集,为学校核心竞争力的形成创造了条件。近年学校推进课改工作取得初步成效,涌现出一定数量的课改实验积极分子,学生、家长、社区以及上级主管部门对学校发展的认可度不断提高,学校软硬件建设及文化建设的外部支持系统不断完善,2007 年被评为芜湖市群众满意学校 A 级,2008 年被评为安徽省家教名校。同时,学校是一所历史悠久、充满活力的体育传统项目学校,学生群众性体育活动有着优良的传统。

劣势:学校严重超编,教师长期过剩导致教师懒散现象突出,工作执行能力较差;学生数较少,生源质量参差不齐;学校办公经费严重不足;学校过去一直没有大门,不仅影响学校办学形象,也存在安全隐患。另外,学校生源以进城务工子女为主,学生的基本文化素质低、行为习惯差给学校教育带来极大困难;特别是本地段优质学生的"流动"给学校常规管理与教学绩效评价带来不便;同时影响到行政评价与社会评价。

机遇:义务教育阶段均衡发展的一系列政策,能够为学校硬件建设提供极大的支持,为教师、学生的工作、学习提供了更广阔的空间与价值体现平台。为学校以人为本的平民教育思想创设了坚实的平台,为学校创安徽省行知实验小学提供了便利条件。2007 年以后,学校先后被评为安徽省家教名校、芜湖市文明单位、芜湖市群众满意学校 A 级,借助这一契机可以催化、激活学校行政和教师自觉分析教育现状,理清学校发展思路,共同制定学校发展规划;同时也对吸引社区和家长的关注和更大支持具有推动作用。面对学校生源的结构性变化带来的一系列教育问题,为学校确定"创设师生多元化的工作、学习情境和评价体系"提供了契机。

挑战:现代教育接受多元化文化背景的影响,调整原有知识结构适应社会需求是对教师心智模式转变的一大考验。学校改造的力度与学校的发展需求冲击着传统的教师(人事)人力资源管理;教师绩效工资的实施,学校内部改革势在必行;同时教师、学生个性发展与综合素质评价也成为学校的一项新的核心工作。以校本课程的开发推动学生非智力因素发展、推动校本研训、带动人事改革是学校逐步形成特色的基石。面对学校发展现状,需重新确立"基于诚信的质量观和价值观",不断强化师生的"成就感、幸福感"。学校教育的本质是发展和提升师生的生命,学校发展的路径必须皈依师生的成长现状,让生命自己行动。不同层次的师资、学生和家长,都是学校发展的特定资源,成长只能依靠师生自身去完成,学校特别是校长决不能揠苗助长,干扰师生的自然成长,学校的发展应该尊重不同生命成长的自然规律。

二

基于学校 SWOT 分析,我强烈地感受到,大官山小学曾经错过了基础教育新课程改革的首轮太阳,我们将倍加珍惜教育均衡发展即将出现的阳光,面对教育均衡发展的大背景和不断变化的芜湖教育形势,我提出了自己的战略思考,并试图通过简洁的文字来描绘愿景。

1. 特色定位

以体育传统学校为抓手，抓好学校阳光体育运动，打造学校体育特色。以陶行知平民教育思想为指导，创安徽省行知实验小学，办一流的城市平民学校，为教育公平、社会和谐做贡献。

2. 办学思想

以科学信念和人文精神塑造自身，为孩子营造一个完整、幸福的童年，与热爱教育的同事共享育人的痛苦和快乐，为教育公平和社会和谐作贡献。

3. 办学理念

我们坚信每一个正常的儿童都有一定的创造潜能，都能通过适当的教育，取得创造性的成绩，成为某一方面的创新型人才。现阶段学校提出的教师的名言是：用快乐体育强学生健康之躯，用创新实践圆学生成长之梦。

4. 办学目标

学校以“夯实基础，发展特色，培育人才，争创名校”为办学目标，围绕“改革、发展、创新”主题，积极推进素质教育，加强师资队伍建设，整治校园环境，努力规范办学行为，提高教育教学质量，创办人民满意的学校。学校立足于简陋的办学条件，争创安徽省行知实验小学，办全市一流的、全省有影响的城市平民教育，为弱势群体提供优质教育资源，学校倡导三个“创造”（创造经典诵读的校园文化、创造适应儿童发展的教育、创造适应社会发展的儿童），力争成为“四园”（精神文明的家园、经典诵读的乐园、科学人文的花园、崇尚体育的学园），实现“四化”（规范办学平民化、经典诵读普及化、阳光体育全员化、雏鹰展翅个性化）。

5. 办学原则

（1）以师生发展为本，为学生成长服务。

（2）追求完美，力求发展。

6. 校园文化

校训：团结、诚实、勤奋、活泼。

校风：文明、勤奋、求实、创新。

教风：敬业、奉献、爱生、乐教。

学风：活泼、守纪、好学、求真。

班风：诚信、严己、友爱、乐学。

核心价值文化：仁者爱人、诚信为本、和谐发展。

终极培养目标：健康体魄、完美德行、兼修智慧、教养和学问。

三

诚信的校园，灵动的生命，原来在不知不觉中，我已开始了对大官山小学可持续发展实施路径的探寻。

在这里,我首先确立了有利于学校可持续发展的管理理念和办学主张,倡导特色办学。苏霍姆林斯基说过:“校长对学校的领导,首先是教育思想的领导、业务上的领导,其次才是行政管理。”我一直认为,只有通过思想才能提升教育的品质,要造就富有创新的学生,学校自身应先各具特色。每个学校都是整个教育网上的一个扣结,表面上的宏大博全不是实力的象征。富有特色,有自己特殊的功能方可永葆青春活力。因此,树立特色意识,依据本校实际培植特色体系,是学校可持续发展的前提和保证。在我的眼里,特色学校是在长期办学实践中形成了独特的整体风貌和显著的育人效益的学校。学校发展表现出“优势项目—特色学校—名牌学校”的轨迹。

其次,我构建有利于学校可持续发展的刚性管理制度和项目支撑。学校靠什么来达到教育标准?靠什么求得高效率和高业绩?我认为主要靠制度,因为制度不仅可以促使标准的实现,能促进效率和业绩的提升,更重要的是,制度能使所发生的一切良好的变化持续下去。我在大官山小学制定了一本制度汇编,试图用制度管理学校,规范校长、教师、学生、家长的行为。并率先在考勤制度、晨检制度、卫生制度、路队制度、班主任上操制度、进出校门登记制度等学校基础性制度上花费了大量的精力,最终的得失尚不可知,但目前确从制度建设中受了益。同时,这两年我主要通过抓项目来促进学校的可持续发展。

项目 1:以认真落实镜湖区教育局下发的相关文件为核心,搞好学校规范化管理项目。

遵守执行办学和管理的有关规定,致力于学校管理制度的重建,合理有效使用教学资源,积极履行与上级签订的各项责任职责,确保一方平安;通过校务公开等形式实行民主管理、民主监督下的校长负责制,接受党支部、工会、教代会的监督,做到依法治校、廉政治校。严格执行课程计划和新课程标准,以提高教育教学质量为中心,不断的强化教育教学的管理,促进教育质量的全面提高。行政人员坚持深入教学第一线,按要求任课,每学期听课节数不少于 30 节,并积极撰写教育教学论文,力争每年每位行政人员有一篇教育教学论文获奖或发表。学校每月初定期检查全校各科教师教学设计 1 次,隔周开展校级教研活动 1 次。鼓励教师积极撰写教育教学论文,把教学实践上升为理论,要求每人每学期必写一篇教学论文,一份工作总结,拟每学年举办一次教学成果评奖活动。

项目 2:以转化教学观念全面提高教师教学技能和水平为核心,开展名师队伍建设项目。

注意培养班主任、中青年教师和业务骨干。力争通过四年时间,语文、数学学科涌现 2~3 名教师、其他各学科涌现 1~2 名教师成为区级教坛新星、骨干教师和学科带头人;组织好政策法规、学历、计算机、英语、课程与教材、教育科研等培训工作,学历达标100%，本科学历达到40%，大专学历达80%，计算机中级达70%；组织开展教师读书活动，每年完成一定数量的图书阅读，鼓励教师做“学习型教师”；建立健全评价制度，进行发展性教师评价，做到实行定性与定量，过程与结果，自评与他评，领导评议与家长、学生相结合的评价模式，对教师进行德能勤绩的综合考核，同时落实教师岗位责任制，进行教师分配制度的改革，实行绩效工资，并向一线教师倾斜；在巩固现有科研成果的基础上，继续开发符合本校实际特点的具有前瞻性的省、市级乃至国家级科研课题，使科研课题在数量和质量上处于全区内领先地位，部分课题在全市形成一定影响力。

项目3：以培养学生健康体魄和健全人格为核心，实施学校阳光体育项目。

坚持开展体育兴趣小组和大课间活动。每学期开展兴趣组10个以上，普及面达90%以上，并做到有计划、定时间、定场地、定人员，每次活动有教案、有记录，期末有总结。同时，在安徽师范大学教科院心理学专家的支持下，打造学校品牌项目——“知心屋”（小学生心理咨询室），开展心理卫生讲座、心理咨询活动，促进学生的心理健康成长，培养学生优良的道德风尚和良好的行为习惯。

同时，坚持以人为本，用“心”服务，坚持细节积累和校园精细化管理。这一举措主要来源于我在芜湖市建设路小学一年的支教经历，在对王在全校长人本管理的片断观察中引发的思考。在王校长的眼中，教师始终是一个值得尊重的个体，在日常教育教学管理中，他用自己的宽容，努力实践着“理顺而不须严管”的管理理念。在推进的过程中，校长首先要脚踏实地、勤走多巡，努力做学校基础工作的践行者。

作为一校之长，必须了解学校、了解教师、了解学生，多听、多看、多问，这样才能为自己正确决策、实现学校精细化管理提供最有价值的参考。在大官山小学校园里，我每天有三问：你到操场和教室巡视了吗？你进入课堂了吗？你倾听到老师的声音了吗？我热爱教科研，但我在学校目前做的都是小事，例如我每天都到操场和教室巡视。我给自己定下了个巡视的时间安排，通常情况下，每天早上只要没有特殊任务，我都力争能到学生、教师中间转转，看看有无问题需要帮助，及时听取、发现和解决相关问题。我重视教师考勤、学生路队和学生上操情况的巡查。我关注学校的卫生，这是我每天到校的必修课。我在2007年校长述职中曾真情向教代会代表告白：我愿意和负责卫生管理的郑老师、门卫郑师傅、全校师生一起为美化净化学校的校园花费自己有限的精力，尽管现在校园卫生还不尽如人意，我会在今后的工作中不断努力。

同时，我尽自己所能，打造有利于学校可持续发展的校园文化和教育环境。学校可持续发展制度是底线，文化才是学校发展的原动力。关于校园文化，我在大官山小学开展了三大评比（我爱我家：温馨组室的评选；身边榜样：感动大官山小学的人和事评选；我的课堂：推动大官山小学教学质量特别贡献奖评选），重磅出击，表达了我对大官山小学校园文化的理解，并通过自己的实践进行了本土化的诠释。当然,这三大评比并不能涵盖大官山小学校园文化的全部,我们还在努力地营造爱心文化、课程文化、教研文化、环境文化(办公室文化、班级文化)等。

总之,校长要有一种历史的责任感、使命感,使学校成为教师精神的家园,为学生实现人生目标创造条件,为教师的价值追求提供更宽阔的舞台。这是学校发展的动力所在,也应成为校长必然的价值追求。在复杂的教育现实中,校长的办学价值取向是在众多相互矛盾的利益之间博弈的结果。在很多时候,将价值选择的天平向有利于学生成长的方向倾斜,校长需要付出一定的代价,需要莫大的勇气。虽然抉择是痛苦的,但校长只有坚守自己的教育良知和教育底线,只有作出有利于学生成长的抉择,才能使教育回归育人的本原,才有可能使学生在灿烂的笑容里度过人生最美好的学习时光。

19 初来乍到:2007年我在大官山小学的述职报告

转眼间,我来到大官山小学工作已一学期了。盘点2007年的工作,从范罗山小学到建设路小学支教,再到调入大官山小学,一切都是组织上的安排,没有丝毫协商。当我怀着复杂的心情走进大官山小学的时候,我对大官山小学的认识是苍白的,在我并不算长的校长生涯中,是哪些教师和他们的教学行为,让我对大官山小学的理解鲜活起来?是什么样的精神和气质,让我们对大官山小学可以有所期待?我正是带着这些问号融入大官山小学这个大家庭,成为一名大官山小学教育人。面对接踵而至的机遇与挑战,我和所有的大官山小学行政人员、教师一起,表现出一种积极和睿智、勤勉和实干,迎来的是赞许和鼓励,镜湖区办学水平督导评估、学校社会治安综合治理、计划生育等工作均获得好评,学校被评为芜湖市群众满意学校A级,学校的男女运动队经过顽强拼搏获2007年安徽省传统项目学校田径比赛团体第三名、2007年省传统项目学校田径比赛体育道德风尚奖,镜湖区2007年秋季运动会小学男子组、女子组两个团体第一名,学校在2007年镜湖区科技月活动中也硕果累累,有30多人次分获区级一、二、三等奖,参赛数量在全区名列前茅。本人在大官山小学这个温暖的集体中,也小有收获,2007年4月我执教的优质课获安徽省小学科学优质课评选一等奖,2007年8月在新疆乌鲁木齐市执教《各种各样的岩石》被评为中国教育学会小学科学教育专业委员会优质课一等奖,2007年参与安徽省教科所组织的安教版《综合实践活动》编写工作,并任分册副主编,2007年我还是经安徽省中小学教材审定委员会审定通过的《中小学公共安全教育》的分册执行主编、《心理健康教育》分册主编,我撰写的论文《小学综合实践活动的学科特征课程框架与操作策略》被安徽省教科所评为教师优秀教学论文一等奖,论文《小学科学教学进行创造心理训练的实验研究》在安徽省青少年心理健康与和谐校园建设研讨会上交流并荣获特等奖,论文《学校管理创新的本质要义和策略选择》在安徽省首届中小学校长论坛中获一等奖,2007年11月报送的《创造心理训练》校本教材在全国青少年科学教育师训计划领导小组主办的“2007年科学教育校本教材”评比活动中获得一等奖。本学期我还被学校推荐参加区、市教坛新星的评选,被评为镜湖区教坛新星称号。在此,我要真诚地感谢全体行政人员、全校老师对我的真心理解、支持和帮助,感谢大家对我的信任、鼓励和厚爱。作为大官山小学校长,我不仅仅是大官山小学发展的观察者、研究者,更是大官山小学发展的引领者、实践者,为了做好这个角色,我还需要不断努力。

第一,勤学多思,开拓创新,努力做好学校发展的引领者。

作为学校党政负责人,自从来到大官山小学,我始终没有停止对大官山小学发展的思考,我固执地认为:一学期,我始终没有放松自己的政治学习和业务学习,在学习中注意思考,将理论联系实际,从而指导学校的工作。作为校长,其思想认识的高度,教育理念的厚度,业务技能的深度,思维领域的宽度决定了其是否具有开拓创新的可能。我经过思考,根据镜湖区教育局的要求,完成了《镜湖区大官山小学校长任期目标任务书》和《镜湖区大官山小学校长任期发展规划》。

第二,脚踏实地、勤走多巡,努力做学校基础工作的践行者。

作为一校之长,必须了解学校、了解教师、了解学生,多听、多看、多问,这样才能为自己正确决策、科学管理提供最有价值的参考。我力求做到:

每天都到操场和教室巡视。我给自己定下了巡视的时间安排,通常情况下,每天早上只要没有特殊任务,我都力争能到学生、教师中间转转,看看有无问题需要帮助,及时听取、发现和解决相关问题。

重视教师考勤、学生路队和学生上操情况的巡查。一周之内,只要有时间,我总会习惯地随机巡视教师考勤、学生路队和学生上操情况。可以这么说,不少问题就是在这种定期和不定期巡视中发现的。一旦发现问题,及时地处理或者在相关会议上予以提出,防患于未然。为学校健康、良性发展起到了一定作用。

关注学校的卫生也是我每天到校的必修课。我愿意和郑老师、郑师傅、全校师生一起为美化净化学校的校园花费自己有限的精力,尽管现在校园卫生还不尽如人意,我会在今后的工作中不断努力。

经常找教师谈话交流,以征求大家对学校工作的建议。对一些有价值的建议给予积极支持并落实。

第三,教书育人,读书写作,努力做学习型教师的推动者和实践者。

我认为校长不是一个职务,而是一个职业,我必须具备这个职业所需要的一切素质,我必须有更多的知识和能力,必须把握各方面的信息,使自己保持对新事物的敏锐感觉,必须使自己的思想观念始终处在芜湖市基础教育改革的前列,才能领导这所学校不会在激烈的竞争中被淘汰。我坚持不懈地吸取哲学、经济学、教育学、心理学等方面的新知识、新思想、新观念,坚持不懈地用自己的笔表达自己的思想,使读书、思考、写作成为我生命中不可缺少的习惯。

我虽然作为学校的主要管理者,但我深知,我的根还是在课堂上、讲台上,所以我始终坚持不离开我热爱的课堂、讲台,不离开我工作最主要的对象——学生。我给自己提出了这样一个理想:我研究我的课堂,我实践我的课堂,我享受我的课堂。

我不厌其烦地接待和面对全校所涌现出来的特殊学生,针对他们特殊表现和心理,进行经常性地教育。特别是当老师将这些“宝贝”送到我的办公室,或我发现他们出差错时,我总是热心且耐心地辅以引导和教育。也许,这样的教育影响力是很微弱的,但我坚信,只要不放弃,只要坚持不懈,总会有所收获的。至少,在我们该负责的几年里,我们尽力了,将来不会后悔。

在对待教科研工作上,我能以身作则,以身示范,积极撰写教育教学论文,承担各项课题。我努力积极投身于日常的教科研工作中去,经常是挤时间参加教研活动、听课,参加公开课、评比课的研究。我给自己定了目标,就是凡学校拿出去的公开课,我都尽量听一听,不论什么学科。本学期主要是我的本行科学课,学校承担两节市级研讨课、两节区级研讨课,从课的一开始构思到多次试教,只要我在学校,总是不厌其烦地深入参与研究,并在研究中提出自己有价值的建议,下学期还要扩展到其他学科。

我非常清楚,在学校担任校长,必须在课堂上、教学上、科研上作出自己的表率,否则,我的领导将成为“无土之根,无源之水”。

第四,以人为本,真诚待人,努力做好广大教师的服务者。

领导的意识,其核心首先应该是服务,其次才是管理。在我的思想内在本质中,“以人为本,真诚待人”是根深蒂固的。因为我认为,和老师们在一起,首先我们是同事、是朋友,然后才是领导,在人格上是平等的。所以,“以人为本,真诚待人”尤为重要。无论是管理制度的制定,考核评比方案的拟订,我们力求做到“以人的需求为本,以促进人的发展为本”,努力营造一种和谐、宽松、公开、公正的发展环境,人尽其才,各尽所能,让每一位教师在大官山小学都能找到自己的发展之基、立足之根,从而体现出自己应有的生命价值。

在管理中,我以“诚”字当先,“真”字为重。虽然,有时也会批评错误行为或不良倾向,但我从不训斥,从不以势凌人,总是以理服人、以情动人、以诚感人,从而达到“理顺而不须严管”的管理目标。

回顾一学期所走过的路,所做的事,我在欣慰的同时,也深感到许多不足。如在进一步提高教学质量上,还有一些束手无策,在对学校全面管理上显得刚性不足,对教师课堂深入的广度上还很不够,不少教师的课还没听过……在此,我除了向大家真诚地表示歉意以外,也恳请广大教师,尤其是在座的教代会代表向我提出批评,以便我在今后的工作中加以改进。

20 花开果熟:2008年我在大官山小学的工作盘点

转眼又是岁末年初,2008年在繁忙的工作中不知不觉结束了。伏案回眸,总结一年来的学校管理工作和校长岗位的任职情况,对自己所做的工作加以梳理、盘点和反思。在梳理中发现不足,在盘点中找出差距,在反思中谋求新的发展点。这既是一种自我激励和加压,也是一种理性的思考,更是接受同事指点、相助的极好机会。下面将我一年来所做的工作,向诸位陈述,恭请教代会代表指正。

一、2008年学校发展概况

校长的使命是发展学校,2008年注定要记载着大官山小学某些发展的足迹,因为一批教师的精彩和感动撑起了孩子和家长的一片天空，家长的满意度逐步回升让我们欢欣鼓舞;新大门的落成、校容校貌的改变让我们从中汲取了力量,重拾到一些自信和热情;安徽省家教名校、芜湖市群众满意学校A级等殊荣也证明了我们的努力得到了上级主管部门和社会各界的广泛认同。具体表现在:

(1)积极筹措资金,改善办学条件。2008年引进教育局专项扶持资金40万元,上半年新建了学校大门、车棚,暑期重修了塑胶跑道,完成了行政楼外部装修,为教学楼一楼新贴了瓷砖、新建了学校心理咨询室。

(2)加强师资队伍建设,打造学校软实力。学校通过外出学习和交流,请专家到校诊断,依托校本培训等形式,苦练内功,促进教师专业成长,2008年我校新增省级教坛新星1名、市级骨干教师1名、区级教坛新星5名。

(3)加强质量监控,提高学生的学业成绩和综合素质。学校对学生学业成绩举行期中调研、期末检测,对获得年级第一的教师给予奖励,在校门口开辟语数英小比武排行榜等举措,均表达了我们对学生学习成绩的关注。

(4)积极承担区级综合性大型活动,扩大大官山小学的知名度和区域影响力。本学期先后承担了镜湖区以评价改革为主题的现场交流暨课题汇报会,2008年镜湖区中小学校长论坛等。

(5)加强学校的制度和文化建设。学校靠什么来达到教育标准?靠什么求得高效率和高业绩呢?我认为主要靠制度,因为制度不仅可以促使标准的实现,能促进效率和业绩的提升,更重要的是,制度能使所发生的一切良好的变化持续下去。我在大官山小学坚持“一套好制度才有一所好学校”的理念,试图用制度管理学校,规范校长、教师、学生、家长的行为。并率先在考勤制度、晨检制度、卫生制度、路队制度、班主任上操制度、进出校门登记制度等学校基础性制度上花费了大量的精力,最终的得失尚不可知,但目前确从制度建设中受了益。当然制度是底线,文化才是学校发展的原动力。关于校园文化,我们已开展了我爱我家:温馨组室的评选。下学期我们将开展身边榜样:感动大官山小学的人和事评选;我的课堂:推动大官山小学教学质量特别贡献奖评选等。这三大评比,仅仅表达了我对大官山小学校园文化的一部分的理解,并不能涵盖大官山小学校园文化的全部,我们还在根据大官山小学的校情努力营造爱心文化、环境文化、教研文化、课程文化,促进师生、家长的共同发展。

(6)筹建了学校的一个品牌和窗口:心理咨询室——“知心屋”。本学期我校“知心屋”开始向师生、家长服务,已接待访客100人次,收到信件50多封,为30名学生建立了心理档案,大官山小学今后一段时间弘扬的核心价值文化将是一种“生命教育和和谐人生”,重要抓手就是心理咨询室和面向校长、教师、学生、家长的心理咨询团队,引领大官山小学师生以一种积极的心态教与学,享受快乐生活。

(7)引入外智促发展。在教师方面,我们充分发挥安徽省教育学会、陶研会、省教科院、市区教研室、安徽师范大学的专家的引领作用,来提升教师的专业素养。学生方面,芜湖市天星棋校已经为我们免费授课一年多,培养了1个少儿棋王、两个安徽省二级棋士。下学期芜湖市明星体育舞蹈学校也将免费为我校兴趣小组授课,提高学生的舞蹈素质,等等。

(8)学校田径队获2008年安徽省田径传统运动会团体第二名,连续三年蝉联体育道德风尚奖。

同时,2008年的大官山小学也是充满荆棘和艰难的,由于各种力量的综合博弈,大官山小学的在校学生数如同2008年的中国股市一样,已从鼎盛时的1 400多人下降到613人,1:9的师生比使我们的活动空间变得非常的狭小,拮据的办公经费已经很难满足教师的合理需求,和周边学校相比沉重的福利负担已使我们步履蹒跚。从2009年起,在校学生数500人的底线,已成为制约大官山小学发展的瓶颈和捍卫大官山小学尊严的生死攸关的生命线。如何让大官山小学在艰难中一路前行,这是校长的责任,也是我们共同的责任,因为我们是大官山小学的中坚。

二、2008年个人业务发展概况

我虽然是学校的主要管理者,但我深知,我的根还是在课堂上,所以我始终坚持不离开我热爱的课堂,不离开我工作最主要的对象——学生。

我不断加强心理学、教育学等理论和业务学习。本学年我订阅了《教育理论与实践》、《小学教学设计(语文·品德版)》、《小学教学设计(数学·科学版)》、《教育随笔》、《北京教育》、《科学课》等杂志,注意增强自身涵养,注意建立新型师生关系,努力给学生创造和谐的学习氛围和平和的心理环境,促进学生的全面发展。

在课堂上,我能够指导学生学习科学探究方法,对学生在科学探究中提出的问题,能鼓励他们勤于思考,动手探究,能为他们的学习提供方便。同时,我还用积极的工作态度来影响和教育学生。注意深入学生中间,以饱满的热情,良好的心态和真诚的微笑面对每一个学生,让学生感到老师平易近人,和谐可亲,从而乐于和教师交往，主动地参与学习。能够主动找学生谈心，询问其学习、生活情况，拉近师生之间的距离。在组织学生进行科学探究的同时，能够抓住思想教育机会，使他们即得到知识与能力，又得到做人的道理。在评价学生时，能够做到公正和以理服人。

在科学教学中，我能将自己置身于“研究者”角色，努力做到工作即研究，研究即工作。在教学中能够针对教学上的问题积极反思，并积极采取对策解决。例如，教学中，我发现五年级孩子们在探究方案的计划上明显存在不足，有相当一部分孩子不能正确的设计探究方案。针对问题，我分析了主客观两方面原因：客观上是教材中提供的方案多数不是很完整的，孩子们没有一个可以仿照的例子；主观上，是我没有分析教材中存在的问题，对教材过多的内容没有筛选，没有抓住矛盾的主要方面。找到问题的原因后，我就有针对性地对四年级下册《一天的食物》、五年级上册《运动单元》等课进行了重点研究，并邀请教研组其他成员听课，共同探讨。经过训练，孩子们设计的探究方案可操作性有了提高。我“放手”让孩子们一试身手，教学结果是较理想的，这说明孩子们的学习有了进步。

在教研方面，我作为芜湖市科学学科教研大组组长，能够制定教研计划，并努力付诸实施。采用集体参与诊评的形式组织全市科学教师参与教研活动，注意通过展、评的方法提高教师的认识，促使教师积极思考，共同进步。积极协助芜湖市科学教研员肖玲老师开展课题研究，承担了国家级课题子课题“基于‘点拨—探究’为核心的小学科学课程实施”研究。我注意针对问题进行剖析，不断完善研究方案，收集整理研究过程性资料。

另外，2008年3月初，我有幸参加了在湖南长沙举行的“小学科学新课程培训班”，与教材编写者直接对话，收获颇丰。通过参与培训，我对新课程教学理念的认识有了显著的提高，并及时将新的理念运用到教学实践中去。在教科研中，我能以身作则，率先垂范，积极撰写教育教学论文，承担各项课题。我给自己定了目标，就是凡学校拿出去的公开课，我都尽量听一听，不论什么学科。本学年我还在全市作了两次专题讲座（“新课程三四年级下册修订教材培训”、“小学科学课堂教学设计的有效性及其案例解读”）、在全区作了一次专题讲座（2008年镜湖区小学科学学科教师暑期专业发展强化培训“有效的教学设计撰写”），会后均作了互动交流和培训作业撰写，受训教师均有较大提高。

作为学校行政一把手，我不断进取，努力提高自己的政治思想素质和理论水平。坚持学习教育管理方面的名著，树立正确的人生观和价值观，保持仁爱、忠厚、忠诚的良好品质，以自己坦诚的待人态度、踏实的工作作风，和全体行政人员、老师共谋学校发展。坚持学习教育、教学理论，了解教育发展的信息，积极投身于课改大潮中。本学年，我经常深入课堂教学进行听课、评课，还和老师们一起探讨新课改，通过学习，用先进的教育理论来指导工作、管理教育教学。

同时对学校中层干部进行明确分工，实行项目管理，各司其职。每周三下午定期召开行政例会,反思前一周工作,提出工作中发现的问题和遇到的困难,共同探讨解决问题的方案,并安排好下一周的学校各项工作。

反思一年的工作,总的来讲,个人的工作还是努力的也是富有成效的。但也还存在很多问题和不足,主要表现在:一是深入仍然不足;二是与老师的交流不够;三是对外交往仍然不足;四是对工作的督导力、指导力、落实力、执行力还存在问题。产生这些问题的主要原因是自己修养不足,能力有限。在新的一年中,我将再接再厉,以更大的热情和精力投入到学校的管理和自己的教育教学中,为大官山小学的发展认真谋划,最后,感谢大家一年来对我工作的支持,也真心诚意地希望各位教代会代表为学校的发展献计献策,对我工作中的不足予以批评指正。

21 悲喜交加:我的专业发展和学校整体滞后的两难博弈

每到岁末,心中不免有许多感慨,感慨光阴的流逝,感慨许多事情还未完成。在过去的2009年中,本人能始终坚持"认认真真学习,踏踏实实干事,清清白白为人",在上级领导和全体教师的关心、支持下,我认真履行职责,坚持原则,依法行政,完成了预定的各项目标。现就本年度德能勤绩四个方面作如下述职报告:

第一,坚持学习,真诚待人,提高道德水平。

本人能坚持学习教育理论和党的各项方针和政策。按照区教育局的要求,本学期还进行了深入学习实践科学发展观活动,目前已进入了整改落实和回头看阶段。我自费订阅了《教育理论与实践》、《小学教学设计(语文·品德版)》、《小学教学设计(数学·科学版)》、《教育随笔》、《北京教育》、《科学课》等教育杂志,认真研读自己研究领域里有影响的专著和专业期刊,了解科研动态、把握热点难点、借鉴他人经验。本年度我通过学习完善了自我,更新了观念,提高了思想道德素质。我真诚待人、为人正派,在大官山小学这个大家庭中,我尊重每一位教师,尤其是那些热爱教育事业为人正派的教师;我尊重每一位家长,特别是那些关心学校发展的家长;关爱每一位学生,尤其是那些学有困难的学生。

第二,勤政廉洁,以身作则,从细节做起。

本人坚持办事公道,对事不对人,从不口是心非。坚持民主集中制原则,认真落实校务公开,虚心听取教师意见。我信奉知足常乐,平淡地对待名利,生活上追求平凡和朴素。本人经常学习相关法律法规,学习廉洁自律方面的文件,常怀律己之心,努力做一个遵纪守法、清清白白的人。本人坚持以身作则,从不假公济私,坚持带头走进课堂,同大家一起参与教学研究和考核。每天坚持较早到校,最后一个离校。在校园勤走多查,发现任何安全隐患,及时排查制止。学校大型义务劳动,必定同教师们一道参加,发现地面有果皮纸屑等还亲手捡起,为美化校园、整治校园环境略尽绵力。

第三，加强研究，勇于实践，不断提升专业素质。

要搞好学校工作，只有全身心投入到事业中去，投入到教育教学前沿阵地，才能有所悟、有所得。本年度，我担任三个班科学课教学工作，课堂教学中，我努力实践新课改理论，更好地培养了学生的能力，激发了学生的兴趣，教导学生做人。我深入课堂听课、评课20余节，收集摘要各类经验文章近100篇。我积极开展教学研究，参与组织市、区两级教研，受芜湖市教科所的委托，利用2009年暑假对芜湖市经济技术开发区和三山区教师进行《综合实践活动》教材培训，受镜湖区教研室陈瑛主任委托，就我的专业成长做了题为"从兴趣爱好到专业视角——一名草根校长对教师专业发展的感悟"的名师指导团专题讲座。本人还承担了全国教育科学"十一五"课题子课题"基于点拨—探究为核心的小学科学课堂教学研究"的研究，承担了安徽省级立项课题"小学科学课程学生概念发展探查及教学干预研究"，撰写的论文《师德建设的新视角：教师职业倦怠与高尚师德的坚守》获2009年芜湖市第十三届教育学会论文评选一等奖，撰写的论文《基于SWOT分析的学校发展——对大官山小学的初步诊断和发展路径探寻》发表在《安徽教育论坛》2009年第5期，本人还应邀参加了2009年安徽省小学科学实验教学基本功竞赛命题工作和评判工作，参加了《安徽省小学科学实验室建设规范》编制工作。

第四，强化管理，改善环境，争创满意业绩。

坚持公平和正义是我办学的永恒追求，建章立制，加强管理则是其基础。绩效工资70%已经实施，30%也即将到位，我们将积极组织广大教师学习、研讨《大官山小学绩效工资试行办法》。借此机会，制定出一套确实能够让大多数教师比较满意的考评办法，努力实现精致管理、精致教育。本学年我根据学校现状和财力，注重因陋就简，切合实际，紧缩不必要的行政开支并筹集资金，进行校舍维护、改造，进行校园环境建设和教育教学仪器设施的添置。2009年暑假新贴了教学楼两层楼楼道和窗台瓷砖，进行了校园围墙渗漏改造，进行了校园广播系统的升级改造，向上级有关部门争取了三台笔记本和一台品牌机，更换了多媒体关键部件，有效提高了多媒体的使用效果。在下个学期开学前，还将添置三万到五万元的现代教育设备，现正在和镜湖区电教馆进行落实。

本年度在全校教师的共同努力下，学校先后获安徽省田径传统项目学校小学组团体总分第二名、芜湖市十三届文明单位、芜湖市平安校园、镜湖区平安校园等光荣称号。本人也获得了安徽省特级教师称号，同时被安徽省教育科学规划办公室聘请为安徽省教育科研规划课题咨询专家，本人的学陶实践入选当代中国陶行知教育思想实验研究典型案例，本人的简介和教学感悟被刊登在中国教育学会小学科学专业委员会核心期刊《科学课》2009年第4期封二上。本人于2009年9月到2009年11月，参加由镜湖区与上海方略教育机构联合举办的"镜湖区中小学校长培训"(第三期)，培训期间认真努力,表现优秀,同时还被教育局推荐参加全国骨干校长高级研修,取得合格证书。利用暑假,我还积极学习现代教育技术,通过了由中华人民共和国人事部组织的全国专业技术人员计算机应用能力五个模块的考核。

第五,学校发展存在的问题。

(1)学校整体发展相对滞后,缺乏发展的龙头课题支撑,系统性、内涵性有待发掘。

(2)教学质量的提升不明显,学科之间不平衡,年级之间欠衔接,综合素养培养有待深入研究。

(3)学校特色定位明确,但校本课程粗糙,理论研究缺乏,可供展示和辐射的功能有待探讨。

今后我将不断钻研业务的同时,加强管理,做教师的知心朋友,肯为教师着想,乐为教师做事。以自身善意的言行和真诚的心灵去激发教师的工作热情。我坚信优秀的校长一定是一个思想者和策划者,一切工作都依赖一线同事的辛勤耕耘。善待教师就是善待教育、善待未来。

22　从规划到实施:我对大官山小学课程建设的若干思考

众所周知,学校教育的核心是学生,主阵地是课程和课堂。我来到大官山小学已有一年有余,围绕课程改革的思考与实践从未停歇,其原因就在于课程是一所学校发展、教师成长、学生学业提高的核心和关键。在我看来,随着《国家中长期教育改革和发展规划纲要》的颁布,学校课程将面临着更为重大和深刻的变革,其引发的对基础教育课程与课堂的反思,具有颠覆性和挑战性,“以人为本,全面实施素质教育”必将成为学校管理者更有意识的探索与追求。我对大官山小学的课程有哪些战略思考呢?根据我一年多的观察、研究和思考,目前我对大官山小学的课程建设基本架构是:夯实三门核心课程(语文、数学、英语),满足社会、家长的需要;做强三门优势课程(科学、综合实践活动、体育),提升学校区域影响力;打造三门校本课程(棋课、经典诵读课和心理健康教育课),积淀学校文化品位。

思考一:夯实三门核心课程(语文、数学、英语),满足社会、家长的需要。

我们的重点是设计学生学习的评价体系,以此来满足家长的需要。以小学数学为例,我们开展了新课程理念下“对学生数学学习的评价”的研究,初步构建了命名为“智慧树”的多维小学数学学习评价体系。这个多维的评价体系是由多元的评价主体、多种的评价方式、多样的评价途径和多维的评价内容组成的,从而实现评价功能的多样性和发展性。

我们的研究内容包括改革原有的教师为主评价主体,让学生、家长以及更多的人参与进来;改革原有的定量评价方式,由重定量评价转变到重定性评价,最终达到定量评价和定性评价的完美结合;改革原有单一的考试评价途径,更加注重对能全方位展示学生能力的课堂表现、课后总结、课外观察、数学日记等方面进行评价;改革原有的重知识与技能的评价目标,更加注重对学生数学学习过程中思想方法和情感态度的评价。

我们的研究方式主要采用了实验法,有计划地在全校范围内开展研究实验活动,通过收集整理学生的成长记录资料(数学日记、成长记录袋、课堂观察记录量化分析表等)、上研究课、课堂观察跟踪记录等教育教学活动,构建我们的评价体系。

在此基础上,语文、英语、科学、体育等其他学科积极跟进,以《镜湖区小学生综合素质发展性评价记录手册》为蓝本,积极探索学生综合素质发展性评价的新路子,在全区受到好评。

思考二:做强三门优势课程(科学、综合实践活动、体育),提升学校区域影响力。

科学课程:我是安徽省科学学科的特级教师,所以我领衔开展了基于"点拨—探究"为核心的小学科学课堂教学研究,参与了"十一五"国家级子课题研究,承担了安徽省省级立项重点课题的研究。除了学校的三名专职科学教师外,还在全市建立了研究共同体,我还准备写一本专著:《透视小学科学课堂教学——基于"点拨—探究"为核心的方法与策略》。课堂教学点拨思想最早源起于中学语文点拨教学法,它是由芜湖一中原副校长、中国当代卓有成就的语文教育家蔡澄清先生创立的。该思想是在中国基础教育的肥沃土壤里生长、发展并渐趋成熟的一种教学方法,其核心是"适时点拨"。蔡先生的教学理想和小学科学教学所倡导的鼓励学生自行探究是息息相通的。

新的小学科学课程标准指出:科学学习要以探究为核心,这对我国目前的小学科学课程的改革来说既是一个新的理念,又是近 20 年小学自然教学改革所一直推崇的教学思想。我们将"适时点拨"和"科学探究"在小学科学教学中有机整合,形成了适合芜湖市小学科学课堂教学现状的核心教学理念——点拨探究,并加以完善、扩展,形成一套相对独立完整的小学科学教学操作体系。

综合实践活动课程:目前,我校的综合实践课程实施情况还是比较单一,基本上是按照省教育厅下发的课程资源包进行教学,但由于作为大官山小学校长,我参与了安徽省所有综合实践活动教材的开发和教参的编写。同时,我校的教导主任陶桂萍是以综合实践活动学科教学被评为教坛新星,所以在教师的教学管理方面比较规范,能够主动收集学生活动过程中的一些过程性资源,对课程有一定的开发意识,能够根据学生的实际情况生成个性化的教学资源。在条件成熟的情况下,我校将以课程整合的视角,对综合实践活动课程和其他课程进行有效重组,尝试组织年级组各学科教师进行联合教研,把每个学科可以进行拓展应用的知识点提出来,综合实践活动教师再对这些进行融合,梳理形成一个大主题专题学习,让学生更容易接受和主动参与。

体育课程：我校是省级田径传统项目学校，除了每周的体育课外，每天下午半小时的体育活动，每学期还要由教导处安排全校体育课活动总表，并由各年级体育教师和班主任、中队辅导员具体负责实施。体育活动的内容根据学生的年龄特点和气候情况安排，有拔河、跳绳、篮球、排球、乒乓球、羽毛球等项目。每个班级都有田径锻炼小组，体育班委任组长，通过校运动会和体育活动，发现了一些体育人才并向市体校输送。每年国庆节长假前两天举行校秋季运动会，已坚持多年。

思考三：打造三门校本课程（棋类、经典诵读、心理健康教育），积淀学校文化品位。

棋类校本课程：中国象棋是中华民族文苑瑰宝，开展以“中国象棋”为重点的棋类活动，不仅可以开发小学生智力，培养学生分析、计划，逻辑思维的能力和局面判断能力，而且还可以通过普及棋类活动，提高广大学生对棋类活动的兴趣，促进学校德育、智育、体育的多样化发展。在此基础上，我校积极探索棋类教学的新模式，通过引进外智促发展。芜湖市天星棋校已经为我们免费授课两年多，运用自编教材，已培养了 1 个安徽省少儿棋王、2 个安徽省二级棋士。实践证明，学生在提高棋艺的同时也享受到了成功的快乐。

经典诵读校本课程：我国历来有重视经典诵读的传统，从秦汉至清末，熟读精思，口诵心惟一直是语文教育最基本的教与学的方式。近年来，国内外基础教育领域，也都对阅读，尤其是经典阅读，予以了焦点式的关注和更高的地位。我个人认为经典文学是一座丰厚的宝库，记录着优秀的思想和民族的兴衰，见证着漫长岁月里中华民族的心灵历程，学生从小学习诵读很有必要。恰好我校是芜湖市经典诵读实验学校，我们以此为契机，按照“每日一诵”的原则，让学生们每天在早操后的 5 分钟里，大声诵读，争取熟读成诵；通过每周一节课的校本课程，让经典诗文飘进了校园，飘进了家庭，飘进了孩子们生活的每个角落。

心理咨询室和其派生的心理健康辅导课程：大官山小学目前最困难的是进城务工家长和子女复杂的心态与教师的职业倦怠问题。因此，我研究的重点就是：以健康体魄和健全人格为核心的学校心理健康教育，大官山小学今后一段时间弘扬的核心文化特征将是一种“生命教育和和谐人生”，重点就是心理咨询室和面向校长、教师、学生、家长的心理咨询团队，引领大官山小学师生以一种积极的心态教与学，享受快乐生活。从学生到教师、从教师到家长不断渗透，在条件成熟的时候，利用多种形式开设了校本课程心理健康辅导课，编写小学生心理指导读本，目录内容见表 1 至表 6。

表 1　一年级心理指导读本目录

学校适应指导	学习心理指导	交往心理指导	生活心理指导	情绪与行为指导
1. 我是快乐的小学生	1. 学会听课	1. 结识新伙伴	1. 和好习惯交朋友	1. 我长大了
2. 我爱我班	2. 集中你的注意力	2. 礼貌用语不离口	2. 自己的事情自己做	2. 实话实说
3. 我爱学校	3. 学习真快乐	3. 做个大家欢迎的人	3. 告别小粗心	3. 远离小烦恼

表 2　二年级心理指导读本目录

个性心理指导（自尊自信）	学习心理指导（智力开发训练）	交往心理指导	生活心理指导	情绪与行为指导
1. 我的名字很好听	1. 学习有计划	1. 夸夸身边的同学	1. 男孩和女孩	1. 我的苦和乐
2. 我可以说“不”	2. 聚焦注意力	2. 体会别人的心情	2. 小鬼当家	2. 寻找快乐
3. 不做任性的“小皇帝”	3. 记忆一招	3. 让我们合作吧	3. 享受双休日	3. 大声歌唱

表 3　三年级心理指导读本目录

个性心理指导（自尊自信）	学习心理指导（智力开发训练）	交往心理指导	生活心理指导	情绪与行为指导
1. 可爱的我	1. 我要专心	1. 学会谦让	1. 学会自理	1. 情绪晴雨表
2. 成功大头贴	2. 奇妙记忆技巧	2. 学会倾听	2. 克服马虎	2. 给人一个好心情
3. 坚持就是胜利	3. 预习的故事	3. 克服紧张和恐惧	3. 残疾人十分钟小体验	3. 了解自己的情绪

表 4　四年级心理指导读本目录

个性心理指导（自尊自信）	学习心理指导（智力开发训练）	交往心理指导	生活心理指导	情绪与行为指导
1. 肯定自己	1. 观察有方法	1. 助人小分队出动	1. 合理使用零花钱	1. 熄灭怒火
2. 学会感恩	2. 复习很重要	2. 班级人缘排行榜	2. 与音乐交朋友	2. 稳定的情绪
3. 我的起跑线	3. 我的学习心得	3. 别人成功我喝彩	3. 独自行走	3. 学会调节情绪

表 5　五年级心理指导读本目录

个性心理指导（自尊自信）	学习心理指导（智力开发训练）	交往心理指导	生活心理指导	情绪与行为指导
1. 树立自信	1. 放飞想象	1. 平等竞争	1. 面对诱惑	1. 摆脱孤独
2. 勇于面对挫折	2. 学会提问	2. 真诚交往	2. 家人生病的时候	2. 不要猜疑
3. 爱在指尖	3. 思维大冲浪	3. 学会拒绝	3. 我有一双灵巧的手	3. 走出自我

表 6 六年级心理指导读本目录

个性心理指导(自尊自信)	学习心理指导(智力开发训练)	交往心理指导	生活心理指导	情绪与行为指导
1. 偶像伴我行	1. 以书为友	1. 多和长辈沟通	1. 有始善终	1. 情绪过滤器
2. 成长档案	2. 告别考试焦虑	2. 异性交往	2. 与健康同行	2. 远离抑郁
3. 拥抱创造	3. 科学用脑	3. 为友谊歌唱	3. 中学遐想	3. 做情绪的主人

当然,在对大官山小学课程建设的初步实践中,我还发现如下一些学校目前自身还难以逾越的问题,主要表现在:

(1)新课程已开始实施国家、地方、学校三级课程管理,在维护课程计划权威性的同时,如何让学校课程有更多自主发展的空间?

(2)大官山小学是进城务工子女定点学校,建设怎样的课程对孩子的发展有意义?建设怎样的课程才能满足学生、家长的需要?

这几天我一直在和学校行政人员梳理着大官山小学的课程建设,不知不觉中我欣然发现,通过课程建设,大官山小学的教师教学理念在提升,教育智慧在裂变,教学实践回归常态,教学能力逐步提升。

23 为师不易:一封学生来信引发的教育思考

一年半前,大官山小学一位即将毕业的学生给芜湖市教育局的领导写了一封发人深省的信。根据镜湖区教育局的要求,学校立即进行了调查和回复,事情圆满解决。最近,旧信重读,终于忍不住记下了自己的一些思想和碎语。

一

叔叔阿姨:

你们好!

我是大官山小学六(3)班的一名学生,至于事情的起因,如下:

现在,教育局不是不允许小学考试了吗?开始听到这个消息,我非常高兴,以为我们小学生就此解放了,可没想到,校长居然还让我们考试!我们班数学老师除了让我们考市教育局统一发的试卷(她是这么说的),还让我们自己买《100分闯关》这份练习卷,让我们自己当成考试!当我们表示教育局不是不允许考试吗?可是老师却说什么别的学校都在考,我们如果不考,成绩是搞不上去的!(晕!我总觉得老师说什么都有理哦!)

明天就要期中考试了,我是在这个别人(包括我)都应该在家复习的夜晚写的这封信,还希望叔叔阿姨们重视重视我们小学生微弱的希望!

说真的,我都看不起我们大官山小学的校长和老师。每次上面一来检查,就临时布置一下,有时有人来问东西,如学校考不考试,老师竟然叫我们说没有,还说:“这也是维护学校的声誉嘛。”这叫什么以身作则?像这种人能当老师吗?

告诉你们,我们这次期中考试,老师说是找别人印的,而不是市教育局统一下发的。哼,真是看不起他们!

希望能得到你们(叔叔阿姨们)的重视。

祝身体健康,工作顺利!

六年级×××

2009年4月20日

也不知道格式对不对,才学的,如错了,请谅解……

二

学校答复教育局转阅的来信如下:

芜湖市教育局、镜湖区教育局:

关于《反映大官山小学的教学管理问题》的人民来信,信中反映了三个问题:

1.六(3)班数学教师让学生购买《100分闯关》练习卷。

2.学校举办期中考试。

3.如果有人来问,如学校考不考试,老师竟然叫我们说没有,还说这也是维护学校的声誉。

学校党支部和校长室接到来信后十分重视,立即组织调查组就以上三个问题,在六(3)班班主任、任课教师、学生中认真仔细进行了核查。现将调查情况汇报如下:

1.六(3)班数学教师让学生购买《100分闯关》练习卷,这是开学初,有的家长要求学校适当增加一些课外练习,学生本着自愿的原则,自己购买该练习卷,作为家庭练习作业。

2.学校本学期教学管理的重点是让优质引领常态,从源头上关注教学质量的生成,主要是抓实家常课,每周全体行政人员至少集中听1~2节课,并于4月21日进行了阶段性课堂教学质量检测,学生可能误以为是所谓的期中考试。

3.经过调查,学校根本没有让学生说“如果有人来问考不考试,教师竟然叫学生说没有”诸如此类的话。

虽然该封来信所说之事,有与事实不符之处,但也在一个侧面反映了我校在教学管理仍然存有一些漏洞,今后我校一定在上级教育主管部门的指导下,坚持“以人为本，强化责任意识，以质量求生存，以特色谋发展”的办学理念，创办人民满意学校。

大官山小学

2009.5.5

三

看了这篇充满偏激、稚嫩和真情实感的同学来信，心里久久不能平静。是什么让这个(些)孩子对母校(留下六年童真的校园)和挥洒辛勤汗水的老师充满敌意和轻视？是教师的学识水平的低下还是师生情感的缺失？是孩子心灵存在着无法解开的心结？我不得而知。但从学生来自心灵深处的措辞激烈的拷问，至少应引起我们教育工作者的深思。

教师要赢得学生、家长的尊重，特别要注意自己的言行举止。每一位教师在大官山小学这个狭小的校园里都可能是公众人物，你们是不是注意到自己的言谈举止，你是不是让未成年的学生搓过抹布、洗过苹果而你自己却心安理得地享受？你是不是让很多学生接受你没有实效的辅导而忽视了其实这些学生正竖着耳朵听你和同事在办公室里的闲聊？那些在你视线范围之外的孩子也许正像一匹脱缰的野马在自己的地盘上自由驰骋。三楼的下水管总是被茶叶、枸杞子堵塞而屡教不改，冬天让学生冲水捂子、拿热水瓶，夏天穿无袖衫、凉拖，乱扔垃圾、从窗子往外倒水，等等，让人容易忽略的细节为什么被不断演绎和放大？2009 年 5 月 7 日上午第四节课，我漫步在校园里，一切是那么有序。11:10，我发现一名正在上体育课的学生急匆匆地从楼上拿着一个女式包和遮阳帽，体育老师可能为了下班早一点离校，而这个低年级学生一不留神成了这位老师的小勤务员，看着孩子的高兴和认真劲儿，我的心情是压抑和复杂的。我相信这位老师这样的行为也许真的是第一次，但在大官山小学校园里这绝不是唯一一次。绩效工资迟迟没有兑现，确实伤了老师的感情，但这不是孩子的错。坚守自己的教育良知和底线，是我们最终赢得对政府利益诉求的基础。以上列举的不良现象必须坚决根除。个别老师的不端行为影响到全体大官山小学的教师整体形象和利益，理应得到应有的惩戒，这不仅需要行政、教代会的支持，更期盼成为大官山小学全体教师的心声。

学生的信件也让我警醒，作为大官山小学的校长，学校管理工作应该做什么？关注什么？不仅是师生的安全，更应该全面思考师生的成长、研究师生的成长。我所尊敬的教育博士肖川先生说，师生校园生活质量主要可以从如下三个纬度来衡量：身心愉悦的程度，内心充实的程度，成就感。身心愉悦意味着心灵的舒展，没有疲惫感，也没有压抑感，以及身体上的放松和舒适；内心充实意味着有丰富的精神生活，没有空虚感和无聊感，而有日渐明确的生活目标；成就感则意味着能够体验到成功的喜悦,感受到成长的快慰,有一种积极的自我评价。我们现在的校园生活质量是和空气污染指数一样令人担忧。校园里的局限和狭隘在所难免,荒谬和错误也会呈现。但思想的创生理应是教师继续教育的必然取向。只有熠熠生辉的思想才能滋养教师成长的心灵,只有熠熠生辉的思想才能增添教师人格的力量,只有熠熠生辉的思想才能照亮中国教育的前程!

走近学生,与学生真诚地交流,在他们幼小无知、遇到困惑之时,一句话可能照亮学生的一段生活,一件事可能会激励他们走向进步与成功。大官山小学的改造,需要凝聚全体教师的力量,我们正走在通向目标的路上。我是一个教育理想主义者,面对冰冷而复杂的基础教育现实,我常常感到无助和力不从心,但从中也吸取着营养、欢笑,痛并快乐着。

24 心理护航:大官山小学知心屋里的故事

"如果你今天在学校挨批评,在家里有烦心事,在班级不开心,满肚子的委屈和疑问就去学校'知心屋'倾诉吧。"这句话几乎成了大官山小学学生心照不宣的秘密。"知心屋"是大官山小学开设的一个心理咨询室,创建于2008年暑假。因为能及时为家长、学生疏导心理障碍、排解悲伤情绪而深受师生、家长的欢迎。"知心屋"在创办的短短两年间,接待学生、教师、家长面对面咨询共计200多人次,为100多名学生和家长义务提供过心理咨询服务。

大官山小学创办"知心屋",发轫于2008年芜湖市镜湖区组织的首届心理健康指导师培训班。当时教育局要求各校按标准推出人选,学校考虑到这项工作的重要性,开始考虑派一位态度认真、肯于钻研的年轻的班主任去参加培训,后来因为多种原因没有成行。正巧我从全国参加教科研会议回来,听了学校相关负责人的汇报后,当机立断,建议改换人选,选派教导主任陶桂萍老师去参加培训班的学习。教育局德育科通知上的要求选派的学员原则上不超过40岁,要年轻,可陶主任已不属于青年教师,我还是固执己见地从人员的合适性考虑,选派了陶桂萍老师去参加心理健康教育指导师的培训。培训结束后,我又进一步积极支持陶主任参加全国心理咨询师资格考试,功夫不负有心人,她最终取得了国家级助理心理咨询师的资格证书。在培训班,陶桂萍主任被评为优秀学员,在结业典礼上,她作为优秀学员的代表作培训体会的发言。2008年10月,陶桂萍老师还被区德育科选派参加安徽省心理健康教育培训工作会议,培训回来后,德育科又安排她给全区的心理健康指导教师作了一次区级培训。在陶主任的榜样示范下,很快在大官山小学"知心屋"里聚集着一批关注小学生心灵成长的老师、大学生志愿者。

学校光有一支心理咨询志愿者队伍还不够,还要为这支队伍添置一个温馨的家。2008年暑假,我在学校办公经费极其困难的情况下,委托陶桂萍主任聘请专业人士开始设计“知心屋”建设方案，并同步组织实施。环境的装饰、窗帘的选择、心理咨询案例的封面设计，等等，都力求符合学生的心理喜好和学校心理工作的意图，尽力给学生、家长、老师营造一种平静、温馨、和谐的心理环境。2008 年暑假结束前，我们终于把“知心屋”建设成了大官山小学校园里最美丽、最温馨的地方。在此基础上，学校还积极动员社会资源参与，与安徽师范大学教育科学院、安徽省心理学会、安徽省心理学会学校心理学专业委员会合作，寻找专业支持，努力用专业的咨询，陪伴学生走向幸福的明天。

一

面临强大社会变革的冲击，成年人在不断承受巨大的心理压力同时，也不断将各种压力向未成年人处释放、延伸，许多隐性的心理问题便悄悄地埋伏在我们的心中。一个外表看起来很健康的人，也许在他的内心存在着各种不良的心理。随着商业文明的愈加发达，人们面临的心理问题对自身生存的威胁，将远远大于一直困扰我们的生理病。因贪婪招灾，因嫉妒生恨，因虚荣而悔恨不迭……太多的事例向我们昭示心理问题正成为阻碍现代人健康与成功的障碍。

少年的心事谁知道？在校园里，在看似平静的课堂中，一颗颗无助的心灵正面临着因学习带来的惊喜与烦恼。一个失意男孩说：“如果历经风雨，还是看不到彩虹怎么办？”一位即将毕业的学生问我：“距离会让友情褪色吗？”对爱情产生朦朦胧胧的渴望的花季少男、少女如何面对异性的交往？如何面对越来越难处的师生关系？如何面对一个充满自卑的自我？而心理学的出现则为我们的内心世界点燃一盏不灭的明灯，追求心理健康，讲究心理卫生，有矛盾求助于心理咨询医生的指导和帮助，也成为现代学校和学生的必备“药箱”。

让我们透过一个孩子颇为有趣的成长烦恼和知心姐姐的书信往来，来关注小学生心灵成长，一起走进孩子的心灵世界，倾听来自孩子的心声，分享大官山小学“知心屋”里的故事。

Y 同学给知心姐姐的第一封信：

知心姐姐：

您好！

我是六(3)班的一名活泼可爱的男生，我的名字叫 Y。我是班上个子最矮的，我数学很好，语文很好，音乐和体育也很棒。我有五个可笑的外号：“彭鸟宝宝”、“宝宝郁”、“郁宝宝”、“小宝宝”、“小可爱”。你也许会奇怪，为什么我的外号和宝宝有关？

我的脸很滑很嫩，班上女孩和我关系很好。她们很喜欢摸我脸。我在班上是一个多才多艺的男孩，但我很喜欢女孩子，因为女孩子能穿多姿多彩的衣服，还能穿高跟鞋,还有能穿上漂亮的婚纱……

知心姐姐:男孩子和女孩子哪个更漂亮?

祝知心姐姐越长越好看!

六(3)班 Y

2008 年 10 月 20 日

知心姐姐的回信:

Y 同学:

你好!

你的来信我已收到,你能和知心姐姐说出你的心里话,我很高兴。

从你有五个可爱的外号中,我就能感觉到你很可爱。又是个多才多艺的学生,大家就更喜欢你了。

你问我男孩和女孩哪个更漂亮?我认为无论是男孩还是女孩,外表的漂亮是暂时的,对一个学生来说,好的思想,与同学和谐相处的性格、良好的学习和行为习惯,才是受大家喜欢的重要原因。你认为呢?

欢迎你到"知心屋"做客!我的回信不知你是否满意?

祝学习进步,天天有愉快的心情。

知心姐姐

2008.11.10

Y 同学给知心姐姐的第二封信:

知心姐姐:

您好!

我们班有一位同学,名叫 F,她是我的同桌,她喜欢摸我的脸。今天她不知怎么了,一见到我像发了疯似地"狂"摸我。我的脸被她摸得(简直就是拧)出现了七大"伤痕",气死我了。

不过善有善报,恶有恶报。今天的考试我比她高得很多,她见了,生气了。念起了她的金刚咒语:鼻孔扩大,嘴角上翘!(指我笑的样子)

我笑屁掉了!

最近,我们班开始流行斗卡,我也加入了,请问知心姐姐,您有什么看法?(附三张卡)

希望知心姐姐早日回信!

(注:我不想和知心姐姐见面,只想跟您在信上交流!)

祝知心姐姐快快乐乐!

六(3)班 Y

2008 年 11 月 12 日

知心姐姐的回信:

Y 同学:

你好!

首先想要对你说一声:“谢谢!”因为你寄来的不只是一封信,而是你的信任。三张卡的图案很精美,我已收藏。你和同桌之间发生的事,你采取了宽容的方法,我欣赏你这种洒脱的性格。你的许多做法决定了你能把许多愤懑不平的事想开,这对你升入初中很有好处。当然同桌之间的宽容不是一味地忍让,同学之间交往的基础是平等。当她像发了疯似地“狂”摸你时,你很生气,这说明这不是你心甘情愿的。你可以严肃地表明你的立场,如果她仍然置之不理,你可以向你的班主任反映,相信老师会处理好这件事的。

关于你们班现在开始流行斗卡,你也加入了,想听我的看法和建议,我很高兴。说明知心姐姐在你的心目中还有一定地位。在学校适当参加一些同学间的娱乐活动是可以的,但不能迷恋其中。有些乐趣是属于特定的阶段的,对你发展并没有任何意义。如果你们班斗卡流行的趋势不断蔓延,你也可以向班主任求援,得到班主任的帮助也是一个不错的方法。

另外,我一直有一个疑问:你为什么不想和知心姐姐见面,只想和我在信上交流?是不是胆怯,不愿和老师面对面地交流?如果是,这就叫腼腆,是像你这样的小男孩正常的心态。腼腆不是与生俱来的,它可以改变。知心姐姐希望你能勇敢点,和我一起聊聊天,我非常想认识你。

再次欢迎你到“知心屋”做客!

祝学习进步,天天有愉快的心情。

知心姐姐

2008.11.15

同时,知心姐姐对 Y 同学进行了学生个案跟踪。为了消除 Y 同学胆怯、腼腆的心理,还亲自约请 Y 同学走进“知心屋”,做了如下的面对面的访谈(见表 1)。

表1　官山小学学生接受心理咨询记录表

08-09 学年 第一 学期　　　　　　来访者编号 016

<table>
<tr><td colspan="2">辅导日期</td><td colspan="2">2008 年 11 月 20 日</td><td colspan="2">辅导时间　下午</td><td colspan="2">4:30 至 4:50</td></tr>
<tr><td>来访学生姓名</td><td>Y</td><td>性 别</td><td>男</td><td>年 龄</td><td>11 岁</td><td>班级</td><td>六(3)</td></tr>
<tr><td>家庭背景</td><td colspan="2">父亲姓名单位</td><td colspan="2">保密</td><td colspan="2">母亲姓名单位</td><td>保密</td></tr>
<tr><td>班主任</td><td>M</td><td colspan="2">进城务工人员子女</td><td>√</td><td colspan="2">流出地</td><td>√</td></tr>
<tr><td>倾诉内容提要</td><td colspan="7">同学都玩纸牌。今天上午,坐在窗口的同学的纸牌都被老师没收了,因为离老师近。而我离老师较远,没被没收。可看到别的同学被没收了,心里好难过。</td></tr>
<tr><td colspan="8">来访者问题归类:(在后面空格中打√)</td></tr>
<tr><td colspan="2">同伴交往与矛盾</td><td></td><td colspan="2">考试焦虑</td><td></td><td>自我概念</td><td>√</td></tr>
<tr><td colspan="2">挫折与自卑</td><td></td><td colspan="2">学习问题</td><td></td><td>个性缺陷</td><td></td></tr>
<tr><td colspan="2">学生干部苦恼</td><td></td><td colspan="2">师生矛盾</td><td></td><td>情绪问题</td><td>√</td></tr>
<tr><td colspan="2">青春期的困惑</td><td></td><td colspan="2">就业升学</td><td></td><td>其　他</td><td></td></tr>
<tr><td>辅导要点</td><td colspan="7">1.这个孩子心地很善良,善良的心要保持。
2.这件事不是 Y 的错,完全没必要自责,保持愉快的心情。
3.引导不能有性别模糊。</td></tr>
<tr><td>辅导效果自评</td><td colspan="7">好(　)　　较好(√)　　一般(　)</td></tr>
<tr><td colspan="8">总结与反思:

辅导教师:T</td></tr>
</table>

大官山小学"知心屋"

注:学生个人信息是否填写由学生自主决定。

在 Y 同学的故事背后,有着怎样的心理背景?也许需要专业的心理咨询师来分析。但我知道心理咨询是以专业的技术和一些咨询的技巧进行的非随意性的谈话。有人说,心理咨询能帮你达到登天的感觉,但我们确信登天的主角是咨询者,决定登天与否的绳索掌握在咨询者的手中,咨询师只是协助者。

二

正是在大官山小学"知心屋",学生们脆弱的心灵得到有益而健康的滋养。学生说,有了快乐,可以和知心姐姐分享,有了烦恼,可以向知心姐姐倾诉;家长反映说,学校"知心屋"的工作,给了我们家长对孩子出现的心理健康的教育问题指导了方法,"知心屋"的开放特别及时而又有意义。实际上,大官山小学知心屋除了对个别学生、家长、教师进行咨询外,还对学生进行团体心理辅导。在日常的心理咨询工作中,为了扩大学生的受教育率,"知心屋"的志愿者们还对学生进行团体心理辅导。统计发现六年级的学生到心理咨询室找知心姐姐谈心的人数最多。小学六年级的学生即将小学毕业,这个年龄又刚好步入青春期,步入中学学习,涉及如何融入新的学习环境,如何和新的同学、新的老师相处。这些是六年级的学生经常到学校"知心屋"来交流的话题。学校"知心屋”和安徽师范大学教育科学学院心理系积极参加校外实践活动的大学生们联系，确立团体心理辅导的话题。团体心理辅导从学习压力、考试适应、伙伴(异性)交往、网络成瘾、升入初一的焦虑及适应等方面和毕业班的学生进行心灵的交流，同学们很受启发，对促进学生健康的心理成长起到引导的作用，体现了大官山小学特色教育中对生命教育的关注。常规情况下，根据学生个别咨询与我们收集整理的问题，第一学期我们对一、三、五年级学生，第二学期我们对二、四、六年级学生进行团体心理辅导。

“知心屋”还创立了“知心姐姐”广播站。每周三下午的2:00至2:10，广播的内容一方面是播放心理健康教育的故事，对学生进行心理健康教育氛围的熏陶，另一方面是知心姐姐根据学生咨询的问题选择一些涉及面比较广的、正面的、具有教育意义的话题进行广播，很受学生的喜欢，使学生的心理健康教育率达到百分之百。比如，2010年第二学期，知心姐姐在广播站开辟了一个专题“如何做一个受大家欢迎的人”，要求全校学生将自己的认识、做法写出来，交给知心姐姐，利用广播站进行广播，学生参与讨论的积极性非常高。

为了扩大学校“知心屋”的影响力，“知心屋”在校园网站上开设“网上知心屋”。自2009年4月“网上知心屋”开通以来，通过访问学生、教师、家长，集中各方建议，在“网上知心屋”开设了“心理知识”、“心灵求助”、“心海探航”、“课堂心育”、“心灵港湾”五个栏目，旨在通过多种渠道扩大和学生、家长的沟通，展示课堂心育教育、家庭心育教育的成果，介绍学校在心理健康教育方面开展的工作，营造我们国家建设和谐社会、关注生命质量的和谐氛围。诚如心理学教授哈吉·威尔逊所言：“心理学绝不是为了研究而设立的，研究心理学的目标只有一个，那就是造福人类。”

心理是灵魂的通道，灵魂出了问题需要进行心理的治疗。静下心来聆听大官山小学“知心屋”里的故事，它带给我们的是一种来自心灵的天籁之音。虽然对成年人也许微不足道，但对于孩子，对于那些曾经的当事人，多少年后忆起都依旧让人释怀、让人触动、让人感念。其实，几百人生活在大官山小学的校园里，我们每天都在上演着不一样的有关心理的故事，不知不觉中也被故事所拥有。而“知心屋”就是这些心理故事的温馨的网，学校的每一个人都被缠绕其中。大官山小学“知心屋”里的故事是艳丽的花，它的沁香永远在大官山小学师生周围飘荡。

25　童言无忌：大官山小学学生眼中我的课堂“糗事”

前两天，我收到一条短信：“宠物食品的电话市场调查，接电话的是一个小孩。市调员：‘小朋友，你家里有没有养小狗、小猫或小鸟？’小孩：‘没有，我妈就生我一个！’”这就是童言无忌。儿童的趣味与精彩往往来自儿童的率真。童言无忌的特点是淳朴而不雕琢，新鲜而不因袭。

一

“哈哈哈……”这一串笑声是从学校二楼的科学室传来的，那时还没上课，我们班同学已经陆陆续续到了科学实验室，坐在我前面的丁超带了一个放大镜，程校长（我们的科学老师）就坐在他旁边和他一起讨论一个实验方案，别的同学在看书预习，我看到坐我后面的王晋在那无所事事地晃来晃去，我也懒得管他。毕竟还没上课。

过一会就看到王晋在后面玩腻了，就跑到前面来，他和丁超关系不错想跟他玩，谁知鬼使神差地把校长当成了丁超，一把抱住了“丁超”，他看到旁边爆发的大笑时，莫名其妙地看看自己，不知道哪里出了错，还以为自己成了明星呢！当他看到校长的脸时一愣，接着“啊啊”地叫着，像看到鬼一样跑远了，教室里又爆发了一阵震天动地的笑声，他的脸红得像苹果一样，通红通红，恨不得找个地缝钻下去算了。校长微微一笑就若无其事地开始上课了。下了课，我“采访”了王晋，问他抱校长的感觉，他瞥了我一眼说了一句：“讨厌！幸灾乐祸。”我在旁边又挖苦地说：“真感谢你呢，让我今天这么高兴。”王晋被我气得说不出话来：“你……你……”同学们也过来起哄，他的脸又一下红到了耳根。

看到这热闹的景象，看着这么可爱的同学，我想到即将到来的毕业，我真的好舍不得，舍不得那些同学，舍不得老师们，更舍不得陪伴我六年的大官山小学校园！（资料来源：杨天瑞）

二

这天我们像往常一样来到科学实验室上课，教室里像炸开了锅似的，同学们干什么的都有：有的谈天说地，有的在观看后面玻璃柜里的草虫标本，有的在玩“游戏王”牌……随着上课铃响起科学老师拿着教科书走了进来，我们马上像老鼠见了猫一样安静了下来。

程校长首先让我们复习了上节课的内容，然后对我们说：“今天我们来做个实验，全部同学分成四个组，每个组分一个勺子、一些糖、蜡烛和火柴。”老师先让我们在勺子里放上一些糖，再用火柴点燃蜡烛放在勺子下加热，看看糖会发生什么情况。我们立刻就按老师的要求做了起来，张友健用火柴去点燃蜡烛，谁知一紧张一口气吹在了刚点燃的火柴上，火苗一下子灭了。第二次张友健又去点，却又被同组的同学不小心吹灭了，第三次才好不容易将蜡烛点着。我们把勺子放在火苗上烧，可不知道为什么张友健今天特别紧张，手抖得十分厉害，好几次差点将火苗打灭。好不容易糖被加热得变黄，最后开始冒起泡泡，张友健见差不多了就把火吹灭了，观察起来。

实验做完后张友健将勺子反了过来，只见勺子的底面被烧得一片漆黑，眼疾手快的张友健往我脸上抹黑，我也不甘落后地往张友健的脸上抹了点黑。同学们见了哈哈大笑。老师让我们去把脸洗洗。我俩互相帮助对方洗,可怎么也洗不掉。这时我说:“我们这算是斑马,还是反恐精英里的精英呢?”他看看我,我看看他,最后我们俩都笑了。(资料来源:桂文涛)

三

春游前一天,我由于过于兴奋,做了本不该做的事情。我恶作剧地踢我前面的两位同学,开始我踢了一下吴卉敏,吴卉敏立刻回头,我若无其事地望着老师,好像正在认真听课。于是吴卉敏瞪了徐吴澍一眼,徐吴澍没看见。我又踢了一下吴承恩,徐吴澍跟着我后面学着踢。吴承恩反应极快,可他却只看见徐吴澍在踢他,而并没有看见我踢,只听一声:“徐吴澍你完了!”徐吴澍感觉到很委屈,看了看我,便又把腿向吴卉敏踢去,我怕吴卉敏以为是我踢的便故意把橡皮扔到地上,假装在捡东西。徐吴澍好像知道了我的阴谋,紧接着,他也跟我学着,先慢慢地,可能是因为他脚太大了,收回来有点不好收,吴卉敏一回头,看见的肯定是徐吴澍大脚。接着徐吴澍又把脚伸向了吴承恩,还没等我反应过来,吴承恩就已经在说:“王露是你踢的吧,别装了。”我来不及为自己辩解,就被徐吴澍的笑声打断了,我说了句:“徐吴澍你死定了。”他向我做了一个鬼脸。然后徐吴澍以我们四个人能听见的声音,唱了一句广告:“痛,贴,早贴早轻松。”把我们三个人引得哈哈大笑,他自己也笑了。

六年的小学生活,就这样一天一天地减少。此时此刻的我,是多么希望全班同学分到同一所中学,因为,像我们现在这样深的友谊,也不是一两年就相处出来的。(资料来源:王露)

当代作家梁晓声认为,课堂的诗性是不容置疑的。“其诗性,是我从我的同行们身上发现的。他们一进入教室,踏上讲台,每一个人似乎都变了。那45分钟,我相信,是我的同行们最为认真对待的45分钟,也是他们各自将自己的精神状态体现得最为饱满的45分钟。连他们中谁正在生病,都是丝毫也不愿被学生看出来的。”“但是在那45分钟里,他们内心的愿望,却是任谁都不难看出来的……我曾伫立教室门外听我的同行们上过课。那时,我觉得他们每个人都很美,无论年老的、年轻的……在我心目中,他们每一个人都是可爱的……是的,由此,我感受到教育的些许诗性。”这里,教育被赋予了浓厚的文学色彩,变成了诗性的事业,这是作者思想的凝练。

从我20多年的从教经历来看,一个好的老师会影响很多人,带给学生不同的人生体验,教师的课堂就是指点学生智慧人生的训练场,对学生不霸道,对自己不苟且,教师只有把课堂看做一种生活,我们才能安居在课堂这个美丽的家园。赋予课堂魅力,永远来源于教师巨大的阅读量和教师思想的高度,还有不知不觉浸透着的自由精神:独立的思想、理性的批判。真正意义上的生命课堂永远是指向人生的远方,而不是局限在功利的当下。中国的课堂向来承载着厚重的教化功能,只有以儿童思维为基点，有机联结了儿童需要、儿童经验的课堂，才会充满人性的力量。否则，教育不但无助于把历史精神传承下去，而且无法为学生精神的丰富提供养料。教师只有拥有童心，才能微笑面对课堂上做小动作的同学而不暴跳如雷，善待每一个不懂事的孩子，即便他的成绩永远是那么令人失望。教师唯有认真倾听童言，学会童语，才能在自己的课堂上，对人对物先不下定论、先不存芥蒂、先不设防，和学生真诚沟通，蹲下身子和学生平等对话。因为孩子们所能经历的悲哀或者其他情感，永远只能针对他们身边、嵌入他们生活的人物、事物和事件。

26　草根评说：程斌是谁？

也许你觉得很滑稽：区区一个名不见经传的草根教师，又奢谈什么“程斌是谁”！也许你不相信，我在夜晚写作时，有时确实会忽然地问自己：程斌是谁？从确定写这个题目开始，我就知道这是一个很难回答和叙述的哲学命题。这最末一个小小的“谁”字，在脑海里渐渐衍生成了一面镜子。我只是希望在寂静的夜晚，在属于自己的心灵空间，在镜子里看看自己，欣赏自己的美和丑，反思自己的残酷或温柔。如果一个人从来都没有时间通过心灵的镜子审视自己，他对自己一定是非常陌生的，而在每个人的人生旅途中这是一件非常悲哀的事。无数的角色从生活中泛滥开来，最后只是堕入了深渊，我不知道为什么我们的社会会忙成这样子，在一个高度功利主义、高度市场化运作的社会里，作为社会的普通一分子，如果不保持独立的思想，那他的人生意义很可能就堕落为挣钱和消费。从这个意义上说，类似对“程斌是谁”、“我是谁”的不断追问，实际上是一种普通民众对心灵的告解。

从哲学意义上说，程斌是一个社会独立的个体，是一个有思想的高级动物。这样空洞的解释连我自己也无法说服我自己，哲学对于我们这样的人来说，多少有些高山仰止，那是形而上的空洞。但我知道，程斌不是教育思想者，我安身立命的资本是为教育干活，教师兼校长是我的本行，目前我作为教师最高荣誉是安徽省特级教师称号，在已近不惑之年曾意外获得了安徽省教坛新星称号，这也许是天道酬勤。程斌 1988 年 8 月工作，原来瘦得像根豆芽菜，戴副塑料框框的眼镜，一副典型的破落文人相。现在，教师待遇高了，生活条件好了，不知不觉也长出了将军肚。我的主要作品注定只有一个温馨舒适的家庭和一个喜欢和我辩论的儿子，至于《创造适合儿童的教育》、《创造心理训练》、《小学生自然科学教练》、《研究性学习成果集》、《小学生多功能词语手册》等拙著，则是偶尔得之的工作奖赏。

我小时候喜欢和农家的孩子一起在家乡大埂上放牛，最美好的记忆是在牛背上读书，周围青草茵茵，远处炊烟袅袅升起，一幅江南小镇暮春的水墨山水画。我的家在芜湖市裕溪口沿江路小学的校园里，家门口后面的水塘是那么清澈，夏天我和一群小伙伴瞒着父母在水塘里逮鱼的场景，现在想起还是那么温馨和令人向往。家乡的柿子一只只红灯笼似的高挂树枝头,在秋风中摇曳。趁父母都在劳作时,我和弟弟三口两口吸溜熟透的柿子,嘴唇与手被柿汁涂红的快活劲头,现在想来也许觉得有点儿狼狈,生发出不易觉察的笑意。这些日子,我一直在回忆自己的41年人生,我的出生,我无忧无虑的童年,我最初的梦想,一路走来,梦想被不断改写。原本我想着成为作家,现在却成了痴迷于教育的教师。

我的祖籍在古徽州的屯溪,后来举家搬迁到芜湖市长街做生意,新中国成立前,一把大火将店铺烧光,落得个家道中落,因祸得福逃过了"文革"一劫,掐手算来是半个徽商后裔。据说我从未谋面的祖父深谙治学经商之道。他吃苦耐劳、为人低调,靠一己之力奋力打拼,生活节俭、尊师重教且家风极严。而我的血管里虽然流淌着徽州人的血液,但骨子里却缺少徽商的精神和从商的天赋。我是一个在人生的道路上付出百倍努力而终于没有到达理想彼岸却仍痴迷于教育的"教书先生";一个闲来看看书、喝点葡萄酒、对别人的过失已经学会了宽容的"文弱书生";一个时常还像过去一样想写点什么但最终实在写不好什么的"自诩文人";一个在夜深人静的晚上,偶尔灵魂还会跑到荒无人烟的地方孤芳自赏的"孤独行者";一个常常在月明星稀时分,记起一些大家已经遗忘或是将要遗忘的教育故事,而发出会心微笑或无声喟叹的伤感之人。我时常在自己建构的文字和思想世界里乐而忘返。

在我的教育人生中,我潜意识里常常藏有这样一个田园般的梦想:学校老师忘我工作,我的学生充满渴望地勤奋学习,我站在校门口每天和老师孩子们招手致意,我带着老师和孩子一起踏青,奶牛在远远的山脚下吃草,成排成行的玉米和小麦,平畴深谷,山峦起伏,城市的轮廓,乡村的庄园,都让我那么沉迷,那么心醉。

在我的内心深处,我盼望着孩子们一天天地长大,教师和学校一起成长,心中的教育梦想千种都会成真,人生的缺残都会重圆——就像拼板玩具的最后完成。我感谢上天让我有机会认识校园里这些美丽的生命,让我感受他们的诚信和贤德,让我懂得什么是真正的教育,让我知道教师职业的使命与荣耀。我有时也忍不住在校园里踱步、徘徊、焦灼不安,诅咒时光的流逝如此之慢,只是在等待、等待目标的达成。

然而,我迟早必须认识到,生活的真正乐趣在于过程。目标只是梦幻,它常常是可望而不可即的。"逝水年华细斟酌",不要在校园操场上徘徊踯躅,不要计较囊中羞涩而度日如年。去上课,去教研,去远足,去欣赏学校的一草一木、师生的一言一行。生命如逆旅,我亦是行人。

在成长的道路上,我一直在追随那些专家级人物的教育智慧,时间久了,我经常感悟到其实我们每一个人内在都有这些教育智慧,由于我们太多地关注外在,而很少关注自己的内心,慢慢地在自己心灵的歇息地就无法找到属于自己的教育智慧。佛教有偈语说:"未曾生我谁是我,生我之时我是谁?长大成人方是谁,合眼朦胧又是谁?"只有不过分地看重自我,才不会失去自我,我一直渴望自己拥有教育的理性精神、深度思想和无障碍沟通的亲和力。

厚道、善意和真诚构成了我的主要人格特征。遇上困难的人,我愿意伸出一只温暖的手,与其共渡难关。因为既然好心的人们教会了我善良与热情,我就不会在应该帮忙的时候隔岸观火,这样岂不是对不住良心又拂了他们的好意?既然社会真诚地将我纳入,我也自当担起义不容辞的责任。

我是永远不倦怠的教育理想的追随者和赶超者。我坚持认为,只有拥有教育理想,才能描绘出教育未来的无限可能。而只有能够描绘教育未来的人,才能进一步过上自己想要的教育生活。我曾经多次表达了我的教学感悟:“坚持草根视角和民间表达,立志用思想捍卫小学科学教师的学术尊严,用行动提升小学科学教育的品质,用爱和智慧引领学生快乐成长,和孩子们一起享受充满生命活力的科学课堂。”我曾大言不惭地提出了属于程斌的学校管理信条:“真正的好校长,也是一流的教育家,对教师要好,在思想上会对教师有所引领,会发自内心地关注弱势群体,关注教育公平,会不遗余力地推行平民教育,并把教育提炼成一种感人肺腑的艺术与精神。他有先进的思想,有坚韧的行为,有非凡的创造。”我在自己的“安徽芜湖程斌小木屋名师工作室”中旗帜鲜明地提出了“用思想捍卫教育的尊严,用行动提升教育的品质,用激情抒写教育的人生”,“用客观公正的教育立场,冷静深刻地分析芜湖教育教育现象”,倡导“永恒的诚信是大官山小学的核心价值文化”,虽然位卑言轻,但是发自心灵深处的声音。

事实上,教育理想只是未来的一个蓝图,它还没有成为教育现实。教育理想对很多教师来说,可能会被误读为谎言,而能否相信自己会最终实现教育理想,才是实现未来的最重要的因素。当教育理想静静穿越于生命,也许我存在的唯一目的就是为了证明教育的美丽,别无他求,只给自己生命之旅留下一串教育的印记。

人生的轨迹大多都在慢慢走向相近或者相似,在平和的心态下,看到世界的不是悲凉,也不是精彩,而是一种平常。那种找回自我的感觉,带着一点淡淡的香味,不需要思考人生,简单的享受着那安静的瞬间,平淡地面对清闲下来的几个小时哪怕是几分钟,也是一种快乐。传道,授业,解惑——传统的职业定位对教师来说,往往强调着其作为知识传授者和道德律令者的角色。自古以来,无论教师自己还是社会大众,对教师的期待与要求往往趋向于一种单向度——作为文化符号的教师,有意无意间忽略了另外一个维度——作为生命体的教师,忽略了教师的生命感受,忽略了其生命层面的成长与丰富。一度在我儿子鄙视的眼光中,作为一个男人,作为一位小学校长和家庭一家之主,我没有别的爱好和特长,只会疯狂写作,这是我的悲哀。如今我只想做一个散淡幸福的教育人,读书、教书、写作、散步,外包双休日的家务,教育的精髓就散落在寻常烟火的家居生活中。我们所熟知的生活其实是一层薄薄的面纱,由无数故事编织而成。我曾在某一瞬间沉浸在惊叹之中:华丽的乐章,自然的美景,偶尔也会从眼角瞥见清晨的阳光、摇曳的柳条和爱人沉睡时安详的面庞，就在这些再平凡不过的小事中蕴藏着人生的意味，需要我们耐心去欣赏和品味。读书、写作都是一种享受。沉浸在那份自由与惬意中又何尝不是一种幸福？

程斌是谁？这是我自言自语的一场反思，是一个终究脱不开书生气质的表白。因为骨子里我只是一个手无缚鸡之力的文弱书生，永远脱不开的是书生意气。

附录1　通　讯

让阳光照耀每一颗童心
——记芜湖市范罗山小学副校长程斌

袁家陆　张先珍

为了全面推进素质教育，培养和造就我国适应21世纪现代化建设需要的一代新人，不知有多少教育工作者正以春蚕的品格、蜡烛的精神，孜孜探索在教坛上，默默奉献在校园里！芜湖市新芜区范罗山小学副校长、全国优秀自然教师、省模范教师、省优秀科技辅导员程斌，就是其中一员。

一

程斌耕耘教坛十几年，一直教的是自然课。在普遍的“应试”心态下，“自然”自然是一门不被重视的“副课”。程斌却把这门“副课”上得有声有色、妙趣横生，吸引了一届又一届的学生，赢得了师生和家长的广泛好评。

勤于学习、勇于探索的程斌从陶行知的创造教育思想和《小学科学教育的“探究—研讨”教学法》等中外教育专著以及各类教育期刊中吸取营养，接受启迪，转变教育思想，成为芜湖市最早对自然课的教学法进行改革的教师之一。开始那两年，他的课本内容丰富、形式生动，犹如一个个科学知识讲座。但不久他就在赞扬声中否定了自己：这不是把自然课等同于科普读物了吗？就在他苦苦思考改进方法之时，“探究—研讨”教学法出现了，他很快接受了一些新观念，不仅把自然课上得更加有趣更加吸引人，而且在传授知识的同时培养了学生的能力。可是没有多久，他又否定自己，他发现那些所谓的“能力”，只不过是基本方法和技能，与一箭三雕、发展智力的目标仍然相距甚远，从此开始了更深入的探索。近几年来，程斌先后进行了各类公开课、示范课教学十几次，充分展示了他多年探索的成果，在市、区自然教学评比中多次获得一等奖。

小学的条件是有限的，程斌经常自己动手制作教具，一方面解决教学的急需，一方面修旧用废，为改善学校实验教学条件尽心尽力。他制作了实验教具100多件，在全市历次自制教具评比中均有作品获奖。他还根据自然实验教学达标细则，设计了范罗山小学实验管理六种配套表格，建立了各项科技活动原始档案，实验教学改革和研究成果档案，科技、自然图书登记册等。为了充分发挥现有仪器的作用，他每学期都严格安排实验计划，力争让每个学生都能亲手实验。

程斌用精湛的教学艺术开启着学生的科学智慧之门，使学生一走进自然课堂就有好奇、如饥似渴的感觉。在孩子们的眼里,程老师是一个无所不知的人,是他们诚挚亲切值得信赖的大朋友。他们热爱程老师,他们喜欢自然课。每当程老师因公外出而回来出现在教室门口时,迎接他的总是令人感动的热烈掌声……

二

全面推进素质教育,是目前深化教育改革的重要内容之一。而培养学生的创新精神和实践能力,则是实施素质教育的重点。程斌在这方面作出极大努力,付出了许多心血——

为了使每个学生都能亲手实践、亲身体验,获取直接的感知,他经常把自然教学从课堂延伸到“外面的世界”,带领学生游镜湖、登赭山、奔田野、涉溪流,去考察,去研究,去亲近大自然,去争做环保小卫士……

为了培养学生的动脑能力,他指导学生大胆想象精心构思,创作了许多纸浮雕、芝麻画、泥塑等新颖有趣的作品,还利用易拉罐、风向标、机器人、花篮等,使孩子们在创作快乐中接受美的熏陶……

为了让学生的潜能和兴趣爱好得到充分发展,为其日后成为有用之才打下良好基础,他先后组织了天文、气象、环保、航模、制作、饲养等几十个兴趣小组和创造发明俱乐部,与学校党支部一班人同心协力,筹建安排了安徽省第一家少年科学院……

他坚持把创新教育作为素质教育的突破口,千方百计地使孩子自我发展和完善,指导学生编写科普小报400余份,发表文章多篇,制作科技作品近千件。在他的辅导下,有200多名学生在全国和省、市、区各种科技创新活动中获奖……

由于科普活动普及,科技竞争成绩突出,范罗山小学被授予芜湖市科技活动示范学校,每年都有多名科技特长生被推荐到名校。师生和家长们对范罗山小学“每赛必奖”赞叹不已,对这些获奖项目的组织、辅导者程斌老师更是感激而钦佩,而拒绝了各种娱乐诱惑、一心一意要当好园丁的程斌,每当看到学生和家长满意、信赖的目光,便苦累皆忘,只觉甘甜满腔,心中充满欣慰。

三

著名的学者和教学心理学家加涅指出,决定学生学业成绩的基本因素是其智力、人格特质和原有习得素质的综合作用,因而理想的素质教育应充分考虑学生的个体差异,尽量做到“为每一个学生设计教学”,使每个学生都受到良好的教育。程斌认为,即便是“差生”,也有他的兴趣、爱好和长处,教师要主动了解他,热情鼓励他,想方设法调动他的积极性,让他的长处得以施展发挥。十几年来,程斌用自己的教学实践证明了这一点。

有一个叫范雄辉的学生,四年级时成绩在班上倒数,加上性格憨直,作业马虎拖拉,平时歪点子又多,班主任和任课老师都拿他没办法。在自然课教学中,程斌细细观察这位“有名”的学生,发现他动手能力特别强,总爱问一些稀奇古怪的问题,不由得打心眼里喜欢,“孺子可教也”。于是,程斌力排众议,把他选进科技制作(泥塑)兴趣小组,还让他担任了组长。经过程老师的辅导和培训,小雄辉在全市“学自然爱科学”现场制作竞赛中,以泥塑作品“恐龙世界”夺取了一等奖,在全校师生中引起了不少的轰动。小雄辉沉浸在从未有过的喜悦之中,从此,文化课学习也更加刻苦了。到毕业时,他的语、数、外成绩在全班都名列前茅。

这样的例子不是唯一的。可以说,在程斌带领的兴趣小组和创造发明俱乐部里,50%以上的学生刚进来时都是学习有困难的学生。最初程斌只能组织那些在“奥数”、“计算机LOGO语言”、“作文竞赛”等“主流项目”上无望的学生,来开展课外科技活动。然而不多久,奇迹就发生了:这些学生不仅搞科技活动积极性高,学习的劲头也越来越足,成绩也“脱困”攀升了。“差生是我的子弟兵。”程斌常常深有感触地说,“在孩子身上,差和优绝不是定论,是可以转化的,关键在于园丁的培育之功。教师只是对每一个学生平等施爱,他的学生才能追有目标、学有方向。”

四

程斌爱他的学生,爱他的事业,是一个认定“生命之曲的主旋律是奉献”的好园丁。十几年来,他总是超负荷运转,不断给自己加担子、加压力,一心扑在工作中,为此付出了很大的牺牲。在他清贫的家里,最大的财富就是几千本教育方面的图书和杂志。他不在乎自己收入的微薄,无所谓家庭的基本建设,就连日常生活管理也无暇顾及,电灯泡坏了没时间换,门锁坏了爱人只能请邻居帮助……他家离学校远,骑自行车单程要半小时,可一天又一天,一年又一年,无论严寒酷暑,无论雨雪风霜,他总是顶着晨曦到校,踏着夜色回家,每天的工作时间平均不少于10个小时,双休日几乎没休过,有时还不得不拖着儿子去工作。有一次,儿子发高烧,因为诊治不及时,引起急性肺炎,在医院住了近一个月,程斌晚上在医院陪护儿子,第二天清晨就得离开儿子,匆匆赶往学校,为的是不耽误课……

程斌教书育人的成绩越来越大,社会兼职的工作便越来越多。他除了繁重的教学任务和本校课外科技活动,还得组织或参与全市、全区以及校际的教研活动。同时,在教育研究中,他苦钻不懈,取得了骄人的成绩果:先后承担了全国教育科学“九五”规划教育部重点项目子课题“小学生学习策略训练实验研究”和“创造心理教育实验研究”;参加编写了《学习策略训练》一书;主编了25万字的《创造心理教育训练指导丛书》;数十篇有质量的论文先后入选大型素质教育工具和教育科研论文集。

情系学生燃红烛,心献教育效春蚕。作为全国和省、市、区优秀教师、模范教师、先进工作者、优秀青年、科技园丁、教坛新星等许许多多荣誉的获得者,程斌在小学教育这块园地里,无怨无悔地耕耘着,用辛勤的汗水收获着创造的快乐。他说,他将始终不渝地坚持素质教育,让阳光照耀每一颗童心,因为——

人无全才,人人有才;因材施教,人人成才。

(原载于中共安徽省委机关刊物《党员生活》2002年6月)

附录2 陶行知教育思想与基础教育师德案例

以陶为师 春风化雨 润物无声
——记全国优秀教师、安徽省模范教师程斌

在漫漫陶研路上,有这样一位名不见经传的陶子,他十几年如一日在小学默默实践着陶行知教育思想,以陶行知崇高的师德风范陶冶自己的学养,充实自己的精神底蕴,提升自己的教育、教学品质。十几个春秋的风霜雪雨,伴随着青春的流逝,记录了他教书育人、为人师表的质朴风采;厚厚的一叠荣誉证书,烘托他勤奋耕耘、追求不已的奋进形象。他是一名科学老师,他怀着传播科学的理想,在科学的百花园中艰苦跋涉,辛勤耕耘;他更是一名年轻的现代陶子,"千教万教教人求真,千学万学学做真人"已成了他教师职业生涯的一条永远不变的信条。回望他已走过的十几年教学生活,那一次次艰辛与成功,苦涩与欢乐,悠悠岁月他把全部的爱奉献给了他的学生和事业。

他就是安徽省芜湖市范罗山小学校长、"全国优秀自然教师"、"安徽省模范教师"、"安徽省师德先进个人"程斌同志。

在奉献和付出中享受工作的快乐

在一次学陶师陶座谈会上,程斌曾发出这样的感言:"陶行知是一座伟大的丰碑,作为小学第一线的教师,我们学习陶行知就是要学习他淡泊名利、乐为人师的奉献精神,以及'不要你的金,不要你的银,只要你的心'的凛然正气。陶先生告诫我们,'教师的服务精神是教育的命脉,金钱主义最足以破坏教师职业的尊贵……'(《孟禄博士与各省代表讲座教育之大要》,《陶行知全集》第1卷第395页)'教师要修养到不愧为人师'的境界。(《女师大与女大问题之讨论》,《陶行知全集》第2卷第275页")'我们深信最高尚的精神是人生无价之宝,非金钱所能买得来,就不必靠金钱而后振作,尤不可因钱少而推诿。'(《我们的信条》,《陶行知全集》第1卷第88页)"程斌是这样学的,是这样说的,也是这样做的。

一直相信生命之曲的主旋律是奉献,一直相信"付出"是人的意义所在。十几年的工作,自加压力,超负荷运转是程斌对待事业的一大特点。他三口之家,父母不在身边,孩子较小,学校离家远,骑车单程要花30分钟,爱人在芜湖市绿影小学任教,工作也很繁忙。但是他舍掉小家庭,心中只装着工作。走近程斌的家,你马上会感觉到,你走进了一个清贫的教师之家,最大的财富是几千本教育专著和杂志。他似乎没有意识到自己的收入是那么的微薄,似乎没有发现自己的家还需要建设,电灯泡坏了没时间换,门锁坏了爱人只能请邻居帮忙……他并不是不爱自己的家,他心里更多地装着的是学校。程斌把自己的精力毫不吝啬地放到了他所热爱的事业中去了,他每天7点左右就赶到学校,每天工作时间平均不少于10个小时,对他来说,有休息日是属于不正常。无论是严寒还是酷暑,他经常是最早到校,踏着夜色离校,周六、周日还拖着孩子到学校工作。程斌一心扑在学校,对自己的孩子照顾不周,孩子

经常生病。有一次,孩子发高烧,因为没有及时诊治,引起了急性肺炎,儿子在医院住了近一个月。程斌晚上在医院陪孩子,第二天清早不得不忍心放下儿子,匆匆赶往学校上班,为的是不耽误学生课。当时,他正组织学生参加全国青少年创造发明比赛和科学讨论会,指导实验、撰写论文、搞小发明,工作很多,他有时只好把工作带到医院里去做。尽管这样,工作再苦、再累、再烦,程斌总是乐呵呵的,浑身有使不完的劲。从最初的营造绿色家园到金鱼王国探秘,从关注周围环境环保一二三特别行动到如今校园涌动科普潮,无不凝聚着程斌的心血和汗水,他用自己的行动正实践着他的座右铭:在奉献和付出中享受工作的快乐。

用有趣的科技活动点燃后进生希望之火

陶行知认为兴趣是最好的老师。"唤起兴味。学生有了兴味,就肯用全副精神去做事体,所以'学'和'乐'是不可分离的。学校里面先生都有笑容,学生也有笑容。有些学校,先生板了脸孔,学生都畏惧他,那是难免有逃学的事了。"(《新教育》,《陶行知全集》第1卷第314—315页)程斌把这段文字工工整整地抄在自己的读书笔记上,也记在了自己的心中。程斌常说"学困生是我的子弟兵",在他指导的科技兴趣小组里,有相当一部分是学习困难的学生,可是,不到一两年时间,就会有奇迹发生,这些学生不仅搞科技活动积极性高涨,而且学习的热情也越来越足。如范雄辉同学,四年级成绩在班上倒数,班主任、任课老师都讨厌他。在上自然课时,程斌发现他动手能力特别强,就说服了班主任,把他选进了泥塑兴趣小组,经过两年的训练,范雄辉同学现场制作的泥塑作品"恐龙世界",在芜湖市第九届"学自然爱科学"竞赛中,获市级一等奖,引起了学校不小的轰动,从此以后,他文化课学习也更刻苦了。毕业时,范雄辉同学语文、数学、英语成绩在全班都名列前茅。像这样的例子还有很多,程斌正是通过有趣的科技活动,把一个个"学困生"转变为"在某一方面获得成功的人"。

陶行知主张:"不做无学,不学无术。科学实验要在做上学,在做上教。读科学书籍,听科学演讲,而不亲手去做实验,便是洋八股而非真科学。"(《中华民族之出路与中国教育之出路》,《陶行知全集》第2卷第630页)为了让学生能接触科学,他不知道牺牲了多少休息时间,带领学生到田野、溪流去考察、研究。他先后组织了天文、气象、环保、制作、饲养等几十个兴趣小组和创造发明俱乐部,在省内较早筹建了少年科学院(由中科院院士、科大校长朱清时题写院名),开展了少年科学院小院士评选,组织创办了少年科学院网上训练营,积极指导学生编写科普小报400余份,指导学生开展小课题研究50多项,学生的科学小论文有多篇发表在《小学自然教学》、《当代小学生》等杂志上。程斌热心科技制作,指导学生创作了1 000多件新颖有趣的科学作品,有200多名学生在全国、省、市、区获奖,人们惊讶地发现:各种青少年科技活动竞赛中,程斌和他的学生们"每赛必奖"。其中参加安徽省第十届青少年科技创新大赛,有两个项目(小发明)5名同学分获省级一、二等奖,有五个项目

(小发明)10名同学分获市级一、二、三等奖;在2000年8月举行的全国青少年科技创新大赛中,他辅导的一项小发明获全国二等奖。2001年11月,在首届全国中小学劳技教育创新作品邀请赛中,有一项作品获安徽省一等奖。在2002年第十七届全国青少年科技创新大赛中,有两项小发明在省级获奖,四项小发明在市级获奖,一项优秀活动获全国优秀科技实践活动一等奖,入选"我们爱科学"全国"十佳"优秀科技实践活动,2003年8月他辅导的一项科技活动获第十八届全国青少年科技创新大赛三等奖。多年来,由于学校科技活动普及、科技竞赛成绩突出,被授予芜湖市科技活动示范学校,程斌校长被评为安徽省青少年优秀科技辅导员,每年该校都有多名科技特长生被推荐到名校。

把"薄弱学校"变为"特色示范小学"

"为了苦孩。甘为骆驼。于人有益,牛马也做"(《武训先生画赞》,《陶行知全集》第7卷第960页),是陶行知的办学心愿,也是程斌的办学理想。范罗山小学是一所百年老校,地处市中心,占地面积较小,设备相对陈旧,由于市政拆迁,生源锐减,加之退休教师多等诸多因素,经费一度十分困难,学校在夹缝里求生存。

程斌在学习《陶行知全集》的日子里,深深地感受到了陶行知朴素的办学思想,集中体现了他崇高的师德,其核心是对教育事业的热爱,对祖国和人民的无私奉献。在陶行知这面旗帜的感召下,程斌身体力行,努力把范罗山小学由"薄弱学校"变为"特色示范小学"。这几年来,对学校的改革发展,自己究竟投入了多少精力,程斌也说不清楚。记得1999年暑假,在区政府和区教委的重视下,对50年代建造的学校教学楼进行局部维修和校园改造,资金一时没到位,为了开学能给孩子们一个优美的学习环境,程斌和行政一班人,自己从家里每人拿出1 000元钱垫资搞基建,冒着酷暑,带领青年教师自己动手,油漆门窗、黑板,制作大型展板、筹建雏鹰广播站。短短三年,学校校园发生了翻天覆地的变化,长年形成的臭水沟变成了装饰一新的停车棚,破旧的小平房变成了格调高雅的两层楼——少年科学院,校园一片郁郁葱葱,那清香宜人的鲜花一株株、一朵朵,那绿油油的小草,一片片、一丛丛,它们在霞光的映照下,竞相展示着自己优美的身姿,诉说着校容、校貌变迁的历史。

校园外部环境变美了,他和行政一班人并没有松懈,他们看得更高更远,他们坚信:学校要想发展,必须狠抓特色。这几年,学校把陶行知生活教育理论作为特色教育的精神载体,并努力在陶行知创造教育和科学教育思想中汲取营养。经过全体师生的顽强拼搏,已初步形成了"科技创新"、"计算机教学"、"学习策略训练"、"心理门诊"四大办学特色,在体育、艺术教育中均有不同程度的突破,吸引了社会的广泛关注,提高了学校的办学声誉,学生入学人数逐年提高,在他们手上,终于把一所薄弱学校办成了市内知名的科技活动示范学校,2000年、2002年、2004年连续三次获芜湖市办学水平督导评估优秀等级,学校也成为芜湖市实验教学首批达标学校、安徽省创新教育实验协作单位、新芜区唯一一所培养学生创新精神和实践能力实验学校,2002年5月,学校成功地举办了"科技创造未来"芜湖市中小学(幼儿园)首届科技节开幕式,浓郁的科技教育校园文化,学生创新精神和实践能力的全方位展示,受到安徽省教育厅副厅长胡平平同志等省市领导的高度赞扬,安徽卫视特别为该校科技教育作了五集专题片。学习陶行知研究陶行知,不仅为学校的可持续发展注入了新的活力,也为小学特色教育的建构和发展,找到了丰富的理论基础,进一步扩大了程斌的办学视野,2004年3月,学校在硬件设施非常薄弱的情况下,被评为安徽省首批特色示范小学。

用精湛的教学艺术开启学生智慧之门

"我们做教师的人,必须天天学习,天天进行再教育,才能得教学之乐而无教学之苦。自己在民主作风上精进不已,才能以身作则,宏收教化流行之效。"(《小学教师与民主运动》,《陶行知全集》第4卷第632页)作为一名教师,要想为祖国和人民多做工作,就必须立足本职岗位,用精湛的业务奉献自己的光和热。多年来,程斌习惯于用"读书、思考、写作"来得"教学之乐"。他系统地学习了《陶行知全集》,各类中外教育专著和教育期刊,是芜湖市最早对自然课的学法和教法进行改革的教师之一。他先后进行各类公开课、观摩课、示范课教学十几次,发展起一批受到赞扬的课,其中《放大镜》一课在区自然教师会课中获一等奖,《食物的营养》一课在市自然课堂教学评优中获一等奖。作为一名教师,他醉心于他的自然教学,当夜深人静时,程斌常常开始"挑灯夜战",为了明天上自然课准备小组所用的材料、为兴趣小组的同学们精心设计研究课题。当最后一组材料准备好的时候,已是凌晨一点多钟了。看着桌上那些渗透着自己心血的"成果",程斌似乎看到了孩子们那可爱的笑容,仿佛听到学生们在对他说:程老师,我们可喜欢您给我们上自然课啦!

像这样,为了明天的自然课,为了十几个兴趣小组学生正常开展活动,一熬就是大半夜,对他来说,已不是什么特殊情况,他习惯了,十几年的自然教学生活他就是这样度过的。只要走到学生们中间,程斌就会忘记了昨天的辛劳,听到孩子们那发自肺腑的童音,他感到的是一种满足和自豪。在孩子的眼里,他是一个无所不知无所不晓的老师,是孩子们的大朋友。学生一走进程斌的自然课堂,就有一种兴奋和激动的感觉,不知教师要引导他们到哪一块未知领域去探索。教师成了科学殿堂的引路人,一会儿是"山重水复疑无路",一会儿是"无限风光在险峰",学生怎能不被深深地吸引住呢?

甘为人梯:为青年教师成长搭桥铺路

作为"民主战将"的陶行知曾在黑暗的旧中国大声疾呼:"我们的新使命,是要征集一百万个同志,创设一百万所学校,改造一百万个乡村……一心一德的来为中国一百万个乡村创造一个新生命。叫中国一个个的乡村都有充分的新生命,合起来造成'中华民国'的伟大的新生命。"(《中国乡村教育之根本改造》,《陶行知全集》第1卷第102页),今天作为小学校长的程斌也深知:一花独放不是春。为了小学科学教育的发展,他除了担任繁重的教学任务、学校管理外,还积极为芜湖市小学科学教育培训师资和后备力量,积极组织市、区、校三级教研活动,制订教研计划,并努力付诸实施。他利用市教研组这块阵地,主持召开了旨在推动芜湖市自然教学创新的研讨会,利用团市委组织大队辅导员培训班机会,给全市大队辅导员做了“科技启明星活动的组织和实施策略”专题报告,利用芜湖市小学自然教师实验技能培训班的讲台,为教师们做了“小学自然新理念和小学自然研究性学习”讲座……他利用一切可以利用的机会,为小学自然教学和科技活动摇旗呐喊,并毫无保留地给予指导。在程斌的指导下,该校的自然老师郭琼、科技辅导员夏超老师进步很快,先后被评为“市小学生海模优秀辅导员”,获得“市自然教师教具制作比赛二等奖”,指导的多名学生在全国、省、市科技竞赛中获得优异成绩。

在教科研的崎岖小路上春华秋实

陶行知先生鼓励每个教师“参与教育革新的运动,须有两种精神:一是开辟精神;二是试验精神……有试验精神,然后对于教育问题,才有彻底地解决;对于教育原理,才有充量的发现。”(《在实际教育调查社为禄举行的饯别会上的讲话》,《陶行知全集》第1卷第400页)程斌有自己的心得。他认为,一名好的教师就要始终走在教育改革的最前列。程斌不甘于现状,自我加压,积极投身于教育科学研究。他先后承担了两项全国教育科学“九五”规划教育部重点项目子课题,参与编写了《学习策略训练》一书,并在狮子山小学对市区教委领导、市区各小学领导、安师大师生、30所中学老师共200余人进行了心理素质教育课示范观摩,受到与会专家好评。他还受课题组委托撰写了《学习策略训练课教案》一本,供培训教师之用。为了扩大研究成果,他主编了36万字的《创造心理教育训练指导丛书》(上下册),由安徽大学出版社出版发行;他主持的两项市级科研课题,分别获山东省、安徽省科研成果一等奖;他参加全国小学自然专业委员会1999年年会,论文被评为全国二等奖;2001年11月一项科研成果获安徽省第三届优秀科研成果评比二等奖。他撰写的多篇论文分别刊登在《中国教育学刊》、《安徽师大学报》、《安徽教育科研》等杂志上,撰写的多篇论文连续六届在芜湖市教育论文评奖中,获教育学会一、二等奖,连续三届在芜湖市陶研会论文评奖中,获市一等奖,最近他主编的一本45万字的专著《创造适合儿童的教育——范罗山小学特色发展之路解读》由合肥工业大学出版社出版。程斌在教科研的崎岖小路上春华秋实,丰硕的教科研成果也越来越受到专家学者的关注。

“宝剑锋从磨砺出,梅花香自苦寒来”,程斌情系教育、心付童心,在自己平凡的岗位上辛勤耕耘,用自己的爱心、责任心和汗水,谱写了一曲清脆的青春之歌:先后被评为“全国优秀自然教师”、“安徽省模范教师”、“安徽省师德先进个人”、“安徽省优秀科技辅导员”、“芜湖市优秀园丁”、“江城优秀青年”、“芜湖市科技园丁”、“市教育技术装备工作先进个人”、“市实验室管理先进工作者”、“市学陶师陶先进个人”、“区优秀共产党员”、“区教坛新星”、“区优秀教师”等,中共安徽省委机关刊物《党员生活》、《芜湖日报》、芜湖教育电视台等都对他的先进事迹进行了专题报道。

“人生天地间，各自有禀赋：为一大事来，做一大事去。多少白发翁，蹉跎悔歧路。寄语少年人，莫将少年误。”（《自勉并勉同志》，《陶行知全集》第7卷第269页）这既是陶行知的至理名言，也是程斌，一个普通陶子的人生追求和真实写照。

（原载于金林祥、胡国枢、屠棠主编，《当代中国陶行知教育思想实验研究》，浙江工商大学出版社，2008年12月）

第二辑

访学问道

穿行中的焦虑与感悟

读万卷书不如行万里路，行万里路不如阅人无数。各人有各人的好与不好，各校有各校的优势与不足。只有扎根学校，脚踏实地去做，才能为学生创造最恰当的成长环境，为教师提供最有利的职业发展路径，为社区提供最有效的教育平台。唯有此，才会有鲜花、掌声和观众，才会有人倾听并且谨记：让我们成为教育的思考者和行动者，做优质教育的实践与输出专家。

他山之石攻玉

1　透视“Y 型”“零陪衬”教学的两难问题：风华初级中学印象

在上海方略教育机构经过两天的专家培训之后，我们芜湖市镜湖区小班化培训的 30 名学员，于 2008 年 5 月 14 日上午 7:30，开始了我们此次培训的名校观摩环节。迎着朝阳，在微风的吹拂下，我们从驻地上海浦东新区凯顿酒店，驱车来到位于闸北区共和新路 2800 号的上海风华初级中学。校内清洁素雅，虽然校舍在上海应该算比较简陋的一类，但格言警句、文化艺术，俯拾皆是，也别有一番风韵。

校长汪绍棠先生热情地接待了我们。据汪校长介绍，风华者，风韵儒雅、才华横溢也。此为风华学子之形象，“今日我以风华为荣，明日风华以我为荣”乃风华学子之追求，勤奋、求实、创新而富有科学理性和人文关怀，是为风华之精神；为学生提供合适教育，一切以学生发展为本，是为风华人执著追求的教育宗旨。他们倡导“Y 型”“零陪衬”教学，教育如树，良好的校园文化是其生长的土壤，优秀的师资是其发展的根系，基本学力为主干，学生则为枝为叶，差异发展，自我超越。让每一位学生沐浴到教育的阳光，是风华初中每一位教育工作者的追求。风华初级中学的校史并不长，是由一所薄弱学校改建的。接下来，汪校长用其娓娓道来的讲述风格，为我们呈现了风华中学 12 年的成长历程。风华初中的核心技术是“Y 型”“零陪衬”教学，整合师资队伍是其关注的第一步。在对这所相对薄弱学校改造初期，教育局空降 4 名校级领导，将 61 人借调到民办学校，29 人提前离岗，解决了教师“富裕”问题。之后学校决策者立足课堂，以提高学生学业成绩为重点，选择了批量生产优质教学案的实施策略，利用集团智慧，分主备课和辅备课分工负责的方式，在团队合作的框架下，确保各教学班在课堂教学环节、技术和方法上实现基本均衡。学校积极呼应上海二期课改，用拓展性课程支撑学校“Y 型”“零陪衬”教学，以期达到教师与课程改革共生共进的远景。该校拓展课程以既有知识为原点，以自主探究为引领和桥梁，生成新的知识，以达到中考拿高分的功利目标。学校积极开展项目推进工程，几个较成熟的案例值得借鉴。一个是“316 诗、文、语”（300 首古诗文、100 篇美文、600 个成语典故）探究工程，在教育局争取了 7 万元项目立项经费，采取一周一首，一月一检测、一学期一评价、一年一次文化节的形式，让学生不断进行文字积累，努力提高学生的人文素养。另一个是学生行为习惯的养成工程，以生命教育纲要和爱国主义纲要为指导，立足于文化认同，以寻根、知根、生根、扎根为主要形式，达成“德润人心、文化天下、德智相融、人文相济”的目标，如少数民族风土人情系列研究（历史方向）等。

在随后的校长互动交流中，面对镜湖区校长们一个个犀利的问题，汪校长表现得十分真实和智慧。对风华初级中学核心技术“Y 型”“零陪衬”教学，他避而不谈，只是一味打外围战；对集体备课的问题，汪校长坦承有三组矛盾无法解决，即自享和共享的矛盾、有纸化和无纸化的矛盾、共性和个性的矛盾。发挥集体优势批量生产优质教学案的弊端是显而易见的，中国是个崇尚集体主义的国度，在充分张扬集体主义校园文化的同时，必定抑制了教师个体的创造性，导致新的层面上的不公和效率缺失。按照这样的逻辑思路再深入思考，更致命的问题接踵而来，如果风华初中振兴薄弱学校最主要的法宝是采取批量生产优质教学案的课堂实施策略，那么学校倡导的“Y 型”“零陪衬”教学将受到广泛的质疑，因为“零陪衬”教学的实质是因材施教和分层教学，不可能通过批量生产运用统一教学设计进行教学来获得成功，其中肯定另有隐情。另外，汪校长讲述的一个个案也引起了我的好奇，风华初中是如何将一个小学毕业只有几分的学生培养和发展起来的，但遗憾的是，无论在校长的讲座，还是实地考察以及晚上的网络搜索，我都没有找到答案。

夜正浓，呼吸着夜上海清新的空气，怀着对上海教育的诸多困惑和不解，暂时停止了我对教育的思考，安然入梦。

2 收获真诚和感动：走马观花看南翔

根据培训计划上的安排，2008 年 5 月 16 日上午我们将参观上海市嘉定区南翔小学。和往常一样，为了对参观学校有个初步的了解，参观前一夜，我特地在网上查阅了南翔小学的基本情况：上海南翔小学创办于 1908 年，今年学校将迎来百年华诞，学校目前有 29 个教学班，近 1 127 名学生；教职员工 90 名，其中，中学高级教师 3 名、小学高级教师 45 名、上海市名师 1 名、嘉定区名师 1 名、嘉定区骨干教师 3 名。这样一所地处郊区的百年老校、一所镇办小学，会给我们带来怎样的意外和惊喜呢？我不敢有所奢望。

由于路途较远，第二天我们起了个大早，在上海方略教育培训中心潘老师的带领下，我们参加芜湖市镜湖区小班化培训的校长一行 30 人，踏上了有着“千年古镇与现代文明交融”美誉的南翔，近距离了解南翔小学的历史文化和办学实践。当我们一路颠簸，带着满身疲惫来到校园时受到了俞金星校长真诚地接待。俞校长非常质朴，好像一个好客的邻家大嫂，亲自在楼厅里等候我们，并自告奋勇带领我们参观校园。从科技、体育、书法、艺术、拓展型课程研讨活动等多维的校园展板，到各种别具特色的功能室、活动室，让我们目不暇接，在不经意间，亲身感受学校的校园文化。在整个的参观活动中，一个细节让我非常感动，在一进学校校门的电子屏幕上，正滚动播放着"热烈欢迎来自安徽芜湖的名校长"的大红标语，这是在这几天的学校参观中所不曾见到的。

校园参观完毕，走进学校狭小的会议室，扑面而来的是一种礼遇，各种水果摆得满桌都是，我们刚一坐下，立即有学校行政老师为我们泡上了散发着缕缕清香的绿茶，弥漫着一种家的温馨。学校接待工作安排得周到而细致，在我们进行了稍事休息之后，学校特意为我们安排了两节家常课（二年级语文、四年级数学各一节），让我们能走进课堂，一睹南翔小学师生的风采，近距离感受学校课程改革到底走了多远。之后学校还利用午饭后的休息空隙，真诚地邀请我们芜湖的校长和他们进行评课互动，实现互利双赢。

每到一所学校参观，校长的报告总是一节精彩的必修课。俞校长选择的话题是"坚持科学发展观，促进师生多元发展"，在俞校长的眼中，学校科学发展，源于学校对教师成功心态的研究和实践，学习的心态：激荡思维，提升思辨，补充能量；归零的心态：永远从零开始，设定新目标、新追求；积极的心态：迎接挑战，把苦事变为乐事；坚持的心态：坚忍不拔，征服难题；谦和的心态：用显微镜审视自己的缺点、用放大镜欣赏他人的优点；感恩的心态：是大家的共同努力才成就了你、我、他。

在俞校长的 PPT 中，我还捕捉到如下关键词句：

——"教学相长"切磋平台，是学校基于常态的一种自主学习，"让每一位士兵说话"，其核心是：教学故事会（几许智慧、几许感动，有启迪、有警示），新闻发布会（增加信息量、拓宽知识面、开阔视野）。它是获得发展的源泉，它是互动求助的智地，它是放飞心情的家园，它是调节教师生活的驿站。

——"和谐团队"系列活动是基于"只有和谐的团队才能使追求学校多元发展，成为一种团队的意识和行为"的理念，打造一支和谐团队需创设有效的活动载体。简言之，他们所创设的载体是"六个一"组室竞赛，即自主结成一个伙伴式对子，教学互助、合作共赢；开展好一组教学技能竞赛（课堂教学评比、乐器、诗词创作、朗诵或演讲等）；更新一个"我们的家园"组室网页；组织好一次主题娱乐活动；完善一个教案、习题资源库；汇编一本成长历程集。

——庆祝节日系列活动，即让教师群体置身于传递着快乐的氛围中，让教师群体在增加幸福感的同时增强团队凝聚力；教师俱乐部系列活动，即热爱生活的人是幸福的，幸福的生活就会产生奋发进取的精神状态。创设了"五龙"：一是"翰墨"沙龙；二是"善舞"沙龙；三是"视觉"沙龙；四是"笛韵"沙龙；五是球技沙龙。开展"教学智慧"征集活动等。

——对于学困生学校提出了"低起点、小步走、有攀升、促合格"的口号，倡导三优先原则，即板演优先、提问优先、面批优先，做好"八个一"工程（有一个锻炼的岗位、每月一次上台表现的机会、每学期一次获奖的机会、每节课至少一次发言机会体验成功、每月一次谈心的时间、给每个学困生找一个好伙伴、每月一次和家长联系、每学期家访一次），总结出“四个勤”（勤鼓励、勤沟通、勤协调、勤校正）。

——形成了新的作业观：作业的功能应强调形成性和发展性，作业的内容应突出开放性和探究性，作业的形式应体现新颖性和多样性。

——以多元评价为核心的十能证书：能写一手好字、能演奏一种民族乐器、能创作一件科技作品、能创作一件美术作品、能掌握两项体育技能、能表演歌舞或曲艺、能创作诗词童谣和对联、能用英语进行日常对话、能掌握速算和快速作文的技能、能熟练掌握一种应用软件。

在南翔小学一天的参观活动中，在我们的心中始终荡漾的是真诚和感动。为了表达我对俞校长真诚与热情的感谢，作为一种回报，我同样怀着一颗虔诚的心，送上我的一些建议：

“全国教育系统先进集体”有着明显的专家包装痕迹，而“多元发展”理论，根据霍华德加德纳的观点，人至少同时具有八种智能：语言智能、逻辑—数学智能、空间智能、肢体—动觉智能、音乐智能、人际智能、自我认识智能及自然观察智能。这八种智能的不同组合及表现构成了每个人不同的智能结构。在中国的许多中小学，多元智能理论已得到广泛的认同，选择一个有着广泛影响的教育理论作为学校的特色，即学校的特色本体，是不恰当的，也是值得推敲的。另外，南翔小学作为一所百年老校，还缺少厚重的校园文化，如何传承积淀，还需要南翔小学管理者，静下心来冷静思考。作为一名教育同行，我衷心祝愿俞金星校长心中的美好愿景早日实现，愿南翔小学在其百年发展中再谱新的华章。

教育之间，教育参与者之间，施以一种形式上的关怀，诸如我在南翔小学收获的真诚和感动，一个看起来很简单的校长行为，实际上已让我们向教育的本真更迈进了一步。当我们的心在坚硬的上海教育的现实之中，打开了一块温暖的缺口时，豁然间我也寻找到教育的一种真谛，这就是人的尊严和幸福。

3 打开一扇封闭的大门我悄悄走来：再读卢湾第一中心小学和程华校长的无为而治

在上海乃至全国，很难找到一个像卢湾第一中心小学那样的大门，当铁板大门关闭以后，让人很容易误认为这不是一所学校。就在这样一个不起眼的大门里，却迎来了一拨又一拨全国各地校长的参观学习。在这样一个朴实的校园里，上演了哪些教育故事？学校的哪些人和事，使校园拥有如此强大的教育魅力？当我推开这扇大门悄悄走进学校和班级时，就注定开始了我的一段观察和思考。

据程华校长介绍，卢湾区第一中心小学建立于1932年，至今已有70年历史。多年的办学实践，可谓硕果累累。学校先后被评为上海市中小学健康教育优良单位、上海市实施国家体锻标准达标先进单位、市文明学校、市普通话先进单位、市体育先进单位、市少先队大队优秀集体、上海市素质教育实验基地、上海市科技特色学校、全国现代技术实验学校、全国射箭重点学校等。目前，现有学生 1 863 人、教学班 45 个、全校教职员工 155 人，有一个出类拔萃、多才多艺的学生群体，许多学生在书画、OM 头脑奥林匹克、计算机、器乐、数学、作文等国际、国内各类竞赛中崭露头角，为学校争得荣誉。

对于办学，程校长总结为只有调整理念，才能开创工作新天地。理念的力量是巨大的，校长管理学校时，要善于观察，巧妙学习：一是向《西游记》学习，办学目标要简洁、清晰；二是向毛泽东学习，每一个发展阶段要有一个口号。只有清晰的目标，简洁的口号，才能把教师引导到适者生存的轨道上来。他强调读书是获取理念的关键，并提出自己的观点：读书不如读报，读报不如看电视，看电视不如读人，读人是最高境界。

对于学校发展，程校长认为制度建设是学校发展的核心竞争力，主张校长无为而治，权力下移。校长不当运动员，只当裁判员，通常“我操纵你决定”，努力营造一个和谐温馨的校园。学校的一切工作都是为了“育人”，树立“服务学生”的意识，本着“让每一个学生都得到发展”这一宗旨，努力构建与国际大都市中心城区相适应的学校教育改革的新框架，进一步提升学校品牌，形成鲜明的具有时代特征、学校发展特点的办学特色。学校管理创新要刚柔相济，以情感人。校长是个思考者，他通过学校教育学术委员会，推行教师教学卷宗的评价制度，最大限度地发挥了学校的人力资源。建立教师教育工作卷宗，卷宗内容包括必备材料（学期个人专业化发展规划、自评表、教学的反思等）、创新材料、叙述性材料（论文、个人小结、发言稿等）、外部性材料（家长问卷、获奖证书群众评议）等。

程华校长无为而治的工作策略，来自程华校长对教育事业的无限热爱，来自他敢为人先的创新精神，来自他博采众长的学习态度，来自他丰厚的文化底蕴，更来自他独特的人格魅力。这也是一个即将离任的上海老校长给我们一次充满智慧和经验的忠告，让我们增添了一种不一样的解读视角。

4　财富与内涵的妥协发展：对扭转薄弱学校的另一种思考

我们此次上海小班化培训名校观摩第三站是上海市迎园中学，该中学坐落在浦东新区，是一所纯初中，由于历史原因，十二年中换了七任校长，在迎园中学的发展史上，曾因为半年没有校长，而出现管理权力真空。另外，由于该校一直招收的是二三流生源，在疏于管理的情况下，该校很快沦为一所名副其实的薄弱学校。2004 年，上海市嘉定区教育局在社会上公开招聘校长，祝郁校长从民办中学辞去校长职务，来到迎园中学。

面对百业待兴的迎中，祝校长提出了把迎园中学办成一所好学校的办学目标。在祝校长的心中，好学校是一所效率高的学校，是一所有道德的学校，是一所蕴涵未来无限发展可能性的学校。好学校里有师生的和谐发展，只有具有可持续发展能力的教师才能培育出可持续发展的学生。祝校长努力让教师懂生活、有爱心、富有感召力，成为一个内心世界丰富、富有教育智慧的教师。祝校长的办学理想是把迎园中学办成师生共同发展的乐园，在这个乐园里全体教师秉持真诚和信赖、慧心与创意，使学生快乐学习，健康成长，追求卓越。在规则管不到盲区时，在对文本有不同理解时，校长可“自由裁量”。祝校长通过自己的智慧，努力提升规则与自由裁量权之间的动态均衡层次，使两者更好地融合。让学校发展史成为一部制度与自由裁量的变迁史，而不是校长替换史。

在操作层面上，祝校长更是充满着睿智，她利用嘉定区教育局给予的财力支持，为教师营造一种诗意的校园生活，让教师充满着幸福感。她积极推行项目管理，让每位员工都成为学校的主人。在经过五年的原始积累和良性循环之后，祝校长踌躇满志，在“巩固规范，发展特色，生活快乐，发展和谐”的学校主旋律中，探索从“规范”办学到“创建特色”的学校办学规律，突出质量主题，努力实现“嘉定一流、上海知名”的学校“十一五”发展目标。

祝郁是华东师范大学课程与教学研究所赵中建教授的学生，她和她的师兄郑杰校长一起，高举“好人有好报”的朴素旗帜，致力于把ISO 9000质量认证体系引入教育领域，她擅长教育策划，“项目管理”、“维度”、“考量”等ISO 9000标识已成为祝郁校长教育思想的一部分。祝郁校长因为拥有思想和财富，她的办学实践获得了成功，在短短的五年时间内，完成了从薄弱学校到特色学校的崛起，完美演绎了财富与思想携手加速学校不一般发展的另一种理论构想。

在欣赏祝郁校长的理论功底和非凡教育智慧的同时，我一刻也没有停止追问。因为教育是真实的，在财富和思想催生下的学校教育，其内涵注定是妥协发展的，其缺陷也是显而易见的。由于ISO 9000质量认证体系被引入学校教育，忽视了最有创造力的人，人的能量的不确定性必然消解了ISO 9000质量认证体系的科学性。在一般的学校，如何调动教师参与项目管理的热情，是一个令学校管理者最棘手的问题，因为撰写项目策划书必定加重教师的非教学负担，很难得到广大一线教师的认同。由于学校发展速度过快，在发展中存在的许多问题也很难一下解决：教师办公室装修得很豪华舒适，但许多教室的门还伤痕累累；体育课课堂比较混乱，存在着许多安全隐患；在校园的公告栏，意外发现了学校对四位不良学生作出的处理公告，由此折射出班级管理的诸多难以跨越的障碍。

上海市迎园中学，一个曾经的薄弱学校，在经历了一段不一般的发展之后，它究竟离“嘉定一流、上海知名”的学校还有多远，我愿意和祝郁校长一起思考、研究，分享。

5 用什么打造我们的师资：上海市江宁学校现场考察

镜湖区第二期方略教育上海小班化校长培训班，2008年10月27日正式开班，在经过3天专家讲坛、理论引领、理清思路之后，开始了名校观摩，根据班主任的要求，我们将用自己冷静的观察、专业的视角、朴实的语言，表达我们的真实体验和不太成熟的思考。

2008年10月30日上午7:30，沐浴着江南的细雨，行走在上海繁华的交通大道，开始了我们此次学习、观摩名校的第一站。经过一个多小时的车程，我们来到了普陀区江宁学校。出发前我从该校的网站上获悉，江宁学校前身系江宁路小学，学校有75年的历史，1994年公办转制，1999年由小学延伸为九年一贯制学校，现从转制校退回到公办校，并逐步发展为占地12 188平方米、建筑面积17 800平方米，教师81名，教学班36个，教学设施先进、校舍一流的现代化学校，这就是我脑海中关于江宁学校的一点信息。江宁学校为什么改制？从转制校退回到公办校其中又上演了哪些故事？我正是伴随着这些疑问，随大客车驶进了江宁学校的校园。

我跳下了车，一幢宽敞的教学楼与塑胶跑道、操场交相辉映，闯入我的眼帘。作为一所九年一贯制的学校，江宁学校和我所参观的大多数上海学校一样，粗略的印象仍逃脱不了一个"小"字，周围的高楼大厦包围着一个"小"学校，显得拥挤而压抑，但细细琢磨，又不得不承认学校管理者的精雕细刻和良苦用心。由于地域的因素，在他们的办学实践中，已不知不觉打上了上海人所固有的精明的烙印，折射出在海派文化背景下的教育突围和回归的双重价值观，交织着些许心酸和无奈的矛盾心态。

接待我们的是一位分管师资培训的李校长，按照惯例，李校长充当导游的角色，带我们在学校每个楼层都转了转，并做了详细的讲解，其中以该校教师杨明辉命名的明辉教师教育基地，给我留下了深刻的印象。年轻的李校长充满热情的种种举动让我感动，也让我们对江宁学校的校园文化有了一个真实、明晰的感性认识。接下来，李校长为我们作了"坚持务实创新，提高办学水平——营造有利于教师专业发展的校园文化"的报告。报告从该校的基本情况说起，对学校的办学理念与发展规划、办学愿景与使命做了浓缩式的宣讲，之后触及这次报告的核心内容：促进教师专业成长，一切服务于教师发展的师训理念。面对利用校本培训促进教师专业成长这个陈旧的命题，该校以创新的手法，充满诗意地形成了"一个主体、两个目标、三级管理"的研修机制，构建了"教师个人实践反思、合作伙伴互助和专业引领"的研修文化，形成"点链面"分层推进的培养计划，让我耳目一新，触动很大。

该校积极发挥市区名师、学科带头人以及学校教师学科领衔人的引领作用，支持鼓励教师参与各种教育教学比赛、干部竞聘等活动，努力建立让优秀教师脱颖而出的用人制度；采取在职进修、攻读学位、名师指导、社会考察、国内外学术交流、出版专辑等措施，形成多层次、多渠道、多方位的人才培养格局，并配套开展了多样的评价激励机制，诸如：学习型班组（教研组）评选、学习型合作伙伴评选、优秀教研组长评选、心目中的好老师评选、特殊津贴、项目奖励等。学校还旗帜鲜明地发出了“推进师德建设，打造品牌教师群体”的呐喊，让我既欢欣鼓舞又如履薄冰，因为这既可能是消解教师职业倦怠综合征的一剂良方，也可能是增加教师过重负担的一把利剑，如是后者，将会把教师带入一条不归路。从李校长介绍的该校现已形成的四大品牌（“党员岗位承诺”、“师德百分百”创建系列活动、打造“学习共同体”、明辉教师教育基地）来看，也正印证了我的担忧。

从学校改制试点到公办性质的重新回归，学校在经历了种种变革之后，在用人机制上有没有实质性的变化？我们不得而知。用什么打造我们的师资？江宁学校的经验有可学、可仿、可操作的一面。由于时间的关系，我们无法和校本培训的受益者（本体）——教师进行深度的接触，但从学校教师灿烂的笑脸和轻松的办公室组室文化氛围来看，我们有理由相信该校教师是幸福的。

6 学校资本扩张与优质教育资源的稀释：上海市福山外国语小学现场考察

2008年10月30日中午，我们匆匆吃完盒饭，从普陀区江宁学校赶往浦东新区福山外国语小学，开始了下午的名校考察。

福山外国语小学原名福山路小学，创办于1987年。建校短短20年，福山外国语小学在创建外语特色学校的实践中走出了一条自己的路，从一所名不见经传的普通公建配套学校发展成为沪上知名的优质学校。该校从2000年暑期开始利用其优质资源进行了4次扩张：2000年暑期，原瑞华小学并入福山外国语小学；2002年9月，原陆家嘴花园小学并入福山外国语小学；2004年9月，福山又拥有了一个新校区——证大校区；2006年以后学校又接受了一所农村小学托管，一个幼儿园托管。学校现有100多个教学班，4 000多名学生，近400名教师，分布在四个校区。听该校课程教学部主任朱煜老师介绍，该校仅语文教师就有100多位，学校规模大、4个校区分布距离远、生源参差不齐是学校的现状。在学校规模不断扩大的背景下，如何确保各校区教学质量大体相当，这是当前福山外国语小学学校管理者面临的一个充满挑战的难题，可能也是镜湖区优质教育在不久的将来将面临的一个现实命题：学校资本扩张是否会引发现有优质教育资源的稀释，进而导致一拖二、一拖三甚至一拖四的名校教育教学质量的整体下滑？

带着这样的疑问和好奇，我们来到了福山外国语小学总部（上海市福山路48

弄1号),接待我们的是该校课程教学部主任朱煜老师。利用听报告之前的空隙,我和一些校长在无人带领的情况下,先用自己的眼睛和照相机镜头对该校校园进行了一番囫囵吞枣式的记录。然后走进该校的三楼报告厅,聆听了朱煜主任“校本研修制度与教师成长”的报告。

学校资本扩张是否会引发现有优质教育资源的稀释?福山外国语小学的主要经验是利用学校原有的制度和文化,特别是校本研修的制度与文化,来促进教师专业成长,应对学校资本扩张可能引发的优质师资队伍的稀释和异化。按照朱主任的观点,校本研修的关键是教学行动及其改进,校本研修的最终目标是师生发展,提高质量。要想建立良好的教师校本研修培训机制,学校就要在全面覆盖系统控制上做文章,引导教师制定个人专业发展规划,通过形式多样、扎实有效的校本研修活动的习得,来达成“分层落实全员提高”的效果。该校致力于建立完备的教师专业发展保障措施和规范制度,在其实践中,最值得关注的是实行校本研修项目化管理。具体流程为:确立项目任务、目标、时间节点等要求;以项目组为团队,接受项目;项目组制订实施规划;学校制订对该项目过程监察要求;项目实施;项目阶段性的小结;项目实施调控;项目终期评审;项目总结;项目成果汇集。该校通过项目管理,辅助专题学习、上课评课、博客论坛、视频观摩等校本研修活动,以及各项支持性工作和资源,来提升教师职业素养,促进学生成长,完成学校发展战略。从福山外国语小学的项目管理实践来看,通过校本研修项目化管理促进教师成长的宝贵经验是值得借鉴的:可以帮助我们克服传统教研中遇到的难题,能帮助教师将教研学习研究过程的结果内化,提高学校教师团队协作的能力,有利于教师学习共同体的形成,调控教学研究与行政干预间的平衡。但对镜湖区大多数学校来说,困难的是:学科项目实施与评估学科新项目酝酿由谁完成?当缺少配套的制度保证和足够的经费支持时,如何调动项目负责人的积极性和主动性?在学校当下的背景下,项目管理的校本培训理念是否能在全校教师中达成共识?因为项目管理是基于教师主动申请和项目组全体成员的主动参与的。针对教师知识结构的缺失和不平衡,进行学科本体知识的培训固然重要,但目前对学校教学质量的提升来说,消除教师的职业倦怠和增强教师责任心显得更为重要。

上海市福山外国语小学校舍以紫白蓝三色为主色调的连锁格局,略显简陋的办公条件,令人很难寻觅到其作为陆家嘴金融贸易区一所具有国际理解特色学校应有的校园文化。

7 感受“甘泉中学”的特色文化:听刘国华校长对特色学校的文化阐述

这是一个怡人的春末夏初的早上,太阳还没有发出灼热的光芒,露水使空气保持着凉爽和清香。我们镜湖区校长小班化培训班的学员来到了上海市甘泉外国语中学，进行名校观摩考察。

上海市甘泉外国语中学创建于1954年，是一所公办完全中学，现设有初中部、高中部、外国学生部，52个教学班，在校学生达2 000多名。校园环境优美：春天樱花烂漫，秋天丹桂飘香。

听刘国华校长介绍，学校自1972年起开设日语课程，现为上海市唯一一所以日语为第一外语进行教学的公办完全中学。历经38年的努力，形成了独特优质的教育资源，培养了大批日语人才，在校学生中学习日语的有1 000多名，办学成果享誉东瀛，被称为“知日家的摇篮”。

由于刘校长5月19日刚参加2008年中国（杭州）长三角校长高峰论坛归来，思维似乎还沉浸在论坛之中，话题自然从论坛中引出。2008年中国长三角校长高峰论坛在杭州举行，主题是响应温家宝总理提出的“坚持教育家办学”，探讨在“教育家办学”这一话语背景下校长的角色、使命与成长，分“教育家的社会责任”、“教育家的文化品位”、“教育家的培养成长”三个单元的问题展开了讨论，其热点是校园文化复兴。

按照刘校长的观点，办学，归根到底是办文化；教育要呈现文化精华，归根到底要有自己的特色。所以，创办特色学校就是创办自身独有的文化，追求“人无我有”、“与众不同”、“难于模仿”。只有这样，才能把特色学校建立在历史弥坚的文化根基之上。刘校长认为，其实今天每位校长都期望走向文化管理的境界，但要做文化管理是很难的。文化管理要求校长要有思想，在现行的体制下，能用思想办学的校长是难能可贵的。校长要出思想，副校长要出思路，学校中层干部要出举措，教师要出行动。作为学校之魂的校长，出思想并不意味着不需要行动。校长出思想，既要仰望星空，对教育有一种憧憬，有一种教育梦想，又要脚踏实地，做一个放风筝的人，心中要有天空，眼中要有目标，手中要有分寸，脚下要有土地。

在刘校长的眼中，校长是踏着别人的脚步前行，校园文化是一种沉淀和传承，校园文化是一种价值追求，校园文化是一种社会认同，校园文化是一种自觉。不同的校长对他的校园文化解释有不同的理解。而特色学校，是整体办学思想的提升，是全面质量管理的结晶，是传承与发展的必然，是学校文化的沉淀。特色学校，要以独到的办学思想为灵魂，以严格稳定的常规为基础，以独特的校园文化为标志，以师生的素质特征为归宿。具体表现在学校管有风格、教有特点、学有特长，学校特色只有体现在教师、学生个体身上，才能真正彰显学校特色的价值意义。

对校园文化，刘校长主张要尽可能物化。刘校长饶有兴趣地以校徽为例，为我们解读了甘泉精神。校徽以艺术汉字的“中”字和日本文字的“日”字巧妙结合，象征中日文化的交融与传播，象征学校日语教育特色的发扬光大。左边图案似一只展翅欲飞的鸟，寓意学校健康向上、轻松愉悦的教育环境和“求真、达理、乐群、健魄”的校训要求。右边图案似汉语部首“言”，象征甘泉外国语中学教育面向世界的国际化学校形象。

校徽整个图案如一棵茁壮成长的树，中间的“点”象征着教书育人的“种子”，寓意园丁辛勤栽培，人才辈出，体现了“十年树木，百年树人”的深刻内涵。弧形线条似水流动，源源不断，赋予其“滴水之恩，涌泉相报”的民族精神内涵，又似知识的甘泉，滋润师生的心田。

刘校长是这么说的，也是这么做的。在校园里，我们发现了散发着浓郁校园文化的“悠悠岁月”校园文化景观，正在建设中的日式茶室，那里将是中日朋友相会的场所，中日文化交流的舞台，学生学习日语的课堂，还有国际交流中心等，让我们能感受到刘校长是用心建设校园文化的。

刘国华，一个有着丰富经历的外来校长，本着“教育是本难读的书，我在用心阅读，但还没读懂；教育是个难解的方程，我还没有算出结果，一切尚在学习，一切尚在探索”的精神，用自己的激情、诗意和洋溢着浪漫主义的情怀，来管理学校，融化历史沉淀，消化师生矛盾，感化陈旧观念。他让教师把事情做规范（制度管理），让教师成为学科的专家（业务管理），让教师感受生命因工作而快乐（和谐管理）。这是值得我们每位校长借鉴和学习的。

另外，刘校长的报告多处留下了悬念，也极大地调动了参训校长购书的热情，所有学员自发购买了该校库存图书，这种较强的经营意识，无疑也是搞好现代学校所需要的。

8　叩击心灵的校园文化和百年名校的品牌重塑：浙江省上虞市春晖中学现场考察

2008 年 11 月 6 日上午，芜湖市镜湖区上海方略小班化学习的 30 名校长风尘仆仆地来到此次名校观摩的最后一站——浙江省上虞市春晖中学，中国著名导演谢晋的母校，一个自称坚守教育理想的百年名校。

由于我的孤陋寡闻，对坐落在白马湖畔的春晖中学，我参观考察前竟一无所知。在我的潜意识里，春晖中学只是和最近谢晋导演的去世捆绑在一起。汽车驶入校园，昏昏欲睡的我还以为来到了一个公园。首先映入我眼帘的是一座大型不锈钢雕塑——“腾”，既像一叶风帆，又像一把利剑，在似是而非的超现实跃动中，给人以奋翅欲飞的印象，一闪而过的还有假山和铜像。这一定是个有故事的学校，带着这样的初步判断，我下了车。

在该校一位老师的接待下，我们漫步在这个充满着人文气息的校园里，对我这个草根校长来说，一切都是那么新奇。这里的山，这里的湖，这里的树，这里的楼仿佛都在向我们倾诉着一段段大师舌耕笔耘的历史和一个个深沉恬淡的教育故事。

这是我在近20年的教师职业生涯中,见到的最好的一所中学校园。在这里,我不仅领略到在当下物欲横流的现实中,校园文化所表现的一种前所未有的大气和典雅,寻觅到一种来自白马湖畔对教育梦想的最后守望,第一次强烈地感受到作为一名基层校长的教育尊严,也在不知不觉中对春晖中学校长增添了几分敬仰。

按照方略教育的惯例,经过简单的参观之后,我们一行来到该校一个中等规模的会议室,首先听了一个关于春晖中学的历史和现实的介绍,然后看了两个专题片,记忆中,一个是春晖中学百年校庆时央视拍摄的《春晖中学——坚守教育理想的百年名校》,另一个是一个校友拍的《名湖三咏》,把白马湖畔描绘得如梦如幻,让学子流连忘返。在该校老师随后陆陆续续的介绍中,我对春晖中学才有了一个比较完整的认识。春晖中学早期是辉煌的,经亨颐校长不愧是近代著名教育家,在建校初期就提出了"与时俱进"的校训、"实事求是"的教育方针和"勤劳俭朴"的训诂方针,首开浙江中学界男女同校之先河。学校招聘了一大批名师硕彦,夏丏尊、朱自清、朱光潜、丰子恺、刘薰宇、张孟闻、范寿康等先后在此执教,实行教育革新,并积极推行"人格教育"、"爱的教育"、"感化教育"、"个性教育"等教育思想。蔡元培、黄炎培、胡愈之、何香凝、俞平伯、柳亚子、陈望道、张闻天、黄宾虹、叶圣陶等来此讲学、考察,推行新教育、传播新文化,留下了浓厚的文化底蕴,奠定了坚实的名校基础。学校一时声誉鹊起,有"北南开,南春晖"之说,成为浙东教育的一颗璀璨的明珠。

学校在经过一段漫长的沉寂和等待之后,现在终于发展成为一所颇具现代特色的中国名校。学校现有校园面积35万平方米,建筑面积约10.8万平方米,现有班级65个,在校师生3 400余人,现任校长李培明,是长三角十大名校长之一。面对如此厚重的历史和底蕴,后任者如何继承、维持和超越,我暗暗为现任校长捏了把汗。

我正在沉思和遐想中,主持人突然介绍,李培明校长来了,我定睛一看,一张充满朝气、阳光和年轻的笑脸。难道真就是这张年轻的笑脸,征服了长三角教育圈,成为十大名校长?我充满了好奇和不解。按照方略教育的培训传统,在名校观摩的同时,还有一个和名校长对话互动的环节,我们学员都非常珍惜这样的机会。对学员提出的问题,李培明校长显得非常低调,一般都是很谦虚地进行解答。我也见缝插针,提出了自己的困惑:"李校长,您好!春晖中学在走过了早期的辉煌,中期的沉寂之后,现在照耀在众多名人光环之下。您作为长三角十大名校长之一,您在关照历史,面向未来的背景下,确定了怎样的办学理念?在内涵发展上有什么特别的举措?"李校长坦承心理压力很大,发展愿景还没有很好的规划。面对这样的回答,是一种真情的流露,还是敷衍了事,或者是另有隐情,我不得而知。在李培明校长随后发给我们的名片中,我还意外发现李培明校长除了是春晖中学的校长外,还兼任中共上虞市委宣传部副部长和上虞市人大常委会委员的职务,这在我认识或了解的中学校长中也是不多见的。

在春晖中学的校园网站中,我查到了这样一段文字:"李培明与春晖,也许是前生的缘分。在春晖中学，他度过了三年高中生活。大学毕业后，19 岁的他分配到春晖执教历史。此后 18 年，一直在白马湖畔守望教育梦想，直到 2002 年 3 月出任上虞中学校长。两年半后，重回春晖，以一校之长的身份开始了人生又一个目标的冲击。”作为一名土生土长的春晖人，李培明校长在春晖中学，完成了从特级教师到校长到政府官员的跨越，并能始终传承浙江教育家精神，坚守自己的教育理想，真得让人充满敬意和感慨。学校教育的本质是人的教育。当春晖中学经过两次大的动迁，如今又刚刚迎来百年校庆，一个文化扩张和品牌重塑的机遇，历史性地摆在李培明校长的面前，如何让“学在春晖”的精神品质深入人心，如何提升春晖作为教育本身的内涵和境界，无论李培明校长愿意或不愿意，他已注定要承载弘扬春晖文化的某个节点。

吃过午饭，在接我们回芜的大客车离开春晖中学校园的间歇，我近乎一路小跑地走过春晖桥，来到一排让人浮想联翩的庭院。亲眼目睹了弘一法师的“晚晴山房”、夏丏尊的故居“平屋”、丰子恺的故居“小杨柳屋”，还有朱自清先生的故居，一字儿排开，大门紧锁，坐落在白马湖的一角。屋后是山，屋前是湖。虽有些破落和萧条，但在中午的阳光照耀下，同样充满着生命和灵气，彰显着智慧和光芒。暂别校园的喧嚣，让我独自一人行走在大师们曾经挥洒才情的地方，别有一番滋味在心头，这也是此次培训我对中国教育的另一种不一样的感悟：在教育理想和现实之间，在利益多元时代，身陷众多利益博弈之中，作为一名校长，要坚守自己的教育良知，在重塑一种校园精神的同时，找到一种自己生命存在的价值和意义，这才是弥足珍贵的。

9　用一种理性和淡定办学校：苏州市新苏师范学校附属小学印象

2009 年 11 月 12 日，由于今天要返回芜湖，因此到苏州市新苏师范学校附属小学访学的时间比较早，早晨 7:30 多一点，我们参加镜湖区校长小班化培训的校长们就已吃完早饭，退好房间，带上行李乘车准时出发了。

车程很短，8 点钟我们已到达学校。接待我们的是一位干练的女教师，应该是学校的一名行政人员，她带我们先参观了学校校园。校园虽然很小，但很精致，传统与现代兼容并蓄的建筑风格，处处皆教育的校园文化，给我们带来了很多灵感和冲击，最让我和刘应强校长称道的是学校的洗手间，干净整洁犹如星级宾馆的洗手间。由于每个校长的观察点不同，我们三十几位校长组成的团队很快就三五成群地分散到学校的各个角落。因为我正在做一个关于校园文化建设的研究，利用这个难得的机会，我从不同的视角拍了很多照片，既有学校独具匠心的创意，也有管理疏忽造成的不足，在欣赏中我平添了很多惊喜和感叹。这是一个有历史和故事的学校，

2008年刚举行了建校95周年的校庆，墙壁上、角落里不经意间留下了许多挥抹不去的美好记忆。学校始建于1913年，办学历史上曾经有孙起孟、钱松岩等名家执教，培育出了像吴健雄这样的一批享誉世界的优秀学子。学校现在每年都有毕业生进入清华、哈佛、耶鲁等国内外著名大学就读，在苏州地区享有很高的声誉。三楼会议室旁边的楼道上，巧妙地陈列着一张学校50年代使用的非常结实耐用的课桌，仿佛在向参观者述说着学校的过去和未来，让人浮想联翩。

上午从8:15开始，我们连续听了两节课，一节是英语课，一节是数学课《确定位置》，对该校的教学情况有了一个粗略的了解，由于是学校胜任教师（该校校内教师的一种等级）的家常课，既有精彩的课堂瞬间，也有一些教学失误，让我们领略到一个真实的苏州小学课堂现状。11点之后按原计划还有一个互动评课环节，由于大家归意已浓，主办方也非常善解人意，及时取消了评课环节，把我们送到了附近的酒店用餐。吃完午饭后，离下午新苏师范附小陶六一校长的专题报告及互动研讨时间还早，我和刘应强校长、王长新校长决定一起步行到学校。途经一座不知名的大桥时，我在冷风中随手拍了几张风景照，看当年的运河被如今的绿树衬得诗意盎然，沉思往事感叹人世沧桑，耳边仿佛传来那不知疲倦的寒山寺钟声，一敲就是千年。眼前的运河虽失去了涛卷浪荡的风采，却静悄悄地洗涤着这里逝如烟云般的前尘往事，笑看苏州古城的前世今生，这样的情韵让人流连忘返。在与同行两位校长的交谈中，我们一路前行，很快就走进了校园。坐在会议室里，在等待陶校长专题报告的闲暇，我突发奇想："姑苏城外寒山寺，夜半钟声到客船"的水路已被快速便捷的高速公路所取代，成为父辈的记忆，那么在这个初冬的中午，我们三人漫步苏州古运河的情景，关于对教育对苏州古韵的对话，也算是我人生的一种缘分和历练吧，真是别有一番滋味在心头。

下午1点，新苏师范附小陶六一校长准时来到会议室，开始了她的专题报告，从外表看，陶校长是一位很有亲和力、很低调的知识女性。她首先回顾了学校的办学历史，名家办学，名师从教，她认同自己学校是一所传统的学校，是一所现代的学校，是一所优质精品的学校。她们努力压缩学校规模，新苏师范附小被老百姓认为是苏州最难进的小学。学校深厚的历史积淀与校长富有哲学思考的先进办学理念使得现在的附小更具活力，并焕发勃勃生机：领导班子团结成熟、教师队伍成熟稳健、学生群体充满朝气、课堂教学高质有效、校园环境精致典雅、校本研究特色明显……陶校长如数家珍，充分展示了一所人与自然相和谐统一的优质精品学校的内涵。

陶校长将新苏师范附小定位为历史文化名城中的绿色精品学校，积极培养学生"知书达理，诚实守信，善良勇敢，合作分享；健康活泼，勤学善思，爱好艺术，乐于劳作"，努力"为每一个孩子奠定幸福人生的基础"。陶校长以绿色理念和传统文化为底色，努力经营和谐优美的校园环境。同时，陶校长致力于建设科学高效的学校管理，实现校园教育资源的优化整合，建立以人为本的学校管理机制，通过年级组的优化,整体提升了教师的精神境界。学校形成了发展的课程序列,多样的课程活动,提供多元整合的校本课程,在传统与现代继承中全面提高学生的素质。陶校长最津津乐道的是学校开展的立志红包活动。每年新年开学的第一天,新苏师附小的师生都会惊喜地从学校领导手中领到一份特殊的礼物——新年小红包。大家迫不及待地打开红包,师生们意外地发现,里边装的不是钱,而是学校给他们的精神财富——励志格言,还有一颗预祝幸福的糖果。这些格言,既有讲做人之道的,也有讲学习之法的;既有礼仪教育,又有成功激励。领到这份精神红包,品尝着糖果和励志语的甜蜜,大家都感到:新的一年充满希望。

新苏师范附小的校园生活支柱是阳光校园精神:阳光教师行动、阳光学生行动、阳光家长行动。学校给教师的职业境界和生活品质定位,实施阳光教师工程和等级教师管理制度,共襄教师幸福的职业生活。苏州教育局这几年不断强化一个口号,“办好每一所学校、教好每一个学生、发展好每一个教师,办人民满意的教育”,在陶校长看来,就是要办相对公平的教育,学校对新生入学,一直坚持均衡编班、均衡搭配任课老师、均衡分流教师子女随班就读,校长坚信新苏师范附小的教师群体没有一根是短木头,学校通过阳光教师的评价,全面提升教师团队的战斗力。学校特别重视教师队伍建设,通过教师个案研究,建立青年教师成长档案,采取实习教师、初任教师、胜任教师、骨干教师、学科带头人等校内等级教师考核制度,科学规划学校教师发展的阶梯,强化年级组的功能,对连续不合格的教师坚决调离教学岗位或解聘回家。学校崇尚学生至上的理念,有强烈的质量意识,严格按照国家课程进行校本化实施,以素质教育的导向评价教师,减轻教师的负担,减轻学生的负担,引导教师具有阳光心态,热爱学生,并配套建立了阳光学生评价体系,为学生的健康成长护航。学校坚持每天对教师进行教师素养十分钟训练,内容涉及美文赏析、生活小常识、教育格言等,教师素养训练每天有作业,期中、期末有闭卷的考试评价,对完成好的个人和团队进行奖励,这项活动由工会主席负责组织实施。学校坚持文化浸濡,师生不断在文化常态中前行。

在校长互动环节中,我提的两个问题也许有些强人所难,但作为苏州最难进的一所学校,校长在课程建设上似乎没有自己特别的规划,让我很失望,也许是校长对这样的核心技术不愿多说。同样,我很羡慕陶校长的人事管理权,在苏州,校长解除教师合同有没有特别的政策我不得而知,但毋庸置疑,处理这些涉及教师核心利益和生存变化的问题,的确是考量一位校长过人的勇气与谋略、百变不经的坚韧和运筹帷幄决胜于千里之外的行动智慧。在交谈中,我明显感觉到陶校长对当今一些流行的教育信条的解读有自己的理解,她用一种深刻的思想、透明的表达,近乎直白的语言,阐述了自己破解困扰当今小学校长中的一个难题:排除非教育干扰,走自己的路,按自己的教育理想和信念,用一种理性和淡定办学校,才能有效指导自己的办学实践,不至于顾此失彼、疲于应付。这是校长的选择,更是校长的一种境界，这种选择的成功、这种境界的修炼，关乎多种因素。就陶校长而言，得益于新苏师范附小是苏州市教育局直管的两所小学之一，陶六一校长是苏州市的名校长，新苏师范附小长年积累下的人脉，我欣赏这种明确的做学校、做校长的路线。

当写完这篇短文，已是深夜。沐浴在日光灯洒下的荧光中，我的头脑显得格外清醒，通过上海方略教育校长小班化培训，到不同地区学校的访学，坚持与各地名校长的对话，渐渐地，我进入了另一个纯净浩瀚的教育天空。在心灵走向充实的愉悦里，我发现中国的基础教育不是缺少优质的学校，而是缺少深层的、主动的实践体验和认同。

10 在超常规成长中书写教育的诗意：苏州工业园区星海学校印象

2009年11月11日，按照上海方略教育镜湖区校长小班化培训的安排，我们将参观苏州工业园区星海学校，在我的心目中这并不是苏州城中一所特别著名的学校，因此对这所九年一贯制学校的兴趣并不大。

7点45分我们准时从入住的大都会商务酒店出发，到附近的一个广场上车。推开宾馆的大门，一股冷气袭来让人不寒而栗。今年的冬天似乎来得比较早，姑苏城的天空依旧飘着绵密的雨丝，不张扬，很内敛，如同这个城市的性格，但在秋末冬初总是感觉肃杀有余，和煦不足。步行几分钟的路程，便看到等候我们的大巴。我们很绅士地谦让着上了车，按照惯例男校长都主动坐在车子的后排，说笑着，车厢里一派安逸祥和。我望着窗外被小雨冲刷得有些朦胧的景色，思绪和汽车一起启动，在每一段白墙灰瓦间都能看见曾经的小桥流水。在这样一座古意盎然的烟雨苏州城中游走，仿佛自己也置身于水墨画中。随着车的颠簸，我一边祈求今天的雨能小一点，一边感叹2 500年的历史让这个小城学尽了处世淡定，宠辱不惊。我想，苏州应该是最中国的城市：含蓄、小巧、婉约、深邃。

不知不觉我们已来到学校。苏州工业园区星海学校，位于苏州古城东隅，毗邻风光旖旎、碧波荡漾的金鸡湖风景区，创办于2000年9月，是苏州工业园区管委会直属的、按现代化标准兴建的区内第一所九年一贯制公立学校。环境整洁优美，设备也很好。学校共安排了四节课供我们选听，我听了其中两节课，一节是小学四年级数学《运算率》，另一节是中学七年级地理《多变的天气》，教师课程理念较新，学生学得也生动有趣，课堂气氛活跃，当然在芜湖这样类似的课也屡见不鲜。听完课后，我们还没来得及细细品味，就跟随该校的一位副校长参观起学校的校容校貌，品尝学校的校园文化。11点多，我们准时用餐，虽然只是7元钱的盒饭，却非常的爽口。之后，我们来到学校的阅览室，三五成群地上上网，看看书，读读报，半个小时稍事休息后，大家一起来到学校二楼会议室，聆听沈坚校长的专题报告并参加随后的互动研讨。

沈坚校长身兼苏州工业园区教育局副局长的双重身份，他先让我们集中观看了苏州工业园区教育概况的专题片，之后又让我们欣赏了星海学校最近拍摄的专题片，以期让我们对苏州工业园区教育和星海学校有一个全景式的影像认识。沈校长的专题报告以星海欢迎您为主题词，颇有新意和亲和力，一下拉近了我们的距离。据沈校长介绍，星海学校是一所九年一贯制学校，2000 年 9 月建校，先有小学，后有中学。现在有 3 400 名学生，80 个教学班，200 多名教师(其中骨干教师 60 名)。学校以“人人成功、人人成星”为教育理想，以“关注主体、科学创新”为价值定位，以“让教育成为发现与创造的艺术”为教育理念，以双语教育、科技教育为特色追求，以教育信息化为重要手段，以教育国际化和高水平现代化为奋斗目标。学校的办学愿景是“重思考的学校、能创新的教师、会学习的学生”，学校近期目标是建成具有鲜明实验性、示范性、先导性的高质量、有特色的名牌学校，建立优质的现代学校制度，全力打造双语乐园、科技学园、数码校园和质量名园。中、远期目标是建成全国知名的教改基地学校和国际名校。

在上午的考察和下午的报告中，我强烈感受到星海学校的学生校园生活是充满阳光和诗意的，星海娃、科技娃、星海学子形象大使评选，让人耳目一新；天文社、星海科技创意会让校园群星璀璨，铸就了校园的灵动与优雅；自主管理的学生领袖风采，师生海外留学已成家常便饭，三分之一学生毕业后到国外留学，更让人惊羡。星海学校的教师是执着的，因为创业让他们享受幸福；星海的教师团队是和谐的，因为幸福让他们变得美丽。他们崇尚教师团队，重思考的品质，让问题成为契机，促进学校发展，教师专业成长，努力改变教师的行走方式，提高星海教师的幸福指数，他们不断践行的理念是：“追求价值、追求品位、追求卓越；超越过去、超越自我、超越梦想。”

沈校长坚信梦想是可以超越的，办学初期，学校追求的是把星海学校办成有人求的学校，现在这样的梦想已经超越，学校现在追求的是国际视野，学校注重中西方文化教育交流，努力创办与国际教育接轨的一流学校。目前已与加拿大渥太华 Henry Larsen 公立学校、哈利法克斯 Tantallon 小学、哈利法克斯 Westmount 小学、新加坡南洋女子学校、新加坡南洋小学、韩国华山中学校、丹麦蓝山学校、英国埃塞克斯郡圣法朗西斯小学以及加拿大维多利亚教育署等缔结了友好合作关系，广泛开展双语教育和国际交流活动。

同时，这是一所注重细节的学校，把学生当孩子看，把家长当父母看，强调教师要读懂你的学生(孩子)，要激励、要关注孩子的细节、要重视文化的浸润。学校以激励学生为主要的教学策略，通过品德银行储蓄、写赞美诗、颁发红卡、蓝卡、绿卡，每月金点子颁奖，写颁奖词，以班级为单位隆重颁奖，并尽可能让全校大多数孩子均能获奖等形式，来有效激励孩子不断成长。

学校坚持品牌强校和特色亮校发展战略,办学质量连年名列苏州市前茅,仅仅用了不到十年的时间已迅速成长为知名学校,令人肃然起敬。但值得深究的是:星海学校作为苏州市的新锐学校,在办学初期如何在生源较差的情况下,完成了学校口碑的逆转,并在随后很短的时间里实现了学生学业成绩的飞跃,这是问题的核心和关键。学校重视激励,当教师毫不吝啬地将对学生的奖励作为一种手段时,会不会使奖励贬值?毫无疑问教师的爱心和学校感化的力量是巨大的,但在没有特别的政策支持下,对以应试教育为核心价值观的家长来说,成绩才是硬道理,有时爱心与感化都是苍白无力的。对这些问题的思考和好奇,按照沈校长在互动研讨中,用近乎搪塞的两个案例来解释,显然是不能让人信服的。

沈坚校长是个儒雅而极具口才的教育专家,曾做过教育处长并兼任教育局副局长的经历也让他在这座国际学校显得游刃有余,当一名校长能够拥有一个独立的自我真的很幸福。

11 镜湖教育均衡发展与学校案例的多重解读:行进中的芜湖市东风小学印象

2009 年 6 月 11 日早晨,太阳还被云层遮掩着,沐浴在初夏的清凉中,我怀着一种对外来进城务工子女就读定点学校的憧憬,来到了东风小学,参加“镜湖区校(园)长教育案例研讨会”。虽然同在镜湖区,平时学校之间走动并不多,屈指算来,这是我第二次近距离接触东风小学。记忆中第一次要追溯到 2004 年原新芜区在东风小学召开特色教育现场会,初步领略到了东风人的“走经典诵读特色路,做人文精神大文章”的豪情和胆略。时至今日,东风小学的生存环境并不宽松,在这所有着丰富的文化底蕴和同样面临诸多困难的校园,我又一次分享了东风小学师生在经典导读相伴下的快乐和成长,从周瑜点将台到鼓号队行进演练,从杨林森校长、几位富有爱心的教师和一位家长的发言中,我真切地感受到东风人的朴实、精细、自豪和无奈。短暂一个上午的时间,我的记忆增添了哪些深刻的印象呢?当我刚进入江东路口时,就遇到了两个热情的师生引导员,面对他们灿烂的笑脸,我读懂了东风人的朴实和真诚;大门口的鼓号队、花环队,震耳欲聋的欢迎曲让我收获了东风人的热情和感动;每位参会者一份沉甸甸的资料袋和学校宣传册,让我领略到东风人的精致和厚重;那位在阳光下竭尽全力吟诵《满江红》的六年级小男孩,从胸腔里迸发出的呼喊,那一刻,除了震撼,分明让我看到了东风小学的孩子虽然家境贫寒但笑对生活的积极的人生态度,塑造出了东风小学一种在逆境中成长的校园精神,使我萌发了写作的冲动。从校园里弥漫的种种细节中,我咀嚼出的是东风人的一种睿智的态度、坦荡的胸怀和素面朝天的底气,东风小学这块发展教育、壮大教育的实验沃土,为镜湖教育均衡发展提供了另一种视角。

考察的时间在不知不觉中流失，随后的校长现场研讨会，时间安排虽然略显仓促，但依然高潮迭起。在芜湖师范附小林明校长眼里，东风小学的办学实践是令人尊敬的，从他的“三少一个建议”中，为我们勾勒出一个真实的东风小学，办学的艰辛，教师的奉献和东风人为改变学校命运而做的不懈努力。柳春园小学副校长王善萍，用女性特有的细腻，向我们娓娓道来，讲述着一个个在东风小学校园里发生的故事，和一个亲民校长的办学情怀。荆山小学的王坤校长、弋江北路朱彤彤校长都结合自己的办学实践，对东风小学进行了多重解读。平心而论，东风小学是一所外来进城务工子女就读的定点学校，与镜湖区境内的一些名校相比，东风小学在生源、师资、教学设施、生存环境等方面都无优势可言。先天的劣势决定了学校必须另辟蹊径，提升教育“软实力”。诵读经典是东风小学的核心价值文化，而对进城务工人员子女学困问题及调适策略的研究无疑是其中一颗闪亮的明珠。在这里没有高不可攀、不可复制的独特经验，从相似的发展基点和境遇中，我们看到的是自身的希望，这也许是东风小学独特的研究价值所在。

现在需要理清的一个问题是：外来进城务工子女定点学校到底是撬动东风小学变革的一个杠杆，还是学校科学发展的先天不足抑或压根儿就是一个软肋？外来进城务工子女定点学校的称谓对镜湖区大多数学校来说是福音还是不幸？由于镜湖区进城务工子女定点学校，不是纯粹意义上只收进城务工子女的学校，学校在制定大量针对进城务工子女的教学策略，努力为进城务工子女营造一个生命的意义系统的同时，如何满足城市孩子的适应性？对那些城市中产阶层而言，这样的学校是令人担忧的，由于对进城务工子女定点学校本能的排斥，从而加剧了他们择校的步伐。当优质的生源和高素质的家长与这类学校渐行渐远的时候，校长如何为学校的科学发展定位？教育主管部门如何为这类学校的可持续发展提供动力保证？当学校还在为生存苦苦挣扎的时候，任何教育实验都是苍白无力的。在这里，我们需要不断追问、探究并达成共识的是：东风小学的办学实践是镜湖区一种教育范型吗？东风小学的办学实践是镜湖区一种主流教育范型吗？东风小学的办学实践给镜湖教育均衡发展带来了哪些政策上的启示？期待着倾听更多校长的声音，期待着深度话语的力量。

在当下，有些学校已丧失了自己的教育立场，沦落为社会的附庸，它们以空前的热情来迎合上级主管部门、社会与家长的评价，不断以外部的评价标准来整合学校教育，组织师生的校园生活，强化自己的绩效，整天疲于应付，已麻木到了集体无意识的地步，这是一种利益综合博弈的结果，我无意对任何学校和个人加以指责，因为我身在其中。但在我看来，学校的每一个重大举措，都关系到成百上千鲜活的生命，关系到无数家庭的人生命运，每一位校长只有远离浮躁而定立于坚实的课堂，沉潜于教育规律的研究，敬慕反思的勇气，才能将学校带入一个更加科学、民主与公正的未来。

12 追寻教育公平：镜湖区主流教育的一种范型
——对进城务工子女定点学校教育的再思考

不久前参加“镜湖区校（园）长教育案例研讨会”，有幸考察了东风小学，面对考察过程中诸多的感动，我有感而发，撰写了《镜湖教育均衡发展与学校案例的多重解读——行进中的芜湖市东风小学印象》一文，由于是感情的喷发，一挥而就，写完后，应镜湖区教师教育中心刘应强校长之嘱，也没有从理性上细细考量，就上传到镜湖教育信息网的校长论坛上，之后也就把此事淡忘了。今天（2009年6月21日），我在29中参加芜湖市镜湖区“备好课”专题考核，在开考前，偶遇荆山小学王坤校长和中和路小学杨皖生校长，在笑谈中均提醒我《镜湖教育均衡发展与学校案例的多重解读——行进中的芜湖市东风小学印象》一文语言比较偏激，每个读者对此文都有不同的解读，我无力辩解，只能为自己运用语言的能力而汗颜，对无意中不幸受到伤害的任何一方表示歉意。为了更清楚地表达我的草根视角，特续写如下：

教育公平，可以分为起点公平、过程公平和结果公平。近年来，镜湖区政府加大了教育投入，特别是全力推动校园标准化建设，已基本实现了儿童入学机会的均等和资源配置的有限的公平，客观上保障了起点的公平。然而，深度分析后我们不难发现，这种公平，只是一种“物”的有限公平，或者说是缩小了差距，在师资没有任何重大调整的背景下，仅仅依靠政策和法律的象征性的规定，很难内化为教育者的自觉行动。在镜湖区所属学校大致实现起点公平之后，我们校长需要直面的是一个新的问题：如何实现过程公平？

作为大官山小学（外来进城务工子女定点学校）校长，这两年，优质城市平民教育是我关注的一个主要领域，之前的十几年我一直在研究创造教育，从2007年调入大官山小学之后，我一直在思考：大官山小学如何生成自己的办学理论？对大官山小学来说，实践性理论既是对大官山小学自我“教学行走和管理实践”的一种“写真”，又是在“众多大官山小学教育故事”基础上的高度概括，它源于实践，而又高于实践，为了实践的理论，而在大官山小学生成的办学理论和实践中，“进城务工子女和城市平民子女的教育问题”是一个无法回避的话题，必须给予正面回答，并努力创造出具有镜湖教育特点的经验。从东风小学的现场会和办学实践来看，假如我们认同创建优质城市平民教育是镜湖区主流教育的一种范型的话（因为任何时候，城市平民是城市各阶层分化的基础，是社会和谐稳定的一个重要纬度，它代表着一种民意），接下来的路径就比较明确了。

（1）思想重构：解放思想，破除对城市平民教育的误读，创建优质的城市平民教育不仅是一种主流教育范式，也是构建和谐社会的需要。

（2）行动演绎：操作层面上，努力创造优质平民教育的多种变式，如东风小学

(经典诵读、学困研究),大官山小学(伦理学校,活力教育,创造一个适合儿童的生活世界)。如伦理学校,要做好新型伦理关系构建的启蒙,从根本上唤醒、唤起领导、教师、学生的伦理关系意识和对此的理性期待;要对新课程中民主、平等意识有一个正面的客观引导,不断深化对民主、平等的教育理念的内涵的理解;要增强人格化因素,改变权力因素及主导因素占先条件下的伦理关系的非理性状态;要在"以人为本"的理念中营造构建现代学校新型伦理关系的和谐状态。再如活力教育,大官山小学每位教师要时刻告诫自己,教育的每一个细节都可能关乎人的灵魂与精神,关乎人的价值追求与人生道路,我们要关注孩子们课堂上的表情,关注他们的幸福感,关注他们的未来,我们就会亲近教师的核心气质,走向博大、高贵与智慧。在理论层面上,我们要针对这一类学校生源流动性、差异性显著的特点,探讨这一类学校的成长机制、调适策略和多元评价指标。

打造优质城市平民教育是实现过程公平的一种努力, 这股饱含着温暖与坚定的推动力正在日益强大。镜湖区许多校长不再把教育外部的扶放放在实现公平的首位,而是努力在学校内部实现师生和家长的公平。尽管我们深知这条道路的漫长和艰辛,但我们坚信只有坚持,才会拥有,只有承认每个人的独特和尊严,才能创办最适宜师生成长的学校,我们正行走在追寻教育公平的路上。

13 且思且想:用求真的态度做教育
——悟读棠桥小学的成长与快乐

2009 年 9 月 25 日下午,我原打算组织一个省级立项课题活动后,再赶回学校开全体教师会。由于一周前就收到棠桥小学谢学农校长的真诚邀请,只能在请柬规定的时间赶到棠桥小学参加该校新教学楼落成暨安徽省少儿短式网球训练基地揭牌仪式。近一个下午的参观活动,流连于棠桥小学校园内,第一次亲眼目睹了棠桥小学崭新的塑胶跑道、标准的网球场、设施完善的教学楼,现场领略到了隆重而热烈的新教学楼落成典礼和揭牌仪式,近距离欣赏了棠桥小学的师生同台文艺表演,感慨良多。一个处在镜湖区边缘的不起眼的小学,是用什么魅力来赢得政府如此大的投入? 在学校常规、过程和细节的背后,能否探寻到政府行为存在的必然性和合理性? 在学校的现场,在非常短暂的时间里,校园表情更多定格为喜庆、赞美、荣誉和期待,那种长期积累与瞬间爆发所形成的张力感受并不明显,这往往就是学校教育缺少策划而很难逃离的一种宿命。

夜晚独坐电脑前,处在祖国 60 华诞前夕这个特殊的时间门槛上,回忆的指针不知不觉中指向了过去,作为和谢学农校长、范晓霞副校长相识多年的老友,真的为他们高兴,棠桥小学历经风雨、用一份难能可贵的返璞归真的教育信念,一路走来,在不经意间留下了一些富有灵性的"办学片段",我一时无法将它们连接为一条流畅的成长轨迹，只能随手记下自己的一些所思所想，献给2009年行走在光荣和梦想之路上的棠桥小学的同行们。

棠桥小学前身是一座乡村小学，孤零零的教学楼、泥泞的小路和满是尘土的操场是我对棠桥小学的基本印象。如今一所功能完备的标准化小学拔地而起，大楼的建成固然离不开政府的投入，但更是棠桥小学一班人孜孜不倦地努力的结果。近年来，随着教育均衡发展，学校发展迅猛，由原有的6个教学班发展为现在的15个教学班，近800名学生。学校现有教职工40人，其中省特级教师1人，中学高级教师1人，小学高级教师20人，青年教师占教师总数的70%，良好的师资队伍为学校可持续发展打下了坚实的基础。按照学农校长的办学思想，学校坚持"把每个孩子都教好，让每个家长都放心"，以教师发展为基础，以学生发展为根本，以体育特色为龙头，努力办群众满意的学校，棠桥人是这样说的，也是努力这样做的。由于棠桥小学发展速度比较快，在前行中必然还存在一些难以逾越的困难，加之新校园刚刚落成，组织和活动协调上还有很多不如意，由于家长和社会对棠桥小学的不理解，有的甚至横加指责，也使得该校的办学实践显得步履维艰，我们从小小的表演节目单中可见一斑。但学农校长是诚实而厚道的，不是自己学校的节目，虽然在自己的舞台上展示但绝不占为己有，教育就是要回归这样一种真实，不护短不示弱，"千教万教教人求真，千学万学学做真人"，说起来容易做起来难，特别是在一些关系到学校和校长荣誉的节点上，这需要考量校长的勇气和智慧。学校教育的本质是发展和提升师生的素质，学校发展的路径必须皈依师生的成长现状，让生命自己行动。不同层次的师资、学生和家长，都是学校发展的特定资源，成长只能依靠师生自身去完成，学校特别是校长决不能揠苗助长，干扰师生的自然成长，学校的发展应该尊重不同生命成长的自然规律。学校只有用求真的态度做教育，才不会生产出弄虚作假的伪君子，才有可能培养出充满诚信、童心的公民，有棠桥小学的毕业生在网上坦言：在这所小学，他学会的不仅是知识，还有宽容，尊重和友爱。这是何等的难能可贵。

棠桥小学的办学实践就像一颗自强不息的种子，散落在镜湖教育的星空中，虽置身于闪烁的群星之间，并不耀眼却很温暖。也许正是由于棠桥小学出身卑微，又是进城务工子女定点学校，长期社会美誉度并不高，在这样的困境中，校长如果能够走出一条独具特色的成功办学之路，在教育均衡发展的今天，对镜湖教育来说更具有标本意义。曾经"破旧"的棠桥小学硬件设施不再"贫瘠"，然而，文化是学校教育的第一要素，棠桥人没有时间慢慢等待历史把文化积淀下来，再慢慢用它去滋养学生。有丰富文化底蕴的名校固然令人羡慕，但缺乏文化祖荫的棠桥小学更能白手起家去创造属于自己的文化，相信棠桥小学的精彩还在继续，愿理性伴随棠桥小学一路前行。

良师益友怡情

14 走近冯恩洪校长：小记我与冯恩洪校长的第一次近距离接触

多年前就听说中国教育界有“北有魏书生，南有冯恩洪”之说，随着教育视野的扩大，近几年通过多次拜读冯校长的文章，我对他苦心经营的建平中学也略知一二，特别是他在58岁时辞去建平中学校长，开始他新的创业，更让我对他的超人胆识和教育激情感叹不已。冯恩洪和他的建平中学本身就是中国基础教育界的一段传奇，他的离开又给我们带来了哪些期待？我一直关注着上海教育，也一直关注着上海教育这个大舞台上演的人和事，冯恩洪、刘京海、金礼福无疑是其中的风云人物，只是我一直无缘与恩洪校长相见。这次我有幸参加芜湖市镜湖区校长小班化培训，第一天上午就聆听了冯先生精彩的教育演讲，领略到不一般的冯恩洪，和他多年锤炼出来的人格魅力。

在我的眼里，冯恩洪校长是中国教育专家委员会副会长、教育部全国中小学校长培训专家委员会委员、知名的教育专家，也一定是一位严谨的学者，但初次见面，我就被他极强的亲和力和沟通能力所折服，他在极短的时间里就成了镜湖区校长小班化培训班的学员愿意倾诉的对象。他的人格魅力在细微处见精神，他的两次鞠躬更让我心灵受到震撼。早晨，当我吃过早餐，沐浴着上海五月充满着春天气息的阳光，来到培训班授课厅，门口有一位慈祥的老人向我们学员频频致意，他就是令人尊敬的冯恩洪校长，他用自己的身体力行向我们传达着相互尊重是校长最基本的人格力量。由于我对冯恩洪校长仰慕已久，利用演讲的短暂空隙，我急忙要求和冯校长合影留念，他欣然答应，合影之后，我像往常一样匆匆回到座位上，而冯校长却有礼貌地给我鞠了躬，我一时不知如何是好，当和我同来的学员埋怨我的草率时，我真想一头钻到地缝里去。不知道冯校长除了表达他的绅士风度之外，还想对我这个普通的学员表达怎样的一种教育关怀。

在整整三个小时的演讲和互动中，冯恩洪校长以其兼容并蓄的海派风格、广博的学识、犀利的眼光给我们带来了许多观念上的冲击、思想上的碰撞，他围绕“优化教育要素的组合关系、提高办学质量”这个厚重的命题，通过老虎办学的故事、21世纪“四恰当”原则（选择最恰当的时间、选择最恰当的地方、通过最恰当的人、做最恰当的事）、发展强势智慧等经典案例的剖析，引领我们不断地在思考中发现、反思、感悟，由于他对建平中学的那段难以割舍的感情，使他的演讲中不时流淌出建平中学的影子，在他朴实生动、风趣幽默的讲解中，我们仿佛听到了一个当代教育改革家、教育实践者的真诚呼唤："做老师要做有思想的老师，做校长要做有思想的校长。匠是在重复，家是在思考！"

伴随着时间的流逝，我们也深深地沉浸在冯恩洪校长所营造的教育世界中，品味教育、感悟教育，分享大师的教育智慧和不一样的教育人生。

15 向郑杰老师请教

2008年5月13日下午，在上海凯顿酒店的芜湖市镜湖区校长小班化上海培训班授课厅，我遇到了一位头发有些脱落、面部有些疲惫的年轻人，听同来的校长说他就是郑杰，一个曾经的上海基础教育界的另类校长，一个崇尚草根文化、民间表达的教育策划人，一个以"好人有好报"为办学理念，将关怀人作为办学信条刻在上海虹口区北郊学校每个人心中的人。一个已经离开了他所钟爱的学校，但一直寻找教育的真谛，并充满着郑杰式幸福感的教育专家。他将给我们带来哪些另类的办学思考和不一样的话语表达，我带着这样的一种虔诚和期待，和同来的30位中小学校长一起走进他的报告。

郑杰老师这次报告的主题还是延续着他一贯的强势话语：学校的发展。他主张校长的使命是发展学校，不是发展感情，掷地有声。他创造性地形成了自己一套发展学校的解释性框架，发展就是扩张、发展就是"掠夺"、发展就是提高核心竞争力、发展就是品牌增值、发展就是拓展自由的过程，令人耳目一新。他对学校发展的动力和干预力也有自己独到的感悟：一个好校长就是一所好学校，一套好制度就是一所好学校，一种好的文化就是一所好学校，一种好的战略就是一所好学校。他的读书、写书、劝读书的价值观也给我带来了学校管理以外的价值判断和思考。郑杰老师用他的另类、幽默、智慧让我第一次明白了原来学术报告还可以这样做，非常感谢郑老师让我在一个下午的学习中收获了知识(学校发展解释性框架)、能力(搭建学校发展解释性框架的技巧)和对学校发展的不一样的理解。

郑老师是一个崇尚学术独立和思想深刻的人，在现实的上海基础教育界痛苦并幸福着。按照郑老师的观点，他是个内省式的人物，说得少，做得少，却想得多。他想得最多的是他自己，而且想明白了，原来他是一粒尘埃，非常渺小、微不足道，认识到这一点对他很重要，因为知道自己微小，所以他才很好奇，张望并探寻着这个神奇的世界，不仅探寻世界的表象，而且探寻其本源，他所经历的一切人与事，包括这些人与事给予他的苦难，都是他寻根问底的资源。渐渐地他有所领悟，原来这个纷繁复杂的变化无穷的世界受某种神性东西的支配，这东西不是人格化的上帝或佛祖，这东西叫"真理"，当人们开始拨去重重迷雾之后，终将会找到"她"，意识这个世界原来受着"她"的支配和主宰，因此，郑杰将找到"她"作为一生的工作，至于教书也好，做校长也好，辞去校长也好，只是用于拨去迷雾寻找真理的工具。正是由于他思维的流畅、发散、深刻、独特，注定他的每一个“古怪的”行为和每一个另类的观点和方法都是值得我们敬重和研读的。

在凌晨的夜上海，当我远离白天的喧嚣和浮躁，再次把目光聚焦到郑老师关于学校发展解释性框架中去的时候，发现郑老师似乎只注意到和解释性框架相关的一股力量——教师的价值认同，而忽视了与解释性框架相关的其他三股力量：家长、主管部门和专家的价值认同，在学校的实际操作中，这可能会影响校长对学校发展解释性框架的执行力。当然，郑老师面对学校发展这个厚重的命题，仅仅用一套解释性框架来阐述也是单薄的、片面的和不可操作的。因为相当一部分学校根本不具备将自己解释性框架转化为实际行动的能力，学校真实的情况是，校长的执行力通常会受到来自上级主管部门、政府、家长、专家等多方面的干预，他们的梦想和生动的实践活动总是被抑制和化解；更令人沮丧的是大量的案例表明学校的发展和校长的思想与学校发展解释性框架成负相关，即校长把学校发展解释性框架做得越完美、越精致，主管部门对校长目标管理评价的认同度、赞誉度却越低，那么学校发展解释性框架存在的价值何在？

16 质疑课程产品与课程的泛化：和郑杰校长沟通与对话

2008年11月3日下午，上海方略教育总部三楼小会议室，再次有幸近距离聆听郑杰校长对学员进行案例深度剖析，一起探讨教育问题，这真是莫大的幸福。郑杰老师曾经是上海一位很有名且很有个性的校长，现在专职做教育研究和策划，并在上海方略教育研究所兼职。

下午的案例点评，郑校长仍然沿袭着他一贯的民间表达和幽默率直的语言风格，在貌似随意的调侃中，流露着他对教育的激情和诗意，闪耀着思想和智慧的光芒。他从何谓管理说起，从政治思想、严格监督、校长魅力、义气、利益均沾、任人唯亲（信）、民主管理等方面表达他对管理的不一般的理解。在郑校长的眼里，管理不是拳击，一蹴而就的，而是一个慢慢熏陶、逐渐内化的过程，更像中国式的太极。基于对管理的上述理解，郑校长对学校设计从四个方面娓娓道来。由思想理念派生目标，回答要干什么，为什么要干这些。通过诊断分析，进行定向，从文化、制度、战略、产品进行规划设计，最后实施和控制。在理论阐述之后，郑校长又结合上海市四大名校、上海市八所特色名校、上海市三所历史传统名校、镜湖区三所学校，从学校思想理念、培养目标、办学目标三个维度进行了深度分析和点评，同时又对学校文化的设计、学校的定位、校训、学校的价值观、学校的文化建设进行补充和完善。

我一直很欣赏郑杰校长这种坚持民间立场，坚持守卫自己的话语权的胆略和勇气，从他冷静平和有时甚至有点慢条斯理的演讲中，我可以强烈地感受到郑杰校长的与众不同，他所提倡的办学理念，关注更多的是教师的幸福、教师的成长，为了学生的终生发展而办教育。客观地说，郑杰校长的思想是超前而冷静的，在一篇文章中，他曾固执地认为这是一个没有大师的时代，而且，将来也不会有什么大师。当越来越多的人被冠以“当代教育家”的头衔之后，真正的教育家只有死去。他对学校教育的一些真实解读有时也趋于悲观和偏激。在郑校长的眼里学校虽不能发挥教育功能，却未必就不能实现其政治、经济、文化、社会功能。今天，那些最热门的和最知名的学校，无不在政治、经济、文化、社会功能上显山露水，在那些学校，有太多值得炫耀的东西，却唯独不见教育。

在我的视野里，郑杰校长是中国基础教育界的一位不知疲倦的思考者，他奔波于大江南北，游走在中国基础教育的前端，进行教育策划和学校设计。郑杰校长对我巨大的吸引力在于他善于把深奥的教育理论通俗化，在大量阅读和思考之后，追求的是一种民间表达和草根视野，他特立独行的语言风格，在给我们思想带来巨大冲击的同时，也赋予了不一般的思想支持，但也易于产生概念的歧义和丧失理性。在郑杰校长基于教育是一种服务的理念背景下，提出了关于课程是学校核心产品的论述，我有两点疑问和不解：其一，既然教育是服务，课程是学校的核心产品，那么学生是顾客还是家长是顾客，按照教育是服务的观点，九年义务教育如果政府购买教育（学校）服务，政府应该是顾客，如果家长购买教育（学校）服务，家长应该是顾客，那么学生到底属于什么？其二，按照郑校长的观点，他把“诗意地栖居”、“心智超群的阳光少年” 等学校培养目标都定义为课程，在学校实际操作中，是否会造成学校课程的泛化和活动化？另外，郑杰校长关于办学目标按照质量、效益、人本三阶段划分，并对应提出质量目标零缺陷、效能（效益）目标零耗损、人本目标零抱怨等，是否会造成把学校办学目标人为地割裂，丧失了办学目标本质上的完整性？同时还令我不解的是，质量、效益、人本三阶段划分究竟是根据什么标准？是否很随意？

面对教育问题的诸多实践困惑、理论不解和自己内心的浮躁，依然期待着再次向郑杰校长请教。

17 扑朔迷离的学校制度和文化：在荆山小学和郑杰先生一起思考

2009 年 10 月 22 日，我和镜湖区校长小班化培训的近十位学员，一早就来到区教育局，等待上海方略教育机构的首席培训师郑杰先生一起到荆山小学进行访学，能现场聆听郑杰先生对荆山小学进行把脉诊断，共同谋划荆山小学的发展，是一件非常令人高兴的事情。顶着有些刺眼的秋日，一路颠簸，进入荆山街道已是风尘仆仆，到达荆山小学的校园里却突然眼睛一亮，满园绿意尽收眼底。

这是我第二次来荆山小学，第一次是今年的 3 月，在油菜花盛开的时候，应荆山小学校长王坤之邀，到学校进行了一次关于“学校如何对教师职业倦怠进行干预”的讲座，当时校园还显得破旧不堪，经过暑期的改造，现在已焕然一新，校园文化墙、宣传栏中精致的古诗词书法、花、鸟、山水画等，都彰显着师生的文化品位。经过短暂的休整后，我们就走进了荆山小学的课堂，听了荆山小学孙斌老师的一节四年级数学课《垂直与平行》。

时间在不知不觉中流逝，一晃已是上午的 10 点，根据活动计划，进行专题交流：“关于荆山小学制度和文化建设的实践与设想”，按照惯例，先由校长做一个专题发言，我看着王坤校长拿着沉甸甸的稿子，心想这两天王校长应该已做足了功课。但王坤校长刚讲了几句，可能连前言还没说完，一个意外就发生了。郑杰先生突然打断了王坤的发言，要采取参与式培训和诊断。大体方式是让王坤校长先说一段，在座的其他校长每人依次谈自己的观点和看法，最后郑杰先生阐述自己对该问题的理解和建议，显然这次专家进校园诊断活动已脱离了学校最初的设计。由于事先没有任何准备，每位校长都要参与多次发言，培训气氛顿时紧张起来，好在很快大家都投入到对学校的制度和文化的争论中去了，也就没有了拘束感。争论是在王坤提到学校制度和文化建设这个话题之后，由郑杰先生引发的。他先提出了这样两个问题：学校管理中制度和文化是不是一回事？在学校管理中制度和文化管理谁更重要？让所有的参训校长都要现场作答，我们一起去的镜湖区校长虽回答方式各有不同，但比较一致的观点是：制度管理是学校管理的底线，而文化管理才是学校管理的更高境界，因为文化管理是学校可持续发展的动力。这与郑杰先生的观点并不一致，郑先生认为制度是由学校的习俗、文化演变过来的，按照其演变的逻辑顺序，制度是学校管理的最高境界。学校的制度在某种意义上就是学校的法律，它是令人敬畏的，学校制度通常包括：评价性制度、规范性制度、程序性制度和奖惩性制度，学校制度齐全与否，决定了学校可持续发展能走多远。在郑杰先生看来，制度有其独特的价值，制度治校是学校管理的未来，学校只有通过自然演进和人为设计两种方式，为学校催生出一套好制度，从而生成一所好学校，即具有真、善、美、公平、幸福、自由的学校。

由于我们与郑杰先生关于对学校制度和文化理解的不同，也就造成了在随后围绕学校制度和文化进行讨论时沟通的困难。当我们把学校制度上升为学校的法律时，制度就变得神圣不可侵犯，是几乎永远不变的东西，是不能朝令夕改的。我们讨论的制度建设实际上更多的已下降为可以灵活变化的学校管理操作政策，如荆山小学考勤制度的补充政策。这样在无意中就引发我思考起另一个更加重要的管理命题：学校制度和学校政策在学校管理中谁更有力量？从本质上说学校制度肯定是学校主流意志的体现，其具有稳定性和长期适用性；而学校政策充其量只能是某一段时期政府、上级主管部门的命令或者是校长应对利益相关方所做的变通，但它却可能获得更强的话语权和执行力，这就是理想与现实在学校办学实践中的力量博弈。也许我天生愚钝并执拗，直到现在，我对学校制度和学校文化的梳理依然困惑重重：小的方面，我们有无必要把政策上升为制度？如何才能把政策上升为制度？大的方面，从法理的高度看小学的制度应该各校大体相似，那么校长致力于学校制度建设有何实际价值？在学校实践中到底学校的文化（习俗）与学校的制度对学校的可持续发展谁更具活力？这种讨论实际上也延续到晚上的吃饭，在酒桌上我曾和郑杰先生私下讨论酒制度与酒文化谁对饮酒者更具威慑力？由于交流的时间很短，结果不了了之。但我一直固执地认为：学校只有将制度内化为教师的行为时，学校的管理才能从制度管理上升为文化管理，文化管理应该是学校发展到更高阶段衍生的产物。

可以肯定地说，只有当荆山小学的教师把学校的规章制度作为一种工作习惯，学校的秩序才能说建立在最稳固的基石上。荆山小学的规章制度，根源于学校的历史、传统和校长的个人努力，有一套自成逻辑的发展脉络。在镜湖区它虽然没有复制和借鉴的意义，但却也能让人充分领略到学校制度操控的精妙和人性化。

18　教育寻真：2010年中考前夕我和儿子一次书信往来

前几天看了荆楚网的一则消息，《中考后母女俩的隔空对话》，大意是：中考之后，由于女儿估分不太理想，一位母亲在家长社区发文，表达了对孩子成绩的担心，对孩子未来的忧虑和无奈。几天后，这位母亲偶然看到孩子写的一篇日志。她发现，其实孩子有着很强的上进心，而自己在面对孩子时过于急功近利，因而给孩子造成了太大的压力。这篇文章，引起了我对于儿子程越刚刚结束的中考的回忆。

中考对于很多家庭来说是一场没有硝烟的战争，在我的儿子没有中考之前，作为一名教育工作者，我没有什么切身体会。扪心自问，我们家庭的教育是很民主的，但在残酷的中国教育现实中，我们真的能无所谓分数吗？答案是否定的。可怜的孩子们，他们的压力的确太大了。作为家长，中考前夕和孩子加强沟通，真正走到孩子的心里，及时调整孩子的心态是非常重要的。现在回想起当时的情形，还有些沉闷。五一劳动节过后，原本快乐的家庭气氛随着中考的来临，陡然紧张起来。作为家长，有时会莫名的紧张，看着儿子急躁的心态，除了埋头苦干，无休止地熬夜温书，就是和大人莫名其妙的争吵，我和孩子的妈妈有时真的感到束手无策，常有度日如年的感觉。现在中考已和我家渐行渐远，回想起来，其实中考并不像想象的那么难，对大多数成绩中等以上的学生而言，只要相信自己，就能成就自己！从某种意义上说中考的竞争是残酷的,中考最大的对手不是别人,而恰恰是自己。只有心理上战胜自己,轻装上阵,才能到达理想的彼岸!孩子作为家庭教育的对象,其一切言行莫不形成反馈,使家长从中学习、感悟。家长也只有不断调整自己的家庭教育理念和教育行为,才能使整个家庭教育成为一个动态的过程,产生事半功倍的效果。下面是2010年中考前夕我和儿子的一次书信往来,也许会给面临中考压力的家长和孩子以启迪。

程越:

你好!

今天是2010年六一儿童节,你也慢慢长大,告别无忧无虑的儿童时代,走进洋溢着青春律动的花样年华,是每个人生旅途中两个永远不变的驿站。在一切往事中,童年占据着重要的篇章。童年是人的根基与核心,是生命富有创造力的源泉,也是日后你长大成人的精神家园。今晚原本要用给你加餐的方法来庆祝,然而中考在即,用这样老套的方法来庆祝你的成长,一定会引起你的不满和愤懑,只有提笔给你写信,因为写信能更好地记忆和言说,也能更好地消解一系列复杂的心态,使父子之间的沟通更加和谐。

这个学期伴随着中考的临近,你看似轻松的外表下,内心充满对未来学习环境的焦虑。随着学习成绩的停滞不前,你的脾气变得偏执且暴躁,在家里各种叛逆行为更加重了和父母的敌意与对峙,就在前两天,妈妈一次善意的唠叨,引起你强烈不满,为了发泄最后竟弄坏了家中的电扇。生活是一种心态。天下事,岂能尽如人意,心境须恰适,尽其在我,随遇而安。佛语中也有一句话:“境由心造,烦恼皆由心生。”这话是颇有道理的。由于心态的不同,即使是相同的境遇,在不同的人心中也会造成不同的心境,并产生不同的影响,导致不同的结果。

讲一个我在初中真实的故事,我和小储、小毕都是初三毕业生,初出茅庐,涉世尚浅,都遇到了一系列学习困难:成绩徘徊不前、中考前途暗淡……小储在一次次挫折和不公面前怨气冲天,抑郁成病,最终于事无补,勉强进入普高。小毕则变挫折为动力,努力调整心态,在学习上一步一个脚印,确立合理的目标,结果创造了奇迹,以绝对高分昂首挺进神往已久的名校。在日常生活中,培养平和的心态,拒绝急躁,才能使我们避免误事;而遇到挫折和困难的时候,依靠平和的心态才能找到解决问题的方法,避免灰心失望、消极被动、丧失信心。

在爸爸的记忆中,你是一个充满善心和爱意的孩子,从小你就非常念旧,玩过的旧东西从不让丢弃,这种秉性一直维系至今。记得刚上初中时,你对小学生活充满着眷恋,失落笼罩在你的心头,一两个月挥之不去。实际上你在初中三年一直非常优秀,我觉得你有一种很强烈的“好学生”定向,希望自己是一个品学兼优的尖子生,实际上你已经做到了,你是芜湖市百名江城好少年、芜湖市市级三好学生,八年级下学期你获得了来之不易的400元镜湖区初中生阳光奖学金。进入初中后,你担任过劳动委员、历史课代表、生活委员、数学组长、语文组长、英语组长、校值周生等。作为模范生,你非常重视基本功的训练,自费订阅了《中学生导读》、《少年博览》、《中华活页文选》、《电脑迷》等杂志,平时坚持小练笔,对信息技术运用得心应手,曾在2007年获得由中国中央电教馆颁发的06阶段"中国和联合国儿童基金会课题项目"作品一等奖、"第二届全国儿童书信文化活动(芜湖赛区)"一等奖、第五届"讯飞杯"安徽省中小学电脑制作活动《发明小天地》电子报刊二等奖,2008年获得"2008年芜湖市中小学电脑制作活动"初中电子报刊类市一等奖,2009年获得"芜湖市中小学电脑制作活动"初中电子报刊类市一等奖等,爸爸妈妈为你自豪和骄傲!

目前从你两次模拟考试成绩看,排名稳中有升,学习状态也在向初二回升,我私下向一中、附中、安师大附外招生专家请教,依你目前的成绩,考入芜湖市一中和安师大附中联合招生肯定没有问题。为了更好地发挥自己的潜能,特作如下建议:

(1)考前保证充足的睡眠,"睡的早,考得好"。中考在白天举行,应让自己的兴奋时间与考试时间相吻合。

(2)卷面字迹要工整、清楚,会做的题要保证做对。

(3)答题顺序先易后难,最好采取"做一道是一道"的方法,以图形、关键词、情景等为线索以最快的速度联想曾见过、做过的类似题型,并回忆其所采取的大致方法和思路。

(4)审题错误历来是考生丢分的一个重要原因。

(5)今后在家的时间,可根据中考的科目来安排复习,调整生物钟。

上述5点关照,有的是成功考生的经验,有的是失误考生的教训,有的是阅卷老师的普遍心理,它是我这几天通过大量阅读的收集和感悟,记住它,对你提高中考成绩不一定有用,但当你一人面临可能的无助时,会减少一些失误。抓紧时间跑完初中的最后一个上坡,坦途就在其后。对你而言,像少年维特的烦恼一样,今天(中考之前)的所有苦恼本身,在不久的将来都将演绎成幸福的回忆,那经久不散的芳香会馥郁在你人生感到寂寞的旅途。有人说人生是一道解析题,中考、高考、工作等每个阶段都是判断题,每天的生活是选择题。完成了选择题,才有判断的权力;做好了判断题,才有解析的意义。对能不能上到重点中学也不要太在意,爸爸从未上过重点高中,也未受过什么重点培养,但我现在很幸福。人的一生,应将德行放在首位,热爱生活视之为最必要的品性。你现在最需要的是在具备健康体魄的同时,有健全的精神发展,而集中表现为必须具备完美的德行。德行乃是人生最重要、最不可缺少的,缺乏德行,就无所谓人生幸福可言;因为缺少德行的人不可能被人瞧得起,也难以取得事业的成功。好了,当端午节的粽香飘起的时候,一段快乐美好的暑假时光就要到来了,记住有梦想,一切皆有可能。到时候你有哪些计划和安排,一定要给我回信。

由于沾了学生的光,让我有了一天的休息时间,上午我独自一人在书房里思考,在怀想你和爸爸之间的点点滴滴,在回放自己物质贫瘠的童年,爸爸寻找到了亲情、爱、天真、单纯、神圣,可以感受到安宁与幸福。爸爸下午给你写了这封简短的信,如有可能,我们俩来一个君子约定,今后每年的六一儿童节我都将给你写一封信,谈谈我的人生感悟,不是说教,只是倾诉。请你在"七一"党的生日前给我回信,我将珍藏,直到永远。

爸　爸

2010.6.1 于陋室

致:father

七月到了,该给老爸写信了。在这酷热的暑假我打开电脑敲击着键盘,心情出奇好,因为自我感觉这次中考发挥很好,坦率地说,老爸您的信功不可没。当我在最孤独、焦虑,几乎差点崩溃的时候,是您用亲情和感动温暖我的心,感谢老爸,由于您的信使我的心底变得阳光。不论这次中考的结果如何,我都不会太在意,毕竟这只是人生的一个小小的音符,正像您说的我现在最需要的是健康体魄和健全的精神发展。

暑期来到了我的身边,听着音乐写着日志,可能没有什么内容,但这或许也是成长中的足迹。初三的结束,伴随着中考的到来,中考的结束,我一直以为是一件快乐的事,但是,感觉真的结束了,又有点舍不得,天天忙碌的身影,已是回忆。可以说等待分数是种煎熬,虽然在暑假里有了足够的时间可以为所欲为,但空虚乏味的生活真是有些碌碌无为。现在时间一点点流失,反而对中考充满眷念。我想念紧张而忙碌的初三生活,那些朝夕相处的同学。回想初中的三年生活,让我懂得了很多,或许从懵懂无知到成熟理性,需要过程,过程是快乐艰辛的。初中是值得回味的,刚进二十九中,对这所学校充满了陌生,那时的我固执刚硬,可能还有一些自私,这些可能与自身的性格,曾经所处的环境有关,初一的我难以融入班级,我太负责,对女生斤斤计较 ,对男生缺少所谓的义气,我很孤立。汪黎老师是我们的班主任,一位总能把枯燥难懂的习题讲得通俗易懂的数学老师。她曾经和我谈论了很多次,说真的,她对我们班所有的人都很负责,我第一个要感谢她。她似一缕春风,轻轻拂过我心灵的荒漠,让我的心田开遍鲜花;她似一朵馨香的玫瑰,花香扑鼻,令人陶醉;她似一束阳光,照耀在别人脸上,温暖舒适。淅淅沥沥的雨季,点点滴滴的事迹,永远说不完对她的感激,三年来她为我们付出了很多,作为一个初中教师,当其他班主任迟迟未到班级的时候,她总是第一个来到班级,即使第一节不是数学课。

初二的我有所转变，我变得合群，懂得别人的感受，对不同性格的女生都非常尊重，终于交到了自己的好朋友。我热衷在同学中做领导，不要说我高调，我组织过同学去方特，春游帮同学照相，是班级 qq 群的网络管理员，我特别爱助人为乐。我初中成长历程中有一位老师对我非常好，当我还是乳臭未干的小宝宝时，她就认得我，虽然我那时对她一无所知，第一次上她英语课的时候，我对她并不习惯。认为她太张扬，上课只喜欢点那些二十九中教师子女的孩子发言，但到了后来，我才发现她在很多方面如同亲人般对我关照。当我英语语法不懂时，她总能耐心地为我辅导，在学校生活中，她经常照顾我，当我英语学得吃力的时候，她让我到她家义务帮我辅导，当我犯错误的时候她也会对我严厉的批评，牵引我走向正确的道路。中考前发来鼓励我的话，祝福我顺利考上理想的高中，让我浑身充满着温暖，不管班级有多少同学对她心存偏见，她永远是我初中最好的恩师。希望她今后工作顺利，同时也祝她儿子渝鹏飞这次高考顺利，考上理想的大学。

初三的我没有延续初二学习的辉煌，我的排名开始下跌，可能是我自己的原因，也可能是我最好的朋友毕程造成的，但我不会怪他，也不会怪自己，我要感谢我这个好哥们，他让我变得比以前更坚强，在考试面前不再紧张，我从一个压抑恐慌的人变得开朗、自然，心态也变得乐观。他也让我变得更正视挫折，不再怨天尤人。他很单纯，我曾伤害过他，误会过他，现在一切都好了。初中语文老师换了两次，但对我最好的是朱宁老师，当最后一模成绩出来时，我的语文并不理想，当我要走向绝望的时候，是她把我从悬崖边拉了回来。每天课间，她都给我布置额外的作业，当我做完后，她都认认真真批改，当看见那大片大片用红笔书写的答案时，我眼中的泪水忍不住滴了下来。曾经的历史老师杨珩，她虽然很严厉，但她也对我非常好，在备考的阶段，她用自己业余的时间帮我一个人单独梳理历史脉络，虽然只有 3 课时，但要知道一位曾经只教过一年的我的老师，还可以这样帮我，我还有什么理由不感激她，中考历史可能考差吗？我坚信感恩的力量是无坚不摧的。在这里我还是想说：不管我中考如何，结果真的不重要，过程才是真正值得珍惜的！让爱永伴人与人之间吧！感谢那可爱的二十九中 2007 届九班同学，感谢教育我的老师，感谢我的好朋友，感谢一直为我操心的父母！

老爸，请允许我打开 QQ Music，根据您的要求，再说说我这个暑假的计划吧!听说了高中的学习更加辛苦、更加黑暗，所以这个暑假我既不能太累，需要在中考之后放松一下心情，同时也要为高中的生活打下基础。在暑假我准备上一个衔接班，听熟悉的学长说的确很累，早上 4 节课，下午 3 节课，而且要连续上 18 天！我晕！除了上课我还准备看看名著，因为我的文学储备实在太少了，或许我对文学阅读实在不感兴趣，全当应付考试吧！七月份的时光终究是属于学习的，我不后悔，因为高中的神秘、陌生深深地吸引着我，我很乐意。

暑假也不能像我的同班同学 LH 那样过度学习，我要劳逸结合。八月份我的生活应该是丰富多彩的,首先是要更新我的电子设备,我计划中如果中考考得好,首先要买一部手机(Samsung Anycall 6700c 或者 Nokia 7230)庆祝一下,然后一定要买一台 iPod Touch 3(32G)。如果妈妈同意的话,我还想买一台 iPad。我现在发现 Apple 这东西做得越来越好,如果价格能像在欧美那边卖得那么低就好了。我还准备买一部 Sony PSP-3000,暑假还准备学一下游泳,锻炼锻炼身体。如果我考上了安师大附中,我还准备买一辆捷安特自行车。在这里,我还有一点值得庆祝,我 qq 空间上一篇文章《初中的历程和那些可爱的人》被刊登在了班级纪念册上,虽然没有稿费,但我特别开心。

烦人的妈妈又在催我睡觉了,就此打住,以后再聊。

儿子:程越

二〇一〇年七月一日晚

附 爸爸手记:程越中考进行时

2010.6.14 阴 早晨偶有毛毛雨

昨晚程越 10 点钟睡觉,一夜睡得较好。早晨 6 点 45 分起床,吃了妈妈买的米线,7 点半爸爸妈妈送程越到田家炳中学考点。由于中考是孩子人生路上的一个重要的驿站,父母都很重视,为了避免给孩子造成太大的压力,一路说笑,我轻声叮嘱程越,考试字要写好,注意审题。7 点 40 分到考点,田家炳中学电动门紧闭,校门外考生和家长人头攒动,在焦急中等待,8 点准时开门,学生蜂拥而入,程越背着他那招牌式的书包,一路从容轻松地走进田家炳中学的大门,在这个青涩少年的心中,此时是否平静如水还是荡漾着怎样的波澜,我不得而知。2010 年芜湖市中考伴随着悦耳的铃声开始了,程越的未来怎么样,这是重要的一小步,我们全家将一起来面对。

按照事先的计划,我去菜场买菜、烧菜,樊利群负责外事和统筹。程越中晚餐菜谱:老鸭汤、蟹黄蛋、炒苋菜、炒蕹菜。上午考语文,下午考物理、化学,据程越反映不难,发挥正常,比较顺利,一切按最好的方向发展,全家心情不错。

一天综合表现:

妈妈:表面平静内心紧张,做程越心理疏导工作尽心尽力。

爸爸:喜欢制造一些紧张气氛,后勤工作保障有力,因晚饭迟 2 分钟受到程越妈妈的痛斥。

程越:考试正常,和妈妈散步谈心,表现优秀。

2010.6.15 晴

程越昨晚看了半个小时数学和政治、历史,收拾了第二天要带的考试工具,看了1个多小时电视,10点多准时睡觉,全家熄灯。但程越始终无法入眠,深夜1点多起床嚷着睡不着,要吃方便面,情绪激动、暴躁,妈妈安抚,为程越泡方便面,爸爸想发火但强忍住了,程越吃完方便面大约半个小时后入睡,程斌大约凌晨3点钟入睡,樊利群几乎一夜无眠。今天早晨程斌和樊利群商量让程越多睡一会儿,7点10分起床,程越由于晚上没睡好,胃口比较差,勉强吃了一点米线喝了一点牛奶,就走上了考场。也许是有预感,2010年中考数学可能比较难,程越发挥不理想,中午程越吃饭没有胃口,全家也比较沮丧。下午经各方打探,确认这次中考数学的确比较难,全家的心情才由阴转晴,渐渐好起来。下午的历史和政治程越感觉考得还不错,我们也尽量引导程越从数学失利的阴影中走出来。

程越中餐菜谱:老鸽子汤、韭菜炒芽菜、锅巴皮炒青椒,晚餐加了一个凉拌西红柿、五香蚕豆。

一天综合表现:

妈妈:焦虑,有一点沉不住气,在爸爸疏导下故作若无其事。

爸爸:热心后勤保障,不管家庭人员如何表现,总是乐呵呵的,当然这只是表面伪装,内心深处还是有点紧张和担忧。

程越:上午考试结束后有些垂头丧气,晚上心情渐好,初步判断可能顶住了考试紧张的压力。

2010.6.16 端午节 晴

中午全家在小柴门酒店308房间共度端午节,为程越庆祝中考结束。

(中考结局:程越以720分的成绩,被安徽省示范高中安徽师范大学附属中学录取,如愿以偿,初步实现了自己人生第一阶段的梦想。)

19 君子之交:我和金礼福校长的创造教育情

金礼福校长这个名字,在芜湖市教育系统听起来已很陌生。他是怎样一个人呢? 在金礼福老师的个人管理平台,有这样一段关于金礼福老师的介绍:

上海市特级教师、中学高级教师、中国创造学会理事、中国陶行知研究会常务理事。致力于小学创造教育研究近30年。曾任闸北区和田路小学校长,上海市小学创造教育研究所常务副所长。长期研究小学生创造技法教育。主编的小学生创造技法训练的教材曾在全国十多个省市推广使用,有关研究获得全国一等奖。致力于陶行知创造教育理论研究,努力发掘陶行知创造教育理论的现代价值,改革课堂教学,承担陶研会"十五"、"十一五"全国重点课题的研究任务,研究成果已正式出版。主要编著有《发明一定有方法》、《创造天地》、《儿童创造》、

《放飞》等。

2004年《上海教育》评选年度人物时，金礼福校长作为“创造教育专家”，光荣地成为16位提名者之一。金校长自1980年起就与“创造教育”结下了不解之缘，正是由于他对“创造教育”锲而不舍的研究，才使他从一位普通教师成长为上海市知名的特级教师。据我了解，金校长1980年刚开始接触创造教育时，在上海基础教育界还是一位默默无闻的人。正是他在闸北区和田路小学扎实实践创造教育，才使他在人才济济的上海教育界脱颖而出，有了许多人生道路上的第一次：1981年第一次在刊物上发表教改经验；1984年第一次在全市教学比赛中获一等奖第一名；1991年第一次在全市干部大会上演讲；1995年第一次举办金礼福创造教育思想研讨会；1999年第一次在上海电视台作创造教育讲座……

金礼福校长既是一个充满激情的理想主义者，深信创造教育改革必将成功；又是一个善于思辨的现实主义者，认识到创造教育任重道远，还面临着许多艰难。他对创造教育的研究是与时俱进的。最初，他以小学生创造技法的训练为切入口，孜孜不倦地追求其规律，他把前任校长的“和田创造十二技法”加以系统化、具体化，并构建出创造技法训练的教材《发明一定有方法》（上海远东出版社）。教材不但提供了大量操作材料，还归纳出了“一个序列，两种模式，三个层次，四项原则，五级评价”的理论框架。该项研究被评为“综合实践课研究成果”全国一等奖，还被天津科技翻译公司吸收而成为全国综合训练材料六大系列之一，在全国多个省市推广。

1990年起，对陶行知创造教育理论的研究使他的教科研进入到一个崭新的阶段。他从陶行知对创造教育众多论述中，归纳出六大观点、八种模式及若干种微观技术，使陶行知理论的现代价值在他的研究中得到充分的体现。他在二十多年的研究中，逐步完成了三个飞跃：从重视学生小发明、小创造到注重学生自我潜能释放的飞跃；从注重课外活动到向课内延伸的飞跃；从偏重于实践到实践与理性思考相结合的飞跃。他撰写或主编的《播火》、《创造教育二十年》、《金礼福创造教育研究文集》、《创造天地》等著作充分体现了三个飞跃的历程。其后，他又进行了小班化研究，是上海最早的“吃螃蟹”者之一。

他担任上海市小学创造教育研究所常务副所长以后，更是专心致志地投身创造教育的研究。他针对教育的现状，发表了《创造教育在基础教育阶段存在方式的研究》一文，提出了五个观点，引起了学术界的重视，充分展现了一位来自一线教师的真知灼见。金校长的研究突出理论与实践相结合，注重引导教师把理论的认知转化为实践操作。这种特色和风采在他主编的《上海创造教育通讯》及《放飞》等专著里都有充分展示。创造教育的研究成果，也使他拥有了一定的学术地位，他是中国陶行知研究会小学专业委员会的副主任、中国创造学会理事、上海市陶研会的常务理事，他被上海师范大学与中国陶行知研究会联办的陶研中心特聘为研究员。

在我的记忆中，我与上海市闸北区和田路小学金礼福校长真正相识于2004年9月23日，是在江苏省吴江市召开的一次教育部陶行知研究“十五”重点课题会议上，会议的主办方是中国陶行知研究会。

金秋九月的吴江，天高云淡，风和日丽，神清气爽，总疑秋色是春色。从吴江汽车站到宾馆的路上，满眼落英，途经柳巷深处，小桥溪畔人家，给我留下了难忘的印象。在那个收获的季节里，我和全国各地的陶子一起，欢聚在吴江，共同学习、交流陶行知宏大的教育思想，探讨其对新世纪基础教育改革和发展的重大影响，共同分享学陶研陶心得，共同营造一个充满活力的精神家园。会议期间，在中陶会的安排下，我做了“运用行知生活教育理论，培养学生综合素质——‘陶行知生活教育理论与综合实践活动课程’研究报告”主题发言，受到与会代表、陶研专家的一致好评，有很多老师向我索要了联系方式。

这是我第一次参加中陶会组织的课题研究工作会议，在我的记忆中，那是一次学习气氛很浓、收获很大的大会。无论是大会主题发言，还是分专题小组讨论，与会代表参与活动的热情都很高，无论是小学、幼儿园的教师还是大学教授、陶研专家和知名学者，都平等相待，没有隔膜和障碍。休会间隙、外出参观考察学校的空档；我们还相互切磋，取长补短，各抒已见，共同探索实践陶行知教育思想的新途径。正是在这样一个民主、平等、学习、感悟、提高的会议氛围中，在当时中陶会秘书长管德明老先生的引荐下，我结识了仰慕已久的金礼福校长，并围绕小学创造教育和陶行知教育思想，和金校长有了一次彻夜长谈。就在那个月桂飘香的夜晚，我静静地聆听金校长在过去的20多年中，是如何铸造一个创造教育品牌学校的。他言真意切，信手拈来，其中甘苦听后让人唏嘘不已。

和田路小学始终以开发学生创造潜力为主攻方向，始终坚持把开展科技活动、普及科技知识作为引导学生全面发展的一项重要工作，采取集中与分散、校内与校外、讲座与制作、评比与竞赛相结合的方式，开展全校性的科技活动。在小发明活动中标志性的成果是徐琛等小朋友的发明作品获世界科技比赛金奖，推出了和田创造十二技法。学校每年都要举办“五小”活动（小考察、小发明、小制作、小实验、小论文），还设立了科学广播站、爱科学信箱，经常举办饶有趣味的图片、实验展览，介绍科技信息、科学家的事迹，用科学家勇于探索的精神激发学生的创造欲望。

在金校长眼里，每个孩子的资质相差并不大，但是学习环境给孩子创新精神的影响却很大，而创新精神是每一个孩子天性中潜在的固有的种子，在不同的环境中会结出不同的果实。所以，学校要给学生创造一个宽松的环境。正是基于这样的思想，和田路小学的校园文化建设最大限度地弘扬了创造精神。

为了使同学们更易理解和掌握创造技法，和田路小学将检核表法加以改造、提炼和通俗化,逐渐形成了“和田创造十二技法”,由于它简单、易记、实用,现在已经闻名全国。“和田技法”包括十二个“一”:(1)加一加:加高、加厚、加多、组合等;(2)减一减:减轻、减少、省略等;(3)扩一扩:放大、扩大、提高功效等;(4)变一变:变形状、颜色、气味、音响、次序等;(5)改一改:改缺点、改不便、改不足之处;(6)缩一缩:压缩、缩小、微型化;(7)联一联:原因和结果有何联系,把某些东西联系起来;(8)学一学:模仿形状、结构、方法,学习先进;(9)代一代:用别的材料代替,用别的方法代替;(10)搬一搬:移作他用;(11)反一反:能否颠倒一下;(12)定一定:定界限、定标准,能提高工作效率。“和田创造十二技法”是一种打开人们创造思路、获得创造性设想的思路提示法,曾在34个国家参加的国际学术研讨会上受到高度评价……

在那个秋天的夜晚,当年还是35岁的我,如痴如醉地倾听着金校长的教育演讲,全然忘记了时间的流逝和窗外远处秋风中叶儿飘落的声音,真想永远留住那个属于教育的浪漫秋夜。在吴江的几天里,我第一次记住了那桂花芬芳的秋香,那月明如水的秋夜,那绵绵细雨的秋水,如诗如画,一切皆因教育而美丽。

我第一次到闸北区和田路小学参观时,金礼福校长已退休数年,因而无缘见面。与大城市的许多小学一样,和田路小学是一所很精致的小学校,在车水马龙的大上海,毫不起眼。和田路小学以创造教育闻名遐迩,一直是我心中的教育圣地。学校的创造教育校园文化很有特色,我走上楼梯,便被楼梯上的“标语”吸引了,我们见过无数的校园墙壁标语,但内容往往缺少个性,形式雷同,而和田路小学一个楼梯一句 “创造格言”(“让创造成为兴趣”、“让创造成为习惯”、“让创造成为理想”)表达了学校师生对创造境界的追求,其字体造型颇有韵味。在楼梯转角处,我又流连于他们的抽象画,内容丰富、造型独特的“画”让我一目了然,细细品味又意蕴无穷,那种品位难以言表。时过境迁,据说现在和田路小学校园里,又别具匠心地设计了一个“星光广场”,把历届学生的创造小发明作品都做成雕塑镶嵌在玻璃框内,并注明作品名称、参加的比赛类型和获奖等级。

直到今天,我和金校长再无缘单独相处,见面的机会也只有屈指可数的几次,但每次向金校长请教教育问题,他都为我耐心指导。他给我寄来了他所参与编写的每一期《陶研之光》和上海小学创造教育研究所编辑的《上海创造教育》。这些报纸和杂志,反映了上海教育一个区域内的最新动态,原汁原味地介绍了古今中外论述创造的名篇,以一个大都市的视角记录世界各地研究创造的成果,展示上海教改前沿实践创造的经验,解答一线教师尝试创造的疑惑,这对于一个身处中国中小城市,曾经对创造教育孤陋寡闻的我来说,是多么弥足珍贵。

下面是最近两年金礼福校长寄给我的热情洋溢的信,全信照录,以飨读者。

程斌校长：

您好！

昨天我到学校，又见您寄来的茶叶，真不好意思，谢谢！

我去年4月已到65岁，正式办理了退休手续。现在创造教育研究所的工作已移交给别的同志。原来每期寄给你的那本《上海创造教育》杂志，新接手的同志也不想出了。我空下来除带带小外孙外，就到区陶行知研究会走走，帮点小忙。办公室还在原来的地方，只是偶尔去坐坐。

今年4月初，中陶会在南京为陶行知先生扫墓，并举行四届四次常务理事会。新会长朱小蔓到会讲了话，韩邦彦同志年事已高，常务副会长一职已由杨东平教授接替。

方明同志去世后的时代开始了。希望学陶事业在中华大地继续蓬勃开展。我们这一代人也老了，希望就在你们这一代人身上了！

有机会到上海来，一定来找我！

愿你在教学中取得更辉煌的成绩！

金礼福

2009.5.25

程斌校长：

你好！

我今天到区陶研会办公室，看到你寄的信和茶叶。你这么有心，使我不好意思，谢谢！

你提出的学科渗透德育问题，我在以前的文章中已有过阐述，现在离开一线教学已多年，现把我过去的观点重述如下：学科德育的最上乘境界在于潜移默化，应该如春雨般润物细无声。要达到这种境界需要教师付出艰辛的努力。其中关键在于教师要有强烈的育人意识。有了这个意识，就能在教学中捕捉到可以对学生进行德育的时机，使道德熏陶与语文训练水乳交融。相反，如果教师缺少这种意识，就算很显性的德育机遇降临，教师也会与之擦肩而过，或因处理失当而陷入毫无实效的说教之中。学科德育的"润物细无声"还体现在教师的身教上，如教师严谨的治学态度对学生的良好影响。还是著名教育家陶行知先生说得好："知识与品行分不开"，"做人做事与读书分不开"，"教育与训育分不开"。

另外，今年5月底，中陶会在上海召开了五届理事会，安徽来了十位代表。原安徽政协领导陈瑞鼎这次当选为中陶会副会长，安徽还有何炳章等陶研能人，加上你等一批年轻有为者，安徽的陶研工作必将红火！

你什么时候来沪观世博？如来沪，我们又可以一叙了！

此致

敬礼!

金礼福

2010.6.16

花白的头发,慈祥的面庞、高大挺拔的身材、充满睿智的眼神,略带上海口音的普通话,这就是我对金礼福校长的印象,并将永远定格在我的脑海中。唯一的一次关于创造教育的彻夜长谈,清茶一杯,让我与金礼福校长相识、相交,难相忘。

20 行知路上:追忆管德明老先生二三事

从20世纪80代中后期,到整个90年代,管德明先生一直是芜湖市教育系统学习陶行知的实践楷模和精神领袖,但我很少有机会接触到他,只是远远地看着他,很仰慕。直到1998年7月20日在南京实验国际学校(中学部),参加由中国陶行知研究会与江苏省陶研会联合举办的全国第三届中青年陶研骨干培训班,我才第一次真正较全面地了解陶行知,认识管老,对陶行知的崇拜之情油然而生,在芜湖市陶研会原秘书长程可芳先生的耳提面授、竭力举荐下,我积极投身陶研,有幸成为管老陶研队伍里的重要一员。

在管老送给我他的自传体论著《烛花》中,我了解到:管老是安徽霍邱人,1951年由安徽大学分配到芜湖市文教局任科员,1954年调到芜湖一中,先后工作20年。“文革”后期调到芜湖市十二中工作6年,后筹办芜湖师专。1982年秋起任芜湖市教育局局长、芜湖市教育委员会党委书记兼副主任(主持工作),并先后兼任中国农村教育研究会会长、中国陶行知研究会秘书长、安徽省陶研会副会长、安徽省教育学会副会长、芜湖市陶研会会长、芜湖市教育学会会长、芜湖市关心下一代工作委员会副主任等。在“文革”中,管老历经芜湖教育的风风雨雨,几上几下,教育路途坎坷崎岖,备尝艰辛。“文革”之后,管老全面主持芜湖市教育局工作,意气风发地为恢复振兴全市教育而忙碌。他总是那样满怀信心。后来管老全心全意地追随中国陶行知研究会会长方明老大哥,为学陶师陶、改革教育而奔走四方,令人钦羡。

一

南京,古城7月,烈日炎炎,犹如火炉。

1998年7月20日,受管老的邀请,我怀着虔诚的心情,来到了陶行知生活教育的发源地——南京,参加全国第三届中青年陶研骨干培训班。这是我第一次比较全面地了解陶行知伟大的教育思想和那一群热衷陶研事业的人。6天时间我终于完成了自己对陶行知教育思想的最初启蒙,仿佛凤凰涅槃般点燃了我终身从事陶研事业的火种,我投身陶门,成为一名虔诚的现代新陶子。

在我的教育生涯中,我参加过很多国家级的培训班,大多已随着时间的流逝而渐渐淡忘了。只是那次不寻常的陶研培训,让我至今记忆犹新,现在想起那一场场令人振奋的报告还仿佛就在昨天,那一位位面容慈祥、至真至诚的老人还不时在我眼前浮现。

中陶会会长方老的讲话,情真意切,对学邓师陶和强化陶研实验提出了具体的要求,指明了全国陶研工作的方向;屠棠教授、梅汝莉教授的阐述,在浓郁的学术氛围中,向我们展示了学邓师陶对推动素质教育和提高师资队伍的独特功效;胡晓风先生的报告,立足教育科学最前沿,论知识经济时代的生活教育,在烈日炎炎的盛夏如一股凉风扑面而来;张健先生的报告言简意赅,勾勒出了21世纪人类教育发展和改革的基本态势;还有江苏省教科所袁金华所长的教科研报告、南京市江浦县行知小学校长杨瑞清的赏识教育的发言等,都使我们受益匪浅。除了精彩的报告,最令我感动的是这些学陶老人的精神。7月20日下午,胡晓风先生刚从医院出院,带着一大包药品就赶到培训班现场,将其几十年研究陶行知的心血传授给学员。7月21日下午,年近80的张健老先生,不顾旅途的劳累,仍抱病登台开讲。在学习之余,我们还参观了五里行知小学、陶馆、晓庄师范,拜谒了陶墓,参观了南京大屠杀纪念馆、雨花台烈士陵园、梅园新村、熙园等。

六天中,我聆听讲座,体会精神,讨论交流,收获颇丰。即兴撰写了一篇培训心得《高举一面旗帜,围绕两个中心,做好三项工作》,将我培训的主要收获和由此引发的今后学陶研陶思路进行了梳理,大致摘录如下:

高举一面旗帜——学邓师陶。方明同志说,学邓师陶相结合,这样有利于把学习邓小平教育理论引向深入,有利于切实贯彻科教兴国的战略。这是因为:其一,陶行知教育思想与邓小平教育理论观点完全一致。其二,邓小平是中国改革的总设计师,他不可能涉及教育的具体方面,而陶行知一生主要为改造中国教育而奋斗,不仅有完整的教育理论,更有全面的教育实践。在学习邓小平的教育理论的过程中,借鉴陶行知的教育思想是十分必要的。

围绕两个中心:教育改革和可持续发展,知识经济时代的生活教育。21世纪的教育要向人的一生两头延伸——它的起点,要向胎教、零岁开始,它的终点要延伸到老年,全民实施终生教育,真正做到"活到老、干到老、学到老"。而知识经济时代是现代化的发展趋势。陶行知早在60多年前就预见到知识的重要性,但对知识引起如此重大的变革却始料未及。现代陶行知要立足做长久的现代人,在川流不息的现代化的过程中为创建一个新的文明而奋斗。我们只有在参与知识经济时代的生活中学习知识经济。胡晓风同志认为,迎接知识经济时代和普及大众终生创业教育是一件事,而不是两件事。

做好三项工作:继续做好陶研实验,在知陶、学陶的基础上,积极开展范罗山小学陶研实验。狠抓教师素质，我们将组织广大教师学邓小平理论和陶行知的生活教育思想，树立现代教育价值观，形成教师自我发展的内驱力，以“三个面向”和“科教兴国”为指导，提高教师的人文素养，懂得健康精神的价值，提高教师自然科学技术和“语言”素养，树立创造和开拓的精神，使之具有创造的本领。构建范罗山小学跨世纪行知工程，每年举办一次“行知节”与素质教育成果展示活动。

就是这么一篇充满着年轻人热情、幼稚的短文，当我惶恐不安地交给管老后，管老连夜进行了阅读，并对文中多处进行了认真的修改，第二天在培训的空隙专门和我进行了交流，敦厚师长的希冀之情溢于言表，我敬畏胆怯的心理也顿时烟消云散。培训会结束后，我意外地得知我的这篇文章将被收录在《学邓师陶，促进全面素质教育》（全国第三届中青年陶研骨干培训班文集）中。这对一个初入陶门的人来说，是莫大的鼓励，既是幸运，更是弥足珍贵的记忆。

二

在管老的带引下，我走近了中国教育巨人陶行知先生。领略陶先生的教育生涯，便有一股浓郁的中国气派和生活气息扑面而来，令人感到格外朴素亲切而又富有鲜明的时代感。在管老的督促下，我通览了陶行知教育巨作《陶行知文集》，使我发自内心地感到陶行知的伟大，感受至深的教育遗产是他的生活教育理论：“生活即教育，社会即学校，教学做合一。”我全心全意实践着陶行知先生生活教育的思想，顺应时代潮流，走特色办学之路。恰好这时，大约在2003年年底，学校正在争创安徽省特色示范小学，我们想把范罗山小学这么多年在特色教育方面的探索、耕耘做一个总结，结集出版一本反映范罗山小学特色发展之路的专著，由合肥工业大学出版社出版。完稿之后，我们想找一些教育界名人题词，以扩大这本专著的影响，由于我是陶门弟子，我很想请当时的中陶会会长方明题词，因为方老对传统文化很有研究，而且写得一手令人称绝的字。但苦于求书无门，我知道管老和方老在陶研路上情同手足，我抱着试试看的心态，写信向管老求助。写信之前我忐忑不安：自己作为一个刚入陶门的后来人，管老事情很多，当时人又在深圳，方老在北京，时间很短，不知管老是否愿意提携范罗山小学这样一个小学校。没想到管老满口答应，并很快有了结果。两个星期后，我就收到了管老的回信。

程斌校长：

你好！

家莲同志的来电，你的来信，先后收到后，即与方老联系。他老人家已87岁高龄，近来身体略有不适，但为你校索要的题词还是及时写好。现将两份原件寄去，由你们自己选定。若可做个别技术处理，可各取所长。

方老和我都殷切希望你以陶为师，坚持不懈，与时俱进，不断创新，将这一正确的改革之路一直走下去，为推进小学教育教学改革，为创建有中国特色的社会主义教育实践做出更加突出的贡献，在学习陶行知先生方面为全国再创造出一些新的经验。

最好，将方老的题词给胡平平同志（注：时任安徽省教育厅副厅长）、陈旭东同志（注：时任芜湖市教育局局长）、何蔚（注：时任芜湖市教育局副局长）过目，他们的序和文稿要实事求是地反映你们学陶、师陶、研陶的历程和成果。陈旭东同志若有可能，再写二序更好。

中陶会承担的"十五"国家重点课题，可考虑反映你们的研陶成果。此事再联系。

附：你寄来的一百元邮费，退还，请理解我做人的原则，谢谢！

你们若还需要《烛花》，请去合肥时到合工大出版社拿两本，我已与该社管贤禧总编说过了。

祝工作胜利！

管德明　匆草

2003.6.21 于深圳

拿着管老的来信和方老的两份亲笔题词，我在感到异常兴奋的同时，也深深地感到一份沉甸甸的责任，更感到了两位老前辈对我们新一代教育工作者的殷切期望。

2004 年 3 月，我领导范罗山小学争创安徽省特色示范小学一结束，我就忙里偷闲，给管老回了一封感谢的信。

可亲可敬的管老：

您好!

很长时间没和您联系，非常想念，不知近来身体可好？首先非常感谢您为我校索取的方老的题词，为我校的专著增色不少。另外，上次您回芜给我校捐款赠书，让全校师生受到一次教育，您朴素的教育情怀和对芜湖教育的不尽关爱，必将激励我们坚定不移地沿着陶行知先生所指引的方向前进。

关于您交代的将方老的题词向胡厅长汇报一事，年前我和新芜区教育局杨永平局长专程到省教育厅向胡厅长做了汇报，胡厅长听后比较满意，鼓励我们要克服现有的困难，继续满腔热情地走特色发展之路。陈旭东局长、何蔚副局长看到方老的题词也非常高兴，让我替他们向您问好，并让您注意身体，祝愿您健康快乐！

从大年初八开始，全校上下就为争创省特色示范小学做准备，安徽省特色示范小学评估专家组于 3 月 2 日到 3 日到我校检查，给予了很高的评价，符合安徽省特色示范小学评估标准,将报省教育厅研究认定。在紧张、有序的一天半检查中,学校处处洋溢着感动,我们的感受也很多,真是一言难尽。这期间我们所走过的每一步,都凝聚着您的睿智和孜孜不倦的教诲,在此让我代表范罗山小学全体师生向您表示最诚挚的谢意,并祝您健康长寿、全家幸福安康!

另:随信寄给您我校最近编印的部分成果和合工大出版社出版的专著两本,希望得到您的指导。因不知方老的详细地址,赠给方老的书还想麻烦您代为转送,我们将不胜感激。

顺致

春安!

芜湖市范罗山小学　程斌

二〇〇四年三月

三

最令我遗憾的是在管老病重期间,未能抽出时间去看望他。我与管老最后一次见面是在 2003 年 10 月 30 日。我从芜湖市陶研会程可芳秘书长处得知管老从深圳回芜湖,便邀请管老到范罗山小学看看,顺便给学校发展把把脉,给青年教师讲讲陶行知的思想和全国各地教育的发展。管老不顾旅途劳顿,欣然前来,并给我带来几本他的专著《烛花》。当天管老的心情很好,看到范罗山小学的发展,特别是在学陶方面的成果,非常欣慰。快放学了,许多老师已经离开,他在我的办公室还和我聊了很久,问我现在教科研的情况,给我很多鼓励。围绕《烛花》,和我谈了他的坎坷经历,谈了他为什么始终乐观向上,最主要的是他不断看到了他培育过的众多学生成人成才,为人民出力,为国家争光,他拥有了欢乐心情,就可以排弃一切。再者,他还有幸在一生所从事的各种工作中,遇到了许多很好的领导,这些老共产党员,对他给予了充分信任、支持和关怀,为他排忧解难,给他以力量。就管老自己来说,他一直遵循着“做人贵在真诚,做事一定认真”的人生信条,一生清白,两袖清风,所以他总是乐观而自信。他劝导我范罗山小学虽然现在条件很艰苦,但这是暂时的困难,不要泄气,沿着陶行知的正确道路走下去。他还告诉我他的专著为什么起名为《烛花》,因为人们常把教师比喻为蜡烛,燃烧了自己,照亮了学生。记得从小在农村点燃蜡烛时,每当看到烛心结成了花状物(烛花)时,就感到高兴。所以他把这个小册子定名为《烛花》,表示虽为学生点燃了生命,但始终是高兴的!临别时,他在赠给我的《烛花》上题词“积极发扬行知思想,一定办好特色学校”。并答应我下次回芜湖一定再到范罗山小学看看我们的发展。一个 70 多岁的老人,不顾身体的疲劳,和我谈到天色已晚才依依惜别,我想请他吃个便饭,却被管老一口拒绝,理由竟然是我们学校经济条件差,和我谈谈教育问题很开心,一个老人晚上不能吃太多东西,不要破费了。这竟然成了我和管老的最后一面,管老的题词也成了他对我最终的嘱咐。

四

2005年5月19日中午,我正在吃午饭,突然听到管老在北京辞世的噩耗,顿时感到无比惊愕。作为管老陶研路上的追随者,我不愿意相信那是真的,却又不敢立即致电管老在深圳的家中来求证消息的真实性,我一时无语,后来通过中国陶行知研究会的官方网站我才正式确认。我陷入了悲痛之中,一时无法自拔。乐观开朗精神矍铄的管老,怎么说走就走了呢? 觉得应该写点东西,但每当拿起笔来,脑子里有千言万语,却不知如何下笔。在管老辞世3天之后,我接到芜湖市陶研会程可芳秘书长的电话,通知我5月26日上午,在安徽师范大学夜大学四楼,召开缅怀管德明同志座谈会,我答应并提前到达会场。

当天的座谈会会场寂静肃穆,管老的遗像悬挂在会场中央,两旁的挽联"终生从教宠辱不惊无私奉献做红烛,暮年师陶沉浮自扬甘愿化泥获春花"是管老一生献身教育的真实写照。我噙着泪水,在管老的遗像前深深地三鞠躬。他的"捧着一颗心来,不带半根草去"的教师职业精神,他的"爱满天下,无私奉献"的金子般不老的童心,他的"提携后进、热心陶研"的全局意识,他的"一身正气,两袖清风"的高尚品格,成为我值得永远珍视的精神财富。

应邀到会的有市陶研会常务副会长薛天云同志、市陶研会副会长杨克贵同志、市陶研会原副会长葛友华、何荣铨、王家胜、毛传俊、张德贵、吴道昌等同志以及方方面面的代表20多人。其中,既有两鬓苍白的学陶老人,又有意气风发的教坛新兵,既有他的学生、同事,又有他的陶研弟子,更有他的亲朋好友,每每忆起管老生前二三事,均热泪盈眶、哽咽难语。

原芜湖市镜湖区人大常委会常委汪德慧曾深情回忆:管老退休以后继续发挥余热,尤其是积极宣传推广陶行知教育思想,用陶行知的"爱满天下"精神和"教学做合一"、"六大解放"等生活教育理论和教育实践来指导我们芜湖市镜湖区实施素质教育,为此他老人家在我区倾注了大量心血,与我区的行政人员、教师结下了深厚的友谊。1994年8月芜湖市镜湖区举办校长培训班,他为我们特地请来了省陶研会王光宇老领导做指导,给我们鼓舞和勇气。1994年9月1日芜湖市镜湖区正式启动一轮六年的素质教育实验,成为全省第一个素质教育实验区,他亲自指导我们构建素质教育目标,制订实施方案,构建三大课程,一个一个学校召开现场会,帮助聘请安师大教育系专家来现场点评。1995年10月安徽省教委和省陶研会在芜湖市召开全省素质教育现场会,让我们镜湖区有机会重点汇报、重点展示,并得到全省教育界的领导和教师代表的一致首肯,使我区进一步较好地全面贯彻党的教育方针,实践陶行知教育思想,全面提高教育教学质量,从此镜湖区的教改、教科研走上了良性循环之路。

大家在深情的讲述中，表达了对这位可亲、可敬、可爱、正直、智慧、豁达、刚强的教育老人的无尽哀思和崇敬。会后，大家依依不舍地围在他的遗像旁，合影留念，大家选择这样的方式永远缅怀我们追随多年的陶研路上的引路人！

斯人已逝，霞光满天。在我的记忆中，管老个子不高，走起路来昂首挺胸，印象最深的是老人那爽朗的笑声。自称走路有点跛，是“文革”时受迫害所致，但管老毫无怨言，始终以一种昂扬的斗志，致力改革，勇往直前，为芜湖市的教育事业呕心沥血，乐在其中。现在管老走了，他的道德文章、为人处世原则和“以陶为师奉献余生”的激情，给我留下了极其珍贵的精神财富，我要潜心学习、永远铭记。

夜已深，我从对管老的回忆中走出来，一曲班得瑞的《追梦人》从电脑中传出来。我喜欢这首歌，每次都能感受到整个人仿佛被带到了一片澄澈空灵的世界，我的心也被它融化了，融化在白雾蒙蒙的山林，融化在淙淙流淌的溪水，融化在细风款款的绿野，融化在悠游自在的云间……如果管老在天有灵，我诚邀管老能和班得瑞的歌声一起陪伴我游历大江南北，永远和我们在一起，走在充满生机的行知路上！

第三辑

教育梦想

理论上的思考与言说

教育的梦想，在于时时可以从痛苦的阴冷角落里启程，走向花团锦簇的远途，走向没有遗憾的未来。即使千帆过尽，还有满载希冀的第一千零一艘船。虽然教育催人老，但在颜回那里，却把其人生演绎成“一箪食，一瓢饮，在陋巷。人不堪其忧，回也不改其乐”。平凡，简单，清欢而热烈，这也许是办学者的匠心独运，也许是教育的一种诗意和境界。

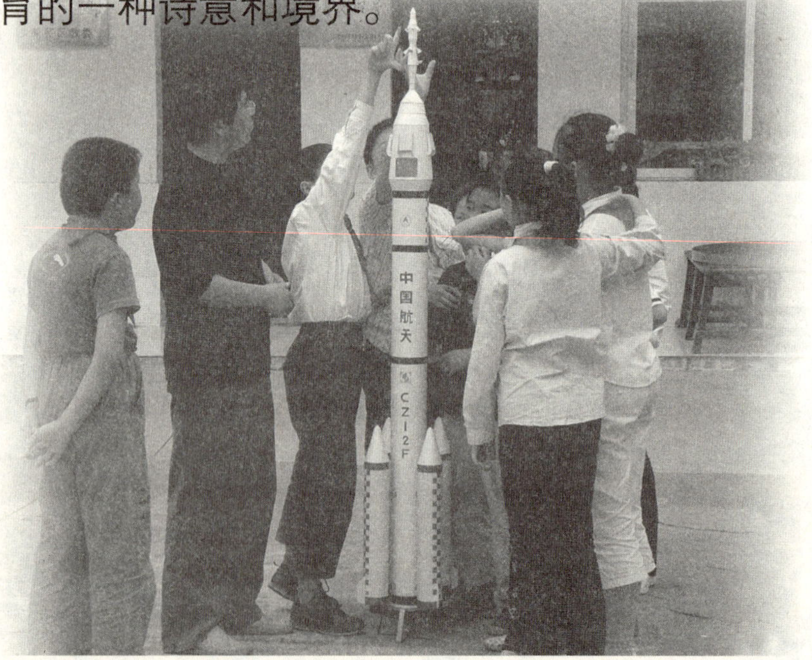

创造教育践行

1 实践行知思想,多渠道开发小学生创造能力

安徽省芜湖市范罗山小学原来是芜湖市一所薄弱学校,占地面积小,硬件设施非常薄弱,学校经过多年的艰苦实践,初步构建了具有校本特色的小学创造教育整体改革运作模式。模式以陶行知创造教育思想为指导,以“学会求知和学会创造”作为对学生教育的突破口和基本目标,以“减负增效”作为实验的标志性指标,立足实际,以校本管理、校本课程、校本培训为依托,从儿童自身发展的实际出发,充分开发学生的创造潜能,整体优化教育教学结构,多渠道开发小学生的创造能力。教育科研拉动了学校的教育教学改革,学校由一所薄弱学校办成了市内知名的科技活动示范学校。2000年、2002年连续两年获芜湖市办学水平督导评估优秀等级,2004年3月通过安徽省教育厅专家组的评估验收,成为安徽省首批特色示范小学(科技创造类),学生入学人数逐年提高,吸引了社会的广泛关注,提高了学校的办学声誉和教学质量。

一、理论探析

多渠道培养小学生创造能力实验,是一项探索性极为复杂的研究工程,必须精心设计,周密规划,所以,在选定实验项目后,我们集中精力,放在对创造教育的理论探析和内容的筛选与建构上。我们试图从知识、思维、活动、人格等几个重要环节入手,区别不同年级学生的不同特点,注重训练的层次性和阶段性,在训练内容上,突出针对性和逻辑性,尽可能显示独特的结构价值意义。

(一)必要的知识是学生创造的前提支撑

就某一发明创造过程而言,知识可划分为两类:一类是直接与发明创造有关的知识,另一类是使发明创造得以顺利进行的基础性知识。没有前者,创造活动便不复存在;而没有后者,创造活动赖以进行的知识便成为无源之水、无本之木。有利于创造性发展的知识结构应当包括条件性知识、策略性知识以及本体性知识三大块。条件性知识是指创造主体所具备的各门学科创造活动的准备前提、条件,对学生而言,就是他们在学校教育中感受到的教育成果。策略性知识是为弥补基础知识对创造力发展的阻碍而设置的,它是一种元认知策略,是对知识运用的把握与调节的知识。本体性知识是指有关科技发展创造的特定知识,如各种创造技法、各种工具的操作与使用等。本体性知识直接与当前所从事的创造活动发生联系,是从事各类创

造活动的必备条件。

在以上三种知识中,策略性知识起调节、监控、发散、创造的作用。因此,开展创造教育必须提高学生策略性知识的水平。真像陶行知先生所言:“要用活书、活用书、用书活”,“要用活书去生产,用活书去实验,用活书去建设,用活书去革命”……当人们将书本作为工具去实践后才会领悟到策略性的知识。当然,从事科技创造活动,不能仅仅满足于获取有关学科领域的知识框架结构,还必须了解相关的操作技能知识。

(二)思维是学生创造的核心灵魂

陶行知认为,思维是人脑对客观事物间接的、概括的反映,是人的认识的高级阶段。一切发明创造必须依赖于人脑对客观事物本质和规律的认识,一切新的科学发现都是思维活动的成果。

多思出灵感,一个人的创造火花往往是在思维的基础上萌发的。一个人的创造心理发展也一定依赖于其思维能力的发展水平。因此,促进学生创造心理的发展,首先必须了解学生思维发展水平,训练学生的思维品质。通过对学生思维品质尤其是创造性思维品质的培养,能达到使学生思路更加灵活、视野更加开阔、想象更加丰富,敢于质疑。

创造性思维是指人在提供新颖的、具有社会价值的产物的创造性活动中所进行的思维。它是人类思维的高级过程,具有极其复杂的结构。一般认为,创造性思维需要多种思维方法和逻辑模式的综合运用才能产生。创造心理素质结构中,创造性思维具有举足轻重的作用,创造性思维水平越高,其创造性就越明显,而创造性思维能力的高低又取决于人的思维方法的运用和思维品质的优劣状况。因此,加强创造性思维训练,就必须从思维方法的灵活运用、强化训练入手,如集中思维法、横向思维法、直觉思维法、灵感思维法、组合思维法等。为使训练更有效、更具有针对性,挖掘和开发学生内在的创造潜能,对学生进行创造技能、技法的训练也是十分必要的,如检查提问法、类比模拟法、移植发明法、聚集发明法、希望点列举法、智力激励法等。

(三)人格是学生创造的动力

创造的本质在于求新、求异,在于超越和发展。因此,创造者的思维意识、人格特征必然地作用于创造发明过程。同时,任何创造过程都不是一蹴而就、一帆风顺的,往往表现为同困难作斗争、与陈腐决裂、与权威抗争、战胜自我的过程。这其中,非智力人格因素无疑起了很大的作用。

陶行知一贯提倡创造时要有“大无畏之精神及金刚之信念与意志”,提出“不怕辛苦,不怕疲倦,不怕障碍,不怕失败”,“将试验精神,向那未发明的新理贯射过去”。

研究表明,强烈的创造兴趣和动机、炽热的创造情感和坚强的创造意志是顺利完成创造活动必须具备的条件,是促进学生创造能力形成与发展的强大动力。因此，在开展创造教育中，应该纠正重创造性思维、轻创造个性培养的“重智轻德”的偏向，重视学生创造人格品质的培养。

对学生进行创造人格训练主要包括创造动机、创造兴趣、创造情感、创造意志四部分。

创造动机是推动科技创造者进行创造活动的内在原因，是发动与维持创造性活动的心理倾向。培养学生的创造动机必须从树立远大的理想和抱负入手，激发学生的好奇之心，利用学生的好胜心。

创造兴趣是积极探究事物的认识倾向，是创造活动的催化剂。成功的过去经验、良好的情绪体验、有益健康的活动形式都可以激发学生的创造兴趣。

创造情感是使创造者迷恋于创造活动的心理体验。一般来说，对创造活动的巨大热情，既来源于创造者对生活的热爱，又来源于创造者对创造内容的深刻认识。

创造需要意志。意志是人自觉地确立目标，并按照目标调节支配自己的行动，从而克服困难，实现目的的过程。培养学生的创造意志，首先就必须有接受创造活动中的困难和挫折的准备和勇气，要能正视它们，并想方设法去克服它们。

总之，强烈的创造欲望和动机，则可以激发学生的创造性思维和想象，开阔视野以达到另辟蹊径、自我发现之目的；浓厚的创造兴趣，可以产生新的设想和猜想，对创造活动起着催化剂的作用；良好的创造情感体验和坚强的创造意志品质可以使曲折艰巨的创造之路得以延伸，变得平坦。通过创造动机、创造兴趣、创造情感以及创造意志的训练，增强学生的创造意识，激发学生对创造活动的主动追求和独创性，最终促进学生创造心理素质的发展。

（四）活动是学生创造的源泉

同其他心理品质的发展一样，创造心理品质的发展也离不开活动，尤其是创造性的活动，它更是创造心理素质得以形成与发展的源泉所在。在活动中，小学生往往能接触实际，思考各种感兴趣的问题，并且通过思考产生新颖独特的观念。同时，通过活动中的实际操作，他们可能会发展自己的动手操作能力，制造出新颖独特的创造性产品来。

按照陶行知的“教学做合一”理论，就小学来说，活动就是“做”，在“做”中学，在“做”中教。

游戏对创造力发展的作用主要体现在科学游戏方面。陶行知当年提倡“玩科学的把戏”，认为“科学的小孩子是从玩科学的把戏中产生出来的”。

科学游戏就是用科学的态度和手段，帮助儿童认识生活中常见的自然现象，激发他们探究科学奥秘的游戏，也是儿童所喜爱的一项富有创造性的活动。在科学游戏中，他们必须运用自己所获得的知识，结合自己的所见所闻，按照要求（或创造任务）独立自主地完成作业。这既能够丰富儿童的自然科学知识，又能增强儿童动手操作的实践能力，同时对培养学生的兴趣爱好、情感意志都有重要的作用。在游戏材料的选择上，结构程度不宜过高，要让儿童有多种方式进行游戏的可能性。

在游戏的组织安排上，设置自由宽松的活动环境，广泛利用儿童的集体活动时间，让学生在一起互相启发、互相促进，从而撞击出科学创造的智慧火花；在游戏的内容选择上，注意更多地引导儿童参与探究性和实验性的游戏活动，引导儿童从日常生活观察中发现游戏内容，引导儿童结合社会发展需要和人类进步的需要，展开思维和想象的翅膀，动手操作，创造出新颖独特的思维产品。当然，也要适时注意从科学的角度规范游戏规则，以便从小培养儿童实事求是的科学态度和一丝不苟的科学创造精神。

科学考察活动和科学小发明、小实验、小论文等科技教育活动是小学经常开展的创造教育的重要组成部分，也是被实践证明颇为有效的创造教育活动形式。开展丰富多彩的科技创造活动，对于激发学生的创造兴趣、萌发创造意识、培养创造志向、活化创造知识、训练创造技能、发展创造能力，都是十分有益的。

开展科学教育，组织科技活动，又是沟通学校教育与社会生产，实现“科学、技术、社会(STS)”教育模式的桥梁。

二、建模操作

(一)小学“创新教育”目标体系的建构

学校在建模操作之前，明确提出了创新教育的目标，并努力处理好基础知识、基本能力的目标与创新教育目标之间的关系，力求体现现代心理学关于智力因素与非智力因素的培养，尤其要重视创新能力的培养，而且要优化学生的人格，注重学生创造人格的教育。为此，学校建构的创新教育目标体系包括创新能力素质与创造个性品质两个方面，双管齐下，协同培养(见表1)。

表1　创新教育目标体系

目标序列			目标要求
一级	二级	三级	
创新素质	创新能力	创新智慧能力	观察敏锐，想象丰富，思想深刻，解决问题迅速、流畅且独特。
		创新操作能力	懂得科技创造常识，善于重新组合与分解问题，有敏捷的动手操作能力。
	创造个性	创新意向水平	创造兴趣浓厚，有强烈的好奇心和求知欲，有远大的创造理想以及锲而不舍的钻研精神。
		创新人格特征	独立性强，认真细致，实事求是，不畏权威，敢于冒险，意志坚定，持之以恒。

学校进行创新教育的目的是构建一个智力因素与非智力因素统一、全面发展与个性特长统一的相互联系且相得益彰的目标体系。在此基础上，学校制订了学科课程开展创新教育的目标体系，活动课程、环境课程开展创新教育的目标体系，少

先队活动开展创新教育的目标体系，使全校形成以培养学生创新精神和实践能力为背景的多层次、多序列的创新教育目标工程。

(二)小学“创新教育”方法体系的操作

范罗山小学创新教育方法体系主要采用创新教育综合训练模式,即学科课程、活动课程、环境课程、创新教育辅助课程四位一体,相互策应,思索、模仿、操作、创新四种形式交叉进行,在努力营造浓郁的创新教育氛围的前提下,多角度、全方位地实施创造教育训练活动。

第一,立足课堂,重视学生对知识的自觉探求,努力探索、构建创新性的课堂教学。围绕创新教育的目标,教师在平时各科教学中注意开展创新性课堂教学研究。在长期实践中,初步总结出创新性课堂教学操作模型和六条主要实施策略:教学目标多元化策略、教学结构主体化策略、问题情境和创新意向相互交融策略、自行探究和创新能力协同发展策略、知识形成和创新智慧能力同步增长策略、创新人格特征全程化策略。参见图 1、图 2。

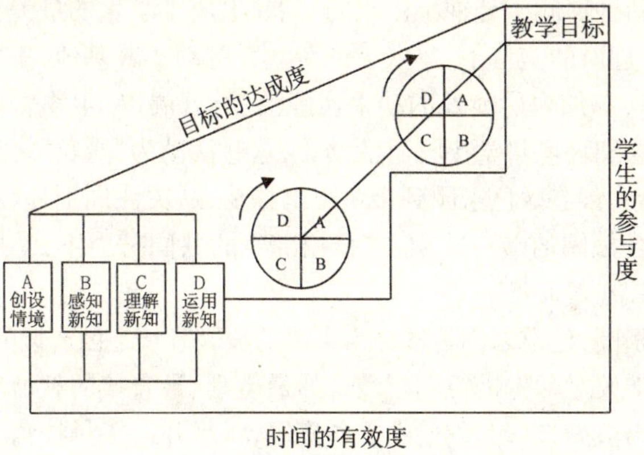

图 1　小学文科创新性课堂教学操作模型

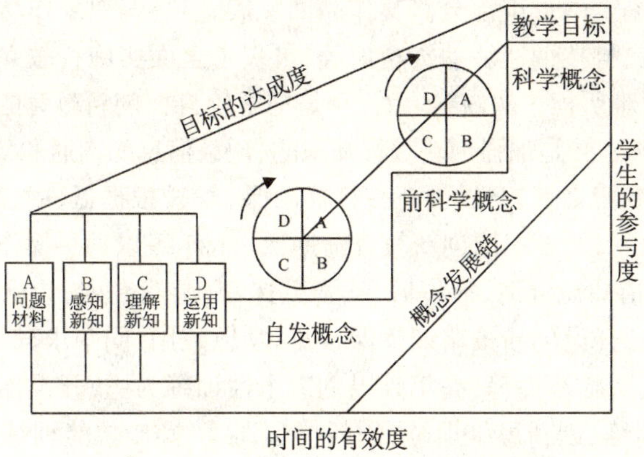

图 2　小学理科创新性课堂教学操作模型

第二,通过活动解放儿童的创造力,培养发挥儿童的创新精神。学校根据陶行知科普思想的精髓,以丰富多彩的科普创造活动为基础,以科技创新大赛、生物百项活动竞赛为激励机制,以少年科学院为主要阵地,以创造发明俱乐部、兴趣小组为主要形式,开展创新教育训练活动。学校筹建了安徽省第一家少年科学院,少年科学院下设一个创造发明俱乐部,十个兴趣小组,包括科技制作兴趣小组、航模兴趣小组、头脑奥林匹克兴趣小组、微机兴趣小组、动物饲养兴趣小组、天文观察兴趣小组、环境保护兴趣小组、科学实验兴趣小组、植物扦插兴趣小组、科技作文兴趣小组。学校定期举办科技节,开展形式多样、内容丰富的科普活动,如创意画征集评奖,班级、年级科技角最佳设计比赛,环保小卫士论坛,"绿色家园——青少年生物和环境科学实践活动"口号征集,小巧手科技竞赛,OM头脑奥林匹克竞赛,计算机网上遨游竞赛,四驱车系列大奖赛,部分班级还精心编排了科普短剧在全校展演。兴趣小组的科技小魔术、热气球升空、水气式火箭发射、弹射飞机表演、空中客车展示等活动,也深受同学们的喜爱。除此之外,每天早晨五分钟科普早餐,成了学生自觉的必修课;创新性课间十分钟小比武的开展,也成了学生的最爱。学校还在芜湖市鸠江区园林管理所的支持下,建立了创新教育劳动实践基地,不定期去学习一些植物的栽培技术,参加力所能及的动手实践活动,开展以"生物多样性与我们的未来"为主题的生物和环境科学小科研活动等,这些活动为"减负"之后的孩子们带来了充实的喜悦。从营造绿色家园到金鱼王国探秘,从关注周围环境的"环保一二三特别行动"到如今校园涌动科普潮,在全校师生的共同努力下,学校的创新教育活动正在蓬勃开展,方兴未艾。

第三,营造氛围,建设以创新教育为主线的校园环境。创造性的建设生活、学习和工作环境,是学校对师生进行创新教育的最生动、最直接的教材。学校对环境进行整体规划,突出渲染教育的创造性。各班级、年级开辟了科技角、创新角,学校开辟了创新教育展示橱窗、创意文选龙虎榜、创意画廊、师生作品陈列室、漫漫科普路图片展、精雕细刻全国省市部分获奖作品回顾展、丑小鸭快乐作坊作品展、双休日科普乐园作品展、科技创造活动资料展等,再现了全面实施科教兴校战略、创办科技特色学校的艰难历程。从内容上看,一是把学校科技创新教育的特色、目标以及成果及时反映出来,二是加强创新教育知识的普及、信息的沟通和传递。

第四,强化专门训练,开设创新教育辅助课。学校根据低、中、高年级学生不同的年龄特点和水平,开设三门创新教育辅助课。低年级以动手操作为主,开设科技创新训练课,包括知识港湾、故事城堡、智慧迷宫、游戏专列、快乐作坊等;中年级以创造学习为主,开设创新策略训练课,包括学以致用、同中求异、异中求同、突破定势、创造想象、手脑双挥等;高年级以创造个性训练为主,开设创造品质训练课,包括创造人格训练、创新思维训练、创新技法训练、操作技能训练、科技创造活动训练等。

三、成果及启示

(一)运用科学的测试手法对学生进行测试,实验班和对照班差异显著

本课题初步结果,由安徽省教育学会心理学专业委员会主任钱含芬副教授、安徽师范大学教育系葛明贵教授主持测试,并进行了技术分析,结论如下:

(1)创新教育训练促进了学生创造能力的发展。实验班学生的发散思维、聚合思维和创造想象能力均明显高于控制班,差异极为显著。

(2)创新教育综合训练促进了学生创造品质的优化。实验班学生后测的思维流畅性、灵活性、独创性和精密性明显高于前测,差异极为显著,而控制班则无显著差异,说明创新教育综合训练能有效地促进小学生创造性思维品质的优化。

(3)创新教育综合训练促进了学生学习能力的整体提高。测量的数据证明,实验班学生后测的液态智力因素(认知能力)及晶态智力因素(学业能力)都明显高于前测,差异非常明显。

(二)从学生获奖情况进行统计调查

实验班学生在全国、省、市、区组织的各项竞赛中均有多人获奖,其中国家级5人,省级18人,市级75人。学校由于科技活动普及、科技竞赛成绩突出,被授予安徽省科技活动示范学校,社会效果非常明显。

(三)师资队伍有了很大提高

通过实验,教师的科技意识增强,教学能力提高。学校组织编写的《创造心理训练》丛书(上下册),1999年6月由安徽大学出版社出版;教师撰写的论文刊登在《中国教育学刊》、《教育理论与实践》、《安徽师大学报》等杂志上;学校两项创造教育科研成果分别被评为"安徽省科研成果一等奖"、"山东省科研成果一等奖"。

(四)丰硕的成果吸引了社会的广泛关注,提高了学校办学声誉

《芜湖日报》、《芜湖晚报》、芜湖电台、芜湖电视台、芜湖教育台、芜湖有线台连续多次用较大的篇幅对学校科技、创新教育进行了及时准确的报道,如《小学校做大文章》、《减负增效、创新发展》、《让孩子拥有巨大的创造力——范罗山小学开展创新教育活动纪实》、《在科学的海洋里遨游》、《让孩子发挥创造力——范罗山小学科技见闻》、《"一二三":雏鹰在行动——范罗山小学"环保一二三行动"纪实》、《科技创新教育新苗》等。其中专访《小学校做大文章》入选《光辉的历程》(庆祝中华人民共和国建国50周年大型理论文集),《小学创造心理素质测量及其培养》入选山东省教科所主编的教育科研论文集《跨世纪的探索》,《小学创造心理素质教育模式的研究》收录在复旦大学出版社出版的《素质教育资料库》光盘中。

范罗山小学从薄弱学校向示范学校的跨越,给了人们很多启示,其中最主要的一条是学校的教科研应发动全校教师共同投入,在理论上达成共识,在操作上协同合作。21世纪的教科研不应是少数理论工作者的专利。科研要走出书斋,进入学校、

进入教室,要真正成为教师的职业成就之需要,成为教师生命焕发异彩的一部分。在教师教育科研中,理论学习研究极为重要,应贯穿于教育科学研究始终。

范罗山小学要求教师在学习教育理论时，既要注意培养自己以研究者的眼光发现和审视当前的教育现象,对现存理论的科学性进行检验的能力,又要注意用科学的理论指导自己的教学,及时将理论研究的成果运用于教育实践。

学校把学陶、研陶作为提高教师师德与业务水平的一个主要抓手,从 1998 年起提出学陶师陶、创建跨世纪行知工程的口号,走上漫漫陶研路。首先,践行陶研课题研究。学校总课题“小学创新教育的理论探析和建模操作”成为中陶会“十五”教科研课题的子课题。此外,学校还先后开展了“借鉴陶行知教育思想,构建小学创新教育运作模式”、“实践行知思想,多渠道开发小学生创造能力”、“陶行知生活教育理论与综合实践活动课程”等课题的实验研究。其次,组织多彩的陶研活动。学校每周四下午召开一次集体研讨活动,要求教师每月有一篇学陶心得,每学期完成一篇陶研论文。学校教导处还要求教师撰写业务知识读书笔记,写“学陶师陶笔记”、“学陶手记”或“学陶随想”等,学校围绕“陶行知生活教育理论的现代价值”举行了多场学陶报告会;校鸿雁广播站不间断地播出主题为“伟大的人民教育家——陶行知”的系列广播稿,宣传橱窗里定期刊登学生有感而发的学习陶行知的小文章,如《陶爷爷,我想对你说》等;学校少先队大队部还利用升旗仪式、班队会讲陶爷爷的故事,开展“学陶黑板报”评比和陶诗朗诵,举行学陶中队主题会,并组建成立了陶行知故事演讲队、科普短剧和科普相声兴趣小组,将学陶、师陶融于学生喜闻乐见的形式之中,颇受全体师生喜爱。最后,提供陶研学习资料。学校设有师陶室,在校本培训时提供电视系列片《陶行知》。校陶研会还为每位教师提供一册《陶行知论创造教育》,复印了大量的陶研报告和陶行知教育思想研究资料,组织教师学习与讨论;课题核心组还组织学陶骨干开辟学陶园地。

范罗山小学的实践与研究表明:学习陶行知、研究陶行知,不仅为学校的可持续发展注入了新的活力，也为小学特色教育的建构和发展，找到了丰富的理论基础,有效地提升和增厚了学校文化底蕴与学术积淀。

(原载于金林祥、胡国枢、屠棠主编的《当代中国陶行知教育思想实验研究》,浙江工商大学出版社,2008 年)

2 小学创造心理素质教育的思考

21 世纪是以信息化为标志的科技时代，综合国力的竞争集中体现在人才的质量与素质高低上。面向未来的小学教育如何适应趋势,怎样为培养跨世纪的创造型人才打好坚实的知识基础与塑造良好的心理品质,这是小学实施素质教育、深化整体改革应优先考虑的问题。

一、小学创造心理素质教育的可能性和必要性

我国正在实行经济体制由传统的计划经济向社会主义市场经济转变，经济增长方式由粗放型向集约型转变。这一伟大的变革对教育战线提出了更高的要求。党的十五大明确提出的科教兴国战略,为教育的改革和发展指明了方向。创新是一个民族的灵魂,我们培养的人才,必须具有创新、开拓精神。在贯彻落实科教兴国战略、深化教育改革中,加强学生创造意识和创造精神的培养,是一项非常紧迫的、意义深远的任务。当前基础教育改革主要是纠正“应试教育”所带来的弊端,全面推进素质教育。素质教育的核心在于充分尊重个体发展的需要,重视个体潜能的开发,使每个学生都能在原有基础上得到发展和提高，使每个学生的思想道德、文化科学、身体心理、劳动技能等素质得到和谐发展。而创造力是个体潜能的最高境界,从未来与发展的角度来说,培养学生学会求知,学会创造,成为创造性人才,才是教育的最终目标。

培养学生的创造精神,必须从基础开始,在小学开展创造心理素质教育,培养小学生的创造心理素质是完全可能的。

儿童发展心理学研究表明,个体小学阶段,知识经验正处于迅速积累时期。他们的求知欲旺盛,好奇心强:他们思维的不良定势较少,能够在广阔的思维空间里遨游;他们具有丰富的想象力与模仿能力,这些都是培养和发展其创造力的良好条件。因此,有心理学家将儿童时期视作培养和发展创造力的黄金季节。

伟大的人民教育家陶行知先生把培养学生的创造力视为教育的至高目标,主张行动是中国教育的开始，创造是中国教育的完成。为了突出表达并实践这一思想,他专门撰写了《创造宣言》、《育才创造年计划大纲》、《创造的儿童教育》等一系列论文,在自己创办的学校实施创造教育。他认为我们应真正承认小孩子有创造力,要去发现儿童的创造力,认识儿童的创造力,解放儿童的创造力。此外,当今国内外科技创造教育的成功实践也从不同的侧面验证了小学开展创造心理素质教育的可行性。

二、小学创造心理素质的目标建构

创造心理素质教育是培养学生心理品质的教育，是心理素质教育的最高体现。实施心理素质教育,要体现智力因素与非智力因素协同发展,促进学生素质整体提高的思想，不仅要强化学生智力因素的培养，尤其要重视创造能力的培养,而且要优化学生的人格,注重学生创造人格的教育。为此,我们建构的创造心理素质教育目标体系包括创造能力素质与创造个性品质两方面,双管齐下,协同培养。

素质教育不仅要求面向全体学生,更强调让每个学生抬起头来走路,发挥每个

学生各自的特长。因此,制定创造心理素质教育目标体系,还应当从学生的实际出发,照顾到每个学生的兴趣爱好,做到全面要求与特长培养的统一。也就是说,要根据每个学生的现实情况,有所侧重。总体上看,低年级以创造意识的启蒙训练为主,中年级突出创造学习心理品质的培养,而高年级注重创造实践活动能力的要求。这样,我们的创造心理素质就构成了一个智力因素与非智力因素相统一,全面发展与个性、特长相互联系、相得益彰的目标体系。学生中既可以涌现出以创造思维能力见长的小理论家,又可以发现想象力和创造能力显著的文学艺术人才的萌芽,还会出现一些在科技创造中做出成绩的小发明家,诸如此类,真正使每个学生都能生动活泼地发展,健康茁壮地成长。现代教育多元化、个性化的要求可以实现。

三、小学创造心理素质教育的方法途径

创造心理素质的培养,必须以一定的知识基础为前提,以有效的活动训练为核心,以全方位多角度的协调为保障。只有这样,才能真正建立小学创造心理素质教育的方法体系。

学习创造,应当以一定的创造知识技能为前提。为此,我们首先开设专门的创造技能训练课,传授学生一些基本的创造技法。在中高年级开设"创造学习策略训练"和"创造学习品质训练",强化学生创造心理能力的熏陶与教育,使学生获得扎实的基础,让学生形成远大的理想和抱负,懂得如何进行创造性学习。

创造能力的形成与发展是在活动中得以实现的,创造个性的优化与重组也是在活动中得以形成与表现的。因此,小学创造心理素质教育应当以开展丰富多彩的实践活动为核心。正如陶行知先生所主张的,要培养儿童的创造力,必须使学生从学校和书本中走出来,解放学生的头脑、双手、眼睛、嘴巴以及时间和空间。让学生走向社会,走向大自然,给他们以更大的施展空间,让他们在更广阔的天地中一试身手。

开展卓有成效的活动,应当注意贴近儿童的生活实际和心理发展水平,做到内容充实、形式新颖有趣。如我们开展的自然科技创造训练活动,内容涉及天文、气象、标本、种植、制作、饲养、环保等,一方面极大地丰富了学生的课余文化生活,另一方面一批科技幼苗经过实践锻炼破土而出。1995 年我校开展的"环境保护一二三行动",曾代表安徽省参加全国生物百项竞赛成果展示,被中国科协、国家环保局、国家自然科学基金会授予全国青少年生物百项活动优秀活动奖。

开展创造心理素质教育活动,还应当确立学生的主体地位。要给予学生以充分的自主选择权,启发学生独立思考,让学生尽可能根据自己的兴趣爱好、个性特长去开展活动。要让学生经历思维的、能力的、情感意志的体验和磨炼,真正在心理发展上受益。如果我们过分要求,过分指责,就会扼杀学生的创造精神和创造意识,不

能发挥学生的创造潜能。

开展创造心理素质教育，必须努力营造浓厚的创造心理教育氛围，建设以创造教育为主线的校园环境。学科教学是小学的中心工作，除专门开设创造心理教育训练课外，强调课堂教学中渗透创造心理教育的内容，是不容忽视的重要一环。应当指导教师努力学习，提高认识，自觉地挖掘各科教学中的有利因素，进行创造心理教育。同时，应当在学校倡导和谐、民主、平等的人际关系，建立新型的有利于创造心理素质培养的人际环境，使学生敢于发表不同意见，敢于表达与教师不同的观点，养成不畏权威、独立思考的行为习惯。在学校物质环境的整体规划上，也应突出渲染教育的创造性，让每一块墙壁、每一个建筑都具有教育意义。

总之，小学创造心理素质教育的方法体系应当是专门训练与日常渗透相结合，学科课程、活动课程、环境课程与心理教育课程四位一体的主体化教育的新型的模式。

（原载于《中国教育学刊》，1999 年第 2 期）

3　创造学习品质测量及其培养的实验研究

摘　要：创造学习品质是学习品质的最高层面，是学生创造个性特征在学习中的集中体现。研究表明，《创造学习品质诊断量表》适合于学生创造学习品质的鉴定，进行创造学习品质训练，可以促进学生创造个性特征的优化。

关键词：创造学习　学习品质　信度　效度　实验效应

一、引　言

全国教育科学“九五”规划国家教委重点课题“优化学生心理素质结构，全面提高基础教育质量”课题组，在芜湖市范罗山小学三、四、五年级开设“科技创造训练”、“创造学习策略训练”、“创造学习品质训练”等心理教育课程，旨在探索在小学开展创造心理素质教育的新途径，全面构建小学创造心理素质教育模式。

二、创造学习品质的界定

（一）创造学习与常规学习

我们将现今学校中存在的，学生满足于教师传授，以掌握理解书本知识为主要目标的知识学习称为常规学习。在这个过程中，学生围绕三个中心（教师、课堂、书本）而转，学习的任务就是接受知识、消化知识。这种学习是应试教育的产物，学生无多少主动性可言。与之相反，创造学习则需要学生充分发挥自己的主动性和积极性。那种在学习过程中，学生独立思考，灵活运用已有知识，发现并运用新知识的学习，我们称为创造学习。独立思考，表明学习的独特方式；灵活运用，意味着学习的重心在于应用,学以致用。同一般的常规学习相比较,创造学习有以下特点:其一,常规学习是以教师的课堂传授讲解为中心,而创造学习是以学生的理解运用为中心;其二,常规学习的目标在于掌握知识,应付考试,而创造学习的目标不仅仅满足于接受理解,更强调学生的独特发现;其三,常规学习的主要心理活动基础在于记忆,而创造学习的主要心理活动方式是思维,强调学生用独特的思维方式去理解、思考。

诚然,学生的创造学习活动与科学家的发明创造活动是有区别的。后者强调活动产品的新颖独特性并具有社会价值,是前所未有的发现或创造。而就学生的创造学习而言,我们认为重要的是他们在学习过程中所体现出来的创造精神、创造意识。只要他们思考的角度不同于老师和其他同学,思考的结论有一定的可取性,我们都应视之为创造学习。

(二)创造学习品质是创造学习所必备的非智力人格特征

从事创造性活动,不仅需要创造能力素质的参与,而且需要非智力人格因素的参与。心理学家经过大量研究后,发现了一些有利于创造的非智力个性特征,如极强的独立性、极强的好胜心,强烈的好奇心、求知欲、责任心以及自我期望等。很多学者认为,这些创造性个性特征并不是到进行现实的创造活动(如技术发明、文艺创作等)时才开始表现出来的,而是在学生学习过程中就有所表现。我们认为,学生在学习过程中所表现出的创造性个性待征就是创造学习品质。

学习品质是影响学生学习的非智力人格因素的总称,是从事学习活动必备的个性特征。创造学习品质是从事创造性学习所必备的个性特征。因此,它就是创造性个性特征在学生学习过程中的集中体现,同时,它是学习品质体系中最高层面的特征,体现了创造性活动的独特之处。

关于创造学习品质的构成,我国学者郑日昌等列举了 10 项,托仑斯提出 21 项学习行为特征,有人将之划分为勇敢怀疑性、坚持抗挫性、独立自主性三种成分。我们认为,创造学习品质的构成应当以一般学习品质为基础,因为只有具备了必要的学习品质特征,才能顺利从事学习活动,才能谈得上去进行创造学习。在构建创造学习品质内容时,还应当突出创造性个性特征的作用,加大创造性个性特征所占的比重。据此,我们将创造学习品质划分为三级十个方面:学习兴趣、学习情绪稳定性、学习责任感,属于初级品质;学习自觉性、学习缜密性、学习坚韧性,属于中级品质;怀疑、幻想、自信、独创等学习精神,属于高级品质。狭义的创造学习品质就是指创造学习品质结构特征中的高级品质。

三、创造学习品质的测量

(一)工具

我们以学习品质诊断量表为蓝本,以创造学习品质的三级十个特征为内容,运用人格测量中的自陈量表法原理,编制了《创造学习品质诊断量表》,将之作为测量与鉴定学生创造学习品质的工具。

量表采用自陈式，每个特征设计 3 个陈述句，每句可从正向或反向分三级计分，组成了 3×3×10 设计。例如：“19. 我觉得学校里的生活非常有意思。 A.　B.　C.　”该题属学习兴趣范畴，正向计分。

每位同学在该量表上的得分可归类统计，便于了解每个特征的表现程度。

(二)信度

以控制班两次测验的结果为准，采用积差相关系数的计算公式：

$$\gamma_{xx}=(N\sum_{xy}-\sum x\sum y)\Big/(\sqrt{N\sum x^2-(\sum x)^2}\cdot\sqrt{N\sum y^2-(\sum y)^2})$$

求出两次测验的相关系数，作为创造学习品质诊断量表的重测信度指标，如表 1。

表 1　控制班两次测验的相关检验（N=45，时隔 9 个月）

特　征	C_1	C_2	C_3	C_4	C_5	C_6	C_7	C_8	C_9	C_{10}
相　关	0.524	0.408	0.328	0.269	0.445	0.346	0.874	0.946	0.620	0.399
信度检验	**	**	*		**	*	*	**	**	**

由表 1 可以看出，量表的再测信度较高。

(三)效度

根据理论分析，创造力发展水平受到创造个性的影响。因此创造力发展水平不同的学生在创造学习品质上也应当具有各不相同的水平。即较优秀组倾向于得高分，较弱组倾向于获低分，这就是创造学习品质诊断量表的构念效度。

我们以创造力测验分数为依据，同时参照学生的智力发展水平、学业成绩以及在创造发明活动中的成绩，从实验班与对照班挑选出创造心理发展优劣组，统计其创造学习品质得分。经检验，两组被试有较大差异，说明该量表具有较高的效度，参见表 2。

表 2　创造学习品质诊断量表的构念效度

	优良组 n=13		不良组 n=11		t
	X	S	X	S	
C_1	7.54	0.84	5.91	1.38	3.65**
C_2	7.23	0.79	6.18	0.57	3.82**
C_3	7.77	0.69	6.27	1.21	3.80**
C_4	8.08	0.73	6.27	1.05	4.96**
C_5	7.08	0.73	6.45	1.16	1.72
C_6	8.08	1.07	7.64	0.98	1.23
C_7	7.38	1.26	6.45	1.37	2.09**
C_8	8.08	0.92	6.55	1.37	3.39**
C_9	7.00	0.88	5.09	1.08	4.89**
C_{10}	6.77	1.37	5.45	1.08	2.89**

四、创造学习品质的训练

（一）创造学习品质训练是培养创造个性素质的重要途径

学生的最主要活动是学习。结合学生的学习来加强学生的心理素质教育是一条必要而又重要的途径。尤其是学生的个性品质的培养，更应当从学生的实际出发,依靠开展健康有益、丰富多彩的活动来实现。

创造学习品质训练,就是结合开展创造学习活动,培养学生勇敢、坚韧、怀疑、好胜、自信等个性品质,以期保证创造学习活动的顺利进行,形成创造个性素质的雏形。创造学习品质优化发展之时,也就是学生创造个性素质提高完善之时。

目前学生只顾埋头苦读,不愿动脑筋或不会动脑筋,不会超越课堂、超越书本、超过老师,因而创造学习品质训练只能从初级品质入手,循序渐进,采用迂回反复的方法,做长期的打算。

（二）创造学习品质训练的主要措施

1. 营造愉快的学习情境

基本的学习态度是学生从事学习的保障,如果没有学习的愿望,产生厌学情绪,不用说创造学习,就是正常的学习活动也难以持续下去。因此,在训练过程中,我们要求实验教师了解学生的学习心理现状,加大学习兴趣的培养,努力营造愉悦的学习气氛和环境。

营造学习氛围，就要转变学生的认识，让他们觉得学习是一件愉快舒畅的事情。这又取决于学习过程中成就感的获得。训练中,教师首先要在情感上接近学生,然后想方设法使不同水平的学生体验成功,获得愉快的心理感受,这样学生不知不觉中就会转变自己的态度,增强学习的动力。

2. 激发学生的上进心

独创需要相互之间的比较和竞争，如果学生不想通过自己的努力来证明自己的才能、反映自己的水平,那么其创造精神就无从培养。在创造学习品质训练中,我们通过巩固完善中级学习品质,彻底改变学生依赖家长、依赖教师为特征的被动学习局面,形成自觉主动积极按时保质保量完成学习任务的气氛。在此基础上,我们适当增加学习的难度,激发学生的上进心,培养学生的学习韧性,鼓励学生开动脑筋,排除杂念,创造性地解决问题。

激发学生的上进心是以尊重和保护学生的自尊心为基础的。在学生思考、解决学习任务时,我们要求教师以正面鼓励为主,避免指责和批评学生,尽可能发现学生解题中的合理因素,使“每个学生都抬起头来走路”。

3. 开展形式多样的活动

创造个性素质不是与生俱来的,而是在后天环境与教育活动影响之下形成的。

无论采用什么训练形式，最终都必须通过开展创造活动表现出来。组织活动是培养非智力人格因素的根本途径。因此，在创造学习品质训练过程中，要抓住时机，选取典型，开展生动活泼、丰富多彩的比赛活动，强化训练效果。从培养学习兴趣的角度考虑，我们适时组织了“联想比赛”，让学生对特定图形作出不同意义的解释和说明；为了培养学生的独创性，我们精心选择活动材料与内容，举行了“想象结尾”的作文竞赛，鼓励学生根据自己的知识经验，展开大胆的设想；我们设计的“过关斩将，树立自信”活动，以游戏比赛的形式，让学生体会到自信的重要作用，并学会自我激励，树立自信心。

在没有强制压抑的氛围中，在鼓励创新的情境下，学生会千方百计、想方设法达到自己的目标，证明自己的实力。这里，千方百计也好，想方设法也罢，都带有创造的特征。

（三）创造学习品质训练的实验效应

1. 创造学习意向水平的提高

我们将创造学习品质从形式上区分为两大类，其中主要体现个性倾向性特点的兴趣（C1）、缜密性（C3）、情绪稳定性（C5）、自觉性（C7）、责任感（C9）等被称为创造学习意向，而怀疑、自信、坚韧、独创等被称为创造学习人格。前者反映出显性作用；后者是通过稳固的长期训练形成，是体现一个人整体精神风貌的根本特征。因此，创造学习意向水平可以在较短时期里，通过强化训练而有所提高。见表 3。

表 3　实验班学生创造学习意向水平的变化（N=43）

	C_1		C_3		C_5		C_7		C_9	
	X	S	X	S	X	S	X	S	X	S
前测	6.34	1.41	6.79	1.23	6.44	1.08	6.48	1.46	5.83	1.37
后测	7.46	1.40	7.84	0.89	6.00	1.07	7.19	1.12	6.67	1.37
T	3.64**		4.74**		–1.96**		2.91**		2.84**	

由表 3 可知，实验班学生的创造学习意向水平，经过训练，有较显著的变化：学习情绪稳定，学习兴趣浓厚，学习自觉性、责任感以及缜密性都有所提高。必须指出的是，创造学习意向水平的变化具有反复性，既可以通过强化训练而提高，也可能由于忽视教育培养而下降。

2. 创造学习行为表现的变化

实验训练一年来，实验班学生的精神面貌发生了可喜的变化，学业成绩也有不同程度的提高，尤其是一些中等生、后进生，通过训练，他们获得了成功的心理体验，增强了学习的信心和干劲，彻底改变了“要我学”的落后局面，从而主动学习。学生们学得轻松愉快，不知不觉中掌握了知识、锻炼了技能。

从课堂表现看，上课积极参与，踊跃发言的人数明显增多，思考的角度和范围也十分广泛；从课外活动看，实验班学生参加科技创造活动的人数明显多于其他班，在小发明、小制作、小实验中的骨干作用非常突出，学生各方面的特长得以发挥，在各种形式的比赛中取得优异成绩。

五、结　论

研究表明，《创造学习品质诊断量表》操作简单，统计方便，具有较理想的信度和效度，可以作为测量学生创造学习品质的工具；开展有针对性的创造学习品质训练，可以促进学生创造学习意向水平的提高，带来学生创造学习行为表现上的变化。

（原载于《安徽师大学报（哲学社会科学版）》，1998 年第 4 期，与葛明贵教授合作完成）

4　小学创造心理素质教育模式的研究

摘　要：开展小学创造心理素质教育是培养创造性人才的重要举措。经过一年多的实验探索，取得了一定的成果，并初步构建了小学创造心理素质教育的目标与方法体系。

关键词：小学　创造心理素质　教育模式目标　方法体系

一、引　言

中小学实施素质教育，深化教育整体改革，必须着眼于人脑资源的开发。强调学生创造才能的培养，这已成为当代教育研究的一项极为重要的课题。

安徽省芜湖市范罗山小学基于该校多年来从事科技创造教育的特色和优势，承担了全国教育科学“九五”规划国家教委重点项目的子课题“小学创造心理素质教育模式的实验研究”任务，现已取得较为明显的阶段性成果。

二、理论构思

（一）创造性人才的培养在于创造心理素质教育

从社会发展的角度来看，21 世纪将是信息化的科技时代，具有开拓、创新精神的创造性人才将是未来社会发展和综合国力竞争的关键。创新是一个民族的灵魂。因此，大力加强中小学生创造意识和创新精神的培养，是时代赋予教育工作者的重任。

培养创造性人才，开发每个学生的创造潜能，就必须重视学生的创造心理素质教育：其一，创造性人才素质中，心理素质是不容忽视的重要组成部分；其二，创造潜能作为人的内在宝贵资源，它的开发和实现依赖于强烈的创造动机、持之以恒的创造意志以及不畏权威、不怕挫折的良好个性品质的作用,而这些特征和品质正是创造心理素质的组成部分。

创造心理素质的形成与发展,不仅能提高学生的整体心理素质水平,而且可以通过完善自我实现需要,促进创造潜能的发挥,在科技创造发明活动中,在日常的学习、生活和劳动过程中,表现出较高的创造才能。

(二)创造心理素质教育是心理素质教育的最高体现

素质教育从心理素质教育入手,已逐渐成为大家的共识。心理素质教育的目标是通过心理素质的完善,进而促进学生全面素质的提高,成为适应未来需要的合格人才。而人才的素质结构,尤以创造素质最为重要。由此可见,创造心理素质教育是心理素质教育的高级阶段,是心理素质教育目标的根本体现。

强调创造心理素质的培养和教育, 就要贯彻智力与非智力因素协同发展的原则,从创造能力素质、创造个性素质以及创造操作活动等几方面对学生进行培养与训练,以期促进学生创造心理品质的和谐、合理、完善地发展。

(三)陶行知创造教育思想的启迪

陶行知先生认为,我们要真正承认小孩子有创造力,要去发现儿童的创造力,认识儿童的创造力,解放儿童的创造力。而且,他将创造型人才的培养作为中国教育的终极目标。

为了培养儿童的创造力,要使学生从狭小的学校圈子和书本中走出来,解放学生的头脑、双手、眼睛、嘴巴、时间和空间,扩大知识面,以发挥其内在之创造力。此外,陶行知先生还特别论述了在儿童科学教育、科技活动中兴趣培养的重要性。

陶先生的这些思想,成为我们进行小学创造心理素质教育的理论依据之一。

三、小学创造心理素质教育目标体系

根据实验研究的指导思想, 我们建构的创造心理素质教育目标包括创造能力素质发展以及创造个性特征优化两方面。强调创造心理品质的协同发展,照顾到低中高年级学生的年龄特征,遵照循序渐进的原则,我们以初步接触了解、初步熟悉知道、初步掌握运用三个梯度,制定了操作目标,各个年级有所侧重。参见表 1:

表 1　创造心理素质教育的目标体系

年　级	创造能力素质	创造个性素质
低年级	初步的认识能力和动手能力的培养。	初步的创造意识萌芽,好奇心、求知欲的熏陶。
中年级	创造学习能力培养,形成思维的灵活变通。	创造学习品质优化,培养大胆设想、不畏权威等创新品质。
高年级	较高的认识能力、分解组合能力以及动手创造能力。	树立创造的理想和抱负,养成自强拼搏的创造风格。

由表1可知,低年级学生主要是围绕创造意识的启蒙训练为主,使他们认识创造、羡慕创造,激发其参加科技创造活动的兴趣;中年级的目标主要是围绕创造学习而展开,创造需要扎实牢固的知识基础,也需要突破常规、另辟蹊径的创造精神,这样才能学得活、学得牢,真正做到学以致用;高年级学生在其能力有所发展,个性品质相对稳定的情况下,侧重于学生创造实践能力以及远大的创造理想教育,让学生通过自己的努力,通过自己的创造去展现独特的才华。

该目标体系不仅贯彻了能力与个性两方面协同发展的要求,而且以儿童心理发展特点为依据,在各个年龄段有不同的要求,便于检查,也利于落实。

四、创造心理素质教育的方法体系

我们认为,实施创造心理素质教育,必须从课堂教学、课外活动以及环境氛围三方面入手,尤其是通过开展专门的创造训练活动来保障。参见表2:

表2 创造心理素质教育的方法体系

项　目	措　施
课堂教学改革	开设专门心理教育课程,强调日常教学中的学科渗透
课外活动锻炼	开展丰富多彩科技创造活动,要求教师给予方向引导
环境氛围营造	校园物质环境的利用,师生人际关系的改善

我们根据低中高年级学生不同的认知水平和心理特征,增设了"科技创造训练"、"创造学习策略训练"、"创造学习品质训练" 等三门创造心理素质教育课程,要求各任课教师在日常教学中,贯穿创造意识的培养,加强学科渗透。学校以创造发明比赛为激励机制,以创造发明兴趣小组活动为主要形式,开展了丰富多彩的创造心理教育活动。此外,学校还对校园进行整体规划,充分发挥墙报、板报、宣传橱窗等在创造心理素质教育中的作用,力图让每一块墙壁、每一个建筑都染上创造的色彩。

总之,我校的创造心理素质教育方法体系基本上形成了专门训练与日常渗透相结合,学科课程、活动课程、环境课程三位一体,相互策应,思索、模仿、操作、创造四种形式交替运行的新格局。

五、创造心理素质教育实验成果

促进学生素质整体发展和全面提高教育质量是我们进行教育实验的基本出发点。经过一年多来的实验探索,一个以陶行知创造教育思想为指导,以课程改革、教育科研为载体,以儿童心理发展为依据,充分开发学生创造潜能,优化学生创造心理品质的小学创造心理素质教育模式已见雏形。该模式以科技创造训练活动为突破口,广泛开展实践性的课内、课外创造活动,培养学生的创造精神以及创造思维和创造学习能力，增长创造才干，并发展学生的认识能力、操作能力、应变能力和社会活动能力，最终达到优化学生创造心理素质的目标。

实验还表明，开展创造心理素质教育，不仅带动了我校科技创造活动的持续发展，而且提高了学校的声誉，学生的综合素质、学校的办学水平都有了较大的提高，受到社会、家长的广泛关注。

实验班学生不仅完成了正常的学习任务，学习态度发生了好的变化，学习能力、学业成绩均有所提高，而且，蕴藏在学生中的创造潜能得以充分展示，在各项竞赛、发明创造活动中成绩喜人。据初步统计，开展创造心理教育实验以来，我校先后有200多人次在全国、省、市、区级竞赛中获奖。另外，1人获中日少年儿童美术书法摄影比赛优秀奖。

通过教育实验，实验教师撰写了一些论文和作品，分别获得国家、省、市各级奖励，有的论文还被收入大型学术文库而得到正式出版。

六、开展创造心理素质教育的思考

开展创造心理素质教育，必须努力营造浓郁的创造心理教育氛围，形成一个多角度、多方位、多层次、多序列的创造心理教育目标体系，不仅要制定学校总的目标体系，还应当要求各科教师、各个班级以及每位同学根据创造心理教育的要求，分别制定学科渗透目标，班级发展目标以及个人训练目标，使之构成一个有机整体。

开展创造心理素质教育，促进学生创造心理品质的形成，最有效的方法途径是在尊重儿童自主发展的前提下，为儿童提供广泛恰当的自主活动的内容与活动机会。我们的思路是：从读书导向开始，从简单的动手制作入手，培养学生从事创造发明活动的内在动力。活动形式可以从简单到复杂，如低年级的拼拼玩玩、科技史话简介到高年级的分解组合、手脑双挥，活动范围可逐渐从学校走向社会、走向大自然，活动内容可从贴近生活的小制作、小发明到尽可能把创造发明与当地的经济建设、环境改善等联系起来。

（此文获芜湖市教育学会论文评选一等奖，有删节）

5 论具有校本特色的小学创新教育运作模式的构建：兼谈陶行知创造教育思想对当前教育创新的指导价值

陶行知是我国教育史上较早明确提出以培养创造力为宗旨，并在理论、实践上给予阐述和履行的教育家。他从我国国情出发，为改革旧教育，为探寻中国教育的生路，以一流教育家的创造精神和开辟精神，终其一生不断探索。他创立的创造教育理论有着丰富的内容，也最具民族特色。陶行知先生在20世纪30年代就旗帜鲜明地主张:“‘行动’是中国教育的开始,‘创造’是中国教育的完成。”“中国教育革命的对策是使手脑联盟。”他先后提出了“教学做合一”的思想、“六大解放”的主张、“五步探讨”的路子等。研究陶行知的创造教育思想,了解创造教育的目的、内容和方法,对当前我们实施创新教育,有重要的现实意义和指导价值。

一、在学陶中构建我校创新教育的目标

创新教育是培养学生创新素质的教育,是教育的终极存在价值所在,是教育的核心范畴和理念的飞跃,也是教育的理论架构和实践体系的全面突破,它的基本出发点是促进学生素质整体发展和全面提高教育质量。根据这个指导思想,1999 年 9 月,我校初步提出了创新教育的目标,试图处理好基础知识、基本能力的目标与创新教育目标之间的关系, 并努力体现现代心理学关于智力因素与非智力因素协同发展,促进学生素质整体提高的思想,不仅要强化学生智力因素的培养,尤其要重视创新能力的培养,而且要优化学生的人格,注重学生创造人格的教育。为此,我们建构的创新素质教育目标体系包括创新能力素质与创造个性品质两方面, 双管齐下,协同培养。

这个目标侧重于创新素质的本身,比较单一。2000 年 2 月以后,我们借鉴了陶行知先生创造教育的目标观、内容观,特别是分析了他创办的育才学校,我们初步勾勒出陶行知创造教育内容,大致可以包括五个方面:“创造健康之堡垒”、“创造艺术之环境”、“创造生产之园地”、“创造学术之气候”、“创造真善美之人格”。根据陶行知先生的这些观点,我们对我校创新教育目标进行了重构,在原有目标不变的基础上进一步提出:通过教育使学生学会做人、学会求知、学会健体、学会审美塑美、学会劳动创造,在德、智、体、美、劳诸方面全面、和谐、健康地发展。

(1)使学生基本具备做人的道德规范和品质,例如诚实、谦虚、勤劳、勇敢、公正、无私、助人等。

(2)使学生发展起较强的吸收、探索、自动获取知识的能力,培养学生创造性学习的能力,培养思维流畅性、变通性和独特性,具备敏锐的观察能力和创造性解题能力。

(3)使学生的身体和心理素质得到健全发展,养成良好的锻炼身体的习惯和卫生习惯,各项体育指标超过市同龄段学生水平,具备健康的心理素质。

(4)使学生具有基本的审美感,具备基本的表达美、创造美的能力。

(5)使学生具有创造性操作能力,掌握日常劳动的基本知识和技能。学会手脑双挥,善于把事物重新组合与分解,创造新的事物,提高反应的敏捷性、准确性、协调性和灵活性。

(6)使学生具有创新意识和创造个性。激发旺盛的求知欲和强烈的好奇心,养成自立、自强、拼搏、协作、唯实、创新的精神。

在此基础上,各科教师又制订了学科渗透创新教育的目标体系,活动课程、环境课程渗透创新教育的目标体系,少先队活动渗透创新教育的目标体系,使全校形成了以培养学生创新精神和实践能力为背景的多层次、多序列的创新教育目标工程。应该说调整后的创新教育目标是我校学习陶行知创造教育思想的结果。

二、运用陶行知创造教育的方法论,开展创新教育实践活动

为了培养"手脑双全"的理想的新人,去开创新的天地,陶行知以"既勇于百折不挠、大胆创新,又善于坚持真理、细心探索"的科学态度,躬行于创造教育活动中,创造了一系列行之有效的科学方法。学习、运用陶行知创造教育的方法论,为我校开展创新教育实践活动注入了新的活力。

(1)培养学生的"自动力",重视学生对文化科学知识的自动探求,将开发文化宝库的钥匙交给学生,努力探索创新的课堂教学。

陶行知认为:"活的人才教育不是灌输知识,而是将开发文化宝库的钥匙,尽我们知道的交给学生。"他强调将文化钥匙交给学生后,"要在开锁上指点。若当做死书读,上起锈来,又失掉钥匙的效用了"。他还主张把唯物辩证法这把文化钥匙交给大众,发挥大众的创造力,创造出一个新天地来。同时,陶行知先生认为:学生掌握了科学的方法,还必须有敢于创新的"自动"精神,善于观察、探索、思考。为了培养学生的创造力,陶行知让学生通过行动、观察、看书、谈论、思考"五路探讨"去追求真理。

根据陶行知对创造教育课堂教学的描述,教师在平时各科教学中注意开展创新性课堂教学研究。在长期实践中,我们初步总结出创新性课堂教学操作模型和六条主要实施策略。

(2)通过活动解放儿童的创造力,培养发挥儿童的创造精神。

陶行知认为,教育者要启发培养儿童的创造力,首先要以赤子之心真诚地和孩子生活在一起,了解儿童,发现儿童的创造力,进一步把儿童的创造力解放出来,他提倡的"教学做合一",是对传统教学方法的整合与创新,是以"做"为基础的科学理论的教育主张,也是陶行知创造教育理论的主要方法论。"教学做合一"的核心是做,做就是实践,就是活动。学生只有在做中才有更大的创新空间。由行动产生困难,困难得到解决,就产生新价值,这就是创造的过程。

基于上述认识,我校以丰富多彩的科普创造活动为基础,以创新技能大赛、生物百项活动竞赛为激励机制,以创造发明俱乐部、兴趣小组为主要形式,开展多种形式的创新教育训练活动。学校现有一个创造发明俱乐部,下设8个兴趣小组:科技制作、航模兴趣小组,科技操作、微机兴趣小组,动物饲养、金鱼兴趣小组,天文兴趣小组,环境保护兴趣小组,科学实验兴趣小组,创造发明兴趣小组,科技作文兴趣

小组。学校定期举办科技节，开展形式多样、内容丰富的科普活动。

(3)营造氛围，建设以创新教育为主线的校园文化。

陶行知认为，创造性地建设生活、学习和工作环境，是学校对师生进行创造教育的最生动、最直接的教材。这种创造性建设环境，就是使学校的校容整齐清洁、井然有序，使形式与内容统一起来。他重视校址的选择，因为学校的良好环境有助于师生创造性地学习、工作和劳动。我校对环境进行整体规划，突出渲染教育的创造性，充分发挥墙报、板报、宣传橱窗在创新教育中的作用，让每一块墙壁、每一个建筑都能“说话”。从内容上看，一是把学校科技创新教育的特色、目标以及成果及时反映出来，二是加强创新教育知识的普及、信息的沟通和传递。

(4)突出创造，强化专门训练，开设创新教育辅助课。

学校根据低、中、高学生不同的年龄特点和水平，开设了三门创新教育辅助课。低年级以动手操作为主，开设科技创新训练课，包括知识港湾、故事城堡、智慧迷宫、游戏专列、快乐作坊等；中年级以创造性学习为主，开设创新策略训练课，包括学以致用、同中求异、异中求同、突破定势、创造想象、手脑双挥等；高年级以创造个性训练为主，开设创造品质训练课，包括创造人格训练、创新思维训练、创新技法训练、操作技能训练、科技创造活动训练等。

从现阶段来看，我校的创新教育训练活动基本形成了以专门训练和日常渗透相结合，学科课程、活动课程、隐性课程、创新教育辅助课程四位一体，相互策应，思索、模仿、操作、创新四种形式交叉进行，在努力营造浓郁的创新教育氛围的前提下，多角度、全方位地实施创新教育训练活动。

三、在实践中开展教育教学活动初步成果与分析

(1)运用科学的测试手段对学生进行测试，实验班和对照班差异显著。

本课题初步结果由安徽省教育学会心理学专业委员会主任钱含芬教授、安徽师范大学葛明贵教授主持测试，并进行了技术分析，结论如下：

① 通过实验学生创造能力得到发展。

② 通过实验学生创造思维品质得到优化。

③ 通过实验学生学习能力整体得到提高。

(2)从学生获奖情况进行统计调查。

通过实验，实验班学生在全国、省、市区组织的各项竞赛中均有多人获奖。魏雅楠在中日少年儿童美术书法摄影比赛活动中，书法作品获初选、终评优秀奖；翟凯在第三届全国少儿绘画比赛中，获小学绘画优秀奖；1998 年在省、市、区小学生数学奥林匹克竞赛中有 2 名同学获一等奖，2 名同学获二等奖，10 名同学获三等奖；1998 年学生参加青少年创造发明比赛获省级三等奖 2 项，市级一、二等奖 3 项；1998 年参加市“学自然、爱科学”竞赛获一等奖 2 名，二等奖 1 名；1999 年参加

第五届生物和环境科学探索活动中获市一等奖1项，二等奖1项；1999年参加安徽省青少年发明创造比赛和科学讨论会，有两个项目（小发明）5名同学分获省级一、二等奖，占芜湖市中小学获奖总数的三分之一；在2000年8月举行的全国青少年创新科技大赛中，学校有1项小发明获全国二等奖；2001年参加安徽省青少年航海模型比赛，获个人第二名的好成绩；1999年12月学校在芜湖市八单位联合举办的各系统青少年科技成果展览中，获市级二等奖（小学唯一一名），社会效果非常明显。

（3）师资队伍有了很大的提高。

林崇德教授说："教师参加教育科学研究，是提高自身素质的重要途径。"[6]通过实验，教师的科研意识增强，教学能力提高，学校组织编写的《创造心理训练》（上下册），1999年6月由安徽大学出版社出版，教师撰写的论文刊登在《中国教育学刊》、《教育理论与实践》、《安徽师大学报》等杂志上，教育实验成果入选中央教科所主编的《素质教育理论与实验研究》学术文库，《浅谈陶行知创造教育在作文教学中的应用》入选《现代教育艺术研究》一书，论文《小学自然进行创造心理素质教育的实验研究》被评为中国教育学会小学自然专业委员会优秀论文二等奖，两项创造教育科研成果分别被评为"安徽省科研成果一等奖"、"山东省科研成果一等奖"。

（4）丰硕的成果吸引了社会的广泛关注，提高了学校办学声誉。

《芜湖日报》、《大江晚报》、芜湖市电台、电视台等都多次对学校进行了及时、准确的报道。专访《小学校做大文章》入选《中国改革先锋》和《中华群英谱》，《小学创造心理素质教育的思考》入选《光辉的历程》文集，《小学创造心理素质测量及其培养》等入选山东省教科所主编的教育科研论文集《跨世纪的探索》，《小学创造心理素质教育模式的研究》收录在复旦大学出版社出版的《素质教育资料库》光盘中。

四、结论和思考

1. 结　论

第一，在小学采取恰当的措施，小学生的创新能力和创造个性是可以得到较好萌发的。

第二，我校进行创新教育的途径、方法、措施，实验结果证明是有效的。

第三，进行创新教育必须立足课堂，辐射课外，给学生提供更多的独立、创造性活动的机会。

2. 思　考

下一阶段，我校将进一步完善创新教育的操作、运行体系如开展科普早餐、进行创新性课间十分钟小比武等，建立行之有效的评价体系，如启动创新小博士奖励计划、实施成功性评价方案等,进一步建立完善学校创新教育的支持保障体系。我们真诚地希望,和更多的学校一起,加强联系,扩大研究,把一个充满生机和活力的学校教育,奉献给社会、奉献给未来。

(此文获芜湖市第六届陶研论文评比一等奖,原载于《安徽教育科研》,1999年第6期)

学校管理碎思

6　学校管理创新的本质要义和策略选择

随着全国第三次全教会的召开和《中共中央、国务院关于深化教育改革全面推进素质教育的决定》的落实，创新成为教育理论界和实践界共同关注的强势话语和实践主题，社会呼唤创新型的人才，教育呼唤创新型的学生，学校呼唤创新型的教师和校长，从学校角度而言，这一切溯本求源都来自学校管理体制的创新。

一、学校管理创新的本质要义

教育创新需要构筑一种全新的全面教育体系，我们姑且可以把它称为创新教育。在我看来，创新教育是指在知识经济来临之前，超前实施的以符合知识经济要求的教育举措。这种教育举措最突出的特点是秉承人本位的理念，并始终以个体全面发展为培养目标，使学生德、智、体、美、劳的发展从不均衡转为均衡，在更高水平上加以有效统摄。

它的主要表征是：①全体性。创新教育的一个信念是每一个正常的儿童都有一定的创造潜能，都能通过适当的教育，取得创造性的成绩，成为某一方面的创新型人才。因此，创新教育不是只面向少数人的精英教育，而是面向全体学生的全面发展教育。②区别性。人的创造能力及其发展具有类型和层次的差别，这种差别是先天因素和后天因素交互影响而成的。因此，对每个学生的创造性发展，不可一概而论，不能用一个模式培养。③创新性。不同层次和类型的学生和成人，都有可能做出优异的成绩，其中主要的标志就是创新。创新是创造教育的灵魂。④创新教育具有正确的社会价值理想和导向，其目标是培养符合社会主义现代化建设需要的创新人才。从本质属性上说，创造教育属于一种新型的人才培养模式，它是当今先进的教育理论与教育改革实践相结合的产物，是新的教育思想体系和实践体系的统一体。学校管理创新的本质要义正是我们在对创新教育达成上述共识的基础上展开讨论的。

学校管理创新既是学校创新教育的一种具体形式，也是学校开展实质性创新教育的前提和保证。根据董祥智先生的观点，我们可以把学校管理创新理解为：是为了培养创新型人才而对学校管理进行创造性的变革，也就是指学校领导者在创新理念指导下，创造性地采用新的措施手段，对管理要素进行扩展更新和优化组合，以形成新的管理格局，产生新的管理效果，从而更好地培养创新人才的活动。学校管理创新的实质是对教师的主体性的开发，管理创新的基础是教师的自我管理。学校应以人为本，要充分调动教师的积极性，促使教师的一切行为以学校目标的达成为最终目标，在这里，教师不仅是学校管理的对象，更是学校管理的主体。

二、学校管理创新的目标定位

创新教育是培养学生创新素质的教育，是教育的终极存在价值所在，是教育的核心范畴和理念的飞跃，也是教育的理论架构和实践体系的全面突破，它的基本出发点是促进师生素质整体发展和全面提高教育质量。为实现教育方针规定的目标，着眼于受教育者群体和社会长远发展的要求，以面向全体学生、全面提高学生的基本素质为根本目的，以注重开发受教育者的潜能、促进受教育者德智体诸方面生动活泼地发展为基本特征的教育。基于此，学校管理创新的目标要突出人本化管理，努力营造宽松的教师劳动环境和学生生活学习环境，为师生的主动探索提供更加广阔的空间和时间，同时还应通过管理创新使学生学会做人、学会求知、学会健体、学会审美塑美、学会劳动创造，提高学生的自尊感和自尊心，培养学生与社会发展相适应的合作意识与技能，处理人际关系和讨论等方面的技能。

三、学校管理创新的策略选择

1. 鼓励校长要有独具特色的管理理念和办学主张

苏霍姆林斯基曾说过："校长对学校的领导，首先是教育思想的领导、业务上的领导，其次才是行政管理。"可以说，要造就富有创新的学生，学校自身应先各具特色。每个学校都是整个教育网上的一个扣结，表面上的宏大博全不是实力的象征。富有特色，有自己特殊的功能方可永葆青春活力。因此，树立特色意识，依据本校实际培养特色体系，是学校管理创新的根本保证。

2. 建立有利于师生创新精神和实践能力生成的管理机制和措施

学校管理的创新归根到底是有利于师生创新精神和实践能力的生成。学校充满着生命，学生、教师、校长都应该在学校获得成长、获得快乐。传统的管理模式，较多的表现为一种等级森严的制度和整齐划一的规范，这在一定程度上束缚了师生的个性和创造性。管理创新要求学校管理制度和功能要根据学生和教师发展的需要进行重建，主张人人都是管理的主体，校长、教师、学生及其家长都是通过管理实现人与人之间的真诚交流，完成心灵的相互沟通。学校要把培养师生创新精神和实践能力列为校风、教风、学风的组成部分。学校要积极探索建立表彰在教育教学创新中做出成绩的教师的制度，对积极给学校提出创新建议的教师，要按其创新程度和贡献大小给予不同方式的奖励等。

3. 倡导人本化的管理策略

人本化的管理既强调教师的职责和义务，又尊重教师的个性和需求，在日常教育教学管理中，既要考察教师的工作态度和敬业精神，重视教师的工作实绩和工作效率，又要搞好相关服务，体现管理无情人有情，严而有度、润物无声。学校要制定各种规章制度,规范教师工作的行为,以确保学校政策的高效运转,但同时要力求简约,给教师留有一定的创造和自主支配的空间。学校可通过时间管理(学校作息时间的变更、根据学科特点进行的课时调整、根据学生不同层次的时间分配)、习惯管理(学习习惯、工作习惯、良好的行为习惯)、文化管理(科学态度和人文的精神的熏陶)和课题管理(课程、教材、教法改革等)的目标定位和规范操作,逐步建立起符合本校实际的有效的教育教学常规管理。

4. 搭建适合师生创新的校园文化和教育环境

有人形容,"清华园像一篇散文,北京大学的校园则像一首诗",也就是说,学校的建筑,环境的布置,班级、教室的文化氛围,师生之间的关系,学生之间的交流等都可以潜移默化地起到比正式课堂还重要的教育作用,特别是那些极富个性的校园教育环境,如各班级、各年级开辟科技角、创新角,学校开辟创新教育展示橱窗、创意文选龙虎榜、创意画廊、师生作品陈列室、漫漫科普路图片展、双休日科普乐园作品展、科技创造活动资料展等,都会对师生行为起到净化和引领的作用。

四、学校管理创新目前面临的两个困难

1. 创新型教师队伍建设的艰巨性

从理论上说教师是学校创新教育的实施者和受益者,学校创新教育的成败,关键在于创新型教师队伍的建设,这也已成为一线教师的共识。但先进教育思想的学习,专家精心设计的教学计划与教师本身固有的教学风格(教学习惯)之间的矛盾,仍然不同程度地困扰着教师:教师习惯于从概念出发,而不是从问题出发;注意结论的记忆而忽视对知识形成过程和思维方法的探讨;过分强调教师的主导作用,缺乏对学生创新精神和创新能力的尊重和关怀。目前无论是声势浩大的课程改革,还是学校自己非常看重的各级重点课题研究,许多命题针对的是那些教师没有意识到的问题,或者即使认同这些问题,但由于改革研究对教师的工作提出了新的要求,增大了工作量和工作的难度,不少教师往往由于惰性,而采取回避和消极应对的态度,甚至把它看做是与自身教育教学无关的问题,这也代表着一部分人的典型心态。另外,有些教师对自己的教学已基本满意,当然这并不是说他们无自知之明,认为自己的教学已接近完美,而是说他们目前的成绩已经达到了自己所追求的近期目标。例如教师对学生学业成绩的关注一直是学校教学的焦点,对大多数普通学校而言,教师对学生成绩的期望值都比较低,学生的成绩高于期望值,教师就比较满意。如果学生的成绩低于他们的期望值,教师通常把它们归因于那些不可控制的因素,生源太差、家长不管不问、学校行政不重视等。如果成绩比期望值高,那么教师更觉得自己的教学方法和教学思想很先进,有人也从心底里发出"搞教育科研是花架子"、"创新教育看不见摸不着"、"学生考出成绩才是硬道理"等诸多感慨,这可能已经成为制约学校管理创新深入实施的一个瓶颈。

2. 教学个性化管理问题

创新教育在重视学生社会性的同时，更应尊重学生的个别性，要面向全体学生而不是少数先进分子，要最充分地寻求以创造而不是以记忆来作为教学效果的最终表征。班级授课制自从它的创始人拉托克和夸美纽斯倡导以来，都是同所有学生享有实质上的“均等”的学习过程这一认识结合在一起的。这样带来的弊端是：向所有学生提供均等的学习过程这一范型，总会同班级内学生之间事实上存在的学业成绩及其他个别差异发生冲突。解决这个矛盾，可能的对策如给差生施以适合其水准的教育、分层教育、小班教学、成功教育、开设专门的辅助课等，但困难在于：各科教学内容、学时、学生在校时间如何与国家教学计划、课程方案及减负有关规定保持一致？在课程内容没有进行必要的知识重组和结构性调整的情况下，通过学科渗透创新教育，事实上也都是在不同程度地打外围战。同时，班级人数过多也是一个围绕着创新教育特别是课堂教学运作的两难问题。

人的创造性的张扬，人的创造性的普遍化，这是时代的要求。让我们积极顺应时代潮流，从改革学校管理入手，为了培养和造就适合时代的高素质创新型人才，为了在我们中间涌现出更多的创新型学校、创新型教师，从而产生更多的创新型学生而不懈努力，赋予学校管理创新以本体论的意义。

（此文获 2007 年安徽省首届校长论坛一等奖，原载于《安徽教育科研》，2007 年第 2 期）

7 运用信息论优化学校管理浅见

信息论是一门运用数理统计方法研究信息传输和信息处理的科学。信息论认为，客观世界的一切系统和要素中都包含着信息。信息与物质、能量是客观世界的三大要素。在科学技术高速发展的今天，信息成为各行各业赖以生存和发展的要素。

我国基础教育随着从应试教育向素质教育转轨，对学校管理提出了新的要求，加强学校中的信息研究非常重要。这是因为，学校管理是一种有目的、有组织、有计划的活动。管理者了解情况、确定目标、选择方案、制订计划等都需要足够的信息。学校管理又是一种动态的过程，管理者在实施计划、掌握工作进程、协调各方面关系时，也都要有信息的传递和反馈。如果我们用信息论的观点去研究学校管理工作，研究信息的收集、处理、反馈、储存、调控等问题，就能帮助我们探求学校管理最优化的客观规律，从而使我们的管理水平不断提高。那么如何把信息论运用于学校管理之中呢？下面谈谈自己的几点看法。

一、收集有用信息是信息论运用于学校管理的前提

根据学校教育、教学、科研和管理活动的要求，有计划地、持续地把需要的各种有用信息在时间和空间上相对集中，建立信息系统，并明确各种机构掌握和传递信

息的任务，使上下联络渠道畅通，保证获取灵敏、准确、有效的信息。

1. 小学管理者需收集的主要信息举要

（1）认识信息。即在教学系统中用于增进智能系统的有序知识和经验。主要有教师、学生已有的知识水平，教学方法、学习方法和经验，教材、教学参考资料，学生在作业、试卷中输出的反馈信息，等等。

（2）教学、教育管理信息。即在教学、教育系统中用于规定认知信息的范围，知识的分类、组织结构和规章制度。如课程标准、教学目标、教学计划、教学进度、课程设置、学生作业的检查及评定方法，学校内部结构和定编、定量、定员、定位的各种规章制度等。

（3）思想教育信息。即在思想教育系统中用于提高人的思想觉悟的知识、经验等。如教师和学生现有的思想水平和动态，作息、考勤考绩和奖惩等。

（4）教学、教育服务信息。即在精神上和物质上保证教育教学目标实现的有关信息。如管理人员和行政人员的素质和配备，教学设备的利用，教育经费的分配和核算情况，学校环境的改善等。

2. 学校管理者收集信息的渠道和方法

（1）健全汇报和交流情况的制度。一方面学校要与上级教育行政部门保持固定关系的信息沟通渠道，另一方面学校内部各部门，各科教师要按照一定关系结成信息传递的固定结构方式，互通情报，随时获得各种信息。

（2）规范学校流程管理，建立和完备各种档案资料。如各科历次考试成绩资料、学生健康档案、教师业务档案等，以满足学校各项工作对信息的要求。

（3）深入群众，调查研究。调查研究是管理工作的基本功和基本方法。调查的方式有观察、听课、访问、个别谈话、会议调查、书面调查、检查学生的作业和教师的教案等。方法可以灵活多样，应从实际出发，力求深入全面地掌握信息。随着视听教学器材和技术的普及与提高，师生获取社会信息的机会大大增加。因此，在进行调查研究，主动获取信息的过程中，必须注意收集和掌握对学校师生、学校教育活动管理活动产生影响的信息。

二、及时处理信息是信息论用于学校管理的基础

收集信息的目的是为了正确的使用信息，这就必须对收集的信息进行加工处理。信息处理的主要步骤是筛选整理、分析归类、排序编码和检索等。

信息处理的质量好坏，很大程度上取决于原始信息的全面性、代表性和可靠性。所以，筛选整理原始信息，去粗取精，去伪存真，剔除错误信息，找出具有代表性的信息，不仅是提高信息质量的要求，也是提高信息管理水平的基础。

原始信息经过筛选整理后，应进一步分析归类。根据信息的不同用途，将其分为指令性信息、教学信息、思想政治工作信息、财务信息、教育科研信息等。在此基

础上，根据信息处理的要求，把整理归类后的信息按一定顺序排列起来，并根据逻辑性强、直观效果好等原则，将各类信息加以编码。信息编码应以数字编码为主，力求编码标准化，便于查找、归档储存。

为了能从大量的储存信息中正确、及时地找出所需的信息，还必须应用科学的方法，按照检索的要求，建立相应的目录、索引和文摘卡片等。

三、重视信息反馈是信息论运用于学校管理的关键

从信息论角度看，学校信息系统的信息反馈，至少应包括教学的信息反馈和学校管理工作的信息反馈两方面。

控制论的创始人维纳说："一个有效的行为，必须通过某种反馈来取得信息，从而了解目的是否已经达到。"当前，教学中的信息反馈已为大家所重视，学校领导和教师利用教学反馈信息来调控教学过程，了解学生的学习情况，使教学更具有针对性，以达到最优化的教学效果。

实际上，学校管理工作中的信息反馈也是十分重要的。学校领导为了有效地工作，科学的管理不仅要及时了解工作对象的有关信息，更重要的是还必须了解学校管理系统实施情况的客观效果与预期目的偏离的情况，并据此确定下一步的动作，进行自我调节，这是一个信息的反馈过程。

信息通过反馈，一方面可以及时修正学校教育活动及教育决策的有关指令、行动及目标，另一方面，信息的接收、处理、储存、输出和反馈，使信息管理构成一个循环的回路，形成一个"实践—认识—再实践—再认识"的过程，从而促进教育活动信息化和最优化。只有建立起及时而准确的信息反馈系统，学校领导者才能及时地掌握学生的课堂纪律、学习成绩、思想动态和教师的出勤、教学质量、思想教育以及学校设备的利用率、损坏率等信息，从而有的放矢地改进工作，解决存在的问题。反之，就会问题成堆，造成不应有的损失。有些学校领导点子出得不少，会议没有少开，任务也布置了，但效果不佳。究其原因，很重要的一条就是缺少良好的信息反馈系统。

因此，信息管理必须重视信息反馈，自觉地运用反馈信息，搞好学校各项工作。

四、储存与提取信息是运用于学校管理的要求和重视环节

离开信息，一切管理活动都是盲目的。储存信息，有利于及时提取信息，择其优者，提高教育工作的效益。

学校中信息储存的内容是多方面的。其中有反映学校工作情况和学生情况的基本数据和简明图表，有反映教师教学状况的备课材料、听课笔记、教研材料，有教育科研的资料，有各教研组或个人的工作总结、典型经验材料，有各层次的会议记录和组织结构的文书档案材料，等等。这些都是学校的宝贵财富，一定要

管理好。

因此,建立学校的信息库,是建立学校信息网络很重要的一环。目前,很多学校的信息工作还有待完善。

建立学校信息库应坚持实事求是的原则,根据学校规模和人员编制,逐步建立符合学校实际的信息库。从低级、小型、手工管理到具有一定规模,能应用电子计算机管理。

具体做法:①确定专职或兼职人员负责(如教学材料、档案由教导处负责);②及时收集记录;③分类整理、妥善保管;④建立使用制度,充分发挥信息在学校管理工作中的作用。

总之,正确而及时地掌握各种信息,是提高学校教育质量的重要途径。在全面推进素质教育的今天,没有及时而准确的信息,即使有现代化的教学设施,也未必能培养出社会主义现代化建设所需要的合格人才。学校教育质量的提高依赖管理的现代化,而学校管理的现代化在很大程度上又取决于学校信息传递方法的科学化。

世纪之交,教育正处在改革和发展的重要时期,科学技术革命在迅速而深刻地影响着人们的社会观念、生活方式、思维方式甚至于整个社会面貌。教育作为基础工程,直接感受到了信息时代传递来的强烈震撼。利用录像、录音设备保存观摩教学的实况和精彩报告的录音,采用微机处理数据、传递和储存信息等,都为信息论运用于学校管理提供了可能。运用信息论优化学校管理,有十分广阔的应用前景。我们应花大力气,积极创造条件,开展深入细致的研究工作,从而提高学校管理水平,全面推进素质教育。

(此文获芜湖市教育学会论文二等奖)

8　略谈备课和课堂教学序列的管理

教学管理工作,是学校全部管理工作的主体。如何把教与学两方面的积极性调动起来,如何把各学科、各年级的教学内容衔接起来,如何指导教师按照教学规律办事,大幅度提高教学质量,这是教学管理者的主要任务。

教学序列的管理,在内容上,既包括对教师教的管理,又包括对学生学的管理,还包括对教材和教学手段的管理。在管理的形式上,有纵向的管理,也有横向的管理。因此,就形成了一个多因素、多层次、多序列的动态管理过程。本文试图阐述作为一名小学管理者应如何抓好备课和课堂教学序列的管理工作。

一、关于备课的管理

备课是上好课的前提。教学质量提高的决定性因素,是备课的质量。教师备课,不仅要备教材,还要备学生。只有心中有质量,目中有人,才有利于提高上课的质量。学校管理者抓备课要以教案为突破口,在教学改革上下工夫,体现以学生为主体,以学生发展为本,帮助学生建立新的学习方式,让新思想、新观念尽快进入课堂而润泽学生。学校管理者必须从纵向和横向两个方面做好备课方面的管理工作。

(一)健全组织,加强领导

教师备课,可分为教师个人备课和集体备课两种形式。从管理系统方面说,学校管理者主要是抓好对集体备课的管理,年级备课组长根据学校规定的备课制度和要求管理好教师的个人备课,发挥备课组长的管理职能。

怎样组织备课组呢?一般来说,学校每个年级、每个学科要成立一个备课组。不论是城镇小学,还是农村小学的备课组,都应请政治、文化、业务素质较好的老师担任备课组长,在校长或教导主任的指导下,管理好本组的个人备课和集体备课,保质保量地完成备课任务。

备课组长的任务主要是:组织本备课组的教师在个人独立备课的基础上参加集体备课(每两周一次);经常了解组内教师个人备课的进度、质量等情况,向校长或教导主任汇报;组织本备课组的教师相互听课,交流教学经验,提高大家的业务水平。

学校的校长或教导主任,要认真听取备课组长的汇报,研究存在的问题,及时提出改进意见,并迅速地反馈到教师中去。

(二)引导教师,执行备课要求

有了备课组的组织形式,校长还要对各科教师提出备课方面的基本要求,引导教师,切实地执行备课要求。

备课的要求,一是对教师个人而言,二是对备课组而言。

对教师个人备课的要求是:既要备教材,又要备学生,还要做到"六个备"。所谓备学生,就是要根据不同学生不同的基础知识和发展水平,提出不同的要求,确定教学内容,考虑教学方法,把教学任务落实到每个学生的可接受性上。同时,还必须考虑哪些内容由学生在课内外自学,哪些问题需要学生在互相讨论中加深理解,哪些内容可以通过课外活动来掌握。所谓"六备",其中前"三备"是指备教学目的要求,备"双基",备教学重点、难点和关键点。我们所说的重点是指教材中对学习和理解教材内容有很大作用的部分,难点是指学生不容易理解或掌握有困难的部分,关键点是指教材中某些内容对于掌握某一方面知识能起决定作用的部分。后"三备"是指备怎样培养学生能力和发展其智力、备作业设计、备教法教具。在达到这些要求的基础上写出符合学生实际的课时计划(教学设计)。

对集体备课的要求是:组织教师学习教学大纲和新课程标准,钻研教材,制订学期的、单元的教学实施计划;每两周集体备课一次,集体研究教材,讨论每一课的教学重点、难点和作业的设计等;每次集体备课前,要确定1~2位教师当中心发言人,然后各抒己见,展开研究,还要定期互相阅览个人编写的教案,查进度,查质量,达到取长补短,改进编写教案的目的。

(三)深入实际,抓好学期备课、单元备课、个人备课、集体备课四种备课形式的管理

1. 对学期(学年)备课的管理

学期备课一般是安排在学期开始前(即正式上课的前一周),分管各科教学的学校管理者都要在假期中先通览教材,领会编辑意图,熟悉知识范围,明确教学目的与要求,以及它们之间的内在联系;同时要掌握重点,分清主次,作出课时的划分。在进行学期备课时,校长、主任都要到备课组去与教师一起参加讨论,指导教师要订出全学期的授课计划。

主要内容包括:教材分析,学生情况分析,学习目标、教学改革的设想,教具、学具的设计,现代教育技术手段的运用以及教学进度的安排等。

其中,教学具体安排可以写成文字,也可以列成表格。现以语文学科为例,如表1所示。

表1　____学年____学期小学语文教学计划

<table>
<tr><th rowspan="2">周次</th><th rowspan="2">日期</th><th colspan="2">教学内容</th><th rowspan="2">需用几课时</th><th rowspan="2">思想教育要求</th><th colspan="9">基础知识及基本训练的要求</th><th rowspan="2">培养能力,发展能力方面的要求</th><th rowspan="2">教具</th><th rowspan="2">作业题</th><th rowspan="2">参考书</th><th rowspan="2">检查纪要</th><th rowspan="2">备注</th></tr>
<tr><th>课次</th><th>篇目</th><th>字</th><th>词</th><th>句</th><th>篇</th><th>听</th><th>说</th><th>读</th><th>写</th><th>标点</th></tr>
<tr><td></td><td></td><td></td><td></td><td></td><td></td><td></td><td></td><td></td><td></td><td></td><td></td><td></td><td></td><td></td><td></td><td></td><td></td><td></td><td></td><td></td></tr>
</table>

2. 对单元备课的管理

单元备课,是在每一个单元(一组)教学进行之前的集体备课。拟出一个单元(一组)的授课计划,目的在于从整体出发,明确一节课在本单元中的地位和作用,以便有系统地突出重点,解决难点和关键点,有机联系,提高本单元的备课质量。在进行单元备课时,校长、主任应督促并帮助教师解决以下几个问题。

(1)进一步熟悉与掌握教材内容,领会本单元(组)教材编排的目的与意图,确定单元(组)的教学目的与要求。

(2)妥善地处理教材,确定教学内容,精心设计习题,安排授课内容。

(3)找出教材中的重点、难点、关键点,确定主次、先后、详略。

(4)通盘考虑在这一单元(组)中怎样培养学生的能力,发展学生的智力。

(5)制订出一个单元的授课计划。

3. 对个人备课的管理

个人备课是指教师自己备每一个课时的课。它的主要任务是:进一步钻研教

材,安排教学内容,确定教学方法,写出具体教学设计。

对个人备课的管理,其管理方法有三:一是参加集体备课,认真听取每一位老师的发言,从发言中了解老师备课的深度和广度及其对课文基础知识理解的准确性;二是从平时与教师的谈话中,了解教师对备课中存在的问题和困难;三是调阅教师的备课笔记(计划),了解教师对每一课的教学目的是否明确,课堂教学结构有哪些类型,授课内容是否系统严密、正确,作业设计是否符合培养能力、发展智力的要求,教学方法是否符合教学原则和学生的心理特征等。对编写教学设计的要求可以因人而异。对新担任教学工作的教师,要求写详案,重在规范;对文化、业务水平较高,所教的教材已经反复教过数遍的教师,可以提出创新的要求,重在教学改革上下工夫;对骨干教师和校级学科带头人则重点要求总结经验,帮助形成教学理论和教学风格。不论教师写详案,还是突出教学创新,教学设计都应包括以下内容:课次、课题、授课日期、第几课时、目的要求、教具、教学步骤与方法、作业设计、板书设计等。教师授课以后,要尽可能写课后反思,把实践的体会(成功或失败)写在教案的后边,为今后改进教学作参考。

在管理教师备课过程中,学校管理者还要重视对教师教学思想的管理。教师的教学思想端正了,方向就会明确,教学方法就会得当。目前,还有不少教师在编写教案时仍然套用苏联凯洛夫的教学思想,遵循组织教学、复习旧课、讲授新课等五大教学环节。实践证明运用五大教学环节有很多弊病:从时间上看,它不适应小学生的心理特征,没有把最佳时间用在学习重点、难点上,巩固练习的时间少,往往徒具形式,对培养学生能力、发展其智力有阻碍作用;从教学关系来看,这种课堂结构,只重视教师的教,忽视学生的学,只求死记硬背,不注重灵活运用。因此,学校校长或教导主任在管理个人备课的过程中要引导教师摒弃这种模式,把单向交流改为多向交流(如图1),从而调动教师教、学生学的两个积极性,使教学质量不断提高。

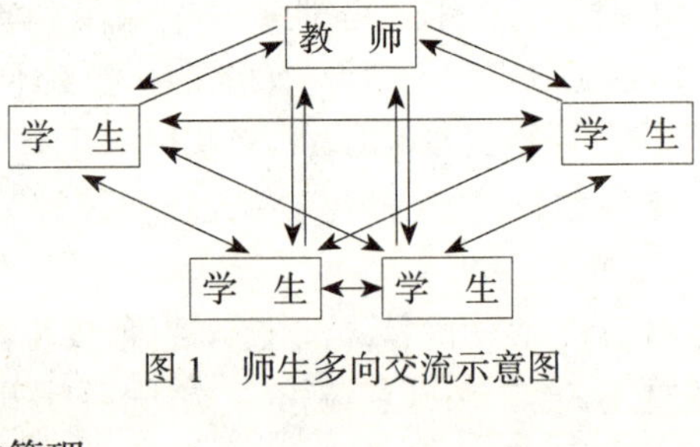

图1 师生多向交流示意图

4. 对集体备课的管理

集体备课指的是同年级、同科目的老师在一起备课。集体备课时新老教师互相学习,彼此配合,促进团结,形成教师集体的好形式,不仅如此,还有利于相互启发,集思广益,使个人难以解决的问题,通过集体备课得到很好的解决。

对集体备课的管理,可以采取下列措施:

(1)抓"三定"。即定时间、定内容、定人。定时间就是由学校统一规定每周有半天的时间(不排课)为集体备课时间(定时间)。确定要讨论的内容,人人做好准备(定内容),布置好讨论时的中心发言人(定人)。学校管理者根据"三定",在集体备课的前两天要检查教师的教案和中心发言人的发言准备情况。这样管理就可以纠正集体备课时那种"空手赶集",或者问题不分大小,内容不究轻重,泛泛而谈,零敲碎打,所获无几的偏向。

(2)学校管理者要亲自参加教师集体备课活动,要指导教师备教材,备重点、难点、关键点,备基础知识与培养能力、发展智力的内容与方法,备教法,备作业等。

(3)指导教师把集体备课与教学研究密切结合起来。凡是集体研究出来的东西,都要在各自的课堂教学中去实践检验,从而在实验中探索教学规律和教学改革的经验或教训。学校管理者要经常组织同年级、同科目的教师互相听课和检查教师的教学工作,实行横向的序列管理,使反馈系统畅通无阻,从而及时发现问题,帮助教师解决问题。

二、关于课堂教学的管理

课堂教学管理,是教学序列中的一个十分重要的序列。它既包括对教师教的管理,又包括对学生学的管理。不仅要调动教师教的积极性,发挥教师的主导作用,还要激发学生学的积极性,使学生成为学的主体。因此,在管理课堂教学过程中,学校管理者一方面要重视纵向——教师教的序列管理,一方面要注意横向——学生学的序列管理。从目前的实际情况来看,必须重点抓好下列几项管理工作。

(一)帮助教师转变教学观念

由于师生(含学校领导)受了传统思想的影响,出现了重教轻学,重教书、轻育人,重知识、轻能力,重课内、轻课外等不良倾向,既不符合学校的培养目标,又损害了学生的身体健康。作为学校管理者,要勇于顶住来自社会的、学生家长的各方面的压力,引导教师端正教学思想,树立正确的质量观和人才观,把单纯传授知识(读死书)转变为知能并重,把单向(教师)的教学活动转变为双向(师生)或多向(教师、学生家长)的教学活动,把只管教学不管育人转变为既教书又育人,把单渠道的教学组织形式转变为多渠道的教学组织形式。要实现上述四个转变,学校管理者就要深入师生中去,必须通过科学的管理来实现。管理者特别要善于在课堂教学中发现带有倾向性的问题,通过典型事例,在教学实践过程中帮助教师领悟新的教学思想和方法,促进其教育观念的转变。

(二)引领教师努力达到课堂教学的基本要求

学校管理者要按照学校内部教学行政体系和一系列规章制度对教学工作进行管理和规范。随着教学思想的更新和发展,教学管理在不断改变和完善,我们已经

积累了大量的经验和富有成效的管理措施。我校课堂教学的基本要求包括:

(1)学习环境和教学氛围宽松、平等、和谐。

(2)教师课堂教学亲切、自然,语言生动、精炼,语速适中,符合小学生的年龄特征,能用普通话教学,板书设计合理。

(3)教学要面向全体学生,目标明确、具体,教学过程安排合理、节奏紧凑、层次清楚。

(4)教学内容要符合学生的认知水平,能激发学生的学习兴趣。要重视学生主动认知的思维过程,引导学生主动探究,帮助学生自主学习。要重视学生的良好学习习惯的养成教育,鼓励独特见解,培养学生的创新意识、创新精神和创新能力。

(5)教学中应注重知识与能力、情感与态度、过程与方法的融合,提倡启发讨论式教学。要合理利用现代教育信息技术的优势,加强教学的直观性和交互性。

(6)教学中应注重熏陶感染、潜移默化,努力培养学生高尚的道德情操和健康的审美情趣,不断形成正确的价值观和积极的人生态度。

(7)教学中应创造性地理解和使用教材,积极开发课程资源,根据不同学段的特点和不同的教学内容,采取合适的教学策略,引导学生在实践中学会学习。

(8)注意收集学生反馈信息,及时调整教学进程,修正教学计划。

(三)深入课堂听课,具体诊断指导

为了切实有效地做好对课堂教学的管理,学校管理者必须深入课堂听课,这是检查教师的教案是否切实可行、上课基本要求是否落实、课堂教学质量如何的一种最好的形式。学校管理者通过听课,可以了解不断变化的课堂教学场景,取得指导课堂教学的主动权。听课也是掌握第一手最具体、最生动的感性材料的过程。平时,我们常讲:“只有占有了十分丰富(不是零碎不全)和符合实际的感性材料,然后在感性材料的基础上经过思考和逻辑加工,才能认识教学工作的规律性。”这样就可以有效避免学校管理者在课堂教学管理中出现空洞的不切实际的指导。可以说,听课对教育管理者而言,就是一个提高自身业务素质,改进对课堂教学管理的过程。

为了做到有计划、有目的地听课,学校管理者要在每个学期开学之初,制订出全学期的听课计划,计划一般采取表格式,内容包括年级、科目、授课教师、听课日期、听课目的等项目。每周还要根据全学期的听课计划列出一个具体时间表,排除一切干扰,认真执行计划。苏霍姆林斯基认为,一个校长,每年不听全校每个教师15节课,就是对教学毫无了解,一天没有听两节课,等于一天没办事。这是值得我们思考的。

学校管理者听课,不仅要有数量,还要有质量。这就要求我们在听课前要做好听课准备,如熟悉课程目标、钻研教材、把握教学重点和难点等。学校管理者听教师的课,目的在于帮助教师改进课堂教学,提高课堂教学质量。从教学序列管理这个角度,主要以检查性质的听课为主,但也要发挥横向序列管理的功能,各种类型的听课应交叉进行。由于听课的目的不同,听课的性质也有所不同。在学校的实际工作中,教育管理者听课大致可归纳为以下几类:

(1)了解性的听课。每学年学校管理者应该对全校教师的课,普遍听2~3节,从而真实地了解他们的课堂教学水平,以便今后安排教学工作时能做到人尽其才,才尽其用。

(2)检查性的听课。目的是检查教师的教学理论水平和教学方法有没有提高和改进;检查教师的备课情况和课堂教学质量,可以事先不通知听一节课还是一个系统课。

(3)连续性的听课。目的在于考察一个班的学习情况(学习情绪、学习纪律)和各科教学情况,研究分析学生在一课内的学业负担等,可以在一个班内连听一天或几天的课。

(4)辅导性的听课。目的是帮助新教师或教学水平较差的老师,使他们能逐步掌握该年级教学的基本原则和方法,逐步提高教学水平。这种性质的听课,可以事先通知这些老师准备几种不同类型的课,邀请教研组长、备课组长一起去听。听课之后,及时按照课堂教学的基本要求进行研究,提出改进意见。

(5)研究性的听课。这是指老师根据教研组所研究的课题,在自己教学中加以检验性质的课。学校管理者,就要带着老师的研究课题,去听不同类型的教师、不同类型的班级的课或听同教材、同进度、不同教师的课,以便围绕研究课题进行对比分析,比较各种教法,从中检验研究的结论能不能成为可行性的经验。

(6)示范性的听课。学校管理者在普遍听课的基础上,发现了某一位老师在课堂教学改革中有好的经验,可以及时组织示范课,邀请全校同科教师都去听课,使这位老师的课堂教学经验和教学风格及时得到推广。

学校管理者深入课堂听课,是管理课堂教学的一个重要手段,但听完课后要和授课教师在一起对上课的情况与特点进行分析研究,从中再找出规律性的东西,帮助教师提高教学水平。

目前,还有一些学校管理者为听课而听课。听课前不准备,听课时不记录,听课后不分析,也不与授课教师交换意见;有的学校管理者,分析一堂课,往往不以教育理论为指导,凭自己的印象去评价教师的课堂教学,这样分析课就会失去正确性。一般来说,学校管理者听课之后,应从以下几个方面去分析课:

(1)从教学目的要求去分析。一要分析这堂课预定的教学目的要求是否正确。二要分析这堂课的教学是否达到了预定的目的要求。

(2)从讲课准确、清楚方面去分析。讲课要准确,是指其深度、广度要符合课程标准的要求,要讲得准确、写得准确、演示得准确。一句话,教学内容要力求正确无误。讲课要讲清楚,这是保证课堂教学质量的基本条件,尤其是关键问题和主要问题，不能给学生留下模糊的印象。关键问题和主要问题讲清楚了，全篇也就一目了然，次要问题也会迎刃而解。讲清楚，就是不要含糊其辞，要掌握教材的系统，使学生觉得条分缕析，变难懂为易解，变索然乏味为兴趣盎然。

(3)从一堂课的组织与安排去分析。即分析教师讲课与对学生的训练，是否符合学生的认识规律，是否符合学生的观察、注意、记忆、思维等心理活动的规律；在讲课的程序上，由一个内容进入另一个内容时，是否系统连贯；整个教学过程是否紧凑，有无松散、浪费时间的现象；采用的教学方法是否符合教学原则；学生的积极性是否被调动起来，是否活而不乱，朴实无华，以及教师在课堂上的板书、提问、练习安排、言谈举止等。

(4)对课堂教学效果的分析。主要是分析学生对基础知识掌握的情况，提高能力、发展智力的情况，等等。

(5)从教学过程中学生学的序列方面去分析。学生的学是否依照先预习后听课，先复习后作业，先审题后解题的这样的程序进行的。

(四)督促教师执行课程计划

课程计划是上级教育行政部门对课程设置作出的具体规定。学校管理者要督促教师严格执行课程计划。有的教师受来自社会、家长的影响，擅自增加语文、数学、英语的教学时数，减少音乐、体育、美术的教学时间。有的老师不安排学生的课外活动，加班加点给学生上语文、数学、英语课。有的教师不通过教导处，私自与其他教师调课，缺而不补。如此种种，学校管理者应加强这方面的管理，督促教师一定要按课表规定的科目上课，不得擅自增减。

(五)积极引导教师改革课堂教学结构

课堂教学结构的组织与安排，关系到能否提高学生学习积极性，能否启发学生学会学习方法、养成良好的学习习惯。过去，主要是用五大教学环节的课堂结构，这种课堂结构，有其合理的一面，也有其不利于培养学生能力、发展学生智力的弊端。学校管理者必须引导教师改革这种整齐划一的课堂教学模式。根据查有梁先生的研究和本人的教学实践，可初步归纳为以下十种课堂教学结构，介绍如下，供学校管理者参考。

(1)以培养自学能力为主的课堂教学结构：自学—解疑—练习—自评—反馈—小结。

(2)以双基训练为主的课堂教学结构：基本训练—解疑新授—巩固练习—课堂小结。

(3)以激发学生兴趣为主的课堂教学结构：创造情景，激发兴趣—再现情景，引导自学—自行反刍，消化转化—解决疑难，练习巩固。

(4)以学生为主体的合作型课堂教学结构：诱导—学习—讨论—练习—评价。

(5)举一反三的课堂教学结构：示范分析一篇(题)，带动学生自学同类型的一至几篇(题)或者立足一组(单元)练习一课。

(6)渐进探讨式的课堂教学结构:初探性自学—深究性自学—应用性自学。

(7)教练结合的课堂教学结构:自学课文—分析重点—深化练习。

(8)跳跃式的课堂教学结构:渗透—模仿—内化—创新—审美。

(9)研究性学习的课堂教学结构:问题—探索—报告—答辩—评价。

(10)目标教学模式的课堂教学结构:学习目标的呈现—教师指导学生实现目标的过程—形成性检测与评价。

实践证明,对课堂教学用听课、评课等方式进行管理是有效的。学校管理者要摆脱事多缠身的状态,把精力放在教学管理上,坚持不懈地向既定的目标迈进,就一定能取得课堂教学管理的成功。

(此文系作者在安徽省小学骨干校长高级研修班上的书面交流材料)

9 略谈校风建设

校风,就是一所学校形成的风气。好的校风,对于培养师生高尚的思想品质、健康的精神面貌和行为习惯,都会产生直接的影响。好的校风,对于改变不良的社会风气,也具有极为深远的意义。作为学校的校长,必须以战略的眼光,抓好校风建设这项工作。

校风,并不是看不见摸不着的东西。你如果走进一所具有优良校风的学校,清新之风就会扑面而来,就会产生一种文明礼貌、团结友爱、洁净幽雅、治学严谨、活而不乱等感受。这就是全体师生的精神风貌和内心世界在“风”中的具体反映。校风是学校组织精神的集中体现,是对学校文化发展方向、目标及内容的构想。它反映以学校校长为首的学校群体对办学的追求。校风的内容,主要包括学校领导成员的思想作风、工作作风,教师的教风,班级的班风,学生的学风,等等。其中,学校领导成员的思想作风、工作作风,是校风建设的前提,领导者本身必须率先垂范。

小学校长怎样来抓校风建设呢?笔者认为:

第一,学校领导成员以身作则是建设优良校风的前提条件。

在建设优良校风的过程中,学校领导成员的作用表现在:① 以身作则,为人师表,给全体师生员工树立榜样;② 提高管理职能,实行“全员管理”(即人人都管)。“上行下效”,“其身正,不令而行,其身不正,虽令不从”。如果校长时时处处坚持依法治校、依法治教,秉公办事,带头贯彻党的教育方针,一言一行都能遵守师德规范,就能建设出优良的校风。

第二,教师身体力行,是建设优良校风的关键。

教师既是文化科学的传播者,又是学生人生道路的导航者。学校的一切工作都要靠教师去落实,因此,教师的思想作风和工作作风如何,直接影响着学生的思想和行为。教师若能事事身体力行,用为国作贡献、为民谋利益的思想和行动去影响学生,就会形成优良的校风。因此,学校的校长要把对教师的思想政治教育工作放在自己工作的首位,组织教师学习优良的师德风范,用教师的职责和师德要求帮助教师提高政治觉悟,坚持正确的政治方向,发扬好的教风,为建设具有社会主义特色的优良校风,作出应有的努力。

第三,做好学生的思想疏导工作,是建设优良校风的一项重要措施。

一所学校有没有优良的校风,通常会从学生身上具体地反映出来。要使一个班级有好的班风,一位学生有好的学风,就要靠疏导教育去实现。要通过形式多样、生动有趣的形式对学生施加影响,认真贯彻《小学生行为规范》,扎扎实实地向小学生进行公民道德教育和有理想、有道德、有文化、有纪律的教育,将学生培养成为具有创造精神和实践能力的一代新人。我们要不折不扣地加强和改善对学生的思想政治教育工作,使学生能够明是非、辨美丑、识善恶、知荣辱,从而具有正确的道德观念,崇高的思想境界,坚强的意志和健康的道德实践。学生真正做到了这些,不仅能使一所学校具有优良的校风,而且能使占我国总人口四分之一以上的少年儿童成为改变不良的社会风气、建设社会主义精神文明的一支强大的生力军。

第四,优美的学校环境是优良校风的外部标志。

学校的师生,每天有很长的时间在学校工作和学习。一所学校环境的好坏,对师生员工的心理会产生潜移默化的作用,孟母之所以"三迁",就是这个道理。校长和教师要认识到环境对于帮助学生开阔眼界、活跃身心、增长知识、启迪心智、培养兴趣、陶冶感情、奋发向上的作用。

任何校风都有其赖以存在的校园环境和校园文化。同时,校园文化环境在长期内聚和整合过程中逐渐形成了稳定的校风。因此,校风和校园文化、校园环境在功能上相互依存、相互关联而构成一个育人整体。基于此,建设校园环境,加强学校文化主体建设,并通过师生的创造性劳动把优良校风落实到具体的日常教育教学行为之中,以具体的、有特色的文化活动使校风得到优化并逐步获得学校师生群体的认同,进而引领全校师生对校风由关注、理解到主动建构、热心传播。具体地说,可以从以下几个方面入手:

(1)组织全体师生参加建校的义务劳动。主要是平整场地、坚持扫除、清除脏物,使学校有一个整洁的环境。这项措施,不仅可以改变校容校貌,而且可以培育热爱劳动的好校风。

(2)绿化、美化校园。校园内多种一些常绿树,按开花季节先后多种一些木本花树。在花坛、墙边种上一些草本花卉,使校内四季有花。在经济条件许可的情况下,可以造假山、筑喷泉、竖雕塑、设亭台,学校管理者和师生共创一个优美的环境。

(3)设置造型美观、内容丰富的宣传专栏。在校园内，设置宣传专栏，既可使师生受到教育，又可美化校园。如黑板报、学科学园地、智力测验园地、新闻图(照)片专栏等。

校风，有两种水平：一是一般的水平，即所有的学校都应该具有的风气；二是高水平的校风，即区别于其他学校的独特之风，或者是一所学校许多优良作风之中最突出的并起推动作用的某种风气，并成为学校的特色。例如“认真刻苦”的校风，不是任何学校都能做到的，如果全校师生都有“认真刻苦”的作风，那么，无论德、智、体、美、劳哪一方面都一定能取得好的成绩。只有个性化的校风，才具有鲜明突出的印象。学校的校长要使自己学校的校风有独特的个性，需要长期做大量的倡导培育工作，也唯有此，才能使业已形成的优良校风经得起时间的洗礼。

(此文系作者在安徽省小学骨干校长高级研修班上的书面交流材料)

10　师德建设的新视角：教师职业倦怠与高尚师德的坚守
——两难背景下的学校引导策略与心理干预

摘　要：根据对小学教师职业倦怠现象的资料收集，并结合对我市部分学校教师的职业行为进行动态的观察，发现现阶段芜湖市小学教师存在着较强的职业倦怠倾向。本文探讨了现象的成因，并对传统师德建设过于强调外在强制的他律、忽视教师职业心理的内在需要的误区作了批评，提出了“以师为本”、人文关注教师职业心理的观点和以“学校引导策略与心理干预”为主要抓手的师德建设系列构想。

关键词：职业倦怠　高尚师德　引导策略

进行教师职业道德建设，建设一支高素质的师资队伍，是学校可持续发展的需要，是教师做好本职工作的需要，也是教师个人安身立命，获得幸福人生的需要。但目前存在的问题是，这种需要很大程度上似乎仍处于一种权威的外在强制的他律状态，并没有完全被教师个人所认同并内化为教师个人的思维、情感、意志，形成内部调控的自律机制。很多教师还只是凭借感性的、经验性的、朦胧状态的职业良心来尽自己的义务，并没有用理性的清晰状态的自觉的职业道德意识来指导自己的教育实践，调节师德实践中的各种关系，这就构成了师德建设的一个误区，容易使教师的职业道德建设流于形式，难以取得良好的实效。本文试图从小学教师职业倦怠方面进行探讨，以求能对教师职业道德建设的外在强制和内在需求的统一和谐发展方面有所贡献。

一、小学教师职业倦怠的概念及其现状的探查

“职业倦怠”的概念是由美国临床心理学家费鲁顿伯格于 1974 年提出并首次

引入心理学领域的。费鲁顿伯格把职业倦怠定义为:服务于助人行业的人们因工作时间过长、工作量过大、工作强度过高所经历的一种疲惫不堪的状态。而所谓教师的职业倦怠是指教师在长期的工作压力下,逐步形成的一种情绪衰竭、去人性化和成就感低落的现象。教师职业倦怠具体表现为三个方面:首先,情绪衰竭。教师情绪处于极度疲劳状态,工作热情丧失,工作投入和参与减少,课堂准备不充分,教学品质低劣,创造性低。其次,人格的解体。教师逃避社会交往,不愿意与学生交往,以消极、否定或麻木不仁的态度对待同事和学生,使同事之间、师生之间关系恶化。最后,个人成就感低。教师自我评价的价值倾向降低,并倾向于自我贬损,将工作中的不成功归因于自己缺乏能力,产生过度的自卑感和强烈的离职倾向。当与日俱增的疲乏取代了原本旺盛的精力,当冷漠和疏离取代了原本亲切的面容,当自我怀疑取代了原本的自信,当效率低下取代了原本的聚精会神,三尺讲台一时之间变得难以掌握,在倦怠、脾气暴躁、无法放松,还有身体上的不适的纠缠下,工作日益成为一种心理负担,既而在职业倦怠的道路上渐行渐远。

教师职业倦怠已成为国内教育界比较普遍的现象。2005 年中国人民大学公共管理学院组织与人力资源研究所和新浪网教育频道联合组织的“中国教师职业压力和心理健康调查”表明,在近 9 000 名填写调查问卷的教师中,根据不同的指标得出:86%的教师有轻度职业倦怠;58.5%的有中度职业倦怠;29%的有严重的职业倦怠。其中,34.6%的教师反映压力非常大,47.60%的反映压力比较大,38.5%的感觉心理健康不佳,64.4%的感觉工作满意度低。实证研究表明职业倦怠正成为现代社会教师的职业通病,并严重影响着我国的教育事业。另据国家中小学心理健康教育课题组对辽宁省 168 所城乡中小学的 2 292 名教师进行了跟踪检测,结果表明,该省中小学教师的心理障碍发生率已经超过 50%,教师的强迫性症状、人际敏感、忧郁化和偏执倾向都比一般人群高,心理障碍的发生率高出正常人群的 30 个百分点。另一项对 650 名小学教师的职业倦怠结构、发展特点、发展水平以及人口学背景等问题进行了问卷调查,调查显示,从总体上来说,高倦怠水平的教师比例最小,而低倦怠水平的教师比例较大,说明小学教师职业倦怠的状况还不十分严重。同时,职业道德和责任感使教师具有高度的个人自豪感和成就感等积极情绪,有助于教师不断地完善自己,减少了教师去人性化问题的发生。中倦怠水平的教师在全体教师中比例最大。这说明已经有相当比例的小学教师具有职业倦怠的倾向,如不加以有效的调节和干预,很可能就会导致情绪低落、个人成就感降低,因此,教师职业倦怠的问题必须引起政府、教育主管部门和学校的高度重视。

二、小学教师职业倦怠的归因分析与当前师德建设的转向

(一)社会层面:社会期望与职业回报的矛盾与妥协

教师职业被认为是“太阳底下最光辉的职业”,它肩负着教书育人的重要使命。

随着社会的不断发展,社会对教师行业的期望也越来越大,国家期望教师能够培养一批批对社会有用的优秀人才,家长们都希望自己的子女成龙成凤,他们寄厚望于教师,教师仿佛是地球上最万能的职业,社会对教师的期望和评价都不够合理,存在着偏高的倾向,教师为了满足各式各样的需求承受着巨大的压力。而与之相对应的职业回报往往较低,特别是近年来,公务员实施了阳光工资,这种劳酬倒挂现象有不断加剧的倾向,教师行业社会地位明显偏低,教师的工作条件差,工资待遇更是微薄。同时,由于教师劳动效果的长期性和滞后性,社会对教师职业的认同仍然较低。教师已沦落成人人可以指责、可以对其指手画脚的弱势群体,教师卑微的社会地位决定了自己时刻处于尴尬的境地。

(二)学校层面:学校的组织氛围与教学自由的缺失

学校是一种复杂的社会组织,它对个体行为既有助长作用,又有削弱作用。学校的组织氛围好,教师集体意识强,上下级关系融洽,意见容易得到沟通,教师就能体验到安全感,充满自信和自尊。如果学校同事关系紧张,就会产生无归属感和压抑感,这些会迁移到工作中导致压力加剧,从而诱发倦怠。有学者对学校组织气氛对教师工作倦怠的影响进行了调查研究。田宝、李灵采用问卷调查的方法,对北京市的410名教师进行了调查研究,在控制了人口学变量之后,分层回归和优势分析结果表明:学校组织气氛的一些层面在一定程度上可以预测教师的工作倦怠。具体表现在:支持行为和限制行为能显著预测情感衰竭,限制行为的贡献更大;支持行为、监督行为、限制行为和同事行为能显著预测去个性化,支持行为的贡献更大;支持行为、同事行为和疏远行为能显著预测个人成就感降低,同事行为的贡献更大;亲密行为对情感衰竭、去个性化和个人成就感降低没有预测作用。研究显示,缺乏校长的支持是教师产生工作压力和倦怠的重要因素。教师常抱怨学校领导缺乏同情心、官僚、无能。有的研究发现,缺乏欣赏与支持性回馈乃是多种压力的来源。

同时,在现行体制下,学校的刚性管理造成教师教学自由的缺失,也是教师产生职业倦怠的原因。教师的教学自由主要包括:理解教学目标的自由;选择和使用教材的自由;选择和编辑教学辅导材料的自由;组织和管理课堂教学的自由;选择合适的教学方法、方式和手段的自由;在教学过程中进行教学评价的自由;参加教学科研的自由;参与各项教学制度制定的自由;维护教学秩序的自由;按照自己的理解讲解教学内容的自由。在我们现实的教育中上述这些教学自由都有着不同程度的缺失,甚至完全被剥夺。教师没有自由自觉的思考、理解、选择等行动,有的只是被动的、服从的、被支配的和旨在应付的教学行为。这从根本上抹杀了教师丰富多彩的教学风格,剩下的只是照本宣科的“灌输”,盲目机械的“训练”和鹦鹉学舌般的“宣传”。长期下来,教师必然会感到工作毫无意义,只是一些机械重复的烦琐事务,从而缺乏兴趣,产生职业倦怠感。

(三)教师层面:角色冲突和教师人格因素

教师是一种多角色的职业,既是知识的传授者、家长的代理人、学生集体的领导者,又是学生的朋友、知己和心理治疗工作者。面对如此多的角色,如果教师不能及时进行角色转换,或面对多种角色不能顺利进行调节,就会出现角色冲突,影响工作效果。另外,教师个人的期望与工作现实的矛盾也是引起职业倦怠的一个原因。教师职业受各种因素的制约,教师承受着巨大的心理压力,往往难以集中精力按照个人意愿进行创造性的工作。而作为人类灵魂的工程师,许多教师都认为应该在学生、家长甚至社会上保持一个完美的形象,认为这是职业的必然需要,所以凡事要求自己做到尽善尽美,很在乎他人的评价,如果出现差错,内心的自我谴责往往强烈而持久。可是职业的神圣感和实际社会地位之间存在着较大反差,这样的反差容易造成教师社会角色和自然角色之间的冲突。教师为了为人师表,常常无意识中压抑和否定自我的正常欲求以满足职业需要。社会大众对教师原本就有过高的期望,而教师往往为了强调其专业性,增强大众的信心,产生对自己不切实际的过高期望,在授教期间内化了与真实世界不相符合的专业角色,如认为"我应该永远是身心健康的,不应该像别人一样有问题"、"我可以奉献百分之百的时间、精力给学生"等等,而跨出教育圈之后,便面临了理想与现实的各种差距。然而,一般教师不愿承认因工作压力所带来的倦怠,即使有可用的社会支持,他们仍旧不敢轻易利用,因为他们认为"自己不该有问题",倾向于隐藏自己的情绪以维持大众对专业的想象,如此一来,职业带来的无情心理压力就增大了,长期的心理负重和矛盾冲突,极易引起这一群体产生心理问题。

在教师层面上,教师工作负担过重也是造成教师职业倦怠的诱因之一。教师不但要备课、上课、批改作业,还要对学生身心、学习、品德等方面进行全面的照顾和指导。许多教师常是"眼睛一睁,忙到熄灯"。超负荷的工作消解了教师对事业的憧憬和热情,造成教师对职业的冷漠。加上为了晋升和发展所需要的各种培训,使许多教师感到自己的工作一直是被检查着、驱赶着。这样一种氛围,难免使教师产生压抑感和倦怠感。另外,现在很多学校多年没有新教师,教师年龄结构偏大。青年教师多数是独生子女,娇气、任性,缺少职业责任感,主观上盼望个人发展,但是不愿意付出努力,吃不了苦,不愿意接受他人善意的指导和帮助,没有好的工作方法,工作效率低,缺少职业认同感。而中年教师,多数有"船到码头车到站"的想法,缺少进取心,有职业倦怠倾向。

(四)学生层面:教师教育成果的消解和学生纪律管理的无助

当前,许多不良风气和精神污染,不可避免地渗入校园,冲击着教师辛苦建立起来的教育成果,这让教师难以相信自己的行为有助于改善现实,只好降低对工作的投入以求心理平衡。这种无助不断得到强化,最终就会发展成为职业倦怠。随着新课程改革的不断深化,现代教育提倡新型民主化的师生关系,不可避免地带来了诸多的挑战。教师在工作中一旦和学生发生冲突,最终的责任往往由教师来承担。从法律法规上来说,目前我国还很少有老师对学生具有震慑力的教育方法和手段,而在美国,对于未完成学业的学生,惩罚是写进学生守则的,对于调皮捣蛋的学生,老师可用"on the wall"(站墙上,中国一般叫"立壁角")之类的教育方法。从这个角度上讲,我们教育立法时需要正视并考虑如何明确学生的公民责任,突出教育方法的选择与使用,以便老师依法而有所作为,从而避免老师被"责任"二字压得缩手缩脚。由于受社会功利取向的影响,师生的感情日渐淡薄,在这种情境下,教师要加倍用心用力于教学上,但所获的报偿却又相对地渐少,这不仅易使教师心力交瘁,也易产生倦怠感。1979 年美国教育协会(NEA)的民意测验发现,接受调查的 3/4 的教师认为问题学生对他们的教育效率有很大的影响,管教学生的困难已成为教师压力及倦怠的主要因素。特别是随着社会的发展,学生的问题行为日益产生,教师必须耗费加倍的时间与精力来处理学生问题。小学生年龄小,缺乏对真假、好恶的辨别力,教育对他们的影响不能立竿见影,具有滞后性;所犯的错误会重复出现,具有反复性。这都会使教师看不到教育效果,从而在工作上产生消极情绪,出现职业倦怠。

(五)当前师德建设的转向

教师在教育实践中,大体上需要处理好五个方面的关系:一是要正确对待教师职业或工作;二是要正确对待学生;三是要正确对待教师群体;四是要正确对待家长;五是要正确对待自己。这五个方面的关系中最主要的是二和三。换句话说,教师在职业生活中,始终扮演着两种不同的社会角色,需要遵循两种不同的社会规范。在学生面前是师长,在教师面前是同事或下属。作为师长,教师要研究为师的学问。即要教好书又要育好人。作为同事或下属,教师要正确地处己待人,妥善处理好教师群体中诸多复杂的利益关系。教师在教师群体中的境况并不完全取决于其与学生群体相处的境况。一个教师可能书教得很好,学问做得也很好,很有人格的魅力,很受学生群体的爱戴和尊敬,在学生面前是成功的教师,但不一定能保证这位教师在教师群体中也能得到本人期望得到的理解、信任和尊重。这种现象普遍存在,但很多教师却没有意识到。有些教师在尽心尽力做好本职工作、很受学生欢迎之时,得不到校方和教师群体的认可,因而感到自己的辛勤劳动没有得到相应的回报,感到委屈、不平、气愤、懊恼,乃至影响到自身的身心健康,甚至人为地造成了教师群体中人际关系的紧张,进而间接地影响教师教书育人的积极性和创造性,产生严重的职业倦怠。传统师德建设,主要是重视教师对学生方面的群体道德规范,而忽视教师对教师方面的群体道德规范,很难有效应对教师的职业倦怠。

三、师德建设视角下教师职业倦怠的引导策略与心理干预

由于教师职业的特殊性,教师职业倦怠不仅影响教师自身的身心健康,而且影

响青少年学生的健康成长,影响国家的人才培养和未来发展,教师职业倦怠的消极影响是严重的。因此,学校应该采取改善管理的有效措施,从组织管理角度进行积极干预,切实预防和化解教师职业倦怠问题,从而提升教师的职业道德。从影响教师职业倦怠的归因分析来看,改进社会因素与职业因素是比较困难的,我们的干预对策首先应该指向学校因素和个人因素, 重点从学校组织管理和教师个人管理两个层面展开。学校要采取科学的、人性化的管理方式,积极预防教师职业倦怠的产生;同时,要积极引导教师提高业务水平,提升自身素质,加强心理训练,增强适应压力的能力,通过自身调适化解各种压力。

(一)加强学校组织支持,实行人性化管理,构建和谐校园,提高组织凝聚力,缓解小学教师职业倦怠

从组织角度来说,学校各级管理人员应为教师创设一个良好的组织环境,关心教师生活,力所能及地帮助他们解决一些实际生活困难,协调好教师的工作关系和人际关系,协助教师建立起一个良好的社会支持系统,因为社会支持是预防职业倦怠的必要因素。研究发现,每学年秋季的9月至10月、春季的3月和5月是教师职业倦怠的高发期,那么在这些时段里,学校领导要更加关注教师,多与他们交流沟通,鼓励他们将消极情绪排解出来,还可以邀请专家给教师进行咨询或组织培训,让教师学习一些积极的应对策略,让他们感受到组织的支持与关怀,以帮助他们平稳度过心理的危机期。有条件的学校,可多安排教师参加一些活动,这样既帮助教师释放了累积的情感又给他们创造了一个同事之间交流的机会。另外,通过增加教师进修、参与学校决策机会等,加强教师对自己的自信心和对学校的责任感,也有助于防止职业倦怠的发生。

1. 建立合理高效的组织结构和刚柔并济的管理制度

研究发现,组织结构不合理是教师重要的压力源,上级的官僚主义,职能部门的推诿扯皮、办事拖拉、缺少同情心等都会压抑教师的理想、限制教师的工作热情,诱发其职业倦怠。建立合理的组织结构,实行人本管理,给教师以人文关怀。学校建立合理高效的组织结构,首先要求学校校长要树立教师是学校的主体、是管理的主体的理念,努力消除教师是生产要素、是管理的客体的落后观念,要求学校管理者树立起服务于教师的意识,坚决克服凌驾于教师之上的管理倾向。其次,学校应实施开放性管理,鼓励教师积极参与管理。学校通过开设校长信箱、完善教师代表大会制度,强化学校工会的维护作用,增强学校各种社团、非正式群体的功能,充分体现教师在学校管理中的主体地位,让他们参与学校的重大决策,使他们有充分的知情权、参与权和表决权。第三,关注教师需要,使他们个性得到最完美发展。学校领导在关注教师福利、子女上学、职称评定等基本需要的同时,更要了解每个教师在不同时期、不同环境中的精神需求,并且努力创造一切条件,为教师高层次需要提供实现平台。

同时，采用刚柔并济、公平合理的管理制度。刚性的、公平合理的制度是教师向上的外趋力，它对教师的发展支撑具有方向性和持久性的特点。因此，作为领导要时常反省自己，学校是否建立起了"以业绩促发展的机制"，各项管理制度的建立有没有体现教师的意志，有没有凭个人好恶来评价教师的工作，学校在津贴的分配上有没有做到以业绩为导向，荣誉的授予上是否真正鼓励了先进。此外，柔性的制度也必不可少，它能让教师感到痛并快乐着，能填补刚性制度无法起作用的空间。通过刚柔并济的管理制度，减轻小学教师负担，增加工作乐趣，增加对小学教师教学及生活的精神支持和物质支持。学校应该把教师作为关怀的主体予以高度关注，而不仅仅是作为为了学生发展而存在的客体。只有使教师每天保持旺盛的精力，愉快的心情和良好的精神风貌，每一个孩子的健康成长才有保障和可能。

2. 客观而宽容地看待教师职业倦怠的问题

学校校长要清醒地意识到，要疏导、缓解教师的职业倦怠，必须要建立一种科学、宽松、人性化的教师绩效评价机制。没有考核与评价，既不利于管理，也不利于激励。然而，目前的主要问题不是疏于考核与评价，而是非科学的、简单量化的考核与评价造成的奖罚失当，恶化了教师的工作氛围，误导了教师的努力方向，挫伤了教师的职业追求，加重了教师的职业倦怠程度。学校应该改变过去的"经验式"评价模式，改进僵化单一的量化考核指标，改进不完善的奖惩评价体系，改变那些随意性较强、操作性较弱的管理办法，建立公开、透明、客观、公正、科学的考核与评价机制，注重教师的正当利益与合理需求，积极营造既有利于公平竞争又宽松和谐的学校文化。作为教师，不必轰轰烈烈，可以默默无闻；不必多么精彩，但须脚踏实地。教师就是这样在日复一日、年复一年地辛苦工作着，工作既平淡又忙碌，同时需要大量持续地付出情感。所以，教师更容易产生职业倦怠。而作为学校的校长，唤醒教师持之以恒的敬业精神，比提高教师的业务素质更重要。

校长应利用一切可能的机会为教师创设相互交流、彼此融合的平台，愉悦身心，胜于说教。我校本学期举行的"我爱我家：温馨办公室的评比"，要求办公室的教师全员参与，打扫卫生、擦玻璃、布置展板，从策划设计到人人参与实施，有力出力、有物出物，在辛勤劳动和挥洒汗水之间，增强了办公室的凝聚力和向心力。教师在工作中可能产生的磕磕碰碰也在相互帮助中化解了，大家尽情感受着友情、关爱和依赖，营造起一个和谐友善的学校人际关系，有效地缓解了教师的职业倦怠。

（二）充分发挥学校心理咨询室的心理干预功能，加强正面引导，提高教师心理调适能力，缓解小学教师职业倦怠

当前，我校对教师专业意识和道德良心的关注，比对学科专业水平的关注更为重要，因为它决定了教师的价值取向，影响着教师的态度与行为。学校只有在心理健康、心理咨询、人际交往上给予全体教师以正确的引导，让人本意识植根于教师

的知识结构之中，以避免业务水平提高的同时滋生出对教学工作的情绪倦怠和对学生的非人性化教育。这是防止教师职业倦怠的认知基础。

1. 引导教师了解自己，悦纳自己，建立合理的专业预期

作为教师，应了解到自己事业的可能性与限制性，而不能只是一味强调专业的自主性与为社会培养人才的重大责任，应承认自己也是一个平凡的人，会有七情六欲，不要因为自己的现状与预期目标相差太大而导致理想的幻灭。只有了解自己的优缺点所在，才能使教师破除那些事业上的迷茫，做一个真实的人，而不是古书上的圣贤。要正确评价自己、学生和职业，教师对学生的期望不要过高，许多教师对学生的要求过高，若学生达不到自己的要求，便会失望。其实学生是成长中的受教育者，自然有缺点。教师要热爱学生，多看其优点，用发展的眼光看学生，这样不但有助于师生关系的改善，也有益于师生的心理健康。教师与学生打交道、与学生沟通，能经常感受到学生的智慧、情感，并在这个过程中，不断丰富自己的精神世界，提升自己的人生品位。同时，心胸要广阔，真正的快乐不在几张荣誉证书，而在师生的默契，心灵的融合不在做秀的公开课中，而是在真实的课堂里。

心理健康的人有正确的自我认知，能客观看待自己的优点和缺点，扬优抑弊，形成健全的人格。了解自己就是能够正确地评价自我，辩证地看待自己的优缺点；悦纳自己意味着能看到自己的优势、自己的进步，接受自己，不用外在的东西确定自己的价值，既不自负，也不贬低自己，既不因他人的评价影响自己心情，也没有必要为取悦他人而自责。只有这样才能保持心理健康，减少压力。教师在教育教学工作中，会遇到各种情境，心理健康的教师能够平静地对待成功与失败，成功面前不沾沾自喜，遇到失败也不会意志消沉。教师必须正视并接受来自内部和外部对自己自尊心有威胁的各种因素，如家长、学生、学校、同行对自己教学成果的评价，荣誉的得失等。教师只有正确认识自我，不断超越自我，才能拥有健康的心态，以积极的人生态度与他人和谐相处。会不会为职业倦怠所累，实质上取决于选择一种怎样的生活和工作方式。“你无法防止职业倦怠的鸟儿从你头顶飞过，但你却能阻止它们在你的头发里筑巢。”引起职业倦怠的并不是混乱思维出现的绝对频率，而是自己认为没有扭转它们的能力，只有了解自己、悦纳自己，才能鼓起改变职业倦怠的勇气。

2. 引导教师进行有效情绪管理、培养情绪智慧

由于教师的教育对象是人，情绪健康对教师而言尤为重要。生活于矛盾无处不在的社会中，当产生烦闷、恼怒、焦虑、恐惧等消极情绪的时候，教师应保持乐观积极的心态，学会自我心理维护和调适不良情绪。不将生活中不愉快的情绪带入课堂和家庭，注意培养情绪智慧的五种能力：了解自己情绪的能力；控制自己情绪的能力；用情绪激励自己行为的能力；了解别人情绪的能力；和别人友好相处的能力。要

学会情绪管理，置身于压力之下，情绪难免产生波动，首先要体察自己的情绪，也就是时时提醒自己注意："我现在的情绪如何？"许多人不肯承认自己有负面的情绪，这样，压抑情绪反而带来更不好的结果。学着体察自己的情绪，是情绪管理的第一步。其次要以合适的方式舒解情绪。舒解情绪的方法有很多，比如痛哭一场、找好友诉苦一番、逛街、听音乐、散步或逼自己做别的事情以免老想起不愉快的事等。不管采取哪一种方式，需要注意的是，舒解情绪的目的在于让自己好过一点，也让自己更有能量去面对未来。如果舒解情绪的方式只是暂时逃避痛苦，之后需承受更多的痛苦，这便不是一个合适的方式。

3. 引导教师学会自我调适，不断提升人格，为心理减负降压

阿尔波特认为："人格是个体内在的心理系统中的动力组织，它决定一个人对环境独特的适应。"俄国教育家乌申斯基也说过："在教育工作中，一切都应建立在人格的基础上，因为只有从教师的人格资源中才能涌现出教育的力量。"教师应自觉加强人格锻炼，树立正确的人生观、价值观、教育观，才能坦然面对教育压力，不消沉，不沮丧。

教师职业倦怠主要来自压力，成因于教师无法缓解压力。因此，学校在进行心理干预时，更需要指导教师学会自我调适，以缓解压力。笔者认为，教师的自我调适需要从三个方面进行：一要调整自我认知。心理学情绪理论认为，人的压力和情绪不是来自于事情本身，而是来自人对事情的看法。因此要改变人的情绪，缓解压力就要改变人的认知，避免要求过高，偏激悲观、片面消极的看法。为此，教师应重新审视自己，是否对自己和学生存在过高的要求，是否对学生的行为存在片面偏激的评价？如有，就应该尽量摒弃。二要调整自我心态。心态即心理状态。良好而开放的心态有助于理性地坦然地对待生活或工作中的困难与挫折，有利于化解心理压力；消极而封闭的心态则使之感到抑郁，不利于身心健康。三要调整自我情感。化解心中积郁最好的办法就是找人倾诉。教师遇到烦恼，感到郁闷时，不妨主动找家人或朋友或网友"宣泄"，让积郁在胸口的"块垒"尽快释怀，以缓解压力，避免职业倦怠的发生。

4. 引导教师不断追求目标，关爱学生，培养职业情感

有追求才有劲头。每一次的成功，都会带给你快乐、喜悦和成就感。教师正是在一次次成功的愉悦中，不断培养和加深对职业的情感。同时，优秀教师的成功经验告诉我们做教师要克服职业倦怠感，获得幸福感，就要学会关爱自己的学生，使自己在关爱学生中，在学生的成长中获得快乐与幸福。关爱学生才能为学生所爱戴，才能为社会所称道，才能真正从中体验到做教师的幸福与快乐。

5. 营造一个善于沟通和交流的管理团队

教师作为社会人的需要，付出的努力渴望得到领导的肯定，取得的成绩渴望得到领导的表扬，遇到的难题渴望得到领导的支持，工作中的失误渴望得到领导的宽

容和理解,生活中的困难渴望得到领导的帮助和扶持。智慧的管理团队应该学会沟通和交流,时时体察教师的情绪变化,满足教师的情绪需要,以此提高教师的主人翁责任感。面对教师的困惑、苦恼甚至质疑,要充满足够的耐心、包容的爱心和真挚的诚心,允许教师发泄,允许教师解释,在沟通中增进了解,在沟通中获得尊重,在沟通中获得战胜困难的力量。当教师心情愉悦地投入工作时,工作压力就会变成工作动力。

教师是一种心智付出极大的职业,维护它的职业状态,避免它的职业倦怠,是十分重要也是十分困难的。教师职业倦怠应该以预防为主,尽可能地防患于未然;同时要防治结合,对已出现的职业倦怠问题,应该进行积极治疗,以尽快恢复教师的身心健康。无论哪种干预策略,都需要教师、学校、教育部门的高度重视与积极配合,只有各界共同努力才能形成维护教师心理健康的合力,才能保证我国教育事业的健康发展。同时,从师德建设的角度来认识职业倦怠,发掘出职业倦怠积极的方面,而不再纠缠于它的负面作用,对现实有着重要的修正引领价值。如果把我们的身心看做是一个系统,职业倦怠就是一种身心失衡的状态,它的作用就像是保险闸一样,在紧要关头拉闸断电,以防止整个系统爆炸。职业倦怠虽然令人心力交瘁、倍感痛苦,但它并不是世界的尽头,它只是教师人生的一个交叉路口,如果选择得当,就能找到人生的新方向,不但将危机化为转机,而且还能将转机变为再一次成长的契机。一个人所拥有的精力、智能、心理等资源的总量是有限的,如果资源耗尽,就会导致枯竭。因此,在燃烧殆尽之后积极补充资源,可以使熄灭的火种再次燃烧,恢复原有的工作热情。需要补充的资源主要是两类:一类是情感资源,即寻求社会支持。增加来自社会和家庭的支持资源,比如自己的朋友、同事和家人的关心和鼓励,拥有广泛而有效的社会支持系统的人,身心健康,不易倦怠。另一类是技术资源,即补充一个人成功达成目标所需的稳定能力。这可以通过增加个人的专业技术资源,通过学习、补充知识来实现。不断充实自己的库存能量,事业之火就能长明不熄。我们从思想上接受了职业倦怠存在的合理性,要从其中走出来就会信心倍增了。

(此文获芜湖市教育学会论文一等奖)

11 “薄弱”实验室的管理与发展

小学自然课主要特色是观察和实验，小学自然教学离不开实验已成为学校管理者和自然教师的共识。今天,我们的自然实验室面临着一个怎样的境遇呢？一方面是孕育和发展于教育转轨期的自然实验室，它们凭借着领导的重视和雄厚的资金,在很短的时间内迅速发展,一跃成为规范实验室和实验室窗口学校。一流的实验,优美的环境,浓郁的大自然氛围……这是一切足以让所有自然教师欢欣鼓舞,让所有参观者羡慕不已,仿佛看到了科学启蒙教育的希望。另一方面,大批“老字号”实验室和“贫困”实验室,由于缺乏资金和场地,其建设和发展显得艰难。如何走出困境,这似乎是一个更加沉重而又急待解决的问题。了解范罗山小学自然实验室的建设和发展,也许能给人以某种启示。

范罗山小学地处闹市区,占地面积较小,12 个教学班,教学经费拮据,学校自然教学有一个良好的传统,早在“文革”前,学校就是自然教学的试点学校,教学仪器、模型等一应俱全,但都毁于“文革”中。1986 年筹建自然实验室,成为当时为数不多的实验室之后,曾多次接待外省市和兄弟学校参观指导,受到大家的好评。但是近几年,由于缺乏资金和场地,学校实验室大规模改造几乎停滞不前,面对种种困难,我们没有消极等待,而是挖掘自身潜力,改革实验室管理、改革实验教学,自制教具、学具,采取了一些行之有效的方法,取得了丰硕的成果,为“贫困”实验室的发展,探出一条改革之路。

第一,强化内部管理,搞好软件建设,最大限度地发挥现有仪器设备的潜力,是“贫困”实验室发展的出发点。

这几年,学校尽量压缩非教学开支,优先武装自然学科。在经费上,采取了“三个一点”,挤一点、抠一点、每年安排搞一点,为自然实验室创造必要的条件。同时,我们进一步强化实验室内部管理,完善软件建设,设计了范罗山小学实验室管理六配套表格,建立了各项科技活动原始档案,各项实验教学改革和研究成果档案,科技、自然图书资料登记册等配套设施,便于实验室使用和管理,为了充分发挥现有仪器的作用,我们每学期开始都根据教材和大纲严格安排实验计划,力争让每个学生都能亲自动手实验,并根据教材需要定期组织学生在实验室开展诸如“自己动手做实验”、“科学小发现”等活动,最大限度地发挥现有仪器设备的潜力。

第二,依靠自身优势,把教师自制教具和学生自制学具相结合,实验室由豪华陈列型向经济实用型转轨,是贫困实验室发展的有效途径。

1. 教师千方百计制作教具改善教学条件

这几年,我们本着少花钱多办事,不花钱也办事的原则,自己动手,利旧利废,制作实验教具一百多件,解决了教学的急需。在芜湖市组织的历次自制教具评比中,学校均有作品获奖。其中“认星教鞭”、“竖式静电演示器”、“多用途太阳钟”、“团体热胀冷缩演示器”系列、“太阳高度测量仪”系列等作品获一、二、三等奖。自然教学中需要提供给学生实验用具虽然很多,但绝大多数结构简单,可以从生活中直接获取。我们用冰淇淋的小匙作药勺,牛黄片药瓶做热胀冷缩显示器,眼药水瓶作潜水艇,易拉罐、雪碧瓶、塑料吸管等都可直接用于课堂实验。这些东西虽然不规范,但很能解决实际问题。这正如著名的物理学家麦克斯韦所说:“实验的教育价值往往与仪器的复杂性成反比,学生用自制教具,虽然经常出毛病,但他却会仔细调节好仪器学到更多的东西。”

2. 鼓励发动学生自备自制学具，做好实验

完成九年义务教育，学校应有足够的教学仪器供学生学习，学校正努力朝这个方向发展。但从目前的情况看，即使学校逐年添置，也无法满足学生的需要。特别是要求学生人人动手，教学仪器的数量相当大，仅仅依靠教委调拨、学校购买和教师自制还远远不够。这方面我主要是发动学生自己制作和收集学具。比如说，组织学生捕捉昆虫、蜗牛等制成动物标本；收集叶子、果实、土壤、岩石进行观察研究；磁铁、电池、小灯泡、火柴等学具总是学生自备，我还指导学生自制了小水轮、纸风车、弹簧秤、观星箱、“土电话”等。这样做，不仅解决了学校仪器供应不足，而更重要的是锻炼了学生，培养了学生的动手能力、创造精神，并潜移默化地对学生进行了团结协作、热爱劳动等思想教育，一举多得。

第三，满足不同服务对象的愿望，努力把自然实验室建设成学生开展科技活动的乐园，自然教师之家和家长了解学校的窗口，这是“贫困”实验室发展的目标和归宿。

学生是实验室的主人，实验室不仅是自然教学基地，而且是学生进行科技活动的乐园。基于这种认识，近几年，我根据自然教材，结合全国青少年创造发明比赛和生物百项活动竞赛，组织了天文、气象、标本、种植、制作、饲养、实验等科技兴趣小组，实验室也自然成了学生参加科学研究和科技活动的重要场所。学生郭盛撰写的论文获全国中小学昆虫考察竞赛二等奖、安徽省首届生物百项活动优秀项目一等奖。学生参加市“学自然、爱科学”竞赛获团体第1名，参赛的九名选手全部获奖，其中一等奖三名，占全市一等奖总数的30%。多名同学开展的小科研、小论文、小发明，在全国、省、市获奖。

在面向学生的同时，我们始终把实验室面向教师，做教学有心人。我们收集了大量自然教学、科技活动资料，建立了教学科研工作档案，直接为青年教师服务。在此基础上，我们钻研教学理论，大胆进行实验教学改革，撰写研究成果论文多篇获奖，其中，《培养学生良好的研讨能力和习惯》获市教育学会论文评奖一等奖，《低年级自然实验教学浅见》获市教育学会论文三等奖，《自然实验教学改革之我见》获区教育论文培训班优良奖等。由于扎实的实验室管理经验和实验技能，在市、区两级自然课堂教学评比中，本人获实验课一等奖。同时，学校自然室一贯重视和兄弟实验室的交流，引进和走出并举，共同研究教学难点，解决教学困难。

为了让家长了解学生学习自然课情况，学校重视和支持孩子们开展课外科技活动，我们实验室还在家长委员会的统一安排下，不定期组织部分家长参观实验室，特别是参观学生的科技作品和科技成果，让家长了解自然学科，了解科技活动对开发学生智力的重要意义。

自然实验室的建设千头万绪，涉及学校、社会方方面面，作为一名实验室的管理者和使用者，深感任重而道远。最后请允许我引用原人民教育出版社自然室副主任、中国自然教学改革的先行者刘默耕老师的名言结束我的发言，献给所有关心支

持我们实验室建设的领导、老师和同志们:

自然课就是立足于社会主义初级阶段的比较落后的现实基础上，而目标却瞄准了世界、现代化和未来，这就好比凭借手工工具制造出高精尖的设备，也好比穷秀才要教出状元郎，只有这样才能一代胜过一代，青出于蓝而胜于蓝，培养出能够适应未来社会急剧发展的高素质人才，这是在自然课本中就需要做到的。‘行虽微而旨趣远，出虽浅而喻义深’，更重要的是时代在召唤，科学技术和提高全民族的科学素质，这是时代的需要、振兴国运的需要、四化的需要，是中华民族屹立于世界民族之林、不再受欺辱并对人类作出重大贡献的需要。

（此文曾在芜湖市中小学实验室管理经验交流会上做主题发言）

学校建设研究

12 教学策略的诠释与重构:从“知识课堂”到“生命课堂”
——“新课程理念下的小学科学课教学策略研究”课题研究报告

摘　要:“新课程理念下的科学课教学策略研究”是全国教育科学“十五”规划教育部重点课题“小学科学新课程的开发与实验研究”的子课题。经过近3年的艰苦实践,初步形成了在新课程理念下的科学教学九大策略体系,整理出了一批可供参考的数据,包括学生活动调查表、科技活动调查表、课堂实验记录表等。通过课题研究,建立起一支高水平的小学科学教师队伍,实验教师教学理论和教学水平都有了比较明显的提高,多名教师在全国科学课教学研究活动中获奖。通过课题研究,逐步发展起一批比较有研究价值的典型课例和教学录像、光盘,这些课例参加了“百千万工程”优质课录像评比,均取得了较好奖次。另外,邓海老师的《无限宇宙》作为中小学课程整合案例由广西音像教材出版社出版,文娟老师的《油菜花开了》一课面向全省进行课堂教学模式展示,《我的手》作为市级“送课下乡”示范课。通过课题研究,实验教师开发了一批和新课程科学课配套的素材库和软件,建立了课题组自己的科学课网站——科学课在线和中国·美林科学启蒙网,实验学校芜湖市大庆路小学围绕扬子鳄的生活建立了扬子鳄专题学习网站,实验教师李震整理出了小学科学课程使用的部分影像资源、素材库和实用软件。同时,学生的实践能力得以提高,学习方式得以优化,品德行为得以发展,学生在各级各类科技竞赛活动中取得优异成绩,芜湖市小学科学课堂始终洋溢着生命的气息。

关键词:小学科学课　新课程理念　教学策略　操作体系

一、前　言

郁波教授主持的全国教育科学“十五”规划教育部重点课题“小学科学新课程的开发与实验研究”已经做了前期的大量工作,从课程标准的学习、解读到新教材的编写,从国家级实验区教师的“通识培训”到实验区课程改革的实验探索,都取得了可喜的成绩。由于芜湖市是从2003年9月刚刚进入“科学课”的实验工作,对小学科学新课程研究和全国相比略有滞后。所幸在市教科所领导的积极努力下,终于获得了加入该课题研究的资格,并承担了“新课程理念下的科学课教学策略研究"的子课题研究工作。"新课程理念下的科学课教学策略研究"的研究目标如下:一是着力研究呈现在新课程理念下的科学教学策略体系,优化科学课堂教学,推进科学课堂教学改革,全面建构小学科学课教学策略的新的内容,赋予其新的内涵;二是以解决改革中实际问题为中心,通过课题研究,努力回答和解决在科学新课程操作层面的具体问题,以促进科学教师观念的更新、教学方法的改进;三是将科学教学策略研究成果形成在网络平台中,利用信息技术实行交流,扩大课题研究的影响。

"新课程理念下科学课教学策略"的研究意义表现在:①可以在课题研究中帮助科学课教师深入理解和掌握科学课程标准,树立新课程理念;②可以帮助我们总结过去在小学自然教学研究中的经验,以继承和"扬弃"的观念推动科学课的改革和创新,形成我市实施和研究科学教育的独特方式;③通过研究,形成具有实践意义的科学教学策略体系和成果,以有形的方式总结和推广,推进课改实验,优化科学课教学,提高学生科学素养,培养学生科技特长,推动素质教育的实施。

小学科学新课程改革在全国范围内陆续铺开,所有的繁杂工作,最终都要落实到小学的课堂教学中,因此关注生命课堂,研究课堂教学有效策略必将成为新课程改革中的一个重要课题。

二、课题的提出与界说

所谓策略,在心理学意义上即计谋方法、谋略意识。这种谋略意识受主体内部心理的规则系统所控制,具有内潜性的特点。教学策略就是指教师根据自身的教学状况、学生的特点、教学内容和课堂情境的不同而自觉控制和调节教学过程,使之适合于教学情境并成为促进教学顺利进行的因素的意向选择方式。这种意向选择是在元认知基础上产生的一种高级的对认知活动起指向、控制与调节行为的活动方式。它既包含解决某一实际问题的教学理论,又包含解决某一实际问题带有规律性的教学方法。抓住了教学策略进行研究,就是抓住了教学理论与教学方法之间的中间环节。所谓在新课程理念下的课堂教学策略是指在实施新课程的课堂教学过程中,依据新课程的基本理念和教学的一般规律,并针对学生的年龄特征,对课堂教学的程序以及方法进行指向性调节和控制操作,以逐步实现预设目标的教学活动方式,其落脚点是培养学生科学素养、科学精神和实践能力。

基于此,我们认为如果一名科学课教师没有忽视学生生命存在的完整性,那么,对科学知识的学习就不仅仅是一个认识性的任务,而是学生生命整体发展的最基本构成部分,是他们在科学知识学习领域中的一种生活。应该从被动接受现成知识的方式中解放出来,转向主动理解知识、建立自己的认知结构;更重要的是，这种主动学习的过程还应是他们逐步形成完整的世界图景和参与创造知识意义的过程。在这个过程中,个体既可以系统地建立与自然界和人类社会的意义联系(而不仅仅是字符的记忆)，也可以逐渐形成合理的自我意识和主动进取的人生态度;既可以在人类精神生活领域中自由驰骋、汲取科技文明成果以为我所用,也可以不断展现和生成新的思想,实现和创造更多的发展可能性,逐步学会参与创造新的文明成果,创建属于他们的可能生活。在这方面,有效的教学策略可以发挥重要作用。

三、研究内容和方法

1. 研究的内容

(1)新课程理念下科学课教学策略体系研究,主要包含:

① 在新型师生关系下的科学课教学的情感策略;

② 典型经历活动的设计和组织策略;

③ 利用地域优势,设计系列型活动,优化科学课教学策略;

④ 科学课活动设计与改进策略(含实验材料的应用和变换);

⑤ 学生科学思维和行为习惯的养成策略;

⑥ 信息技术在科学课中应用策略(含基于网络环境下的科学课教学);

⑦ 结合当地实际情况,进行教学进度调整的策略(含对新教材改进的建议)。

由于本课题以解决实际问题为中心,在设计实验内容时,保留了开放性特点,在实施的过程中将不断充实新的内容,逐步形成策略体系。

(2)新课程理念下科学课教学策略研究的网络平台,构建我市科学课研究网站。

2. 研究的方法

(1)行动研究:以小学科学课程改革中的新问题为研究起点,在行动中寻找问题解决方法,并在解决过程中进行理论概括。

(2)实验研究:对科学课程标准和新教材运用实验验证的方法,提出实施意见。

(3)调查研究:对在科学课教学中普遍存在的问题调查取证,为研究提供材料。

(4)比较研究:对科学课和自然课的教学方法进行系统比较、借鉴、继承和创新。

(5)科学经验的总结研究:对科学课改的实践经验进行提炼和概括。

(6)个案研究:这是研究的主要方法,对教学案例进行讨论分析,找出规律性的问题,归纳成功的做法。

3. 本课题研究的主要特点

(1)重视课题组集体研讨。在实验研究阶段,课题组采用多个实验学校轮流组织和承担教材的集体研讨工作的方法,每次都由承担学校安排科学课的公开教学,课题组全体成员集体研讨公开课的得失、教材内容和有效的教学策略。每一次集体研讨对实验教师来说就是一次科研方法和课题理论知识的培训，也是对自身素质的一次提高。

(2)依托各实验学校独自开展实验活动。各实验学校利用课题研究小组日常上课研究教材、探索教法和学法,形成有效的课堂教学策略,努力营造充满生命的课堂。

(3)搞好实验教师的培训提高工作。通过开展课题实验研究,对教师进行科学研究方法和新课程基本理念的培训,提高教师自身科学素养。

(4)学校领导的支持。本课题的研究缺乏经费,缺乏可借鉴的资料,工作的开展与参与实验学校领导的支持分不开,各实验学校的主要领导均参与了课题组的研究工作。学校领导的支持是本课题顺利实施的保证。

(5)家长和社区的参与。在课题的研究过程中,学生家长和学校所在社区也积极参与,提供学生行为和科学意识变化的事例。

四、研究的过程和步骤

(一)准备阶段(2003.9—2003.11)

拟订方案,制订计划,成立课题组,明确各位成员的任务,进行实验的前期工作,完成课题方案总体设计,筹建科学网站。

(二)课题实验阶段(2003.11—2005.6)

按课题实施方案,全面开展课题实验研究。

1. 加强领导,进行新课程的基本理念学习,提高科研水平

课题立项后,为确保实验的顺利进行,由芜湖市教科所牵头,成立了由芜湖市教科所所长薛天云、芜湖市科学课教研员肖玲负责的课题领导小组,进行课题总体规划,协调实验学校和子课题的组织实施和管理,并分成四个研究组、六个子课题单位和若干实验学校。

四个研究组包括:

(1)协调联络组:负责课题研究在实施过程中的协调工作。

组长:肖玲;组员:高茂干、孙洁、许仁华、陈明、杨正安。

(2)理论指导组:负责课题的理论研究与咨询,全面负责实验的论证、设计、评价,包括课题方案的制订、总结和实验报告撰写等。

组长:程斌;组员:许仁华、陈明、邓海、彭秀芳、李震。

(3)教学实践组:负责课题实验课教学,开展教学研究,并对实验及时提供反馈意见。

组长:丁美林;组员:陈明、邓海、邓金莉、彭秀芳、朱勇、阮欣雅、后世锋、周阳、任晓红、郭琼、李震、杨正安、孙弋青、文娟。

(4)网站建设组:负责筹建我市科学课网站,进行实验的宣传、课题交流和对外展示。

组长:李震;组员:相关计算机教师。

六个子课题单位包括:

(1)芜湖市镜湖区:在新型师生关系下的科学课教学的情感策略研究(课题组负责人是高茂干);

(2)芜湖市马塘区:典型经历活动的设计和组织策略研究(课题组负责人是孙弋青);

(3)芜湖市鸠江区:利用地域优势,设计系列型活动,优化科学课教学策略(课题组负责人是杨正安);

(4)芜湖市新芜区:科学课活动设计与改进策略研究,含实验材料的应用和变换(课题组负责人是彭秀芳);

(5)芜湖师范附小、育红小学、绿影小学三校研究共同体:学生科学思维和行为习惯的养成策略研究(课题组负责人是陈明);

(6)芜湖市育红小学:信息技术在科学课中应用策略研究,含基于网络环境下的科学课教学(课题组负责人是李震)。

各子课题单位和实验学校根据芜湖市总课题的要求，结合自己承担子课题的实际,填写了子课题立项申请书,撰写了实验方案和开题报告,并积极组织实施。在实验初期,各子课题单位和实验学校都广泛依托校本培训,开展教育教学理论学习和科研方法大讨论,来提高实验教师的理论素养和科研水平,同时围绕各自的子课题,广泛阅读相关图书并及时上网搜寻与本课题有关的理论文章,细致揣摩,为课题深入研究做好理论准备。

2. 根据课题研究方案,积极组织实验教师开展专题研究活动

为了充分调动子课题单位和实验学校的积极性，市级课题组多次组织调研和召开现场经验交流会,及时了解课题的最新研究进展和阶段性研究成果。

芜湖市镜湖区“在新型师生关系下的科学课教学的情感策略研究”课题组,在利用情感策略营造宽松、和谐、民主的学习氛围中体会颇深。他们认为人的学习过程受制于人的心理活动过程,宽松、和谐、民主的学习氛围有利于注意力的集中。研究中,他们认识到教师自始至终需要保持良好的情感心态贯穿整个教学活动过程,客观看待学生的学习情况,尊重学生的情感,同时教师还需要具有敏锐的触角,随时随地善于营造良好的氛围。现以《分离盐和水》一课进行说明。首先,教师在前一课的基础上让学生展开讨论:如何分离盐和水。让学生对所学内容畅所欲言,各抒己见,对学生自由发展个性和创新意识培养,起到很好的辅助铺垫作用,给下面的教学活动带来良好的开端。在此基础上学生再进行实验设计、实验器材的选择、实验活动等,气氛显得轻松多了。随后我们结合实验结果展开对学习的进一步认识,气氛更是热烈,整个教学过程一环扣一环,一节课下来,学习气氛浓而有序,效果显著。再如《一杯水的观察》一课,学生刚进实验室,有一组的学生就将桌子上的一杯实验用水碰翻了。有学生马上就报告老师某某将水打翻了,并开始互相责怪。还没

有上课就出现这种糟糕的局面,处理不好肯定会影响后面的教学过程,导致学生的学习情绪不稳定。当时老师满脸微笑,轻轻地递过毛巾,摸摸他们的小脑袋,没有责备任何学生,稳定了孩子们的情绪,缓解了紧张的气氛。这位碰倒水的学生立刻用毛巾将桌子上的水擦干,又取回一杯实验用水。这时上课铃声响了,老师就此现象导入课堂教学:水倒了就会到处流淌,会影响我们的实验活动,那么我们在实验活动时要注意些什么呢?其实在打翻水、递毛巾、摸摸头、提问题一系列的过程中,教师和学生已经进行了情感交流,共同营造出宽松、和谐的学习氛围,没有批评,只有关爱。良好的开端使课堂教学已获得一半的成功。机智性的导入没有让学生产生学习的压力感,学生能自觉地、愉快地投入学习,在他们的信息交流中实现了互相之间的情感交流,达到了探究学习的目的。

芜湖市马塘区"典型经历活动的设计和组织策略研究"课题组,重点探讨了组织小学生开展科学探究的有关具体策略。通过研究,实验教师认为,课堂教学中的科学探究实际上是一种精心设计的教学活动。一方面,它需要保证探究活动的开放性、自主性和生成性;另一方面,为了追求学生的学习质量,教师还要保证给予学生开展科学探究必要的指导、帮助和激励。也就是说,教师不仅要关心课堂"开放得如何"与"生成得如何"、学生"自主得如何",还要关心课堂是"如何开放"与"如何生成"的,学生又是"如何自主"的,更不能不管课堂"开放了什么"与"生成了什么"、"学生自主学习了什么",因为新课程所提倡的科学探究承载着科学知识的掌握、科学探究能力的发展、科学精神和科学思维习惯的培养等多重任务。该课题组通过课题研究,依据科学探究的一般步骤(提出问题—猜想结果—制订计划—观察、实验、制作—搜集证据、进行解释—表达、交流),总结出了指导学生开展科学探究活动的具体策略,包括以下内容:引导学生提出问题的策略,创设和谐的教学氛围的策略,引导学生假设与猜测的策略,引导学生制订计划的策略,引导学生搜集整理信息的策略,引导学生表达与交流的策略,引导学生总结、评价与反思的策略等。

芜湖市鸠江区"利用地域优势,设计系列活动,优化科学课教学策略研究"课题组,通过问卷调查发现问题,针对新课程科学课存在的问题,积极采取应对措施,开展系列科技活动,培养学生的全面素质。具体表现在:

(1)举办科技节,让学生体验成功,感受快乐。

课题组每年4月份举办一次科技节,他们设计了丰富多彩的活动,根据小学生的年龄特征安排比赛内容,低年级学生参加一些简单的动手操作,如纸飞机的放飞、彩色风车等。通过实践,让小朋友们了解一些浅显易懂的科学知识,进行科学启蒙教育。中、高年级安排小制作、小发明等比赛,如利用废弃物设计时装比赛、"神奇的包装"——鸡蛋的包装制作及投放比赛、热气球放飞比赛、弹力小车比赛、纸桥承重比赛等。在活动中,要求学生多读科普书,多做科学小实验。学生在设计、制作、操作过程中,发现问题、提出问题、分析问题、提出假设、验证假设、合作探究而最终彻底解决问题。学校通过安排形式多样的科技比赛，给每个学生参与的机会，让学生体验到成功的乐趣，激发了学生的创造欲望，展示了学生的创造才能，从而培养了学生的创造力。

(2)将系列活动与学生的思维训练相结合，培养学生的观察能力、求异能力、创新能力。

一直以来，小学自然学科教学以课本等教材传授为唯一途径，虽然有各种实验能够锻炼学生的动手能力、刺激学生的求知欲，但动起来的只是少部分人，绝大多数学生仍处于一种被动接受知识的状态中，思维并不活跃。其实，小学自然学科教学是培养和促进学生创新心理品质的一种有效途径，但长期的教学实践并未完全显现出这门学科教学的优势。如何让学生们在自然课上"活"起来？如何让学生都对自然课感兴趣？如何真正发挥小学自然科学学科教学的功效？换一个角度思考，在心理学中，推动学生进行学习的内部动力被称之为学习动机，这种内部动力是由学生的学习需要"我要学"所激发的。简单地说，强烈的好奇心和浓厚的兴趣能够激发学生的"我要学"。当然，小学生的好奇心和兴趣不是平白来的，它需要教师采取多种方式来激发和诱导。在开始课题研究的第一个学期，课题小组成员在任教的三个年级中抽取三个班级为实验班，利用《创想课》为辅助教材，开发学生的智力。

课堂上，同学们的思维非常活跃。有的学生说："奶奶的脚长得有点'怪'，买不到合适的鞋，我要设计一种能调大小的鞋，方便奶奶，也方便我自己。"有的学生说："人们在使用火柴时，往往点燃后就把烧了不到三分之二的火柴梗扔了，既浪费又不卫生。我建议把火柴梗减去三分之二，再备一个能插火柴梗的套管，使用时，只要把火柴插入套管内即可，这样的火柴又安全又省木材。"

数周的实验过后，我们发现两个实验班的学生都比以前活跃多了，科学课上的各种"讨论和思考"使学生都敢于提出自己的想法和疑问，渐渐地向"我要学"这个方向前进着。

由此可见，浓厚的学习兴趣具有促进学习的作用。教师不断地鼓励，还会使学生在学习过程中产生愉悦的情绪体验以及积极的学习动机，变"要我学"为"我要学"，有利于促进进一步学习，即使碰到暂时的困难，也能千方百计加以克服，完成学习任务。如果一个学生学习经常失败并伴有不愉快的情绪体验，那么，他对学习就会失去信心，更谈不上学习兴趣。

实验教师组织学生开展"家乡环境改造"主题系列活动。组织学生参观蔬菜大棚基地并要求学生撰写调查报告。通过学生眼睛的观察、双手的触摸，使他们产生情感的共鸣。有的学生对破坏家乡环境的人和事表示愤慨，有的学生自己动手，为小区绿化尽一份力，有的学生为保护家乡环境积极献计献策……他们对家乡的感情，以及对家乡环境的保护意识，被充分调动起来了。有的学生还用稚嫩的文笔、不成熟的语言道出了自己的真情实感,从他们的字里行间可以看出,这些实践活动激发了学生的环境保护意识和热爱家乡的思想感情。学到知识并不难,难的是使学生懂得道理,成为有思想的小公民。

在科学教学中,课堂教学与课外实践相结合是提高学生认知的一个重要途径。例如,围绕处理垃圾这个主题,开展系列活动,在实践中,学生通过观察、调查、实地考察、实验等方法,能够初步认识到垃圾在生活中起到了污染环境的副作用,怎样做才能最大限度地减少垃圾的产生,怎样才能运用有效的方法处理垃圾,等等。通过实践活动,不仅让学生认识到了垃圾的危害,更重要的是给予学生潜移默化的教育,让学生认识到了保护环境的重要性,认识到了自己在日常生活中应当扮演什么样的角色以及在今后的生活中应该如何去做等。另外,在此项活动的开展中,我们也感悟到课外实践活动开展得好,对课堂教学会起到促进作用,能够强化课堂所学知识,加深理解,同时也培养了学生的观察能力、分析能力、逻辑思维能力等。

芜湖市新芜区“科学课活动设计与改进策略”课题组,结合科学课的特点,对科学课活动设计与改进进行了卓有成效的研究,形成了自己特有的一些活动组织方法,主要表现在:

(1)用活动的器材进行探究活动的组织。

① 课堂教学中,教师把所有的活动器材集中放在一定的地点,先让学生讨论、交流个人或小组研究的活动方案,讨论需要哪些活动器材,然后到器材的集中处领取。“自助餐式”的设计既让学生的活动有器材可用,又避免器材造成的学生注意力转移。(需要注意材料的领取是需要时间的,过多次数的领取可能会浪费上课的时间,导致课堂教学时间的有效利用度下降。)

② 活动中根据流程的需要,把活动的器材逐步分层展示,暗示活动的进程和要求。(这样的器材展示,需要实验桌内有足够的空间,也需要教师对器材的放置分类、分区、编号,保证有序。)

③ 如果实验室的空间比较大,推荐把实验室进行分区,一个区域是学习区,一个区域是活动区,活动的器材放在活动区,讨论、交流回到学习区。区域的划分实际是对学生活动过程阶段性的一个划分,让他们有明确的阶段任务,避免“三难”现象。(从现在各个学校的现状来看推广价值不是很大,一旦学校硬件条件足够,教学又能够实现小班化的话,这样的组织形式是比较值得借鉴的。)

(2)把活动的组织与评价机制相结合,用科学课特有的方式对学生进行奖励。

① 教师将学生分组、每组选出小组长,这样的小组有稳定的和随机的两种,根据每个小组(就稳定的小组而言)综合表现给小组记分。

② 对每个学生的表现进行记录。

③ 活动中把班级 12 个小组的小组长分成四批,每个月轮流一次,对班级的小

组或个人的表现进行记录，收集他们的作业、作品，小组长对自己和自己所在的小组不做记录和评价，交由其他两个人完成。这样做是为了避免活动中学生偏袒自己或自己所属的小组，也是为了锻炼学生的管理能力和减轻教师的负担，因为科学教师大多数同时担任几个班级的教学任务，让他们对每个学生进行评价是不太现实的事情。

④用物质的奖励方式，不如用活动的奖励方式更为有效。一方面后者更符合学生的需要，另一方面他们可以在活动中学到新的知识。所以学校与花卉基地、附近的中学天文馆、奶牛养殖基地、自来水厂等取得联系，组织参观、学习活动，或者利用城市自身资源，组织学生考察城市中植物的分布、长江（青弋江）水质等。学校自身也有一个劳动基地，可以随时组织学生种植花卉、植物等。

值得指出的是该课题组在实验实施的后期，针对课题实验过程中生成的典型案例，进行了整理、概括和归纳，并在每个单元选择有代表性的一课，采用“个案说明”、“活动调查”、“教学设计”等形式进行微观分析，形成系列化的成果资料，以便在课题总结阶段有理有据地说明自己的观点。

芜湖市师范附属小学、育红小学、绿影小学三校研究共同体，通过对学生科学思维和行为习惯的养成策略进行研究，提出了细致而全面的观察是学生进行科学探究活动的重要前提。“科学探究始于细致的观察”，培养学生科学的观察技能和细致、认真的观察品质，有利于促进孩子科学探究技能的形成，让学生真实、生动地受到科学的教育。让学生把握好每一个观察点，然后使学生形成整体的感知，能有效地促进探究学习的深入开展。把握观察点还有一个触动学生内心体验的问题，孩子们看问题有自己独特的视角，有时候在他们近乎离奇的感悟与见解中往往闪动着创造的火花，如果在教学中注意发现、引导孩子们这种内心体验，让学生把自己对问题的不同看法通过自己独特的视角进行探究，往往容易让学生沉浸其中。三年级上册科学《稻谷的观察》一课中，稻谷的形状、颜色、气味、味道、大小、长短、软硬、表面光滑与否等外在属性，对孩子们来讲，都是极有意义的“秘密”。在观察活动中，鼓励学生使用自己不同的感觉器官从不同的角度来观察稻谷，采用“摸、闻、看、尝”等多种感知手段，对稻谷进行全面观察。这样，在利用多种感官观察稻谷的同时，整个观察活动也就自然“深”入下去了。

在观察中，长期观察习惯的培养也是一个重点。在科学课中，学生们对于被观察的事物是充满兴趣和激情的，只要教师稍加指导，就能让学生很仔细地观察到事物的许多特征。小学科学活动中有许多需要学生进行长期观察的项目，能否持续有效地进行观察，直接影响到活动过程中有效信息的收集，也是后期能否进行交流提升的前提保证。但在实际的教学中，学生进行长期观察的质量不高。

编者在新教材《科学》三年级上册的科学课中安排了饲养和种植两个相邻的教学单元，这样安排的用意正是着力于培养学生的长期观察习惯，让学生亲身去体验事物发展的过程。编者的意图是很明显的,内容也是经过精心安排设计的,但是教师们在具体教学中发现想实现这一意图有困难。

学生对这两个单元活动内容的兴趣很大,讨论起来头头是道,表起决心也信誓旦旦,但是做起来和说起来就是两码事了,虽然学生在课堂上讨论好了饲养、种植计划,但课后实施起来不尽如人意,有一部分学生认真做了,一部分学生没有做,过了几天,认真做的学生中又有一小部分因为种种原因无法继续科学实践活动,也放弃了,所以学生们的观察日记有空白和抄袭的现象。

为什么这种长期的观察活动没有短期的观察活动效果好呢?师范附属小学的老师进行了具体研究。经过调查,他们发现造成长期观察效果不好的原因有很多,可以概括为两大类:

(1)主观因素。

① 学生觉得种植和饲养是一件很快乐的事情,但记录太麻烦;

② 有些活动是自己在生活中曾经或经常遇到的,认为自己可以把生物生长的过程记在脑海中,写不写观察日记无所谓;

③ 认为科学课不是很重要,只要进行过种植和饲养就可以了,不一定要那么认真。

(2)客观因素。

通过调查,发现很多外界因素都会干扰学生的观察活动,比如:

① 家里没有充分的种植和饲养的条件,一些家长对此也不支持,甚至是反对;

② 课业负担重,没有时间做好观察和记录;

③ 在种植的过程中遭受了某些挫折而放弃了。

为了深入研究,寻找解决问题的突破口,我们将长期观察和短期观察的差别进行了以下对比(见表1):

表1　短期观察和长期观察对比表

差别 观察形式	时效性的差别	学生积极性的差别	观察环境的差别(一)	观察环境的差别(二)	不确定因素的差别
短期观察	很快就能反映出观察结果	学生对短时间内能见效的观察活动的积极性大	有教师指导和鼓励	在课堂上完成,不受学业负担的影响	有少量不确定因素的影响
长期观察	需要经过一段时间才能反映出观察结果	对短时间内不能见效的观察活动往往是虎头蛇尾	受到客观环境的影响,而且不一定能得到家长的支持	课后自主完成,受到过重的学业负担的影响	不确定因素较多

找到原因后,老师们对症下药,设计了解决问题的方案,即通过激发学生观察的兴趣,充分调动学生长期观察的积极性,同时克服时效性上的差别。

为了激发学生观察的兴趣，实验教师专门用一堂课的时间来收集学生科学实践活动的反馈结果，然后指导学生为自己种植的植物和饲养的动物分别建立一个“成长袋”，记录自己的整个科学实践过程，并在学期结束时进行种植和饲养的“小能手”评比活动。

这一方法在实验的初期效果并不太好，很多学生虽然积极性很高，但是没有见到过做好的成长袋，光凭“纸上谈兵”，根本不知道怎么样去建立“成长袋”，所以兴趣很快减退，后来就放弃不做了。

怎么办呢？面对出现的新问题，学校的几位科学教师商量了一下，大家一致认为建立“成长袋”是很有意义的，也很有必要。但是一下子大面积铺开这一做法还不成熟，结合学生目前学习科学的状况，决定先小范围的试点，让一小部分学生在教师的督促下先做出来，建立一个真实可信的目标，让其他学生可以亲眼看到，切身感受到这不是“纸上谈兵”。用事实来激发大部分学生学习科学的兴趣。

三年级的文娟老师采用了个案研究的方法，个案研究是针对某一个或几个学生的科学实践活动，进行长期的监督指导。

课题组的老师还积极争取多方面的支持，让观察活动得以顺利进行。在上“植物的种植”这一单元时，出现了这样一个插曲，一位老师在教室里摆放了一盆刚刚播种的植物种子，让学生进行观察。可是，两个星期后的一天这位老师去上课，突然发现植物连盆都不见了。追问之下才知道，被班主任打扫卫生时扔到垃圾箱去了，当时，班里的学生竟然没有一个人敢告诉班主任，那是我们进行的科学实验，结果错过了种植的好时间，长期的观察计划被迫停止。

看来，科学实践活动不仅仅是科学教师的事情，还应该发动周围的教师和学生家长一起参与，只有学校、家庭、社会相互配合，这样才能取得更好的效果。

后来的观察活动中，这位老师都会事先告诉班主任。果然在班主任的支持下，科学活动开展起来容易多了；另外，通过与语文老师的沟通，希望能够结合学校的科学实践活动，布置学生写一写关于这方面的日记和作文，这样不但可以激发学生更好地完成观察活动，而且还可以培养他们的写作能力，同时将观察记录和作文合二为一，也减轻了学生的课业负担，加强了课程之间的整合。对一些写得比较好的观察日记送到学校的广播站，在全校广播中播出，对学生的观察成果加以肯定，起到了很好的激励作用。

实验教师力争做到提前预测，定期听取学生的汇报，减少不确定因素对长期观察活动的影响。由于影响长期观察的不确定因素较多，对此，教师在活动之前应该有一些预测，提醒学生注意，比如：天气和给花浇多少水的关系，花要是生虫了怎么办，做好防风工作，等等。还有一些不易预测到的因素，比如：有的学生的凤仙花很长时间没有发芽出土；有的学生的花盆里长出来的根本不是凤仙花；有的学生把花放在阳台上淋露水，结果却被小猫踩坏了；等等。所以，还应该组织学生定期交流汇报,及时听取各种情况,并且给予及时的引导和帮助。另外,学生也可以随时找教师反映植物的生长状况。

该课题对培养学生专心听讲习惯的研究也有积极作用。对学生专心听讲习惯的培养,实际上是对学生注意力的培养。有研究表明,注意力集中的学生,听课效率和学习水平远远高于注意力分散的学生。小学生年龄小,好动、易兴奋、易疲劳,有意注意保持时间短。尤其是在以探究为核心的科学教学活动中,这种情况表现得更为突出。针对这些特点,培养学生专心听讲的习惯,除了正常的课堂学习常规的教育与训练外,教师在科学教学过程中要注意以下两个方面。

第一,教学语言力求儿语化和趣味性,激发学生认真听讲的兴趣。如果教学语言生涩、呆板,学生学起来就乏味、疲倦,很难保持高度的注意力。因此,教学语言在精炼、准确的同时,更要生动、活泼。

第二,让学生有尽可能多的回答问题的机会,促使他们始终处于积极主动的学习状态。课堂教学中如果过多地让学生被动地听教师讲授,势必让学生缺乏一种"我要学"的参与意识。缺乏内在的学习动机,对于培养专心听讲的习惯是极为不利的。只有处于积极主动学习状态下的听讲,才能真正做到专心。因此在课堂教学中,必须让每一个学生有尽可能多的回答问题的机会,以调动他们学习的主动性和积极性。

在科学课课堂教学中,对学生科学思维习惯的培养也十分重要。

学生们基于他们对日常生活的感知和经历的理解,构建理论来解释他们周围的世界,这就是儿童的思维方式。我们要引导学生建立更为科学的世界观就意味着要帮助他们从那些同样的感知和经历中得到不同的领悟。有研究发现,儿童所构建的理论,无论对错,都不是随意的。这些理论往往有一定的逻辑性和理性,并紧密地建立在证据和经历的基础之上。但是因为儿童的经历可能不够丰富、体验不够深入,所以他们的思维能力可能不足以阐明科学的理论,但是他们形成这些想法的过程本身确实是科学的。我们要做的就是帮助学生把他们的前概念思维转化为合理的概念思维,从而促进科学探究活动的进行和深入。

为了帮助学生获得比他们自己去摸索所能得到的更好的理解和更为有力的概念,我们不仅需要创造更好的学习情境,还要注意提高学生的注意力,为他们提供更多的探究材料,帮他们拓宽探究的范围并促进更多的交流。

在思维习惯方面,发散思维习惯是一个重点。发散思维是指从已知的信息中产生大量变化的、独特的新信息的一种沿不同方向、在不同范围、不因循传统的思维方式。科学教学中抓住培养学生的发散思维的着力点,就能有效促进探究学习活动的开展。首先,以材料为"发散点"。结构性材料越丰富,越容易引起学生从不同层面上去发现、去探究。狮子山小学的赵永强老师在执教《马铃薯在水中是沉还是浮》一课时,将一大一小两个马铃薯分别放入两个烧杯的液体中,结果一沉一浮。他向学生提问:你看到了什么现象？你想研究什么问题？怎样研究这些问题？学生提出了“为什么大的马铃薯下沉，小的马铃薯反而上浮”等一系列的问题，还想出了各种研究方法。赵永强老师抓住这些发散点展开探究活动，学生各显神通，探究也就深入了。这节实验课在2004年全国小学科学教育年会上获得了一等奖。其次，还可以利用各种开放性的问题作为“发散点”，让学生从多角度、多层次思考同一问题，这样既使探究活动深入地开展，也促进了学生发散思维的培养。当学生形成了这样的思维习惯，还怕探究活动不能深入进行吗？

因为思维习惯的养成是一个较为深层次的课题，所以目前我们的研究还很不深入，还需要不断地进行摸索和探究，但是相信我们的教师只要树立“站在儿童的角度想问题”的观念，学生的良好思维习惯的养成一定会逐步形成。

芜湖市育红小学“信息技术在科学课中应用策略”课题组，利用其现代教育技术全国领先的优势，重视基于网络环境下的科学课教学。在课题研究的过程中，实验教师认为：

(1)信息技术让知识课堂变为生命课堂成为可能，教学形式也随之发生了变化。如在进行科教版小学科学四年级上册“有生命的物体”单元《形形色色的植物》的教学时，教师根据教学目标对教材进行分析、处理、补充，并以素材的形式呈现给学生。上课时，学生提出了要在学习项目以后在教师的引导下，利用教师提供的资料(或自己查找信息)进行个别化和协作式相结合的自主学习，并利用信息技术完成提出的研究项目。师生一起利用网络信息丰富、传播及时、读取方便、交互强等特性进行学习评价、反馈。

(2)信息技术使学生的探究活动增加了一种有效手段。在《温度和温度计》教学过程中，教师在学习网页上，制作上传了大量的关于温度计的图片、文字、影像资料。全校不同年级、不同班级的许多学生兴致勃勃地参加了这一制作活动，围绕选题，或个人或结合成研究小组，通过网络资源，查找有关资料。在不同老师的指导下，整理成自己的研究成果，写成小论文在网上发布或在校园网的留言板上进行留言。比如：“古人用什么做温度计？”“温度计为什么是这样的？”“温度计的使用范围和品种之间的关系”，等等。学生通过收集信息、研究信息、整理信息、应用信息、拓展信息等自主探究科学的过程，完成了大信息量的探究性学习。

(3)信息技术解决了某些抽象概念的形象化问题。在教学过程中，我们往往用一些文字和图片去表达一些抽象的概念。比如，我们在一棵大树和一个太阳的图片上用箭头去表示光合作用的过程。古人如何造纸，真空状态下声音的传播，动植物的多样性，阴晴雨雪的天气，等等，说得天花乱坠，不如直接给学生视觉刺激来得有效。

(三)课题总结推广阶段(2005.6—2005.12)

整理资料，全面检测，分析研究，总结成果。这一阶段的主要任务是：收集实验记录，整理、刻录成自制的多媒体CAI课件、课堂教学录像，编写科学课案例和优秀课例集，片段设计、优秀论文汇编，撰写课题实验报告，上报全国教育科学“十五”规划教育部重点课题“小学科学新课程的开发与实验研究”总课题组，做好课题实验结题总结和成果鉴定工作。

五、研究的初步成果

（一）在理论层面上初步认识了新课程理念下科学课教学策略研究的理论基础

1. 运用建构主义的理论，形成新课程理念下科学课教学的若干策略

在教育心理学领域中，建构主义作为一种新的学习理论对学习和教学提出了一系列新解释，陈琦及其课题组对此做了系统评析。建构主义在知识观上强调知识的动态性，知识并不是对现实世界的绝对正确的表征，不是放之各种情境皆准的教条；在学生观上强调学习者的学习潜能及其经验世界的丰富性、差异性；在学习观上强调学习的主动建构性。具体到学习观上，建构主义与以往的学习理论相比突出表现在从关注外部输入到关注内部生成，从“个体户”式的学习到“社会化”的学习，从“去情境”的学习到“情境化”的学习。

建构主义认为，学习不单是知识由外到内的转移和传递，而是学习者主动建构自己知识经验的过程，即通过新经验与原有知识经验的反复的、双向的相互作用，来充实、丰富和改造自己的知识经验。在这种建构过程中，一方面学习者对当前信息的理解需要以原有的知识经验为基础，超越外部信息本身（beyond the information given）；另一方面，对原有知识经验的运用又不只是简单地提取和套用，个体同时需要依据新经验对原有经验本身也作出某种调整和改造，即同化和顺应两方面的统一。学习者不是被动的信息吸收者，相反，他要主动地建构信息的意义，这种建构不可能由其他人代替。

学习是个知识建构过程，这意味着学习是主动的，学习者不是被动的刺激接受者，他要对外部信息做主动地选择和加工，而不是行为主义所描述的“S—R 过程”。而且，知识或意义也不是简单由外部信息决定的，意义是学习者通过新旧知识经验间反复的、双向的相互作用而建构成的，其中，每个学习者都在以自己原有的经验系统为基础对新的信息进行编码，建构自己的理解，而且，原有知识又因为新经验的进入而发生调整和改变，所以学习并不简单是信息的积累，它同时包含由于新、旧经验的冲突而引发的观念转变和结构重组，是新旧经验之间的双向的相互作用过程。因此，建构主义又与认知主义的信息加工论有所不同。

所以说，行为主义和认知主义更多强调外在刺激或信息对学习的决定性，而建构主义则更强调意义的生成，强调学习者通过与外部信息的相互作用而生成理解、发展智能，建构自己的“经验现实”。学习不是知识经验由外向内的“输入”，而是学习者的经验体系在一定环境中自内而外的“生长”。与这一倾向相适应，在教学中出现了一系列具体变化：从“教师中心”到“学生中心”，从关注学习结果到同时关注学

习过程，从关注外部信息序列（教材内容）的组织设计到关注学习过程中的交互活动设计，从关注初级的知识获得（表层性的知识理解和记忆、简单化的问题解决）到关注高级的知识获得（深层理解、高级思维、实际问题解决），从关注知识技能的记忆保持到关注学习在不同情境中广泛灵活的迁移，从关注以学科知识为中心的学习到关注以问题为中心的学习，从关注外部管理到关注学习者的自我引导式学习、自我调节性学习，等等。

2. 运用多元智能理论使新课程理念下科学课教学的策略目标更为明确

美国霍华德·加德纳教授1983年提出了“多元智能理论”。他通过大量心理学的研究认为人类思维和认识世界的方式是多元的，至少有8种以上的思维方式，它们构成了人的8种智能，即语言智能、数学逻辑智能、空间智能、音乐智能、身体运动智能、人际交往智能、自我认识智能、自然智能。每一种智能在人类认识世界和改造世界的过程中都有其重要的作用。每个人与生俱来都在某种程度上拥有这8种以上智能。这一“多元智能理论”的提出对20世纪初法国心理学家创立的智力商数（IQ）测试发起了挑战，同时也引发了大批科学家、教育家对人类未来教育模式的探索。

多元智能理论在学校教育，特别是科学教育中应该受到重视。可是，世界各国还没有完全认识到这一点，大都是将语言和数学逻辑智能置于重要位置，而对音乐智能、身体运动智能、空间智能和自我认识智能开发得很少。小学科学教育的目的就是要激发学生的多元智能，使学生懂得如何对己、如何对他人。特别重视对学生空间智能的培养使小学科学教育的内容得以更新。

空间智能建构的基础是每个人对物体各部分的排列组合如何反映，由于劳动和社会生活的作用，人类产生了特有的空间知觉能力。空间概念的形成是视觉、触觉、动觉协同活动的结果。

通过视觉，人们看到空间物体在视网膜上的投影形状，人眼观察物体时，眼部肌肉沿着物体的轮廓运动以及颈部肌肉运动的动觉，也是知觉物体形状的信号。人们在日常生活中对物体从不同角度得到的视网膜映像与动觉及触觉的信息结合起来，使人得到了有关一个物体综合信息。

3. 课堂教学点拨思想和美国哈佛大学兰本达教授所倡导的“探究—研讨”教学法，给新课程理念下科学课教学的策略研究注入了新的活力和生机

课堂教学点拨思想最早起源于中学语文点拨教学法，它是由安徽省芜湖市一中原副校长、中国当代卓有成就的语文教育家蔡澄清先生创立的。该思想是在中国基础教育的肥沃土壤里生长、发展并渐趋成熟的一种教学方法，其核心是“适时点拨”。按照蔡先生的观点，适时点拨就是教师针对学生学习过程中存在的知识障碍、思维障碍与心理障碍，运用画龙点睛和排除故障的方法，启发学生开动脑筋，自己进行思考与研究，寻找解决问题的途径与方法，以达到掌握知识并发展能力的目

的。点,就是点要害,抓重点;拨,就是拨疑难,排障碍。这种点拨,是根据学生在学习过程中的心理特点及其活动规律,适应培养能力、发展智力的实际需要,在教学过程中,教师针对教材特点和学生实际需要,因势利导,启发思维,排除疑难,教授方法,发展能力。它是运用启发式引导学生自学的一种方法,蔡先生的教学理念和小学科学教学所倡导的鼓励学生自行探究是息息相通的。

新的小学科学课程标准指出"科学学习要以探究为核心",这对我国目前的小学科学课程的改革来说既是一个新的理念,又是近20年小学自然教学改革所一直推崇的教学思想。小学科学教学中所指的科学探究是从科学家研究自然界的方式中引申出来的,在讨论科学教育的文献中,一般指学生像科学家那样学习、研究,建构知识,形成科学观念,领悟科学研究方法的各种活动。新课程将科学探究作为学习的目标和学习的方式,提到了核心地位,有其历史的必然性。众所周知,在小学科学教学领域,从1981年教育部决定开设自然课起,在以刘默耕先生为首的一批有识之士的努力下,通过对当时"世界东西方主要国家改革小学科学教育的理论、实践和发展的动向趋势"的分析,通过对美国兰本达教授的"探究—研讨"教学法中所蕴含的"珍宝"的搜寻,奠定了中国小学科学教育的哲学基础,使自然教学改革一开始就走到了我国各科教育改革的前列。20世纪80年代以来,美国哈佛大学兰本达教授所倡导的"探究—研讨"教学法,对我国小学科学教育改革产生了重要的影响,在这一时期出现的众多成功的自然课例中,我们都可以找到"探究—研讨"教学法的踪迹和理论渊源。老师通常把课堂教学分为多个环节,其中以探究环节为重点,该环节由教师提供给学生探究的课题和实物材料,让学生自由地感知,丰富学生的直接经验;之后由学生发表意见,交流在探究阶段的发现。教师适时地给予启发诱导,鼓励学生对不同看法进行讨论,一些难以明白的问题,教师进行讲解指导。类似这样的既注重借鉴研究又不盲目照搬生动事例的教学方式在自然课的改革中处处可见,这种精神形成了我国自然课改革的基本特色,也深深扎根在芜湖科学教学的实践之中。

随着对"探究—研讨"教学法研究的深入,老师们的教学观念都有了很大转变,非常关注学生的主动学习,自主探究,但有些时候往往矫枉过正,一味强调自主,忽视了老师的指导作用,反而会出现学生不知所从或盲目探究而收效低微的情况。究其原因,一方面我们面对的毕竟是只有不到10岁的学生,他们的已有经验、动手能力、思维发展等方面还不成熟,因此他们在探究活动中常常会遇到困难,甚至是不可解决的;另一方面学生在其他学科的学习中多是接受式的学习方式或接受式探究,突然面对开放的科学探究显得措手不及、招架不住,虽然他们的情绪是兴奋的,兴趣是高涨的,探究质量却成反比。先进的教学理论和实际的教学实践产生的矛盾,引起了我们的困惑,怎样的科学探究对学生是适合的?教师应该为学生有效的科学探究做好什么样的准备?恰好此时,世纪之交,伴随着新一轮课程改革的到来,机遇和灵感仿佛一架彩桥，使“适时点拨”和“科学探究”在小学科学的百花园中意外相碰撞、相融合，并逐步形成了适合当下小学科学实验教学现状的核心教学理念——点拨探究。

大量的教学实践表明：只有将这种理念转化为具体的教学行为时，才能产生教学效益。而“转化”又必须依靠具体的教学策略作为支撑，需要我们反复的探索和实践。对每一个科学教师来说，应尽可能“还原”点拨探究这种获取知识的“自然途径”，并为学生创设相当的环境，“再现”未知到已知的发展过程。点拨探究的实验教学过程主要是通过学生的做和说，建构他们的知识，教师的主要工作是为学生提供“有结构的材料”，不断地挑起学生的认知冲突，组织并参与学生的研讨。教师在实验教学中，通过“适时点拨”始终“不动声色地”处于控制中心的地位，随时根据反馈信息调整自己的教学，帮助学生在“40分钟内经历人类科学史上几十年甚至几百年的历程”。教师通过点拨探究式教学，使学生体验到科学探究的曲折、艰辛和乐趣，学习到科学方法，学会科学探究能力，增进对科学探究的理解，同时习得知识，获得积极的情感体验，学会学习、学会解决问题。

（二）在应用层面上初步建构新课程理念下科学课点拨探究教学策略的操作体系

1. 解决问题：点拨探究教学策略的起点和归宿

点拨探究教学的内容应以富有儿童情趣（心理价值）、既有科学价值与能力训练价值又有社会价值的科学问题为主干。科学探究始于科学问题，对科学问题的探求可以获得科学新知。确定好科学课中要探究的科学问题直接关系到探究的活动价值。点拨探究教学从问题开始，教学生用科学的眼光去发现问题、解决问题，学生在经历探究学习的过程中才能焕发出巨大的学习潜质。

（1）点拨探究教学策略应从问题开始。

引发问题，可根据学生不同的年龄特征，采用不同的方法。可以运用悬念、实物、故事、录像、描述、游戏等富有趣味性的教学手段；可以由教师直接提出具有启发性的问题；可以在教师的引导下，让学生通过观察某种现象发现问题，自己提出问题。目的是让学生在头脑中形成问题。如在《种子里有什么》一课的教学中，先出示干种子，让学生观察后，再提供用水泡过的种子，让学生进行比较，符合“有层次地提供探究材料”这一原则，学生自然会提出“种子里面有什么”的后续探究问题。又如在《沉与浮》一课中，通过演示“重的木块在水中浮着，而轻的橡皮却沉入水中”，与学生原来的认知水平“重的物体在水中下沉，轻的物体在水中上浮”相矛盾，从而激起学生提出进一步的探究问题：“物体在水中的沉浮到底与什么有关？”

值得注意的是，教师提出的问题或任务要贴近学生的生活和认知水平，学生的学习是一个循序渐进的过程，如果教师所提问题高于学生的现有认知水平，超出学生最近发展区，学生会感到高深、困难，或者不知从何入手，产生畏惧心理，会出现退缩的情况;反之,如果重复甚至落后于学生的生活经验和认知水平,学生会觉得没挑战性,对新的问题或任务不感兴趣,缺乏探究欲望,失去探究热情和积极性。学生的学习内容或主体本身要贴近学生的生活,尽量联系学生周围的、身边的、能够耳闻目睹的内容。

对学生因好奇而提出的任何问题,我们都要真诚地予以赞扬、鼓励,把问题写在班级的“奇思妙想”问题记录本上,并注上他的名字。同时,巧妙地引导学生去关注更有价值的问题,让学生感觉到老师对他提出问题的重视和对他提问题能力的信任,从而激励学生更积极地去留心观察,去发现更多的问题,使科学课堂成为孩子们放飞思维的广场。在此过程中,学生提出有价值问题的能力也就会逐渐得到提高。

在课题实验的过程中,课题组成员还总结出一些行之有效的让学生能够提出问题的策略。

① 创设问题情境,引导学生发现问题。如教学《淀粉的踪迹》一课,一开课就做一个变色的游戏。老师在一张白纸上喷些水,竟然出现了几个字。学生觉得奇怪,纷纷在自己的位子上尝试起来,有的成功了,有的却怎么都不行。这样一来,学生的问题就有了,便能带着问题投入探究活动中去了。

② 注意观察比较,引导学生发现问题。如教学《观察蜗牛》一课,老师布置学生去寻找蜗牛,并且比一比谁找得多。通过不同地点、不同数量的比较,学生的问题也就来了:“为什么蜗牛总喜欢在草丛中呢?”“为什么有的地方的蜗牛多,而有的地方的蜗牛少呢?”“蜗牛主要吃什么呢?”

③ 进行实验操作,引导学生发现问题。如教学《凸透镜》一课,让学生明确实验要求后自主实验。在实验中同学们发现当改变凸透镜与光屏、物体之间的距离时,产生的现象不同,这与导入时的一个小实验的现象有所不同,学生在认知上产生了冲突,有了新的研究方向,提出:当凸透镜在光屏与物体之间移动时,会有几种不同情况?为什么?

④ 组织汇报讨论,引导学生发现问题。如教学“小孔成像”这一知识点时,让学生做完实验后汇报讨论,结果产生了新的问题:有的实验失败了,到底是什么原因呢?与孔的大小有关吗?

⑤ 开展课外实践,引导学生发现问题。如教学《种子的萌发》一课,课后,有的学生把发了芽的蚕豆种到菜地里,有的学生继续把它种在水里,进行无土栽培,结果发现种在地里的蚕豆长得粗壮结实,而种在水里的蚕豆成了瘦瘦的“豆芽菜”。为什么?这就有了研究的新课题。

(2)点拨探究教学策略应以问题解决为目标。

教师充分利用儿童的生活经验和已有的知识,适时引导、从扶到放、循序渐进并注意提问质量和解决问题的过程引导,科学探究也就会事半功倍,其教学的基本

流程见表 2:

表 2　点拨探究教学问题解决流程

教　师	流　程	学　生
创设情境引导思维	提出问题	明确探究表征和目的
提供有结构的探究材料	筛选问题	观察:激发思维
激励探究行为	解决问题	假设:发散思维
组织反馈信息		探究:激化思维
点拨探究行为		验证:深化思维
评价探究过程	反思问题	概括:复合思维
进行价值引导	拓展问题	强化感受实践体验

下面是教师在执教教科版小学科学三年级下册《混合物》单元时,采用点拨探究教学问题解决流程对教材进行取舍和整合,形成教学的案例。执教教师首先引领学生从身边的混合物入手,认识混合是物质存在的一种重要方式,初步建立混合物的概念。再通过亲自动手制造混合物,着重引导学生用观察、推测、实验、解释等手段对物质混合前后所发生的变化进行探究。课堂上,孩子们相当兴奋。他们大胆假设和猜测,主动向老师质疑问难;他们奇思妙想,精心制作混合物;他们周密设计实验方案,一丝不苟地操作实验。从他们那激动的笑脸上,教师们再次感受到科学探究实验的美丽,再次领略到点拨探究实验教学带来的教学魅力。

2. 支配材料:点拨探究教学策略的引导框架

美国的哲学教授李普曼认为:开展教学首要的任务就是把"课堂转变成为一个探究的群体",即把个体的学生和松散的课堂整合成一个内在联系紧密的、兴趣和目标一致的学习组织。探究群体为孩子学习提供了良好的组织形式、工作平台和学习氛围。建构主义强调在学习中应让学习者试着像科学家那样去思考问题。虽然学生的认知水平不可能达到科学家那样高深,但在学习中使用的科学研究方法却是一样的。因此,教师提供的有结构的学习材料,应更多地取材于现实生活,并且在最大程度上与问题解决联系在一起,让学生感受到问题的存在,并学会对材料中提供的各种现象进行分析、思考,展开探索。提出假设,进而检验假设,得出结论。

基于此,点拨探究教学策略的引导框架见图 1:

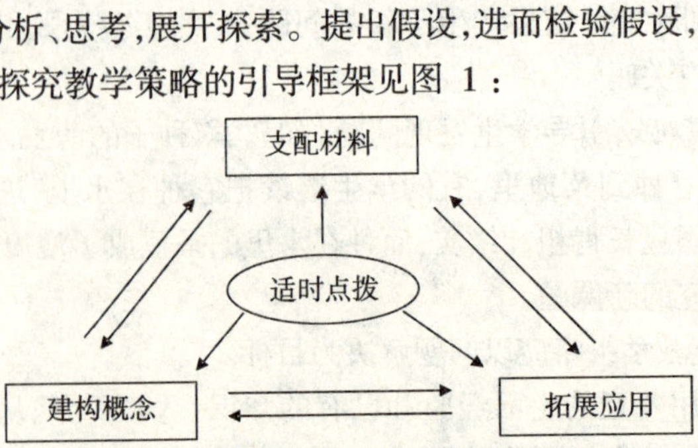

图 1　点拨探究教学策略的引导框架

在这个框架中,我们通过对学生主动探究过程的动态研究,抽象出点拨探究教学策略的引导框架为三个环节和一个贯穿始终的引导策略,构成一个相对完整的教学过程。从框架中我们可以看出,该过程以学生的探究性学习为主要线索,在这条线索的每个环节中,都落实了教师的适时点拨,教师和学生形成了一种探究学习共同体的关系。其中,支配材料处在一个相对核心和基础的地位,它是建构概念和拓展应用的前提,是有效实施点拨探究教学的关键。因此,教师只有精心设计、选择、提供有利于学生探究实验的典型材料,降低学生探究的难度,使他们容易发现问题,解决问题,获取新知,从而能够感到成功的喜悦和创造的愉快。

(1)给学生提供的探究材料要科学。

在探究材料的准备中,为得到与教学有关的现象,让学生建立起概念,要尽量排除干扰因素,教师提供的探究材料要具有科学性。

在教学《水能溶解别的物体》一课时,让学生再现"食盐在水里逐渐不见了"和"沙子在水里逐渐沉到水底"的现象。通过对比把两种自然现象联系在一起观察研究,建立起溶解与不溶解的概念。而探究中"沙"的选择是很关键的,必须是洗干净晾干后的沙。若随意取沙,结果杯中的水是混浊的,影响探究效果。另外,沙子体积和食盐应差不多,以便进行对比,而且这个体积要适当,如一小匙,既观察明显,又便于食盐较快溶解。

(2)给学生提供的探究材料要有结构。

准备有结构的探究材料,就是所选择的材料通过探究(即材料的互相作用)要能揭示与探究目的有关的一系列现象,体现所要学习的知识、概念。如在《油菜花开了》一课的教学中,文娟老师设计了一张探究记录表。与众不同的是在这一张表里有一栏"我来摆一摆",上面贴有双面胶。这样做,对于学生解剖油菜花的实验来说,便于学生对花朵的各部分进行分析整理。这里的油菜花和贴有双面胶的探究记录表就构成了有结构的材料。类似的情况,下面的《毛细现象》教学设计中也有较清楚地反映。陈明老师在教学《毛细现象》时,为了让学生通过比较找出能使水上"爬"的一类物体与不能使水上"爬"的一类物体之间的本质区别,针对学生的认识水平,为学生准备了粉笔、纸、布、玻璃片、软塑料膜、木筷、细玻璃管、玻璃棒、两块夹在一起的玻璃片、金属片等探究材料。在这些材料里,同样是"软"的物体,有的可以使水往上"爬",如纸、布,有的则不能使水往上"爬",如软塑料膜;同样是"硬"的物体,如玻璃棒、玻璃片等不能使水往上"爬",细玻璃管、两块夹在一起的玻璃片中留有间隙等可以使水往上"爬"。这样,学生通过探究,就会发现物体的"软"、"硬"并不是决定水能不能上升的因素。教师引导学生观察比较,不难发现,物体中是否有孔、是否有缝隙,才是水能否上升的原因。在学生观察比较过程中,如出现困难,教师可引导学生比较特征较接近但探究现象却不同的典型材料,如不能使水上升的"玻璃棒"与能使水上升的"细玻璃管",不能使水上升的"玻璃片"与能使水上升的"两块夹在一起的玻璃片”,通过比较,很容易发现两类材料的本质区别。

(3)给学生提供的探究材料要充足。

没有充足的材料,在较短的时间内想组织学生开展探究是比较困难的,即使设计了探究活动,也难于开展和深入。因此,在每一次探究活动前,我们都会精心钻研教材,预测探究活动中学生将要用到什么活动材料和工具,并组织学生也参与到有结构材料的准备活动中来。在组织学生参与准备材料的过程中,通过必要的指导让学生明确为什么要准备材料,应准备哪些材料,以及如何准备材料,等等。这样做,既解决了由老师准备材料的精力、时间有限的问题,又避免了学生研究时需要材料老师却无准备的现象,还能够使学生根据准备的不同材料,设计出独特的探究方案。如在《沉与浮》一课教学中,因为材料是引起探究活动的直接因素,材料数量的多少决定了探究的效果,所以在材料的选择上主要是立足于“生活实际”取材,以学生常见的易获的有结构的材料为主要认识对象,除了必备的水、水槽以外,还选择了木块、玻璃珠、石头、泡沫块、铁钉、乒乓球、铅笔、鸡毛、橡皮、镙帽、直尺、橡皮泥、牙膏皮等材料。

(4)给学生提供的探究材料要有趣。

在学生的探究过程中,必须培养学生的探究热情。要使学生有着高涨的探究热情,教师准备的探究材料不仅要有结构,而且要有趣。《了解空气》一课,学生对塑料袋里装有空气这点是深信不疑的,因为学生的结论是通过探究实验(用塑料袋捕捉空气)获得的。如果给学生一个杯子,或者给一个去底去盖的瓶子,不经过“捕捉空气”实验的探究,让学生直接想象这个杯子里或瓶子里会有空气吗?学生就会有点迷茫:有的会说有,有的会说没有,还有的会说空气是有的,但只有一点点,反正没有装满等。那么怎么知道瓶子或杯子里到底有空气还是没有?是满的还是只有一点点呢?这个问题是学生想知道的并经常接触的一个生活问题,再加上老师给学生提供了一定的可供选择的又非常好玩的有结构的材料,学生很感兴趣。通过教师的引导启发,学生就会根据自己的设想设计探究方案,积极进行实验探究。有的在木塞的孔里插上哨子,有的插上玻璃管,有的插上纸龙,有的涂上肥皂泡……再把塑料瓶底朝下放在水面上按下去,这样哨子就会响,纸龙会伸直,玻璃管会喷出空气(把脸凑近玻璃管感觉),如果在玻璃管上涂上肥皂水,还会吹出肥皂泡,最后对探究产生的现象进行解释。

3. 设计实验:点拨探究教学的基本策略

指导学生设计实验,应分成两个阶段进行,第一阶段是运用各种思维方式,探寻设计实验原理的突破口;第二阶段是为验证这一原理,选择合适的方法和材料,使实验得以实施。

(1)从已有经验入手,采用移植法指导设计实验。

大多数学生经过几年的实验操作培养,对有些实验,已经积累了比较丰富的知识和生活实践经验。因此,我们可以从这些已有的知识入手,采用移植法指导学生设计实验。在《淀粉的踪迹》一课教学中,有一个教学环节是“辨别出淀粉和滑石粉”,当教师为学生提供了有结构的材料后,学生根据生活经验在小组中自己讨论实验方案。结果学生自行设计的实验方案多种多样、丰富多彩。有的采用碘酒实验,会变蓝的是淀粉,不会变色的是滑石粉;有的采用先用手摸,觉得比较滑的是滑石粉,后来又滴入碘酒试验,证明自己的判断是正确的;还有的同学先取少量稀释,再加热,发现加热后会变成糊状的是淀粉,不会变成糊状的是滑石粉。这样,在全身心的经历和体验过程中,学生思维能力、实践能力、创新精神得以充分地展示和培养,而且他们对科学课的兴趣超出预料,他们的做法有条不紊,他们的表达条理清晰。

(2)从熟知器材入手,采用组合法指导设计实验。

有些模拟实验的设计是比较困难的,但它所使用的器材又都是学生所熟知的。因此,这类实验可以通过提供实验器材,让器材之间的关系来帮助、启发学生重新组合出新实验。

例如《水在自然界里的循环》一课,要让学生设计“模拟雨的形成”的实验。

教师首先是让学生寻找实验设计原理。即根据蒸锅盖上有水滴落下来的事实,对雨的形成作出如下假设:

蒸锅水 ——→ 水蒸气 ——→ 水珠落下

江河湖海 ——→ 水蒸气 ——→ 雨

其次是思考创造什么条件才能实现上述原理。因为雨是水蒸气受冷形成的,而水蒸气是水吸收太阳热量形成的,所以形成雨的必备条件是水、太阳热量、冷空气(冷物体)。

接着是挖掘出提供的器材与这些条件的关系。酒精灯作用是加热,可模拟太阳;烧杯装水,可模拟江、河、湖、海;盘子未受热时是冷的,可模拟锅盖或天空。

最后是让学生重新组合各仪器进行实验。

(3)多角度入手,采用发散思维点拨学生设计实验。

实验设计多样性,体现了学生多方位、多角度的思维方式。如在研究鱼鳍的作用时,针对鱼鳍的固定,学生就设计了用木夹子夹、用竹片夹、用泡沫板粘、用宽胶带缠、用硬纸片和回形针扣等方法。方法五花八门,实验结果却相同,这样得出的结论学生会更信服。

在《比较水的多少》的实验中,学生设计了用尺子量瓶中水的高低;用天平称;先在原来的瓶子上画一条线,然后把大瓶中的水倒在一个空杯子中,再把小瓶中的水倒在大瓶中,看谁多;用大注射器去抽水,看哪一瓶中抽到的水的次数多;用一个有数字(刻度)的玻璃杯(筒)量一量等实验。

(4)从逆向思维入手,采用反证法指导设计实验。

逆向思维就是从事物的反面去思考,这种思维方式属于演绎推理的范畴。对于一些验证实验,所要解决的问题比较明确,通过运用逆向思维,采用反证法,很容易寻找解决问题的办法。

在《声音是怎么产生的》一课教学中,当学生得出“声音是由物体振动产生”的结论以后,要求学生设计实验检验结论是否正确。思维的方式可以是这样的:既然声音是由物体振动产生的,那么,只要物体振动就一定发出声音;如果物体停止振动,就不会发出声音;如果物体不振动,也不会发出声音。这样,实验的设计思路就在“使振动的物体停止振动”和“使各种不振动的物体振动”上,学生就不难想象出解决问题的办法了。

总之,在点拨学生自行设计实验时,教师要树立这样的原则:凡是学生不能自行设计的实验,教师一定要讲透;凡是一句话能点拨明白的实验,教师绝不讲两句;凡是学生能自行设计的实验,教师绝不代替;凡是学生能独立解决的问题,教师绝不暗示。

4. 科学课基于信息技术手段点拨探究教学的实施策略

在科学课课堂教学中,信息技术的适当使用能大大提高教学效率,节约互动的时间。但教学观念的改造不是一蹴而就的,而是随着人类对教学认识的不断深入、教学实践的不断发展而不断变化的。新的时代环境孕育新的教学构想,同时,新的教学模式也反映出现代教育技术本身发生的重大变革,过去的大型中央电脑系统挂帅的场景,如今已被无数的分散式网路系统,亦即所谓的主从式架构所取代。而反映在新的教育理论思潮上,资讯的流通与传播方式,亦随网际网路的风行,由过去的单向流动方式变为互动式、团队合作式、跨领域的新型教学方式。一些新潮教育学者,如瑞士心理学家贝姬特、麻省理工学院学者裴柏特以及俄国心理学家维戈茨基等人,纷纷提出新式教育的几个重点,诸如个别的、实务上的训练学习、团队合作以及学习者在有经验者引导下在资讯领域内自由探索等。这些理念不仅与运用新一代科技辅助学习的新构想相契合,且以经济观点来看,亦属实际可行。教育训练计划原应针对个人不同的素质与需要而订出不同的内容与进度,在电脑与资讯的发展日益普及后,这种教育方式变成可能。同时,此种模式亦使人们公认的最佳教学方式——学徒制度得以重现生机。如此,新一代科技与新的教学架构相结合,突破了旧有模式,二者交互影响、相生相成。同时,课堂上新科技的引进也使教师与学生间的关系发生很大变化。教师由传统的权威导师变为资讯领域内的领航者,教材亦由僵硬的教科书换成灵活百变的软件;资讯随时唾手可得,并且人人可以自定学习内容。同时,科技的恰当运用,亦有助于提高学生就学率、减少学习时的枯燥感并大幅降低成本;而在学习绩效上,学生的成就感、学习态度、自我认识及师生间关系等方面均会大幅改善。这些促使教育训练方法发生革命性变化的新兴科技大抵可归为以下几个类别:电脑辅助教学、远程教学及多媒体技术等。

这种方式不但可以一套更有效的方式传授新观念,并且还提供了一种互动式、体验式的教学经验。学生们可以随时发问、参阅学刊并亲身体验等。群体化教学也将逐渐转变为个性化教学。每个学生的学习都是按照自己拟订的计划进行的。学生可以自由选择教师，同一门课也可以听几位教师讲授，可以同教师自由对话，统一教材也将被多样化教材所取代。这一理想化的教学策略有待我们不断地去追求，现阶段具体表现在：

图片策略：JPG、BMP 等格式的数字图片文件出现后，传统的教学挂图黯然失色。数量上、清晰度上、保存时间上的优势使我们课堂上的图片资源大大丰富。

影像策略：数字电影的出现，突破了课堂上的录像机、VCD 等传统模式，当然，最大的优势还是随机的交互、庞大的存储、便捷的目录检索方式。

声音策略：声音也是我们教学中不可缺少的重要素材，在教声音这一单元的时候，教师用 500 M 的音效库满足了学生认识各种声音的需要，显示了数量上的优势。

视频直播策略：学生在家庭里面利用 QQ、MSN 等聊天工具完成和教师的教学互动，利用网络摄像机完成实地的教学引导。

COD 交互策略：这是教师和计算机之间的交互，用以生成网络课程。也就是平时所说的制作课件的过程，也属于备课范畴。

聊天室交互策略：这是用文字进行即时教学交互的好手段，可以完成“一对一”、“一对多”、“多对多”的同步交流，实现远程课堂教学过程。

BBS 交互策略：用这种手段可以完成不错的课外交流，在时间和空间不同的情况下，我们的许多实验是无法同步进行的，所以，这种交流方式是比较实际的交流方式。

电话交互策略：这是通过语音传输设备完成教学交流的手段。

E-mail 策略：这是众所周知的远程通信手段。

作业提交系统：这是用 HTML 语言完成的网络作业提交系统，可以用作学习检查。

模拟实验系统：这是帮助学生完成精确实验的好措施。

5. 在点拨探究中培养学生学会倾听的策略

新课程改革中学生成为学习的主人，在教师的“授权下”，小学生们敢想、敢说，尤其敢于发表不同意见。然而一些学生仍然习惯于只与教师对话交流，同学之间缺乏交流。例如，教师提问后，一位学生站起来回答问题，其他同学没事干了，此时学生们常认为，老师没让我回答呀！别人回答得对不对，听老师的。解决此问题的策略有以下几点。

第一，教师在倾听学生发言后，不要急于表态。应征求班内其他同学的意见：“你们听清楚他的发言了吗？”“他回答得怎样？有没有不同的看法？有没有更好的办法？”这样做的结果，既培养了学生认真倾听别人发言的好习惯，也促使学生边听、边想、边判断，经过思考，提出自己的见解。

第二，教师要训练学生在小组讨论中轮流发言，而不是大家七嘴八舌地一起说。让学生听完整同学的意见后，再表态。

第三，小组汇报交流时，教师在听完一个小组的发言后，要问一问哪个组同意他们的意见？哪个组有不同的意见？谁来给他们补充？培养学生善于倾听、尊重别人、关心别人的良好的学习态度和行为习惯。

学生良好科学行为习惯的养成，需要经过较长的过程。我们从小学阶段做起，让学生逐渐养成细心观察、多方思考、尊重他人、善于倾听、珍惜时间、严于律己等好习惯，对于他们终生学习和进取都具有重要的意义。

6. 小学科学点拨探究的课外支持策略

利用地域优势，设计系列活动，优化点拨探究活动。

(1)选择科学课教学基地，组织学生定期参观劳动，培养学生的情感态度。利用地域优势建立科学课教学基地，把社会资源和学校资源有机地结合起来，并利用这些资源为三到六年级的科学教学实践活动服务。目前，芜湖市鸠江区确立了两处劳动实践基地：组织全区各小学学生定期到鸠江区素质教育基地进行劳动实践，亲身经历活动，从中感悟科学，体验科学；组织学生到南阳蔬菜大棚基地参观，与农民伯伯交流，寻求新的知识。

(2)根据学生的年龄特征设计科技活动，让学生自主选择实践。鸠江区学生在多次市级科技比赛中取得了优异的成绩：获得芜湖市纸桥承重比赛一等奖 3 组、二等奖 5 组；获得芜湖市科技创新比赛二等奖 2 名、三等奖 3 名；获得芜湖市青少年航海模型比赛一等奖 5 名、二等奖若干名。

(3)启发学生关注身边的事物，观察日常生活用品，感悟其设计的科学原理，并寻找其不足之处，加以改进和创新，以培养学生创新意识和动手能力。学生奇思妙想的成果多次在刊物上发表。

(4)开发科学课辅助教材，训练学生的思维。芜湖市范罗山小学开设了创新教育辅助课，在一到六年级开设，每周一节课。芜湖市南阳小学以课程为依托，开发了科学课辅助教材《创想课》，在四、五、六年级开设，每周一节课。这两所实验学校科学课辅助教材的开发，延伸了科学课的内容，使学生学习科学的兴趣更浓了。

7. 采用情感激励机制，激发学生主动探究的情感策略

在教学中通过强化情感激励教育以充分激发学生的学习动力并进一步转化为稳定的学习动机是提高学生主动探究质量的根本办法。作为老师就是要善于发现学生的点滴进步，及时给予表扬，老师的及时表扬就是推动学生努力学习的催化剂，如果学生在学习中经常得到老师的肯定和鼓励，学生对老师和学习都有认同感，就能充分挖掘自主学习的潜力。因此，课题组老师通常采用对学生的即时评价，互动评价，自我评价等方法对学生进行情感的教育和升华。例如，我们经常用下面的句子评价学生的活动："你考虑得很周到"、"你们的分工很科学"、"你们的

小手真灵巧”、“你们合作的真棒”、“你们比以前进步多了”等。这些激励性的话语在宽松、和谐、民主的氛围中以充满感情的方式说出,往往让学生深受感染,鼓舞着学生以更大的热情投入到以后的学习中,在促进学生学习动机的形成中取得了好效果。

我们深信学生学习的成败很大程度上取决于学生非智力因素的发挥,作为教育工作者要真正提高教学质量就必须着眼于如何利用激励机制开发学生的学习兴趣、学习动机等非智力因素,营造轻松活泼的学习氛围,只有这样我们才能取得教学上的成功。从情感策略这个角度看,当学生的真实思想被关注、他们的思路被接纳和评价,他们会由此感受到自己被尊重,从而学会更为主动地关注学习活动中不断呈现的资源,对学习成果产生更为积极的预期;他们会在自己的思路被接受或被证明合理时感受到成功的快乐,而这又会激发他们产生更大的学习动力,这样,他们就在被吸引进学习活动的过程中主动筹划自己拥有的和不断生成的发展可能性。因此,需要在民主的师生关系和生生关系中让学生不断贡献学习资源,对他们的贡献表示欣赏、鼓励,及时指导他们产生更高的学习要求,生成更高的学习质量。

8. 非语言信息:点拨探究教学策略的一个值得关注的研究视角

教育就是要传授知识,同时训练学生获得知识的特殊技能,这一点是毫无疑问的。但是,课堂教学中客观存在的一些非语言信息,能给孩子们留下深刻的、持久的印象,理应引起每个科学教师的重视。

在方法指导上,在演示实验的操作上,平时常常被我们所忽视的非语言信息往往蕴含着科学的思想和方法。比如,在《马铃薯在水中是沉还是浮》一课的探究教学中,当学生用量筒取水时,接近刻度后往往是倒不准的,需要用滴管一滴一滴地加。在课堂上比较盐水和清水的重量时,我把量筒中的水倒向烧杯时,一不小心,几滴水溅到了外面,这时,我问学生要不要重来,学生提出了要重来,那刚才装水的烧杯应该怎么样?学生指出要擦干,我一一照做,这看似平常的非语言信息,实际正潜移默化地影响着学生的科学思想,科学就是要较真,来不得半点水分。教师的操作要规范,符合科学的标准,在演示实验中用自己的言行为学生做科学树立榜样,培养学生严谨求实、实事求是的科学态度。

另外,一项最新的教育科学研究也表明,教师创造的课堂气氛是最常见的非语言信息,学生在科学探究时的课堂气氛,是令人感到安全、鼓舞、深信不疑还是威胁、限制、紧张,都直接影响着学生科学探究的质量和水平。

(三)在推广层面上的主要成果及其社会效益

第一,通过研究,我们整理出了一批可供参考的数据,包括学生活动调查表、科技活动调查表、课堂实验记录表等。对于调查,我们还做了相应的调查分析,使教师们有比较客观的认识。

第二,学生的实践能力得以提高,学习方式得以优化,品德行为得以发展,学生在各级各类科技竞赛活动中取得优异成绩。通过课题研究,使芜湖市小学科学课堂洋溢着生命的气息。每一次的科学探究活动,学生都以极大的热情投入其中,教师紧紧抓住了学生的兴趣点,正确予以引导,从点滴记事到探究活动的规范操作,学生初步掌握了科学探究的步骤,独立完成了一个又一个探究实践活动。同时,在一次次的探究活动中,学生对生活的关注程度与日俱增,他们为家乡的建设出谋划策,他们为家乡的环境忧心忡忡……学生们的主人翁意识逐步加强,自己的品德行为也日趋规范,同时在全国、省级各级各类科技竞赛中均成绩斐然。据不完全统计,在全国、省级科技创新大赛中,实验班学生有多人多项目获得一、二、三等奖,两所实验学校获全国优秀组织奖,一项优秀科技实践活动获全国优秀科技实践活动一等奖,入选"我们爱科学"全国"十佳"优秀科技实践活动,有五项优秀科技实践活动获全国优秀科技实践活动二、三等奖;在2004年全国青少年奥林匹克建筑模型竞赛中,范罗山小学实验班有6名同学参赛,全部获奖,总成绩获全国团体总分第四名,其中获银牌3枚(一等奖3人、三等奖3人),特别在2005年全国青少年奥林匹克建筑模型竞赛中,该校又有4名实验班同学参赛,勇夺3枚金牌,并获团体冠军;在安徽省"讯飞杯"中小学生电脑创作活动中,各实验学校学生也有不俗表现,多人获电脑动画、网页比赛、电子报刊等项目一、二、三等奖;2004年5月28日,部分实验学校的科学课实践作品和专题展板参加了全国科普作品博览交易会的展览,受到与会代表和市民的好评;在课题开展的过程中,还有部分学校获得了中国少年科学院科普实践基地、安徽省少年科学院先进集体等光荣称号,多名学生分别获得"2004年安徽省少年科学院'小博士'"荣誉称号。

第三,教师通过课题研究教学理论和教学水平都有了比较明显的提高。老师们在各级各类比赛中取得了骄人成绩。据不完全统计,实验教师赵永强执教的科学课在全国第九届小学信息技术与课程整合教学观摩展示会上获得一等奖,在中国教育学会小学科学教育专业委员会2004年年会上获得优秀课一等奖;实验教师任晓鸿在全国小学科学教师论文竞赛中获得一等奖;实验教师李静芳、韦炜的教学设计及教学反思分别获中国教育学会小学科学教育专业2005年优秀案例评比一等奖;实验教师贺静在安徽省电教优秀论文、课题研究报告评选活动中获得一等奖;实验教师彭秀芳、文娟分别在安徽省2005年度小学自然(科学)实验教学基本功竞赛活动中获得一等奖,彭秀芳老师同时获"分组实验教学(说课)"单项第一名,文娟老师获"基础理论"单项第一名;实验教师程斌主持的"十五"全国教育科学重点课题"创新教育研究与实验"子课题(科学类)获全国课题研究成果一等奖、主持的中国陶行知研究会"十五"立项课题"陶行知生活教育理论与科学实践活动"获安徽省陶研实验课题评选二等奖;实验教师郭琼获得省2005年电教论文评选一等奖等。多名教师的论文发表在《芜湖师专学报》、《安徽教育科研》等杂志上。

第四,通过听课、评课等一系列活动,老师们的教学观念发生很大变化,形成一批比较有研究价值的典型课例和教学录像、光盘。如彭秀芳老师的《食盐在水里溶解了》,赵永强老师的《我们关心天气》、《马铃薯在水中是沉还是浮》,李震老师的《种子变成芽》、《摆的秘密》、《昆虫》、《温度和温度计》、《星空》,丁美林老师的《测量物体的温度》,丁利霞老师的《流动的空气》,参加了"百千万工程"优质课录像评比,邓海老师的《无限宇宙》作为中小学课程整合案例由广西音像教材出版社出版,文娟老师的《油菜花开了》一课面向全省进行课堂教学模式展示,《我的手》作为市级"送课下乡"示范课。

第五,开发了一批和新课程科学课配套的素材库和软件,建立了课题组自己的科学课网站——科学课在线和中国·美林科学启蒙网,实验学校芜湖市大庆路小学围绕扬子鳄的生活建立了扬子鳄专题学习网站,实验教师李震整理出了小学科学课程使用的部分影像资源、素材库和实用软件。

综上所述,随着新课程倡导"以学生发展为本",强调"重视学生自主学习活动"等教学思想的传播,以及"科学学习要以探究为核心"等学科课程理念的实践研究,以点拨探究为基本特征的小学科学课堂教学策略,也从稚嫩走向成熟,它秉承以提高学生科学素养为宗旨,以探究科学问题的过程为中心,以主动参与、亲历过程、协同合作、发展个性(自主、合作、探究)为主要标志,努力彰显小学科学生命课堂所追求的综合性、实践性、开放性的目标。教学中,教师通过在科学探究过程中实施不同教学策略,为学生创造一种自由探究的宽松氛围,让学生"在探究中学会探究",在亲历探究过程中"真刀实枪"地做科学、学科学、爱科学、用科学,体验学习科学的乐趣,增长科学探究能力,获取科学知识,形成尊重事实、善于质疑的科学态度,从而逐步领会科学的本质,学会用科学的思维方式解决自身学习、日常生活中遇到的问题,达到培养良好科学素养的目的。

(此文 2006 年 7 月被评为全国 "十五" 规划教育部重点课题子课题(批准号 DHB010679)研究成果特等奖,同年 10 月被安徽省教科所、安徽省教育规划办评为安徽省优秀科研论文评奖一等奖)

13 小学综合实践活动课程的学科特征、课程框架与操作策略

摘 要:小学综合实践活动课程是新一轮基础教育课程改革的产物。在教学实践中,行政管理者和实验教师积极探讨了综合实践活动课程的本质与演化、课程概念和学科特征、课程框架和编制模式,初步摸索出融合实施综合实践活动的有效途径和推进策略,并形成了综合实践活动的管理流程和评价方法雏形,生成了一些课程产品,获得了一些初步的经验。

关键词:小学综合实践活动课程　课程框架　操作策略　初步成果

教育部《基础教育课程改革纲要(试行)》在规定新课程的结构时,作出如下说明:"从小学至高中设置综合实践活动并作为必修课程,其内容主要包括:信息技术教育、研究性学习、社区服务与社会实践以及劳动与技术教育。强调学生通过实践,增强探究和创新意识,学习科学研究方法,发展综合运用知识的能力。增进学校与社会的密切联系,培养学生的社会责任感。在课程的实施过程中,加强信息技术教育,培养学生利用信息技术的意识和能力。了解必要的通用技术和职业分工,形成初步技术能力。"这是顺应急速变化的社会及其对教育提出的要求,针对学科课程的不足而提出的,是新一轮基础教育课程改革的产物。在新的基础教育课程体系中,综合实践活动具有自己独特的功能和价值,已日益受到教育理论工作者和教师的关注,并相继提出了值得探讨的问题。

一、小学综合实践活动课程的本质与演化

综合实践活动课程的理念基础来源于具有渊远思想基础和广泛实践影响的活动教育思想。活动教育思想的核心是:在对待儿童的态度上,要求重新确立儿童在教育中的地位;在教学方式上,反对单纯灌输书本知识,反对把学生当做知识的容器,强调儿童天生的求知欲和探索性,重视感性经验;在学习的内容和途径上,突出自然适应教育、社会生活教育,强调活动的价值,把活动视为人的生存和发展的基础,将儿童的活动与儿童的发展紧密结合起来,认为儿童的发展不是从外部强加而必须通过儿童主体自身的实践去主动实现的。整个教育教学的基本任务就是设计、安排、组织各种符合儿童发展需要和紧密联系社会生活的活动,最终实现儿童全面发展的教育目标。

活动教育在理论上的发展和实践上的探索,有着漫长的过程。可以这么说:"活动教育思想是对以'知识本位'、'教师中心'为特征的传统教育不断反思与超越的产物,是在与传授式、灌输式教学抗衡的过程中逐步形成的一种教学主张。"近现代有许多教育家对活动课的功能用自己的实践进行了大胆的探索。美国教育家杜威强烈反对传统教育所使用的以既有知识为中心的教材和由这种教材所组成的学科课程,提出"活动课程"的概念,认为"学校科目相互联系的真正中心"应是儿童本身的"活动",只有通过活动课程获得经验,才能克服学科课程的分科教学弊端,使儿童获得认识世界的完整图像,更好地适应社会生活。

在我国20世纪二三十年代,受美国进步主义思潮的影响,我国教育家蔡元培"五育并举"的主张、陶行知先生的"生活教育论"等都从不同角度和不同层面对"活动课程"进行了实践和探讨。但由于中国传统教育思想的束缚及传统学科教学的影响,我国长期以来一直实行的仍是单一的学科课程。随着改革开放的深入,明确将

活动课程作为学校课程的必要组成部分是在20世纪90年代以后。活动课名称的几度更换，反映了人们对活动教育思想认识的逐步深化和实践上的不断探索过程。

20世纪90年代以来，我国基础教育就把活动课列入课程计划，以改变单一的学科课程一统学校的局面。活动课不再以知识发展的逻辑来编排课程内容，而以各种学生感兴趣的活动为主要内容；在实践上不再局限于单调的课堂教学模式，而倡导学生自主活动与探究。但是，自从活动课程在学校课程体系中出现以来，它就被定位于“作为学科课程的辅助部分”，沦为学科课程的附庸。而且在概念上也没有界定清楚，在实践中引起了一些分歧意见或误解。因此，新一轮基础教育课程提出以“综合实践活动课程”取代“活动课程”。由此可见，综合实践活动的产生既继承了我国基础教育的优秀传统，又体现了当前素质教育的内在要求，它是对以往活动课程的继承、发展与规范。

二、小学综合实践活动课程的概念和学科特征

在我国基础教育新课程体系中，“综合实践活动”是一种与各学科课程领域有着显著区别的新的课程领域，是我国基础教育课程体系的结构性突破。综合实践活动课程是在教师引导下，学生自主进行的综合性学习活动，是基于学生的直接经验，密切联系学生自身生活和社会生活，体现对知识的综合运用的实践性课程。按照郭元祥教授的观点，综合实践活动作为一种独立形态的课程，尤其注重学生多样化的实践性学习方式，转变学生那种单一的以知识授受为基本方式、以知识结果的获得为直接目的的学习活动，强调多样化的实践性学习，如探究、调查、访问、考察、操作、服务、劳动实践和技术实践等。综合实践活动课程在活动时空上向自然环境、学生的生活领域和社会活动领域延伸，是最能体现学校特色、满足学生个性差异的发展性课程。基于此，我们所描述的综合实践活动课程，主要立足范罗山小学校本特色（科技创新），力求反映其所在的芜湖市北京路社区的特色，从儿童自身发展的实际出发，尊重每一个学生的兴趣、爱好与特长，积极引领学生从日常生活中选取探究的课题或问题，意在强调以儿童生活、学校生活及社会生活的实际为源泉，强调变革学习方式、变革思维方式和变革教学时空观念的现代教学思想，强调培养学生的研究性学习能力、生活实践能力、综合运用知识的能力及创造性实践能力，更在于强调培养学生的学习品质及其热爱生活、关注社会、创造新生活的情感。范罗山综合实践活动课程，以“合作·研究·创新”作为主要呈现方式，以小组合作学习、合作实践为依托，以研究性学习和综合实践创新为核心，实现上述三种变革，达到上述四种能力及其情感智力品质的形成和提高。

当站在学校自身发展的角度审视综合实践活动课程时，我们会发现学校在实践一门新课程的同时，也选择了一种新的教育生活方式。学校实施综合实践活动课程的过程，将成为重建课程文化和学校文化的过程。综合实践活动课程特征主要

表现在：

1. 综合性特征

加强课程内容的综合性，是当代课程改革的主要特征。在组织课程内容时，我们要尽可能做到课程内容的跨学科性、综合性，从而提高学生综合运用相关学科知识，多角度思考现实问题，多角度提出解决问题的思路。同时，课程内容融合综合实践活动四个指定内容领域，使四大领域彼此渗透达到彼此融合状态。特别要将信息技术有机融入综合实践活动内容中。

2. 实践性特征

综合实践活动课程具有实践性。综合实践活动课程以学生的现实生活和社会实践为基础发掘课程资源，并非在学科知识的逻辑序列中建构课程。综合实践活动课程以活动为主要开展形式，强调学生的亲身经历，要求学生积极参与到各项活动中去，在"做"、"考察"、"实验"、"探究"等一系列的活动中发现和解决问题，体验和感受生活，发展实践能力和创新能力。

3. 开放性特征

综合实践活动面向每一个学生的个性发展，尊重每一个学生发展的特殊需要，课程目标具有开放性；面向学生的整个生活世界，随着学生生活的变化而变化，课程内容具有开放性；关注学生在活动过程中所产生的学习体验和个性化的创造性表现，评价具有开放性。

4. 自主探究性特征

综合实践活动课程的自主探究性特征，主要是突出儿童的主体地位，特别强调学生积极主动的学习状态，让学生自觉主动地去探索、去发现。教师的主导性作用不是传统教育中的指手画脚、发号施令乃至包办代替，而是站在一旁，通过向学生提供支持和帮助来实现。每一次活动的计划、实施细则、具体步骤与实际行动方案，全部由学生自己去完成，教师不能代替学生，充分体现学生的主体性地位和探索欲望。

5. 生成性特征

综合实践活动的开放活动方式，使该课程具有生成性的特点。在指导过程中，指导教师要关注综合实践活动课程的生成性目标和内容，促使学生不断发现新的内容、不断产生新的兴趣。教师在进行评价时，要关注学生在实践中不断对新问题产生的兴趣并能深入进行探究的品质。

6. 可行性特征

要保障综合实践活动能正常顺利进行、正常地开展，必须考虑主题内容的操作性。如资源的可利用性：一是物质资源，如学校的设施、设备、经费支撑、时间保障等条件是否具备；二是人力资源，如老师、社会的指导力量，学生的知识能力基础，等等。忽视主题内容开发的可行性，预示着开设的意义随之丧失。

三、小学综合实践活动课程框架和编制模式

钟启泉教授认为,所谓"综合实践活动",一言以蔽之,就是超越了传统的课程教学制度——学科、课堂、评分——的束缚,使学生置身于活生生的现实的(乃至虚拟的)学习环境之中,综合地学习现实社会及未来世界所需要的种种知识、能力、态度的一种课程编制(生成)模式。目前发达国家倡导的"主题学习"、"项目学习"、"问题学习"、"真实学习"、"服务学习"、"体验学习"、"表现学习"等,可以说都是综合实践活动课程的典型案例。

我校综合实践活动课程框架和编制模式主要是采取"主题学习"模式,学校组织专家推荐主题,以菜单的形式罗列出来,并对每个方向作了简要的概括和引导,教师可根据教学条件和学生的兴趣选择实施。推荐的主题是为教师组织活动所设计的,同时也给从未接触过综合实践活动的学生以方法上的引导,以期在主题活动内容的提示下,学生能逐渐领会开展综合实践活动,并在主题范围内进一步扩充和深化,学生可以结合自身实际,选择其中一个方向或罗列更多的方向予以发挥。活动几乎完全开放,活动中所涉及的知识和技能领域也非常广泛,所以,实施过程中,教师和学生可从本校本班的实际情况出发来选择合适的主题。另外,学生选择了某个活动后,除可以请学校内的教师给予指导外,还可以充分利用社会资源,聘请家长,社区工作人员,大、中学教师和研究所的研究人员作为自己的指导教师。

四、小学综合实践活动课程实施策略和途径

综合实践活动课程是一门全新的课程,由于没有现成教材,老师们普遍感到无从下手,不知如何实施。上什么、怎么上、谁来上是教师最为关心的问题。我们对综合实践活动课程进行整体规划,制订了综合实践活动课程推进计划,拟订了我校综合实践活动实施方案,开展师资培训、校本课程资源开发等的理论与实践研究。概括起来,主要采取了两大有效推进策略。

1. 整体规划、典型引路的推进策略

在综合实践活动课程开设初期,学校选择了有一定活动基础,任课教师和班主任干劲足的班级参加实验。学校集中校内优势科研力量和外聘专家合作开发综合实践活动主题,以"合作·研究·创新"作为主要呈现方式,以小组合作学习、合作实践为依托,围绕"学生与自然的关系"、"学生与他人和社会的关系"、"学生与自我的关系"三条线索和四大指定领域组织实施,将综合实践活动课程要求的四个指定领域的学习要求融合于每个主题设计中,以实践和探究的方式体现综合实践活动各领域的综合。

2. 综合实践活动与其他学科整合策略

综合实践活动作为课程,也应有课程目标、课程计划、课程实施及课程评价等

要素,而不能是随意性的课外活动。我们在进行综合实践活动时应该注意将它与其他学科之间进行整合,以关注学生的学习兴趣与经验,有效地改变学生学习与现实世界相脱节的状况,能极大地调动学生学习的自主性,使学生学得轻松、愉快。

五、小学综合实践活动课程管理和评价

综合实践活动作为主要由学校自主开发的课程，与其他课程类型相比具有许多新的特点,学校非常重视对这一课程领域的管理,一直致力于从组织建设、人员建设和制度建设等方面着手，从开发、实施到评价加强综合实践活动的全过程管理。具体而言,综合实践活动首先要集中体现学校的特色。学校从科学、技术教育入手,借鉴陶行知生活教育理论,成立了校级综合实践活动课程实施领导小组,主要负责课程的宏观统筹、决策监控等工作,下设理论组(由综合实践活动教学骨干、专家组成)、教学组(由实验教师组成)、协调组(由教导处、总务处、大队部等职能部门相关人员及实验班班主任组成)。

在活动过程中,实验教师主要做好两类表格填写指导和收集工作(综合实践活动申请表和综合实践活动过程档案,见表 1、表 2)。

同时,为了确保初期综合实践活动的有效开展,学校安排了分管教学副校长亲自执教综合实践活动课程,学校建立了校外指导教师队伍,并建立了学生校外活动的协作单位,开发综合实践活动的基地。通过师资培训、活动经费的倾斜等措施,给予综合实践活动一定的政策支持。为了使综合实践活动的实施和管理走向规范化的轨道，学校正逐步建立和完善一些配套措施，如综合实践活动教师工作量的制定,课程建设档案资料的收集、整理,课程实施情况的评价,和家长委员会密切协作,建立起家长和社区有效参与的机制,等等。

表 1　综合实践活动申请表

<table>
<tr><td>活动名称</td><td colspan="3"></td></tr>
<tr><td>活动负责人</td><td></td><td>指导教师</td><td></td></tr>
<tr><td colspan="4">活动成员：</td></tr>
<tr><td>活动时间</td><td></td><td>活动地点</td><td></td></tr>
<tr><td colspan="4">活动计划(内容、形式、安排、经费等)：</td></tr>
<tr><td colspan="4">指导教师意见：</td></tr>
<tr><td colspan="4">班主任意见：</td></tr>
<tr><td colspan="4">家长意见：</td></tr>
<tr><td colspan="4">学校意见：</td></tr>
</table>

表 2　综合实践活动过程档案

<table>
<tr><td>活动名称</td><td colspan="5"></td></tr>
<tr><td>活动时间</td><td colspan="2"></td><td>活动地点</td><td colspan="2"></td></tr>
<tr><td>填表人姓名</td><td></td><td>性　别</td><td></td><td>所在班级</td><td></td></tr>
<tr><td colspan="6">真实体验再现:</td></tr>
<tr><td colspan="6">成长足迹我知道:</td></tr>
<tr><td colspan="6">我要援助:</td></tr>
<tr><td colspan="6">指导教师寄语:

签名:</td></tr>
</table>

(此文系芜湖市基础教育课程改革实验课题“合作·研究·创新式综合实践活动”研究成果,受到新芜区教育局科研专项经费资助,2007 年 5 月被安徽省教科所评为教师优秀教学论文一等奖,有删节)

14　运用生活教育理论,培养学生综合素质
——“陶行知生活教育理论与综合实践活动课程”研究报告

摘　要:生活教育理论是陶行知教育思想的核心和精华,为当代教师耳熟能详。本课题立足于学校校本特色,运用陶行知先生的“生活即教育”、“社会即学校”、“教学做合一”等生活教育理论,在活动课课题研究的基础上,开发多样化课程资源,旨在促进学生全面发展。课题的推进策略和初步成果有:加强陶行知生活教育理论的学习,努力营造浓郁的陶研氛围,提升陶研的水平;以陶行知生活教育理论为指导,努力把握《综合实践活动指导纲要》,积极开发校级综合实践活动课程,组织学生开展综合实践活动;努力探索综合实践活动课程的微观(即校级)运行机制,注意综合实践活动与其他学科之间的整合,初步成果业已显现。

关键词:陶行知生活教育理论　综合实践活动　运行机制　初步成果

一、前　言

综合实践活动课程是《九年制义务教育课程计划(试验稿)》所规定的必修课,自三年级起设置,每周平均 3 课时。综合实践活动课程是基于学生的直接经验,密切联系学生自身生活和社会生活,体现对知识的综合运用的实践性课程。在新的基础教育课程体系中,综合实践活动课程具有自己独特的功能和价值。其内容主要包括四大指定领域:研究性学习、社区服务与社会实践、劳动技术教育及信息技术教育。其价值在于强调学生的实践感受、创新意识、科学方法及综合运用知识的能力,

增进学校与社会的密切联系，培养学生的社会责任感等。综合实践活动课程的产生既继承了我国基础教育的优秀传统，又体现了当前素质教育的内在要求，它是对以往活动课程的继承、发展与规范。基于此，我校在以往活动课课题研究的基础上，进一步以陶行知先生的“生活即教育”、“社会即学校”、“教学做合一”等生活教育理论为指导，着手研究综合实践活动课程的微观（即校级）运行机制。

与此同时，我校于 2002 年 5 月，又正式接到中国陶行知研究会关于“十五”教育科研课题立项的批复，这无疑给我校师生以极大的鼓舞和激励，随后我校又聘请了一些陶研专家和课改专家，全面启动了“陶行知生活教育理论与综合实践活动课程”课题的实验研究。

二、课题的提出与界说

我校综合实践活动课程，将立足学校校本特色（科技创新），力求反映所在社区的特色，从儿童自身发展的实际出发，尊重每一个学生的兴趣、爱好与特长，积极引领学生从日常生活中选取探究的课题或问题，意在强调以儿童生活、学校生活及社会生活的实际为源泉，强调变革学习方式、变革思维方式和变革教学时空观念的现代教学思想，强调培养学生的研究性学习能力、生活实践能力、综合运用知识的能力及创造性实践能力，更在于强调培养学生的学习品质及其热爱生活、关注社会、创造新生活的情感，从而达到提高学校教育质量和全面推进学校素质教育等办学目标。

我校综合实践活动课程，将以“合作·研究·创新”作为主要呈现方式，以小组合作学习、合作实践为依托，以研究性学习和综合实践创新为核心，实现上述三种变革，达到上述四种能力及其情感智力品质的形成和提高。

所谓小组合作式的学习与实践，是指在自然的教学班级内，按自由与随机式相结合的方法编成若干小组进行教师指导下的综合实践活动。

所谓研究性学习和实践创新，是指研究性学习、社区服务与社会实践、劳动技能及信息技术等学习实践项目的相互交叉式组合及其内容和形式的创新。此外，还包括大量非指定领域，如班队会、一年一度的科技节、学生的心理健康活动等。“合作·研究·创新”式实践活动必须符合下列要求：

（1）有体现小组合作的形式。

（2）有体现研究性学习实践的内涵。

（3）有体现实践活动项目或项目组合的新意，即显性内容有主题和组合方式，隐性内容以知识点或联系点为依托。

（4）有体现资料准备与实践要求的弹性活动，随着实践活动的不断展开，学生的认识和体验不断深化，新的活动目标和活动主题将不断生成，综合实践活动的课程形态随之不断完善。

三、研究内容和方法

(一)研究内容

其一，探索和构建三到六年级范围内各年级综合实践活动课的子课题及其体系,主要围绕“学生与自然的关系”、“学生与他人的和社会的关系”、“学生与自我的关系”三条线索进行。

(1)不同实践活动项目的有机组合方式。

(2)不同实践活动组合方式的活动内容设计和小组合作方法。

(3)侧重研究不同实践活动组合方式框架内所采用的合作式研究性学习的指导策略,其中包括:手脑并用的指导策略;“教学做合一”的策略;激发学生的创新意识和创造性实践能力策略;学生习惯养成和意志锻炼的激励引导策略。

其二,协同研究上述研究内容的(2)、(3)两项与下列因变量的函变关系:

(1)学习实践活动的自我意识发展水平(自我认识、自我调节、自我评价)。

(2)合作式研究性学习能力的发展(手脑并用、质疑设疑)。

(3)创造性社会学习实践能力的发展(交往、合作、服务、组织)。

(4)情感体验、习惯养成、意志品质的发展。

(二)研究方法

其一,采用以自然实验法为主,以观察法、调查法、对比法为辅的研究方法。

其二,典型引路,逐步推进,实验初期先在全校选一个实验班重点实验,其余为对照班,随着实验深入,逐步扩大实验班级和年级范围。

其三,实验一定要求真,依据表格记录应客观、数据统计测算应真实,经科学检验发现有虚假行为,主要实施人要承担一切后果。

其四,推广阶段应根据各年级特点和实际,创新各自的实践活动项目的组合方式,并依据班级实际,创新不同的活动设计。

四、研究的过程和步骤

(一)准备阶段(2002.5—2002.8)

学习陶行知生活教育理论的有关论述，收集国内外有关综合实践活动的研究进展和成果,制订实施方案,组织讨论,开题论证,制订子课题计划,编写综合实践活动部分主题提示。

(二)实验阶段(2002.9—2004.10)

按课题实施方案,全面开展课题实验研究。学校围绕陶先生的生活教育理论,积极探索小学综合实践活动的方法、内容、形式等,努力引导学生学会做人、学会学习、学会创造。在课题研究进程中,具体做了以下一些探索和实践:

1. 加强陶行知生活教育理论的学习，努力营造浓郁的陶研氛围，提升陶研的水平

课题立项后，为确保实验的顺利进行，学校成立了由校长、副校长和骨干教师组成的课题实验核心组，每周四下午组织一次集体研讨活动。同时，建立了激励机制，对取得成果的教师给予奖励，保障实验经费的投入。2002 年暑假，课题组组长王家莲校长抱病仍亲自到北京参加第六届全国中青年陶研骨干培训班和课题会议，将记录下来的陶研专家的报告写成学陶研陶摘记或体会，在课题核心组中组织学习研讨；学校利用校本培训时间，组织全体教师观看、学习五集电视系列片《陶行知》；校陶研会为每位教师提供一册《陶行知论创造教育》（芜湖市陶研会编），复印了在全国陶研骨干培训班上多位专家所作的陶研报告和《陶行知教育思想研究》资料，组织教师学习与讨论；课题实验核心组还组织学陶骨干布置学陶园地，并要求实验教师根据学校总课题，结合自己所教的学科特点及活动主题确立子课题，至少完成一篇陶研论文；学校教导处要求全校教师在撰写业务知识读书笔记时，增添“学陶师陶笔记”、“学陶手记”或“学陶随想”等项目；学校在师陶室举行了主题为“陶行知生活教育理论的现代价值”学陶讲座；校鸿雁广播站播送了主题为“伟大的人民教育家——陶行知”系列广播稿，宣传橱窗里刊登了学生自己有感而发的名为《陶爷爷，我想对你说》等文章；学校少先队利用升旗仪式，班队会讲陶爷爷的故事，开展“学陶黑板报”评比和陶诗诵读，举行学陶中队主题会，并由实验教师方芸老师组建成立了陶行知故事演讲队、科普短剧和科普相声兴趣小组，其中所编排、表演的短剧《消灭蚊子》和相声《导弹和捣蛋》颇受大家喜爱。

2. 以陶行知生活教育理论为指导，积极组织学生开展综合实践活动

我校综合实践活动课程，以“合作·研究·创新”作为主要呈现方式，以小组合作学习、合作实践为依托，围绕“学生与自然的关系”、“学生与他人和社会的关系”、“学生与自我的关系”三条线索和四大指定领域组织实施。

（1）在社区服务与社会实践方面，课题组加强与社会的联系，争取社区、家长的共同参与和积极配合，组织学生游览了芜湖市滨江大道，观看芜湖市标志性建筑——芜湖长江大桥，用各种材料动手拼出“江城新景观”，用彩笔描绘出“芜湖未来五十年”，用歌声、朗诵、小品、办小报开展“祖国在我心中”交流活动，开展“芜湖十年，我十岁”庆祝活动，让学生耳濡目染我国改革开放取得的重大成就，培养了学生爱祖国、爱家乡芜湖、爱学校的情感，从而提高学生为振兴中华而发奋学习的责任感；与部队战士共同庆祝“六一”，观看军事表演，参观营地宿舍，组织军事游戏，感受军人风采，体会军人纪律，学习解放军的优良品德，接受国防教育；开展“看新闻，记新闻，讲新闻”活动，让学生开阔视野，知晓国家大事，培养观察、分析和交流演说的能力；学校还开展了“献爱心”活动，帮助身边有困难的小伙伴，积极鼓励学生参与“手拉手”活动，学校先后和芜湖县周桥小学、芜湖市鸠江区东梁小学都建立了手拉手关系。另外，学校还建立了“为民服务队”，开展为民服务等一系列活动，指导学

生在学做事中学会做人，树立真善美的观念，培养真善美人格，倡导一切从小事做起的理念。在2002年12月举行的"岁末绝活大盘点"才艺展示活动中，同学们都拿出通过综合实践活动学到的知识和生活技巧，展示积极向上的生活，如婉转悠扬的琴声、舒缓雅致的书画、激情四射的拉丁舞、让人眼花缭乱的现场拉面、水果拼盘等，这些活动培养了学生的创新精神和实践能力，受到在场师生、家长和领导的高度赞誉，取得了较好的活动效果。

(2)在研究性学习方面，学校课题组开展了研究性学习系列活动：芜湖市水资源调查、金鱼王国探秘、小巧手变废为宝、给大自然记日记、芜湖市居住小区的演变和设计(社区设计师)、绿地碧水蓝天环保小卫士在行动、经营一个报社(少年科学院院报社)等。

(3)在信息技术教育方面，课题组现已制作了综合实践活动网页——"少年科学院网上训练营"、编辑了实验简报、组织学生开办科普知识电脑小报，每月编一期少年科学院院报《科学小主人报》和一期《陶研课题实验简报》。

(4)在劳动技术教育方面，学校筹建了安徽省第一家少年科学院(由中科院院士、原科大校长朱清时题写院名)。课题组以少年科学院为依托，通过每周的少年科学院各研究所活动和一年一度的科技节活动，让学生在动手动脑的过程中教学做合一，激发学生对学科学的兴趣。我校先后成立了创造发明俱乐部、植物研究所、动物研究所、热气球研究所、水汽式火箭研究所、四驱车研究所等13个研究所。学校80%以上的同学都参加了研究所活动，这是孩子们综合实践的乐园，在研究所活动中，孩子们不但学到了课本上所没有学到的知识，还激发了自己探索科学、探索世界的兴趣，活动之后的活动记录还锻炼了孩子的写作水平，孩子们真正爱上了这项活动。如学校"创造发明俱乐部"，开始的时候有很多孩子虽然思维活跃，但不太喜欢看科普书，依赖性较强，动手能力较差，喜欢纸上谈兵，表现出一种思想上的巨人、实践中的矮子倾向，通过循序渐进的俱乐部活动，孩子们渐渐喜欢上动手实践，能尝试着用自己所学的知识来解决生活中出现的一些小问题。如一个叫吴莹的女孩发现，妈妈每次帮她梳头之后都要将散落在地板上的极细的发丝捡起来，非常劳力伤神，而她也发现橡皮筋上缠绕了很多发丝，于是她就发明了一双除发拖鞋，即在拖鞋的两侧钉上三对位置相对的纽扣，然后将三根橡皮筋分别套在这三对纽扣上，这样一来在穿着拖鞋到处走的时候，也将发丝全部清理干净了，方便实用。还有一个同学根据苍蝇的生活及飞行习性，针对夏天垃圾中转站环境差、苍蝇"群魔乱舞"的现状，发明了一个简易捕蝇器，取得了较好的捕蝇效果，赢得了家长和同学们的一致称赞。同学们在研究所活动中，积累并运用了大量多样化课程资源，锻炼了动手动脑能力，树立了学科学、爱科学、用科学的思想。学校还在芜湖市鸠江区园林管理所的支持下，建立了创新教育劳动实践基地，让学生不定期去学习一些植物的栽培技术，参加力所能及的动手实践活动，开展以"生物的多样性与我们的未来"为主题的生物和环境科学小科研活动等,这些活动为“减负”之后的孩子们带来了充实和喜悦。

3. 注意综合实践活动与其他学科之间的整合

综合实践活动作为课程,应该有课程目标、课程计划、课程实施及课程评价等要素,而不能是随意性的课外活动。我们在进行综合实践活动时应尽可能注意将它与其他学科之间进行整合,以关注学生的学习兴趣与经验,有效地改变学生学习与现实世界相脱节的状况,要充分调动学生活动的自主性,使学生学得轻松、愉快。

实验教师方芸曾进行过一节区级公开课《自由作文》的教学,她在课前带领学生去麦当劳进行了综合实践调查,去芜湖市鸠兹广场观察和调查了关于风筝的种类、花色等系列素材,使学生在锻炼了口语交际能力的同时,积累了丰富的情感体验;她带领学生去各大商场去寻找错别字,使学生懂得正确使用汉字的重要性;组织学生对花鸟市场的小动物来一次亲密接触,教育学生热爱动物的同时,培养他们的观察能力,激发他们的写作兴趣。因而在教学时,同学们都能通过自己独特的视角,将自己在活动中的所见所闻所想所感都淋漓尽致地用语言表达出来、用文字描述出来,发掘到许多写作的新鲜素材,有的学生说麦当劳采访活动使自己的胆子变大了,有的通过调查得出了洋快餐走俏江城的原因,有的从可爱的小动物联系到人们要保护小动物,让动物成为人们的朋友,而非盘中餐、腹中物,有的述说了在观察风筝时发生的一件有趣的事情,有的抓住自己发现的一个经常使用的日本汉字来说自己对中国汉字的想法,这一切都水到渠成,取得了非常好的教学效果。这节作文课的成功得益于实验教师运用生活教育理论开发的多样化课程资源,得益于综合实践活动课崭新的教学理念,正如陶行知所说:“教育离不开生活”,“教育只有通过生活才能发出力量,成为真正的教育。”

(三)课题总结推广阶段(2004.11—2005.2)

整理资料,全面检测,分析研究,总结规律。这一阶段的主要任务是:收集实验记录,整理、刻录成自制的多媒体CAI课件,撰写课题实验报告、编写《陶行知生活教育理论和综合实践活动课题研究成果集》,做好课题实验工作总结和成果鉴定等工作。

五、研究的初步成果

(一)在理论层面上初步认识了陶行知生活教育理论对综合实践活动课程实施具有独特的理论价值和指导功能

初步的研究成果表现在:

1. 运用“教学做合一”的理论,建构综合实践活动课程的教学策略

“教学做合一”是陶行知生活教育理论的方法论,也是其教学论。陶先生主张“教的方法根据学的方法,学的方法根据做的方法。事怎样做便怎样学,怎样学便

怎样教。教与学都以‘做’为中心。在‘做’上教的是先生,在‘做’上学的是学生”。教与学都必须以“做”为中心。把教、学、做三位一体,“一面做、一面学、一面教”。他认为“教学做合一”是一件事,不是三件事。“一个活动对事说是做,对己说是学,对人说是教。”由此可见,综合实践活动以“做”为中心的实质就是以“实际生活为中心”的实践活动,当我们以“做”作为确定师生关系的命题时,理想中的相互为师、教学相长、平等和谐的课堂教学场景就有了一个实在的基础。从这个意义上说,综合实践活动是一个以“做”为中心的教与学相结合的整体的过程,是一个以“做”为中介的教与学交互推进的过程。要在教师和学生之间建立一种新的关系,教师要实现从单纯的知识传授、能力训练者向综合实践活动的组织者、指导者、促进者和参与者转变。在“教学做合一”中,要引导学生实现学习方式的多样化,满足学生在自主的活动中体验成功。要精心指导学生主动探究、独立操作、自由表达,尽可能让学生在“做”中学、“做”中创新,建立一种主动发现、独立思考并重视实际生活问题解决的积极的学习方式,逐步形成实践性、参与性、开放性、创造性的教学策略。

2. 把握“生活即教育”的本质,凸显综合实践活动课程的目标

“生活即教育” 是陶行知生活教育理论的本体论, 他强调 “教育以生活为中心”,不要以书本为中心;主张过什么生活就受什么教育;受什么教育就过什么生活。教育要和生活结合,培养活生生的人。“教育只有通过自觉生活才能进入更高境界。”他认为一切真知都离不开生活实践。“真知”是一切知识的基础,“闻知”和“说知”的“根”都安在“真知”上面。学校教育、课堂教学及教材改革都必须与生活密切结合。既重视系统知识和一切间接经验的掌握,但又不拘泥于课堂教学和书本知识的传授,强调行动是老子,思想是儿子,创造是孙子。而当前学科教学的弊端之一就在于教学与学生的现实生活脱离, 教育没能作用于学生的生活方式,从而丧失了生活和生长的意义。综合实践活动课程的设置,正是从这个角度来弥补学科教学之不足,彰显其生活价值。考察综合实践活动课程的目标我们不难发现:综合实践活动课程的目标就是要培养活生生的人,密切学生与生活的联系,推进学生对自然、社会和自我之间内在联系的整体认识与体验,发展学生的创新能力、生活自立能力、实践能力以及良好的个性品质。综合实践活动课程的基本理念就是要面向学生完整的生活领域,引领学生走向现实的社会生活,促进学生与生活的联系,为学生的个性发展提供开放的空间。通过课题实验我们深深体会到:只要在综合实践活动课程实施中把握了陶行知“生活即教育”的本质,就能实现综合实践活动课程的课程目标。

3. 理解“社会即学校”的原理,增强综合实践活动课程的实效

“社会即学校”是陶行知生活教育理论的另一个命题,是伴随着“生活即教育”而来的。这一原理主张:一方面要把社会办成一个大学校;另一方面要求学校与社

会建立密切的联系，使学校活动向社会、大自然扩展，打破传统学校在空间上和时间上的限制。陶行知先生极力反对鸟笼教育，强调学生走向社会、大自然，参与社会实践、经受锻炼，获得真知，感受社会和大自然的变化。他要拆掉学校和社会中间的高墙，把鸟儿从鸟笼里解放出来。他甚至认为“不了解社会的需要是盲目的教育”，“不运用社会的力量，便是无能的教育”。在实践中我们也清醒地认识到，陶行知倡导的“社会即学校”并不是把社会和学校完全等同，而是要冲破传统学校的桎梏，建立一种和社会生活相联系的适应社会需要的新型学校。综合实践活动课程的实施，正是回应这一主张的有效方法，同时，也是综合实践活动课程实施的价值追求。

根据这一原理，我们在设计和实施综合实践活动时，有意识地变革学生在教育情境和一般生活情境中的学习方式和生活方式。内容的选择和组织以学生为核心，围绕学生与自然的关系、学生与他人和社会的关系、学生与自我的关系三条线索展开，把学生的探究发现、自主选择、主动参与、社区服务、社会实践、劳动和技术教育、信息技术教育等作为重要的发展性教学活动，以提高综合实践活动的实效。

4. 倡导“六大解放”思想，实现综合实践活动课程学习方式的优化整合

陶行知先生的“六大解放”思想精髓就是要让教育者把学习活动的基本自由还给学生。全面解放儿童的头脑、双手、眼睛、嘴、空间和时间。在综合实践活动课程的实施中，要彻底改变过多倚重的接受性学习方式，尊重发现、探究性学习在学生发展中的价值，重视人与人之间的交流、合作能力和社会经验的形成，实现综合实践活动课程主动、探究、合作、体验的学习方式的优化整合。综合实践活动是以学生的直接经验为基础而对学科知识的综合运用，是对学科逻辑体系的超越，因此，在综合实践活动课程学习方式的选择上，要鼓励学生的自主选择，将学生的兴趣置于核心地位，给学生充分的时间和空间，引导学生开展丰富多彩的探究性学习活动，帮助学生学会发现、学会探究，形成问题意识和解决问题能力。通过解放儿童的大脑、双手、眼睛、嘴、空间和时间，使学生真正在体验与探究自然中不断成长，在参与和融入社会中不断成熟，在认识自我中不断完善。

(二)在应用层面上初步构建了综合实践活动课程的操作体系和实施策略

综合实践活动要集中体现学校的特色。学校从技术教育入手，借鉴陶行知生活教育理论，对综合实践活动课程进行整体规划，成立了校级综合实践活动课程实施领导小组，主要负责课程的宏观统筹、决策监控等工作，下设理论组(由课题组骨干、专家组成)、教学组(由实验教师组成)、协调组(由教导处、总务处、大队部等职能部门相关人员及实验班班主任组成)，具体运作流程见图1：

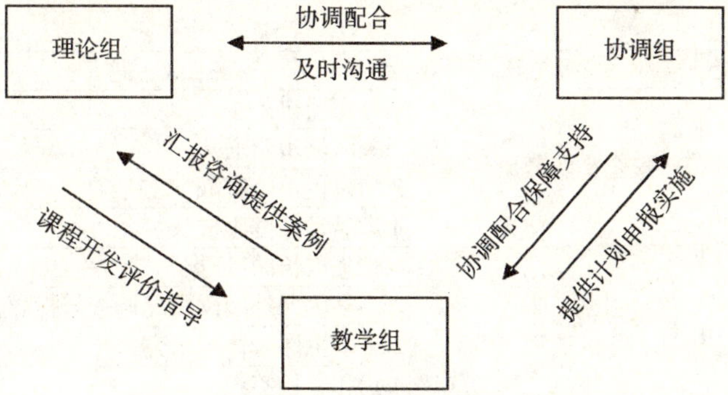

图 1　综合实践活动课程校级运行流程图

在综合实践活动课程开设初期,学校采取了整体规划、典型引路的推进策略,选择了有一定基础、任课教师和班主任干劲足的班级参加实验,学校集中校内优势科研力量和外聘专家合作开发综合实践活动主题,我校综合实践活动推荐主题见表 1:

表 1　综合实践活动推荐主题

使用年级	一级主题	二级主题
三年级	一、爱我校园绿色手拉手	1.逛逛我们的校园
		2.学校垃圾分类与收集
		3.校园植物鉴别分类挂牌科普活动
		4.立体绿化美校园
	二、科学玩玩乐	1.探索工具王国的秘密
		2.边摸边干学识图
		3.模型天地试比高
		4.陀螺里面学问大
	三、我是生活的小主人	1.我爱我家装饰美化行动
		2.做个小小美食家
		3.探访美食一条街
		4.未来教室畅想与设计
	四、健康我先行	1.小学生手带菌情况的调查
		2.走进近视眼的世界
		3.告别不文明行为
		4.寻找生活中的快乐
四年级	一、四季圆舞曲	1.走出家门辨方向
		2.记录大自然的故事
		3.市区行道树特征及分布调查
		4.家乡特产旅游资源知多少
	二、快乐工作站	1.材料加工站
		2.巧手编织七彩梦
		3.邮票里的生物世界
		4.插花艺术小研究

续表

使用年级	一级主题	二级主题
四年级	三、安全文明健康伴我行	1.除陋习讲卫生
		2.关注城市交通
		3.向白色污染宣战
		4.远离毒品健康成长
	四、成长与变化	1.收集成长的“证据”
		2.小学生课外阅读情况调查与指导
		3.小学生课余休闲研究
		4.我和家长签约
五年级	一、我们与环境	1.关爱家乡的鸟(创建小鸟乐园)
		2.利用植物监测周围环境污染
		3.校园气象服务队
		4.调查校园的周边环境
	二、大家一起做研究	1.教室里的粉笔灰污染的调查研究
		2.利用植物防治菊花蚜虫的实验研究
		3.家乡上市水果种类调查和结构探源
		4.金鱼王国探秘
	三、体验社会角色	1.探访下岗职工
		2.了解安徽知名品牌
		3.经营一个报社
		4.电脑创意设计工作室
	四、校园心理驿站	1.心理门诊开张了
		2.小学生心理问题调查和指导
		3.创办知心姐姐聊天室
		4.善待自己
六年级	一、和大自然和睦相处	1.家乡风景名胜自然景观寻踪
		2.城市居住小区的演变和设计
		3.珍惜生命之水
		4.野外生存训练
	二、小学生眼里的大世界	1.铁画的过去、现在和未来
		2.了解徽州文化
		3.小巧手变废为宝
		4.小小发明家在行动
	三、学会做研究	1.城市主要绿化树种病虫害调查研究
		2.养蚯蚓清垃圾实验研究
		3.蚂蚁的行为
		4.抑制马铃薯发芽减少经济损失实验研究
	四、我爱社区我爱大家	1.社区法制宣传员
		2.我为社区美美容
		3.创办爱心基金会
		4.奔向 2008 为北京奥运加油

主题实施流程如图 2：

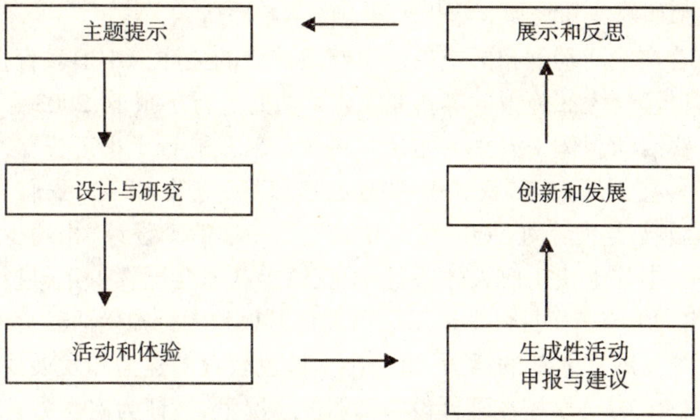

图 2　综合实践活动主题实施流程图

在活动过程中，实验教师主要是做好综合实践活动申请表和综合实践活动过程档案两类表格的填写指导和收集工作。为了使综合实践活动课程的实施和管理走向规范化的轨道，我们正逐步建立和完善一些配套措施，如综合实践活动教师工作量的制定，课程建设档案资料的收集、整理，课程实施情况的评价，和家长委员会密切协作，建立起家长和社区有效参与的机制，等等。

（三）在推广层面上的主要成果及其社会效益

"陶行知生活教育理论和综合实践活动"课题将陶行知思想当代化，使之绽放出新的活力，课程设置体现了综合性、实践性、活动性和开放性，培养了学生的综合能力，避免了学科的单一性，由行动开始，再上升到认识阶段，最后达到培养创造精神的目的。由于课题实验所涉及的面较广，活动开展得丰富多彩，所以能使每个同学都参与到相关的综合实践活动中，"不放弃每一个孩子，激发每个同学的兴趣，提高所有学生的素质"是这次实验所带来的最大的收获。校本课程——综合实践活动，成为每个孩子都爱上的课，研究所活动全员参与，社会调查成果也颇丰。教育主体——学生的整体综合素质得到了提高，孩子们通过课题实验，深入生活，联系社会，动手、动脑能力得到培养，思维也较为活跃，对外界事物充满了好奇，增强了探索的欲望。陶行知先生的"生活即教育"、"社会即学校"、"教学做合一"等生活教育理论得到了充分的运用和验证。

我校课题管理措施到位，进展顺利，课题组重视对课题活动资料的搜集整理，现已整理出课题图片资料若干本，如《综合实践活动环境设计》、《研究性学习》、《社会实践和社区服务》、《劳动技术教育和劳动实践基地》等，编写了《学生研究性学习成果集》、《校本课程教案集》、《综合实践活动教材》、《少年科学院活动手册》和《科技自设章争章手册》等成果性和操作性资料。在课题研究中，已有多位老师的综合实践活动论文获芜湖市和芜湖市镜湖区陶研论文评选一、二、三等奖。参与课题的教师在陶行知教育理论学习、教育科学研究等方面投入了巨大的精力，客观上推动了学校教师在师德修养和教师专业化水平上的不断提高。

我校综合实践活动的相关成果也引起了社会的关注，《中国教育报》、《安徽日报》、《芜湖日报》、《大江晚报》等新闻媒体都对此进行了报道，2003年安徽卫视为我校综合实践活动制作了五集专题片，“科技创新我能行十小工程”参加第十七届全国青少年科技创新大赛，获优秀科技实践活动一等奖，入选“我们爱科学”全国“十佳”优秀科技实践活动，2003年8月我校另一项活动设计“相约少科院　我与科学牵手——小院士快乐成长体验行动”获第十八届全国青少年科技创新大赛三等奖等。几年的研究表明：科学运用活动教育思想和陶行知生活教育理论，不仅为学校的可持续发展注入新的活力，也为小学特色教育的建构和发展找到丰富的理论基础，2004年3月，学校在硬件设施薄弱的情况下，被评为安徽省首批特色示范小学。

六、问题和讨论

我校综合实践活动立足于学校校本特色，整合现有的校内外和社区教育资源，培养了学生研究性学习能力、生活实践能力、综合运用知识的能力以及创造能力，更重要的是培养了学生的学习品质及其热爱生活、关注社会、创造新生活的情感，从而达到了提高学校教育质量和全面推进学校素质教育等办学目标。

在实验的实施过程中，虽然我们解决了一些问题，但也产生了新的疑问和困惑，有许多问题值得进一步探讨。由于综合实践活动课教师均不是专职教师，课题实验的开展需要参与的实验教师精心准备，认真策划，无形当中也加重了课题实验教师的工作和精神负担，如何协调好教师实验工作与正常教学工作之间的关系，以便更好地完成课题实验，使之稳妥、深入地开展下去，是个问题，另外由于综合实践活动还牵涉到一些物力、财力、技术的支持，实验经费的匮乏，也是制约我校开展综合实践活动的瓶颈。就综合实践活动课程本身而言，学生活动安全问题，师生综合实践活动时间保障问题，活动指导教师课前准备和工作量计算问题，综合实践活动课程管理、评价和跟踪问题，学生生成性活动组织问题等，都需要逐一解决。要想在小学坚持长期开设综合实践活动课程，就必须充分考虑其操作性和在当下教育环境下实施的可行性和真实性。

我们把陶行知生活教育理论作为综合实践活动课程的精神载体，其目的是要在这座宝库中寻找适合师生共同享用的思想大餐，以润泽教师、哺育学生，充实师生的精神底蕴，提升全校师生的生命活力。我们以综合实践活动的基本理念来感受和发掘生活，将散发着乡土气息的生活场景作为课题的活动视窗，是因为这些素材来源于学生的生活实际，充满了生活的芬芳，体现了陶行知先生所呼唤的生生不息的生命活力。综合实践活动课程的实施，需要每一位课程参与者的智慧和创造，有利于教师专业水平和实践能力的提高，在重建一种新的学校文化和课程文化的同时，创设一种生动的课程，是本课题的一个不断追求的目标和重要使命。

（此文系全国教育科学“十五”规划重点课题子课题（批准号 HA010892）“陶行知生活教育理论与综合实践活动”研究成果，2006 年 1 月被安徽省陶行知研究会评为 2001－2005 年度安徽省陶研实验课题优秀成果二等奖）

15　内容统整与常态化实施
——以安大版《综合实践活动》资源包为例

摘　要：综合实践活动课程是一门面向学生生活的实践课程，与新课程共同诞生，一同成长，魅力与困难成为其实施和推进过程中的一个死结。它的魅力来源于课程动态生成与课程目标定位对传统课程的颠覆；其困难来源于课程资源开发的难度、较高的师资要求、课程管理和评价制度的重建等。本文试图以安大版《综合实践活动》资源包为例，针对芜湖市小学师生的实际，将内容进行合理有效的统整，探索在芜湖市进行常态化实施的可能性，为这门课程寻找一种芜湖本土的实践支持，将散发着乡土气息的生活场景作为活动元素，使课程更具生命力和持续发展的动力，努力构建符合地域教育生态的综合实践活动常态化运行路径。

关键词：综合实践活动　内容统整　常态化　实施

综合实践活动课程是一门面向学生生活的实践课程，与新课程共同诞生，一同成长，魅力与困难成为其实施和推进过程中的一个死结。它的魅力来源于课程动态生成与课程目标定位对传统课程的颠覆；其困难来源于课程资源开发的难度、较高的师资要求、课程管理和评价制度的重建等。本文试图以安大版《综合实践活动》资源包为例，针对芜湖市小学师生的实际，将内容进行合理有效的统整，探索在芜湖市进行常态化实施的可能性，为这门课程寻找一种芜湖本土的实践支持，将散发着乡土气息的生活场景作为活动元素，使课程更具生命力和持续发展的动力，努力构建符合地域教育生态的综合实践活动常态化运行路径。

一、资源包常态化实施的内容框架

随着课程改革的逐渐深入，综合实践活动课程以其独立的课程形态、独特的功能和价值受到了社会、学校和家庭的关注。广大的综合实践活动课程建设者们对课程内容的开发、实施策略的探讨、活动方法的选择等方面进行了大量的研究，综合实践活动课程的实施逐步走向规范，常态化实施成为其发展的必然趋势。继教育部综合实践活动课程项目组提出常态化研究目标之后，中小学综合实践活动师资研究与培训基地主任陈树杰教授提出了综合实践活动课程常态化基本特征：“课程必修，普遍实施；教师能教，便于操作；学生爱学，积极投入；效果实在，确有收获。"这为综合实践活动课程常态化的有效实施指明了方向。

根据笔者的研究，儿童的生活世界包括"儿童与自然"、"儿童与家庭"、"儿童与自我"、"儿童与集体"等几个领域，结合安大版《综合实践活动》资源包，从儿童生活中遇到的问题或需要锤炼的能力入手，教师依据学生提出的问题、渴望锤炼的能力，指导学生对所列出的问题进行分类、归纳和整理，再通过小组讨论，列出具有代表性的问题，提炼课题内容，给出一个作为年级或班级某一阶段研究的主要课题，学生再根据这一课题选择子课题作为自己小组的研究课题。其特点是选择的课题切入口要小，内容要贴近社会生活，贴近学生生活经验，且有利于课程的深度开发。主要将其内容定位于以下三个方面：儿童对生活的热爱，表现在"我爱我家"、"我爱他人"、"我爱自然"、"我爱集体"、"我做社会合格小公民"；儿童拥有的精神意识，有"关爱自己与他人的意识"、"独立意识"、"主人翁意识"、"环保意识"、"法律公德意识"；儿童需要锤炼的生活能力，有"自己的事情自己做"、"能做一定的家务活"、"保护环境"、"美化家园、教室、校园"、"社会交往的能力"等方面。见表1。根据学生的实践能力由弱到强、认知规律从具体到抽象的特点，对安大版资源包进行内容筛选和重组，按年级实施，避免教师操作的无方向性，更好地体现了学校的特色。

表1　安大版《综合实践活动》资源包实施内容框架

领　域	实施年级	安大版《综合实践活动》对应主题
儿童对生活的热爱（体验与融入社会）	三年级	"我爱我家"、"生活在集体中"
	四年级	"多彩的节日"、"我的家乡"
	五年级	"做理性消费者"、"可敬的劳动者"
	六年级	"爱我安徽"、"奥林匹克盛会"
儿童拥有的精神意识（认识与完善自我）	三年级	"成长小百科"
	四年级	"与书为友"、"拥抱健康"
	五年级	"养成学习好习惯"、"维护我们的权力"
	六年级	"做个快乐的人"
儿童需要锤炼的生活能力（技术领域）	三年级	"纸的世界"、"工具王国探秘"
	四年级	"水的世界"、"让绿色永驻"
	五年级	"安全自护"、"电话大家族"
	六年级	"空气土壤"、"小发明大天地"

为了让教师更好地在教学实践中对安大版综合实践活动课程资源包进行常态化实施，生活教育理念下，我们结合学校的校情和学情，再细化为四个系列，对安大版综合实践活动课程资源包的主题实践目标与学生研究活动进行整体规划和预设。参见表2至表5。

表 2　生活世界之儿童与自然

主　题	实施年级	实践目标	推荐课题或活动内容
“纸的世界”	三	1. 本主题带领学生走进纸的世界，通过收集、实验、制作、交流，让学生了解纸的历史，感受纸的文化，体验纸的魅力。 2. 让学生在活动中学会与人合作，了解多方面获得信息的渠道和方法，学习创作简单的纸作品，培养动手能力。 3. 积累对材料的认识，为进一步探究物质世界的活动打下基础。	1. 寻找生活中的纸制品，通过实验探究不同用途的纸的特点。 2. 开展剪纸、折纸、贴纸活动。 3. 尝试用废纸来造一张纸。 4. 节纸行动。
“水的世界”	四	1. 通过活动，认识水是生命之源，培养热爱大自然的感情。 2. 通过活动，使学生知道地球上的淡水是有限的，了解有限淡水资源的浪费和污染状况，从而唤起学生节约用水和保护水资源的责任心，进一步树立环保意识。 3. 培养学生查找、搜集、整理资料的能力，以及运用科学方法分析处理信息的能力和表述思想、交流成果的能力。	1. 认识身边的水。 2. 调查水的污染和浪费。 3. 参观污水处理厂。 4. 节约用水系列活动。
“绿色世界”	五	1. 了解绿色和绿色产品相关知识，学会辨别、选购绿色产品。 2. 通过阅读、查找、考察，培养学生收集材料、分析材料的能力，培养学生的动手、合作能力和创新精神。 3. 积极主动地开展环保行动，提高“保护环境，人人有责”的意识，激发学生热爱地球、保护地球的热情。	1. 绿色知识知多少。 2. 设计绿色宣传标语、宣传画。 3. 用绿色美化生活。 4. 绿色小卫士行动。
“空气与土壤世界”	六	1. 让学生了解空气的成分、性质和用途，认识空气对于生命的重要性。 2. 使学生知道土壤的组成，了解不同颜色的土壤及其分布地区，认识土壤对人们生产、生活的影响。 3. 使学生初步了解空气污染、水土流失和土壤污染产生的原因及其可能产生的影响，深切体会保护空气、保护土壤的重要性和迫切性，明确自己的责任和义务，形成环境保护的基本观念。	1. 空气小实验。 2. 玩泥巴。 3. 净化空气、保护土壤。 4. 环保小调查和公益行动。

表3　生活世界之儿童与家庭

主　题	实施年级	实践目标	推荐课题或活动内容
“我爱我家”	三	1. 通过引导学生了解家庭、邻里生活，增强作为家庭、社会成员的责任感和主人翁意识，学习个人生活自立。 2. 通过引导学生亲历实践活动，学会交往，学会合作，学会做事，学会关爱，学会做人。 3. 培养学生在活动中主动探究的能力、交流表达的能力、收集和处理信息的能力、生活自理能力和参与社会活动的能力。	1. 我家的天地。 2. 与家人沟通，为家人做事。 3. 拜访邻居、学做好邻居。 4. 请到我家来做客。
“我的家乡”	四、五	1. 通过走进家乡系列活动，使学生了解自己家乡在祖国版图中的位置、人口数量等基本情况，了解家乡的土特产及家乡的巨大变化。 2. 通过“风土人情”、“家乡览胜”两个活动系列，使学生初步了解家乡的风俗习惯、名人典故等传统文化，认识家乡的风景名胜、特色景观等自然资源，感受家乡的美好，培养学生热爱家乡的情感。 3. 通过“家乡劳动者”、“我为家乡出点力”、“话说未来家乡”三个系列活动，使学生初步懂得美好的家园是无数劳动者辛勤工作的结果，建设家乡人人有责。 4. 能够运用调查法、访问法搜集信息，初步学会整理获得的有关信息，学会和他人积极沟通和交流，介绍推荐自己的家乡。通过调查、采访、交流演讲等实践活动，培养学生参与家乡建设、社区服务的意识和能力。	1. 调查家乡的位置、变化和土特产。 2. 了解家乡的风土人情和风景名胜、特色景观。 3. 设计开展一个保护家乡景观的方案。 4. 我为家乡出点力系列活动。
“爱我安徽”	六	1. 学生通过自主、合作、探究学习，了解安徽的过去和现在。自然环境和社会文化，激发学生热爱安徽之情。 2. 引导学生由关注家庭、学校、社区、家乡到整个安徽，拓宽学生的视野，丰富学生的见闻，培养学生初步的社会责任感。 3. 培养学生在活动中主动探究的能力，让他们在亲历的活动学习中学会调查、学会交往、学会搜集和处理信息并正确地运用信息，以形成自己的观点。	1. 走遍安徽的名山秀水和名胜古迹。 2. 名人与安徽。 3. 安徽的历史文化遗产。 4. 关注新安徽。

表 4　生活世界之儿童与集体

主　题		实施年级	实践目标	推荐课题或活动内容
“生活在班集体中”		三、四	1. 了解集体、认识集体，在参与的活动中增强集体归属感，通过夸夸自己的集体来培养学生的集体荣誉感。 2. 学会合作，努力做一个受欢迎的人，树立以集体为荣和主动为集体做贡献的意识。 3. 用集体的先进事迹做榜样，激励同学勤学苦练，人人为集体争光。	1. 编制班级档案。 2. 开展我们都是好同学快乐传递活动。 3. 为自己设计一个班级服务岗，开展班集体互助关爱行动。
生活在社会中	多彩的节日	五	1. 了解我国传统节日的来历、习俗；了解国外常见节日的风俗，并对比其与我国传统节日习俗的差异。 2. 学会对感兴趣的节日进行自主探究，并依据方案开展活动，体验探究过程，养成主动学习和探究的习惯。 3. 通过对我国传统节日的了解，激发对我国传统节日文化的热爱；在弘扬我国传统节日文化中，提出自己的建议和方法；学会感激亲人、感激他人、感激社会，逐步形成负责任的生活态度和生活方式。	1. 探寻中国的节日和外国的节日。 2. 了解节日文化，举办节日图片展。 3. 开展欢庆节日活动。
	做理性消费者	六	1. 通过活动，让学生了解消费的种类、方式及消费的经验、常识，培养保护自己正当权益的意识，做理性的消费者。 2. 通过调查讨论，让学生从小养成勤俭节约的好习惯，树立正确的金钱观，学会管理和合理使用零花钱，培养学生的理财能力。 3. 通过协作、考察、搜集、访问、设计广告、买卖等社会实践活动，让学生了解商品及商品交易的方法。在活动中学会与人交往，鼓励学生勇于参与、大胆实践，增强竞争意识和合作意识，培养学生的创新能力及社会综合实践能力。	1. 了解消费方式。 2. 调查我们的消费。 3. 学会理财，模拟购物。 4. 体验消费和维权。

表 5　生活世界之儿童与自我

主　题	实施年级	实践目标	推荐课题或活动内容
“成长小百科”	三	1. 通过自身牙齿、身高、体重、鞋码的变化，了解自己在长大。 2. 感受自己在成长过程中知识、能力、习惯等方面的发展变化，养成良好的生活习惯。 3. 使学生懂得自己能做的事尽量自己做，不会做的事逐步学着做。在活动中感受自我服务的快乐。 4. 了解自己，知道自己的兴趣、爱好与能力，乐于表现自己、发展自己。	1. 学生在家长的帮助下收集体现自己成长变化的资料、照片、录像等，设计制作一个成长记录本。 2. 开展一次自我服务能力比赛，评出自我服务小能手。 3. 开展一次“梦想角色”体验活动。
“与书为友”	四	1. 通过读书，感受读书的乐趣，在读书的过程中养成爱读书、多读书、读好书的习惯，体验读书的成功和喜悦。 2. 在读书的过程中，掌握朗读、默读、注读、摘读等读书方法，养成一定的读书、思考习惯。 3. 认识读书的重要性，了解书对个人发展的作用，在热爱读书的基础上学会选择自己需要的书，选择适合自己的读书方法，并管理好自己的书。 4. 让学生在与书的接触中，培养学生热爱书、热爱读书的情感。	1. 开展一次爱护课本的活动。 2. 学习各种读书的方法，开展读书活动或班级阅读竞赛。 3. 开展好书伴我成长系列活动，营造书香班级。
“养成学习好习惯”	五	1. 了解名人的学习特征，讨论影响自己学习的因素。 2. 通过分析同伴学习成功的经验，对照自己，看看有哪些因素影响着自己的学习。 3. 通过活动，引导学生自觉养成学习的好习惯，鼓励学生克服不良的学习习惯，并懂得好习惯是在长期坚持中逐渐形成的。 4. 营造用好习惯去学习的学习环境，从书香班级到书香学校到书香家庭，让好习惯成为学生学习生活的一部分。	1. 在老师的指导下查找影响学习的因素。 2. 开展一次优秀学生的学习方法访谈活动。 3. 制订一份培养良好学习习惯的计划。
“做个快乐的人”	六	1. 引导学生正确理解“快乐”的含义，愿意把自己的快乐告诉周围的人。 2. 学会寻找快乐，愿意做一个快乐的人。 3. 学习保持快乐情绪的简单方法，了解快乐情绪对于学习、生活，对于健康成长的意义，体验快乐情绪给自己、他人带来的舒心与振奋。 4. 知道每个人都有优点和缺点，学会正确认识自我，相信自己、欣赏自己、悦纳自己，培养积极自信的人生态度。	1. 通过照片和录像展示生活中的快乐事。 2. 画情绪脸谱，感受情绪变化，学习调节情绪。 3. 回顾自己小学时光，每人将自己的快乐事写成一篇短文，配上照片等，汇编成册。

二、资源包常态化实施的课型结构和指导策略

按照郭元祥教授的观点,综合实践活动如果只讲开放,没有规范,只讲体验,没有建构,只讲学生自主实践,没有教师有效指导,只讲经历过程,没有目标达成,可能都不利于课程实施的有效性。他提出,当前综合实践活动建设中有一个迫切任务,就是建立综合实践活动的基本课型及其规范。在近几年综合实践活动实证研究中,比较一致的观点是,根据综合实践活动的主要阶段,可以把综合实践活动课堂教学基本课型分为以下六种类型:选题指导型、主题分解型、活动策划型、方法指导型、阶段交流型、成果交流型。课型不同,课堂教学的呈现方式就不一样。如,选题指导型课的呈现,就包括引导学生通过多种途径发现问题,用自己喜欢的方式记录发现的问题等方面;活动策划型课的呈现,则主要是活动计划的基本格式辅导等,但指导教师不能生搬课型模式,而忽略每种课型必须把握的重点以及需要应对学生变化与需要进行及时指导的能力。结合安大版《综合实践活动》资源包,从课程整体上筹划和把握各类课型基本流程和常态化实施方法,在规范的基础上,结合本校实际实现多元创新改进。

1. 选题指导型

●目标特征

激发学生观察生活、发现与探究问题的兴趣;培养学生在生活中发现问题、并将问题转化成活动主题的能力。

●实施流程

发现问题→清晰表述→价值论证→确定主题。

●指导策略

(1)引导学生在生活中发现问题。

(2)引导学生搜集、分析、材料。

(3)指导学生讨论交流、提出感兴趣问题。

(4)归纳、整理,确定活动主题。

2. 主题分解型

●目标特征

培养学生在主题确定后,根据他们的兴趣和意愿,把主题具体细化成一个个可操作的子课题的能力。

●实施流程

兴趣分解→筛选论证→融合小组→明确计划。

●指导策略

(1)指导学生从自己熟悉的领域入手,分解主题。

(2)引导学生从自然、社会、自我“三个维度”切入,分解主题。

(3)引导学生向其他课程拓展,分解主题。

3. 活动策划型

●目标特征

提高学生具体、细致地设计活动方案的能力,养成对方案进行修改完善的好习惯,培养策划活动的能力。

●实施流程

了解策划→制订方案→细化计划→团队实施。

●指导策略

(1)指导学生熟悉活动方案撰写的要求、格式等。

(2)提供具体的可供参考的活动方案,让学生借鉴、学习。

(3)帮助学生分析活动方案的可行性,进行修改完善。

4. 方法指导型

●目标特征

指导学生学会调查、访问、搜集资料、撰写调查报告、采访记录、观察日记等活动技能与方法,培养学生劳动技术与信息技术素养。

●实施流程

样本学习→现场模拟→师生诊断→达成共识。

●指导策略

(1)教师提供可供参考的样本,让学生直观学习。

(2)了解调查、访问的基本要素,明确调查、访问的基本要求及步骤。

(3)教给学生搜集、整理资料的方法。如查阅图书的小窍门、上网的方法、如何取舍资料等。

(4)在活动中,指导学生及时做好记录,掌握几种记录的方法。

(5)指导学生养成保存资料、及时总结的好习惯。

5. 阶段交流型

●目标特征

培养学生进行有条理、有根据的理性反思的能力,为下阶段的活动打下基础。

●实施流程

活动回顾→成果分享→阶段评价→深化路径。

●指导策略

(1)引导学生从前段活动中发现问题,寻找解决问题的策略,推动学生活动有序进行。

(2)引导学生通过多种方式进行阶段性反思,如问卷调查、中期总结交流会等。

(3)引导学生将前段活动中的收获、成果、反思等与同学们一起分享,并规划好下阶段活动。

6. 成果交流型

●目标特征

创造学生之间相互学习的机会，培养学生利用多媒体等现代化手段展示自我的能力,使他们在活动中锻炼自我,体会到自我价值实现的喜悦,也为下一次活动提供动力。

●实施流程

资料准备→成果展示→多元评价→延伸扩展。

●指导策略

(1)引导学生选择新颖恰当的形式展示自己的活动成果,如报告会、演讲、知识竞赛等。

(2)指导学生对活动中收集的资料、统计的结果、活动体验等进行展示交流。

(3)引导学生根据活动内容采取分组或集体等展示形式向家长、学校、社会进行汇报。

总之,根据不同的综合实践活动课程内容选择设计适合的课型是十分必要的,它的重要意义就是能保证综合实践活动课程开展起来，能使综合实践活动课程更具生命力和活力。同时,为提高综合实践活动的有效性,教师在不同的课型中,都要加强相应指导策略的研究。可从学生活动主题具体目标的设计、学生活动主题必要的资料和工具准备、学生活动的具体方法及其实施、课堂活动的组织、小组合作的有效开展、活动成果表达方式、原始资料的保存积累、学生自我反思等方面入手,加强实施过程的指导研究;围绕如何发现问题和提出问题、设计活动方案、搜集与处理资料、撰写活动总结或报告、表达与交流、调查、访谈、实验、手工设计与制作、利用网络与计算机开展活动等方面进行基本方法的研究。

三、安大版《综合实践活动》资源包常态化实施应注意的问题

1. 要处理好安大版《综合实践活动》资源包与学生生活实际之间的关系问题

综合实践活动课程是基于学生的直接经验,密切联系学生生活,注重学生的实践和体验的课程。与学科课程相比,综合实践活动课程具有一定的特殊性:它是国家指定的必修课,课程的开发和实施必须贯彻《综合实践活动指导纲要》的精神,符合该纲要的基本要求和规范；同时综合实践活动课程又是依赖学生和教师利用当地资源进行自主开发和实施的课程，需要根据学生的兴趣、爱好和自主实践来进行,具有很强的生成性和开放性。安大版《综合实践活动》资源包中的主题活动,编者在编写时尽可能密切联系学生的生活实际,选择学生感兴趣的话题,其内容涉及学生生活的方方面面,有适合学生年龄特征的科学探索类,有学生喜欢的动手制作类,有让学生体验成功的发明创造类,有贴近学生生活、促进学生全面发展的综合能力类。这些活动内容虽然是建立在学生已有的生活经验、学科知识、操作技能等

多方面因素的基础上，但由于学生的年龄特征、兴趣爱好和认知水平及安徽省内地区差异，教师让学生按质按量全部完成安大版《综合实践活动》资源包推荐的活动内容也并非易事。综合实践活动指导教师要处理好安大版《综合实践活动》资源包与学生生活实际之间的关系，首先，结合《综合实践活动指导纲要》来领会资源包的设计意图和设计目的。要注意一定不能把《综合实践活动》资源包当成学科课程的教材，在教室里像学科课程那样“讲”和“教”。应该借助资源包中提供的资料，创设情境，为学生的研究和实践提供思路和方法指导。其次，教师指导学生开展活动时，可以选择资源包中的主题开展活动，也可以参考资源包中的活动内容和活动形式，再结合当地的资源状况、学生的实际情况以及研究和实践的需要随时调整或补充内容。使用资源包开展活动的过程应成为将资源包不断完善和校本化的过程。

同时，《综合实践活动》资源包的开发和使用从核心理念到主题、从具体内容到活动方式，是需要经历不断实践探索、积淀并逐渐形成的过程，是活动所有参与者，尤其是活动指导教师及活动主体学生，共同研究和创造的过程。教师创造性地使用资源包，还意味着教师在活动中要以敏锐的目光，及时捕捉学生在活动中具有创造性的内容，将这些新生成的闪光点通过叙事研究、案例撰写等方式补充到资源包当中，让安大版《综合实践活动》资源包成为编写者和使用者共同构建的研究成果。

2. 要处理好安大版《综合实践活动》资源包与校园生活的关系问题

开展安大版综合实践活动要立足于学生的现实生活，选取能让学生真正有兴趣的主题，这个主题越贴近学生生活实际越好，范围越小越好，如《做理性消费者》，教师从学生经常在校门外的小商店购买零食、明星贴画、小玩具等东西，触发灵感，对学生常见的场景进行现场录像，设计了“管理好自己的零花钱”主题活动。从简单常见的一幕开始研究，由于学生对活动内容非常熟悉，回忆并记录自己的零花钱就有了较强的针对性，讨论展开的话题方向也比较多：零花钱从哪里来的？一年的零花钱有多少？零花钱都干什么了？零花钱怎样花有意义？再为制订今后零花钱的使用计划提供了依据，学生参与的热情也普遍比较高。通过活动，引导学生研究解决自己的问题。教师着力指导学生对零花钱的来源及使用情况进行统计、分析，对日常消费进行采访、观察，上网搜索有关零花钱的数据……汇报时、交流中，勤俭节约、合理开支、文明消费、扶弱济困、奉献爱心等理财消费观念，不知不觉地深深地植根于学生那幼小的心灵。其效果，是家长和老师费多少口舌进行苦口婆心的说教，都无法比拟的。陶行知先生说过：“要改变以‘学科为中心’、‘课堂为中心’、‘教师为中心’的传统教育的弊端，加强教育与社会生活、儿童生活的联系。”学校是儿童人生道路上的一块必经之地，是儿童生活的基本空间。因此，教师要给学生营造一个开放的学习空间，让学生对自我、自然、社会、科技、文化引起足够的关注，并在这个过程当中形成积极的人生态度。

3. 要处理好综合实践活动和家庭生活的关系问题

人们常说,家庭是儿童来到这个世界之后迈进的“第一所学校”。家庭生活是五彩缤纷的,饮食起居、休闲娱乐、护理与保健等都是家庭生活的内容,以充满情感的家庭生活为着眼点,不断生成有意义的活动主题是综合实践活动课程内容生活化的拓展策略之一。我们可以根据学校特点和学生家庭特点,开展“我爱我家”一系列的实践活动,在师生共同的探讨下产生不同的实践小主题,诸如“家庭成员小档案”、“我家的变化”、“迎新年，大扫除，装扮温馨家庭”、“小鬼当家学作小厨师”、“我为父母做件事”、“欣赏老照片听爸爸妈妈讲过去的事情”、“我来当一回爸爸妈妈”等。通过活动,拉近亲情,学会感恩,培养学生健全的人格,促进学生素质的全面提高。

4. 要处理好综合实践活动和学校各种活动的关系问题

大早会、班队活动、课外活动、科技兴趣活动等也都是以活动形式呈现的,综合实践活动要和这些活动整合,有时可以和这些活动兼容,借助这些活动达到亲历、体验、探究、发展的目的。但要防止以上这些活动出现学科化倾向,杜绝以课堂授课的形式、以强调知识性和教育性为目标的方式呈现,不要以这些活动替代综合实践活动。

总之,安大版综合实践活动必须回归“真人”、回归生活、回归自然,逐步走向“规范化”,要努力使领导真正理解、重视、支持这门课程,建立相应管理制度、研究制度、评价制度,还要积极加强师资队伍建设。只有领导和教师真正具有实施这门课程的意识和能力,综合实践活动才能真正进入常态,走向健康的良性发展之路。

(此文 2010 年 4 月被安徽省教科所、安徽省教育规划办评为安徽省优秀科研论文评奖一等奖,有删节)

后 记

付梓在即，静坐陋室，掩卷深思，巧遇一轮深秋明月悬挂窗外，尽收眼底。月光如水，那清澈的光，充盈于天地之间，仿佛如我童年嬉戏的河水，在我眼前轻轻荡漾，人到中年的我心中充满着敬畏、怀想和感恩。

我是一个喜欢用语言表达教育的人，这可能与我痴迷教育有关，而与我的教师职业和性格无关。我通常喜欢用语言表达我对教育的理解，倾诉我对教育的一往情深。言说教育几乎成了我基本的生活方式，成了体现我个人生命价值的重要载体。而用文字记录教育的历程却让我充满着敬畏，当语言固化为文字后，就留下了更多让人玩味、揣摩、评说的空间。一方面由于担心自己语不达意，引发一些无谓的教育恩怨；另一方面由于有了文字记录者的理性思考，缺少了对话的即时智慧和原汁原味，一成不变地文本呈现，必将剥夺口语表达存在的大量意义空白，读者很容易在文本阅读和交流中形成自己的结论。写作功底欠缺的我，时感胸中蕴蓄不丰盈，缺乏厚积而难以满溢。好在本书不是探讨纯学术问题的艰涩专著，而是紧贴一线教学生活的个人行走集。无论对于教育者还是受教育者，教育都是一种行走方式，而且是一种日常的行走方式。所以我们如果想要了解教育，并且期望发展教育，就必须了解和理解教育底层教师的行走方式。当然，每个人的行走方式是不同的，当我们其中大多数人都能以一种适合的方式，自发传播自己的经验事实的时候，就奏响了宏大的中国基础教育教育叙事，在参与这一过程中，我时刻充满敬畏。

在整理书稿的过程中，怀想也不期而至。在我的心底，参与本书生成过程的人，除了我在芜湖市范罗山小学、大官山小学的同事外，还有我教学生涯的引路人原芜湖市新芜区电教馆副馆长许诗和先生，他给我以父亲般的关爱，是他用自己的专业品质点燃了我投身小学科学教学的热情。我的教育科研导师安徽师范大学张履祥教授、钱含芬副教授和葛明贵教授，他们的严谨治学、朴实文风让我受益终生。安徽省教科院副院长张守祥研究员、王贤进主任、许晓红老师、钟能正老师、杨思峰老师，原中陶会会长方明、原中陶会秘书长管德明，原安徽省教育厅胡平平副厅长，原基教处邓英达处长、王树龙科长，原上海市和田路小学校长，上海市小学创造教育研究所所长金礼福先生，浙江省全国著名小学科学特级教师章鼎儿先生，天津市全国著名小学科学特级教师路培琪先生，芜湖市教科所小学科学教研员肖玲老师，原范罗山小学校长特级教师王家莲女士，与我萍水相逢，他们通过自己的言传身教，写信赠书的方式，给我以传道授业解惑。正是有了这么多的幸运和幸福，才凝聚成了一篇篇文章，定格为往日的剪影。虽然滴水之恩不能涌泉相报，但其中点点滴滴必将铭刻我心。他们的关爱、支持也将化作我对教育的不懈探索，并试图通过以出版本书的方式对所有帮助我的人进行一次总的答谢和怀想。

感谢我的夫人樊利群女士，她是我芜湖师范学校的同班同学，在学生时代，她就是一位有思想、有主见、学习刻苦的女生。她现在就职于芜湖市一所知名小学，担任教导主任。她工作勤勉，热爱小学数学教学，善于激发孩子学习数学的兴趣，对培养小学生数学奥林匹克竞赛能力也颇有心得，在芜湖市2009年高考理科状元徐习进心中，樊老师就是引导她走进神奇数学世界的播种人。夫人是个急性子，有时在家中忙完家务，还拖着疲惫的身躯继续为学校教育教学工作加班加点，对我的书生意气和教育痴迷也从不挑剔，她的大度和坚韧，有时让我坐立不安。她的勤勉和牺牲，使她放弃了本来属于她的教育求索，无怨无悔地操持整个家庭，使我有时间有精力从容淡定地开展我所钟爱的教育研究。在家里，我和儿子都私下称她"樊(烦)总"，因为家里大事小事她都要操心，我们虽然都嫌她烦人，但心里还是对她充满感念的。

感谢我的儿子程越，他是我的一块教育处女地。不管他是否认同，我都会对他完成我对其教育的承诺。现在他虽然只是一名高中一年级新生，但每每和我谈论教育问题时总是口若悬河，充满着"愤青"式的激情与雄辩。在我的眼中，程越外表阳光而乐于助人，但内心深处却充斥着独生子女所特有的孤独。随着他年龄的增长，在充满火药味的教育与反教育争斗中，那种传统意义上充满着师道尊严的家庭教育已被彻底颠覆。作为一名父亲和虔诚的教育布道者，在和程越的交流中，在享受亲情的同时，也收获了一种"与天斗、与地斗、与程越斗其乐无穷"的闲情逸致。调侃之余，坦率地说，90后还是学生的他们，对教育的朦朦胧胧、似懂非懂，以他们追捧明星偶像的"潮人"形式，反叛着自己的父母和老师，以实际行动证明着自己的独立存在，并尝试争夺对教育的话语权，其价值观和对教育的另类解读，也给我以思维的碰撞和智慧的启迪。在本书成稿之时，我还是踌躇再三，收录了程越反映其初中三年求学生活的短文，和我与其在中考前的书信往来，权且算我对家庭教育这一亩三分地的一点耕耘。

感谢芜湖市教育局的领导，由于他们的睿智和胆略，才有了属于我们芜湖教育自己的教师文丛。他们给我提供了这块言说教育的舞台，使我许多不成熟的著述得以问世！在这里，特别要感谢芜湖市教科所孔立新老师，他和我相识于20世纪90年代，在我的记忆中，那时他还是一位风华正茂的中青年作家。他是我教育科研的最初启蒙者之一。承蒙他的关爱和鞭策，更在充满信任的等待中不断催要，才使我在较短的时间内完成了我对自己教育苦旅的一次梳理。这期间，伴随着2010年暑假罕见的高温和儿子中考给全家带来的焦虑，加之学校杂务缠身和众多的培训与被培训，让我数次息笔，横生放弃之念，终因自己对教育有所梦想，宁愿携带着这份真实的教育痛苦，也不愿在安逸享受中放弃自己的思想高地，化压力为动力，完成此稿。感谢本书的编校人员，他们字斟句酌的辛苦付出，才使我多年的实践成果最终有机会与读者互动。

在此我还要感谢安徽师范大学教育科学学院院长葛明贵教授，他在百忙中欣然为本书作序，他的鼓励和提携让我感动，并将成为我今后进行学校管理和教学研究的动力。感谢中国当代卓有成就的语文教育家蔡澄清先生、芜湖市文联夏光发主席、安徽师范大学教育集团主任江家发教授、芜湖市第一中学庞定亚校长、安徽省教育科学研究院小学语文教研员吴福雷先生、芜湖市育红小学孔祥明校长、原合肥市六安路小学郑家凯校长、马鞍山市采秣小学庄庆松校长、铜陵市实验小学刘先文校长、安徽师范大学附属小学分校（碧桂园小学）骆正位校长，他们在繁忙的工作之余，翻阅了书稿试读本或电子稿，感谢他们的抬爱，他们呈现的秀美文字和丰盈的教育感悟必将为我的拙作增色不少。感谢安徽省书法家协会副主席韦斯琴女士，她原本是芜湖乡村的一位小学语文教师，由于她的天赋和坚持，成为集书法家、画家和散文家于一身的江城才女，她亲笔题写了书名，如空谷幽兰般婉约馨香，让我从中品味到不一样的教育情怀。

在长期的从业生涯中，我固执地认为在把握教育现实的方式上要消除根深蒂固的阿Q精神、官场习气和士大夫心态。我选择了教师这个职业，就选择了从容淡定的生活，我追求精神的成长和丰富，并坚信教育是值得付出、憧憬和等待的。梳理的过程是痛苦的，有喜有忧，更有教育理想和残酷现实碰撞引发的教育泥石流，掩盖了我们作为教育小草不愿向不公平命运低头，用自己百倍努力来证明自己存在的价值。一切的教育过往已让我在沉默无语中成熟而坚强，而温馨的教育细节却使我在久久回味中潸然泪下。我愿意通过我真实的记录，给读者一个真实的展示：一个草根教育理想主义者在现行教育体制下的成长足迹。一切结论性的分析都将属于读者自己。企盼我的这些思考与实践，能够引发广大教育从业者对教育真谛的心灵反省和合理诉求，期待着不同教育背景的同行们，把自己心中的教育情愫真诚地表达出来，共同守望教育的精神高地和属于我们自己的教育理想国。

程　斌

二〇一〇年秋一稿

二〇一二年春二稿

于润安草堂